MÉMOIRE CAVALIÈRE

PHILIPPE NOIRET
Avec la collaboration d'Antoine de Meaux

MÉMOIRE CAVALIÈRE

LE GRAND LIVRE DU MOIS

Avant-propos

Un cœur et une voix

par Daniel Rondeau

Philippe Noiret était d'une famille, d'un pays, d'un art de vivre et d'une liberté. Le saltimbanque s'inscrivait dans une tradition commencée au temps de Molière. Il avait été le meilleur élève de deux écoles qui n'avaient rien à voir mais qui se complétaient, le cabaret et le TNP. Il avait inscrit son nom en dessous de ceux de Jean Vilar et de Jean Gabin, à côté de celui de Gérard Philipe, puis il était devenu une star. Son enveloppe charnelle était connue de tous, et le cinéma continuera de la faire bouger sous nos yeux. Personne n'oubliera sa façon inimitable de porter tweeds, chaussettes, pochettes, chemises, cachemires et richelieus. Vêtements et chaussures n'étaient pas seulement les accessoires d'une élégance sourcilleuse. Dans la forme d'une bottine, dans le dessin d'un col de chemise, il cherchait la main de l'artisan qui, dans l'atelier des maisons Charvet ou Lobb, avait travaillé sa matière avec patience. Son souci de la perfection était aussi une question de générosité et de vérité.

Aussi pudique que tendre, mais le cuir tanné par les radiations des médias, jamais aveuglé ni par lui-même ni par les autres, et surtout pas par la puissance, dont il se défiait, perspicace au fond en toutes choses, allant à l'essentiel avec un art singulier des mots, avec une voix qui mettait couleur, chaleur et mouvement sur ce qu'elle nommait, silencieux s'il voulait l'être (mais son silence étouffait le bruit que certains êtres promènent autour d'eux), ne négligeant pas d'être drôle, capable de se régaler d'un bon mot, comme de dire son fait à un importun, et d'être abrupt, s'il le fallait, incroyablement discret, d'une discrétion contagieuse (rue de Bourgogne, les passants le saluaient d'un sourire ou d'un salut presque timide, auquel il répondait en levant son chapeau), Philippe Noiret était un homme de qualité.

Il parlait à la ville comme à la scène avec cette voix qui tombait d'un cœur sans réticence. C'est d'abord cette voix que ces Mémoires nous donnent à entendre. J'avais rencontré Noiret le soir de la sortie en salle de *Max et Jérémie*. C'était en 1992. Nous ne nous étions jamais quittés. De longues années d'amitié, de plaisirs et de peines partagés. Des lieux aussi. Sa maison de Montréal dans l'Aude, avec ses prairies de fleurs où paissent encore ses deux andalous, Temeroso et Porthos, ses collines à pleine vue jusqu'au front des Pyrénées, la rue de Bourgogne où je lui avais trouvé un appartement juste en face de chez moi, les déjeuners du samedi à Commercy, les après-midi d'été qui partaient en cigares et en conversations, à l'ombre des bouleaux, la chapelle de Toulon-la-Montagne, dans la Marne, où il venait chaque mois de janvier pour la Saint-Vincent, le rituel dîner de truffes organisé par sa cousine Anne dans un restaurant de la rue du Cherche-Midi, où nous avait souvent emmenés Roger Stéphane. On ne s'ennuyait jamais avec Philippe, et je ne me suis pas ennuyé une seconde en lisant ce livre, parce que j'y ai retrouvé sa présence tout entière. Pendant quelques heures, cette présence m'a même consolé de la perte de cet acteur à la carrière hors du commun, et qui était un homme merveilleux.

Ces Mémoires ont aussi fait naître chez moi des regrets. Noiret était plus complexe, plus riche que sa discrétion ne voulait le montrer. Sa richesse intérieure, d'homme et d'acteur, apparaît ici dans son unité. On voit un homme se faire, et grandir. Monique le rejoint. Elle marche à ses côtés. Et voici que tout à coup, il m'impressionne. Je m'en veux de m'être laissé emporter par le galop de la vie et le plaisir du botte à botte. J'aurais pu lui poser plus de questions. J'aurais pu, j'aurais dû... Il est trop tard, et les regrets ne servent à rien, même s'il est toujours rageant de voir la mort révoquer le passé en soulignant sa part d'inachevé. Maintenant, restons en sa compagnie. C'est lui qui nous parle. La gloire, le métier d'acteur, son corps, son visage livrés à l'œil des caméras, studios et tournages, Hollywood, la campagne française et Paris, les chevaux. Il nous dit aussi ce qu'est le pas d'un homme qui avance dans sa propre vie. L'accord parfait n'est jamais loin.

D. R.

1.

Qui je suis. Ma naissance. Mes origines familiales. J'ai voulu être un artisan. Pierre Noiret, mon père. Sa jeunesse. La Grande Guerre. Mémoire des morts. Caractère de mon père. Le mariage de mes parents. Lucie Herman, ma mère. Ma première enfance à Casablanca. Les vacances au Touquet. La guerre de 1940. Toulouse. Mon frère Jean et le corps-franc Pommiès. Idées politiques de mon père et de mon grand-père. L'Occupation. Mélancolie de mon frère Jean. La religion et nous. Goût de papa pour la poésie. Lectures d'enfance. Comment on m'a élevé. Divertissements provinciaux. La musique et moi. Ambitions. Le métier de cancre.

J'ai toutes les apparences d'un bourgeois, l'allure d'un bourgeois, le parfum d'un bourgeois, mais je ne me suis jamais senti un bourgeois. Qu'on ne se méprenne pas : le mot n'a pas de sens péjoratif dans ma bouche, bien au contraire. Mais je ne me sens pas en phase avec cet esprit-là. Je me considère d'abord comme un saltimbanque. Ce n'est pas le mode de vie qui compte, mais la façon dont on envisage l'existence en général. À chaque nouveau film, à chaque nouvelle pièce, notre métier suppose une perpétuelle remise en question. Les saltimbanques ont l'obligation terrifiante et magnifique de passer des examens dès l'âge de dix-huit ans jusqu'à quatre-vingts ans révolus, si Dieu leur prête vie. Or, pareille incertitude ne colle guère avec la notion de bourgeois.

Un saltimbanque, c'est une sorte de gugusse. Je me suis toujours méfié de l'esprit de sérieux, ou du moins des gens qui veulent sans cesse prouver que notre métier est un métier sérieux. Ce qui compte d'abord, c'est le plaisir personnel qu'on a à faire son travail, et celui que l'on donne aux gens. Je n'ai rien contre l'idée du divertissement. Je ne vois pas de hiérarchie entre la farce, la tragédie, la comédie ou le mélodrame. Tout est question de dosage, d'honnêteté dans l'approche.

Et puis j'ai toujours souri en entendant certains soupirer, l'œil artistement dans le vague : « Ah ! J'ai vraiment pris des risques en faisant ceci ou cela... » On a pris un risque le jour où l'on a décidé d'être acteur, mais quels risques prend-on en jouant dans telle pièce ou dans tel film ? Celui d'un bide ? D'une mauvaise critique ? Le risque de prendre une tomate bien placée ? Certes, en cas d'insuccès, on ne vous donnera plus que cinq francs, là où précédemment on vous en donnait dix. Mais est-ce vraiment un risque ? Les risques, ce sont les dompteurs ou les trapézistes, qui en prennent.

Dans le bon vieux temps, à Hollywood, il était de tradition d'inventer une biographie aux acteurs qui étaient engagés par les studios. On leur construisait une jeunesse de fantaisie, jusqu'à la signature de leur contrat. Je me suis toujours dit que cela devait être incroyablement reposant. On enjolivait les choses : ils avaient été à la fois mineur de fond, pilote de course, marin sur une canonnière du Yang Tsé... On leur concoctait des péripéties qui correspondaient bien au type de personnages qu'ils allaient devoir interpréter par la suite.

Pour ma part, je suis né à Lille en 1930, un peu par hasard. J'avais un frère de cinq ans mon aîné, Jean. Je n'ai pas de souvenirs de cette époque. Très rapidement après ma naissance, nous avons quitté la ville. Le métier de mon père nous obligeait souvent à déménager. Il travaillait pour une firme de vêtements de confection qui était implantée dans toute la France, les établissements Sigrand, une maison très connue, qui faisait du prêt-à-porter de bonne qualité. Dans chaque magasin, il y avait même un département sur mesure. Mon père a été employé dans différentes succursales de cette chaîne, à Berck-Plage, à Lille, à Boulogne-sur-Mer, ou même à Lyon. Né en 1895, il avait quitté l'école vers quinze ou seize ans, avec un petit diplôme en poche. Il n'a jamais possédé de fortune. Toute sa vie, il a été employé, employé de commerce comme on disait. Il n'avait pas fait d'études, mais il présentait bien. Bel homme, de grande taille, avec des moustaches avantageuses, il ressemblait à une star hollywoodienne, genre Clark Gable. Dans un spectacle, il aurait pu incarner n'importe quel grand d'Espagne. Aurait-il aimé être comédien ? Alors qu'il était d'une origine très modeste, il avait un goût très sûr et le sens du raffinement. Son père et sa mère avaient des tenues et un intérieur de toute petite bourgeoisie, aux frontières du monde ouvrier. Mon grand-père était petit cadre dans une usine de velours, à Amiens. À l'époque le velours côtelé, qu'on appelait du velours d'Amiens, se fabriquait beaucoup. On s'en servait pour les vêtements de travail des paysans et des ouvriers de certains métiers, les charpentiers par exemple. Mes grands-parents habitaient une petite maison, dans un faubourg, rue Saint-Lucien, une de ces rues du Nord en brique où les maisons se touchent presque, avec un grand jardin assez profond à l'arrière. Tout cela était très modeste. Mon arrière-grand-père, le père de mon grand-père Noiret, était cordier à Saint-Valery-sur-Somme, en baie de Somme. Il fabriquait des cordes pour la marine. Papa nous racontait que, les nuits de pleine lune, il allait voir son petit-fils. Il venait à pied, des environs de Saint-Valery où il habitait, jusqu'à Amiens. Cela doit faire dans les soixante-dix à quatre-vingts kilomètres. Il passait la nuit de pleine lune à marcher. Il arrivait à l'aube, juste à temps pour embrasser mon père au saut du lit. Il jouait un peu avec lui, déjeunait, se couchait, et, le soir venu, il repartait pour Saint-Valery par les mêmes moyens, à travers la grande plaine picarde.

Un jour, une revue intitulée *Généalogie* m'a proposé de faire des recherches sur ma famille. Ils avaient réussi à remonter deux siècles au-dessus. Tout au long, on retrouvait la même litanie de petits artisans, de cultivateurs, de journaliers. Des Picards depuis toujours, des gens du Nord. Cette culture-là se traduisait par une certaine réserve dans l'expression des sentiments, mais aussi par le goût de la fête, qui est assez largement partagé dans la famille. Chez mon père et ma mère, le champagne coulait, non pas à flots mais à la moindre occasion. Dans leur milieu, on buvait pourtant plus facilement du mousseux, des apéritifs ou des liqueurs. Chez mes parents, aussi loin que je me souvienne, le champagne a toujours tenu la vedette. Il faut croire que cela venait du Nord. Ma mère, Belge d'origine, avait ce goût dans le sang. Nous buvions du Veuve-Clicquot, c'était notre marque. Mon père avait connu quelqu'un dans cette grande maison de champagne. Il faisait toujours rentrer des caisses de bouteilles d'une pinte, que Clicquot produisait pour l'exportation. Une pinte, c'est un peu plus qu'une demi-bouteille. Mon père disait toujours qu'avec une demi-bouteille, on n'en avait pas assez, ni pour deux, ni même pour un. La pinte, en revanche, lui convenait très bien.

Dans mon métier, je me suis toujours senti saltimbanque, et j'ai toujours voulu être un artisan. J'ai toujours eu la plus grande considération pour les hommes de l'art. Un artisan, c'est avant tout quelqu'un de concret et de modeste, sans être faussement modeste ; il fabrique des objets de qualité, qu'on peut regarder, dont on peut se servir avec plaisir. Ce qui, déjà, n'est pas rien. Lorsqu'on lui donne de vrais moyens, une vraie matière première, il peut même en arriver à s'approcher de l'art.

C'est mon père qui m'a fait comprendre la grandeur des artisans, de « la belle ouvrage ». Toute sa vie, il a vécu à leur côté. Il avait beaucoup d'estime et d'admiration pour eux. Il savait ce que c'était qu'un costume. Parfois il disait :

— C'est très bien fait, très bien coupé, mais cela ne tombe pas bien. Ça n'a pas de chic.

Allez savoir pourquoi l'artisan d'à côté, avec les mêmes matériaux, allait réaliser le costume qui avait de l'allure et de la classe. Pourtant, cette distinction existe, tous les artisans la connaissent. C'est elle qui sépare l'objet bien fait de celui qui est non seulement bien fait, mais possède quelque chose en plus...

Dans ce même ordre d'idées, je n'ai jamais oublié une conversation avec Maria Casarès, à l'époque où je suis entré au Théâtre national populaire (TNP). Je devais avoir vingt-trois ans, et j'étais très honnêtement ce que l'on appelle un jeune con. Comme beaucoup d'adolescents attardés, je voulais me faire remarquer, je prétendais avoir un avis sur tout, sans rien connaître de la vie. Je me trouvais dans le foyer du TNP et il y avait à côté de moi des gens – dont Maria Casarès – qui parlaient de musique, de Pablo Casals en particulier. Pour ma part, je n'y entendais rien sur ce sujet, pas plus alors qu'aujourd'hui, d'ailleurs. Je savais que Pablo Casals était un grand violoncelliste mais cela n'allait pas plus loin. Pour faire mon intéressant, comme disait ma mère – « t'as voulu faire ton intéressant » –, je tente de me glisser dans la conversation ·

— J'ai entendu dire que Pablo Casals jouait quand même assez faux, maintenant...

J'avais vingt-trois ans, je ne connaissais strictement rien en musique. Maria Casarès me regarde alors et me dit :

— Mon cher Philippe, ce serait peut-être bien que tu te rendes compte qu'il y a des gens qui jouent très juste et qui n'intéresseront jamais personne, et d'autres qui peuvent peut-être jouer faux, mais qui ont du génie...

Alors j'ai mis ça dans ma poche avec mon mouchoir pardessus, et la phrase m'est restée dans la tête. Le bien-faire et le bien fait ne suffisent pas. C'est le minimum qu'on puisse demander, que la politesse vous demande d'atteindre. Mais si on en reste là, on demeure loin du compte.

Mon père avait commencé au bas de l'échelle. Mon grand-père l'avait placé aux Magasins Réunis à Paris, comme petit vendeur au rayon des faux cols et cravates. Il habitait dans une chambre de bonne, avec un lavabo sur le palier. Malgré ses études très brèves, il avait développé le goût de la littérature, et de la poésie en particulier. Toute sa vie, il a eu Baudelaire et Verlaine posés sur sa table de chevet, ainsi que Montaigne et Pascal. Il s'est formé tout seul. Il avait la passion de la langue française. Il était abonné au bulletin de l'Association des amis de la grammaire, pour laquelle il avait une prédilection. Avec les dictionnaires, cette lecture l'enchantait. Après sa retraite, je l'ai souvent vu s'y adonner dans son fauteuil, cerné par les Robert et autres Larousse. Jeune, il aimait beaucoup le théâtre. Il y allait avec ses copains. Avant

1914, on pouvait parfois obtenir des places à l'œil, pour faire la claque. Les régisseurs allaient chercher des jeunes gens en leur demandant d'applaudir Mme Machin lorsqu'elle entrerait. Mme Machin avait dû exiger cela par contrat, comme cela se pratiquait.

En 1914, lorsque la guerre a été déclarée, mon père avait dix-neuf ans. Il est donc parti directement au front. On l'avait affecté au 33ᵉ régiment d'infanterie de Lille. C'était le régiment où servait un lieutenant qui deviendrait célèbre par la suite : le lieutenant de Gaulle. Avant qu'il soit fait prisonnier, mon père eut l'occasion de le croiser. Lorsque, en 1939, de Gaulle a été nommé secrétaire d'État à la Guerre et qu'on a commencé à parler de lui, j'entends encore mon père s'exclamer, devant mon frère et moi : « Mais je le connais, ce grand dépendeur d'andouilles ! » Il affectionnait cette expression, qui était amicale dans sa bouche. Au début de la guerre de tranchées, il avait été envoyé par son capitaine de compagnie porter un pli au colonel qui commandait le régiment, un peu à l'arrière, à l'état-major. Arrivé à la porte de la cagna, un planton lui avait interdit d'entrer : le colonel était occupé, il recevait un capitaine. De là où il se trouvait, mon père pouvait apercevoir la scène. Le colonel se tenait derrière un petit bureau de gourbi, vraiment sous terre. Devant lui, il y avait un mec tellement immense qu'il était obligé de garder la tête baissée. Et mon père se souvenait parfaitement que ce capitaine fraîchement nommé était en train d'engueuler le colonel. Cela l'avait frappé. Vers 1916, ce n'était pas vraiment le genre de chose qui se pratiquait. Il faut croire que le jeune de Gaulle brandissait déjà l'étendard de la rébellion contre l'autorité classique.

Dès les premiers mois du conflit, il y avait eu une hécatombe dans le régiment de mon père. Beaucoup de jeunes officiers s'étaient fait descendre, il fallait les remplacer. Grâce à ses qualités, à son intelligence, mon père avait rapidement grimpé les échelons. Il est devenu officier avec le grade d'aspirant. Quelques mois avant la fin de la guerre, il a reçu un éclat d'obus dans un genou. La blessure était sans gravité, mais il est resté sur le carreau. À l'occasion d'un de leurs tout derniers assauts, les troupes allemandes l'ont fait prisonnier. Il a été emmené vers l'arrière, en Allemagne, dans un Oflag où on l'a soigné. Il n'est rentré en France qu'après l'armistice du 11 novembre.

Au gré des offensives et des contre-offensives, mon père a servi dans différents endroits, notamment à Verdun, longuement, à Douaumont, et puis ensuite au Chemin des Dames... Lorsque j'ai tourné *La Vie et rien d'autre*, en 1988, avec Bertrand Tavernier, j'avais bien sûr tous ces noms en tête. Mon père était mort peu de temps auparavant. Il n'a pas pu voir le film. Lorsque j'ai reçu le scénario, j'ai tout de suite parlé de papa avec Tavernier, et du fait qu'il avait vécu tout cela. À Verdun, l'association des anciens de la bataille était présidée par un poilu en pleine forme physique et morale, ancien ingénieur de chez Renault qui devait bien avoir quatre-vingt-quinze ans. Tavernier m'avait demandé des détails sur la guerre de mon père et je lui avais donné le nom de son régiment. Lorsqu'il est allé à Verdun pour les repérages, il a transmis ces renseignements à ce vieux monsieur qui était l'un de ses interlocuteurs pour la préparation du tournage. Lorsque je suis arrivé, un petit bristol m'attendait sur lequel avaient été notés les dates et les lieux de séjour de mon père dans la région, au jour près. Sans employer de grands mots, *La Vie et rien d'autre* est un film que j'ai tourné vraiment avec, à côté de mon père. J'avais vraiment l'impression qu'il était là. J'étais en uniforme, comme il l'avait été autrefois. J'avais sur moi quelques photos de lui. Je savais qu'il avait été dans ces lieux précis, soixante-dix ans plus tôt...

Les gens de là-bas baignent encore dans cette histoire. Avec Tavernier, on s'est beaucoup baladés dans ce paysage marqué pour l'éternité, semé de villages dont il ne reste rien. Je me souviens de deux événements dont nous avions pris connaissance en lisant le journal local. Dans une scierie qui débitait les arbres coupés dans les parages, on utilisait une espèce d'appareil radiographique afin de vérifier s'il n'y avait pas dans le bois des corps étrangers, éclats d'obus ou balles, qui risqueraient de briser les lames. Dans les forêts de la région, on en trouve souvent. Or dans un de ces troncs – cela avait donné lieu à un solide entrefilet dans le journal –, ils avaient découvert un fusil. Entier. Il avait été vraisemblablement posé contre l'arbre par un soldat. Et il n'en avait plus bougé depuis. Pendant toutes ces années, l'arbre l'avait mangé, littéralement. Quatre-vingts ans plus tard, on le retrouvait dans le cœur du bois, intact.

Un autre jour, en faisant des travaux dans un village, des ouvriers avaient exhumé la dépouille d'un soldat. À cause de la qualité de la terre, elle était assez bien conservée. Ils ont mis la main sur la plaque du gars, son nom, son matricule, et un petit médaillon dans lequel il y avait sa photo et celle d'une jeune fille. Comme mon père, il était originaire du nord de la France. Sachant de qui il était question, une personne de la mairie du coin s'est renseignée, et une délégation s'est rendue là-bas pour rapatrier la dépouille. Afin de savoir s'il avait encore de la famille, des descendants peut-être, les formalités d'usage ont été accomplies. En remontant le fil, ils ont retrouvé la fiancée. Lorsqu'ils sont entrés dans la maison de cette vieille, très vieille dame, la première chose qu'ils ont reconnue, sur la cheminée, fut les deux photos en question. Elle ne s'était jamais mariée, la jeune fille du médaillon, et elle attendait toujours le retour du jeune homme. J'ai tourné vraiment ce film comme cela, avec toutes ces histoires-là dans la tête, ces fantômes.

Mon père ne parlait pas souvent de la guerre de 1914. Il l'évoquait parfois de façon fugitive, au détour de la conversation. Le peu que nous ayons su, concrètement, des conditions de vie et de l'état d'esprit qui étaient les leurs, il ne nous l'a confié que lorsqu'on lui a demandé de repartir, vingt ans après. Il avait effectué régulièrement ses périodes d'officier de réserve. En 1939, il a été remobilisé avec le grade de capitaine. Comme on l'imagine, cela ne l'emballait pas. Mais je ne l'ai jamais entendu se plaindre. Il avait un sens du devoir clairement affirmé.

Il est impossible d'imaginer ce que fut réellement Verdun. Sur quelques centaines de mètres carrés, il est tombé plus de deux millions d'obus... Comment réaliser ? Lorsque cette nouvelle guerre a été déclarée, mon frère et moi avons posé des questions à notre père. Il n'était pas spécialement porté sur les souvenirs d'ancien combattant. Il faisait partie des Croix-de-Feu – ce qui est très mal vu, de nos jours. À l'origine pourtant, il s'agissait d'une association d'anciens combattants décorés de la croix de guerre. Ils étaient déterminés à ne pas laisser les civils oublier tous leurs camarades qui étaient morts, et s'indignaient de la chienlit dans laquelle était tombée la France. Sans doute y avait-il quelques extrémistes parmi eux. Mais doit-on juger les positions du passé à travers nos prismes d'aujourd'hui ? Je trouve cette manie de la repentance un peu exaspérante.

Comme soldat, mon père s'est très bien comporté. Il a reçu toutes sortes de récompenses : croix de guerre avec citations, médaille des blessés, et puis quelques années plus tard, la Légion d'honneur pour faits de guerre. J'ai l'impression qu'il s'en est bien sorti pour deux raisons. D'une part, il avait une vraie gourmandise pour la vie, qui l'a sûrement aidé à passer sur ces quatre ans d'enfer. D'autre part, homme de caractère et de volonté, il possédait un grand sens de la discipline personnelle. Je me souviens qu'un jour j'étais arrivé à la maison avec une barbe de trois jours, comme cela se pratique beaucoup maintenant. Dans les années 1960, c'était moins courant. Je vais voir mon père, je l'embrasse, et il me dit :

— Oh mais qu'est-ce que tu as, une barbe ?

— Non, je ne me suis pas rasé depuis quelques jours.

Il ajoute alors :

— Moi, pendant la guerre de 14, je me suis rasé tous les jours...

— Mais pourquoi t'es-tu rasé tous les jours ?

— C'était ça ou me laisser pousser la barbe, ce que faisaient beaucoup d'amis. Mais bon, on avait des poux, je n'aimais pas beaucoup cela. Et puis, ça m'aidait à me tenir...

C'est une réponse qui le peint bien, cela. Un poilu qui se rasait tous les jours. Je me rappelle aussi qu'il nous avait parlé d'un gourbi dans lequel ils étaient restés longtemps. Ils y avaient creusé des espèces de couchettes souterraines pour s'abriter des marmites et des shrapnells. Il y avait eu de gros orages et pendant plusieurs jours et plusieurs nuits, ils s'étaient couchés dans l'eau, et ils étaient tellement fatigués qu'ils s'étaient même endormis. De toute façon, il n'y avait pas d'autres endroits où s'allonger. Il m'avait raconté que, parfois, ils échangeaient quelques mots avec les Allemands d'en face. Ils étaient si rapprochés, et ils en avaient tellement assez. Une fois, ils ont même bavardé pendant une journée entière, jusqu'à ce que les officiers viennent y mettre le holà.

Moi qui suis amateur d'objets, et même un peu fétichiste, je regrette beaucoup que mon père n'ait pas conservé de souvenirs. J'ai seulement vu quelques vagues photos, que je ne possède même plus aujourd'hui. Lorsqu'il est mort, je n'étais pas là. J'étais en train de tourner *Cinema Paradiso*, au fin fond de la Sicile. Mon frère aîné a donc hérité de tous ses papiers. Comme il était marié en dernières noces avec quelqu'un qui ne nous aimait pas, Monique et moi, je n'ai rien récupéré après son décès. Je garde un petit regret de ce côté-là. J'aurais aimé conserver quelques objets de mon père. Je n'ai jamais voulu avoir de rapports avec la femme qui nous avait séparés, mon frère et moi. Lorsque Jean est mort, j'ai dit à Monique :

— C'est curieux, je n'ai pas de chagrin particulier, alors que j'aimais beaucoup mon frère.

Elle m'a répondu :

— C'est parce qu'il avait disparu depuis longtemps.

À cause de cette femme. Je n'ai donc jamais voulu la revoir par la suite.

Mes parents se sont rencontrés vers 1923 ou 1924. Je crois qu'ils s'étaient connus dans un cours de danse, à Lille. Ma mère, Lucy Herman, avait été élevée à Saint-Quentin, dans l'Aisne. Elle avait deux sœurs plus âgées qu'elle, Hortense, l'aînée, et Henriette, la cadette. Hortense était mariée à un M. Georges Defferez. Elle avait accepté de l'épouser à condition qu'il prenne sous son toit ses deux sœurs cadettes, car elles étaient orphelines de père et de mère et c'était elle, Hortense, qui les élevait. Aussi, lorsque mon père a voulu épouser ma mère, c'est à mon oncle Georges qu'il a dû demander sa main. Les familles venaient à peu près du même milieu social, des employés de l'industrie du textile. Mon oncle avait un aspect très sévère, il était nettement plus âgé que papa. Comme il voulait tester un peu le prétendant, il commença par l'interroger sur sa situation, sur ses ambitions professionnelles. À un moment, mon père lui demanda l'autorisation d'allumer une cigarette. Il avait sorti un étui de Craven A. Mon oncle s'est exclamé : « Avec ce que vous gagnez, vous fumez des Craven A ? » J'imagine que cela a dû davantage le séduire que l'inquiéter, car Pierre Noiret a pu épouser Lucy. Juste après son mariage, il est également entré aux établissements Sigrand. En effet, mon oncle Georges avait un gros poste dans cette société. N'ayant pas de fortune personnelle à l'origine, il avait très bien réussi. À cinquante ans, il s'est arrêté de travailler pour vivre de ses revenus.

Lucy, ma mère, était belle comme un Rubens. C'était une femme très douce, soumise à son mari comme on pouvait l'être à l'époque, attentive à le rendre heureux, à le soulager des affaires domestiques. Même si, pour cause d'éloignement géographique, on ne se voyait qu'aux mariages, baptêmes et autres grandes occasions, la famille du côté maternel était très unie. Les trois sœurs Herman étaient des cuisinières hors pair. Ma mère, qui était une maîtresse de maison dans l'âme, aimait beaucoup recevoir. Elle adorait faire la cuisine et possédait un répertoire extrêmement fourni, qui allait de la poule au riz aux plats exotiques qu'elle avait rapportés de son séjour à Casa, tajine, poulet au miel, délicieux couscous, en passant par les escalopes de veau à la crème, le gratin dauphinois, les ris de veau, la timbale à l'impératrice et j'en passe. Longtemps, pour Monique et moi, le déjeuner du dimanche chez les parents fut une institution. Lorsque nous ne tournions pas ou que nous ne jouions pas en matinée, nous avions droit au gigot du dimanche ou à la poule au pot du roi Henri IV. Avec une générosité sans faille, maman se consacrait entièrement à son mari et à ses enfants. Elle était réservée, gaie, souriante, et faisait preuve d'une grande abnégation, quand on y réfléchit maintenant. De temps en temps, il lui arrivait de bouder. Quand elle était contrariée, elle pouvait se fermer. Mon père n'échappait pas à ces bouderies. Avec Monique, nous intervenions parfois : « Écoutez, mamine, ça va maintenant. – Oui, mais ton père m'a dit que... » Je disais à papa : « Écoute, fais attention à ce que tu dis, comme ça... »

Le vrai pays de mon enfance, celui qui m'a procuré mes premiers souvenirs, c'est le Maroc. J'avais trois ans lorsque mon père a quitté les Vêtements Sigrand pour une place plus gratifiante dans une petite maison de confection qu'avaient fondée deux associés, MM. Audrain et Courant. Leur chaîne de magasins était bien implantée dans le sud-ouest de la France. Elle avait Toulouse pour maison mère et des succursales jusqu'en Afrique du Nord. Mon père avait été nommé directeur du magasin du Maroc, à Casablanca. Nous sommes arrivés là-bas en 1934. La vie était très agréable. Dans un immeuble moderne, nous habitions un grand appartement devant ce qu'on appelait le parc Lyautey, qui maintenant doit s'appeler le parc des Martyrs-de-l'Indépendance, un très beau jardin dans le centre. Mon père avait une belle situation et gagnait bien sa vie. Beaucoup de marchandises ne payaient pas de droits de douane, et tout était bien meilleur marché qu'en métropole. Tout de suite en arrivant, mon père, qui aimait les belles choses, a commencé par s'offrir une magnifique Chevrolet. J'ai un peu hérité de ce genre de pulsion. Chose qui paraîtrait extravagante aujourd'hui, mes parents avaient fait meubler tout l'appartement par un ébéniste de Casablanca. Tous nos meubles étaient faits sur mesure, dans le style de 1930. Par la suite, ils nous ont suivis dans nos différents logements. Ils ont accompagné toute ma jeunesse. À l'époque, je les trouvais banals. Avec le retour en grâce de cette période, j'ai fini par me dire qu'ils n'étaient pas si mal. Pendant ces quatre ans, mon frère et moi avions une nounou qui s'appelait Yamina. C'était une très belle Marocaine, qui venait de l'Atlas, un amour de femme. Malgré cette vie de rêve, je n'ai pas eu le temps d'avoir la nostalgie du Maroc. En 1938, mon père a été nommé à Toulouse. Outre le magasin de la ville, il dirigeait maintenant les succursales de tout le sud de la France.

L'été, nous passions nos vacances au Touquet, ce qui changeait du Maroc et nous permettait de voir les tantes et les grands-parents. Mon père ne venait passer qu'un mois, mais avec ma mère et mon frère, nous restions un peu plus longtemps. Chaque jour, nous allions nous baigner. Nous louions une cabine qu'on roulait sur la plage. La mer était très fraîche, elle fouettait les sangs. Avec des amis que nous retrouvions chaque année, nous pêchions la crevette. Mon père aimait beaucoup jouer au tennis. Il était toujours très élégant, pantalon de flanelle blanche et chemise Lacoste. Comme il jouait bien, il était très recherché comme partenaire, sur les cours de terre battue. Certains soirs, les parents allaient au casino. Maman adorait risquer quelques francs à la roulette. Sans doute avait-elle un sentiment de danger, mais comme elle était réputée avoir de la chance... Le reste du temps, elle lisait, tricotait, brodait sur notre linge les initiales de la famille, passe-temps que je lui ai vu pratiquer jusqu'à ses derniers jours. Beaucoup plus tard en effet, après la naissance de Frédérique, nous avons repris l'habitude d'aller passer l'été au Touquet, et j'invitais mes parents. Maman se plaisait à faire le marché. Elle était diserte, sociable. Cela lui prenait toujours au moins deux heures parce qu'elle prisait le bavardage avec les commerçants. Monique se moque toujours de moi quand je fais les courses parce que j'ai du goût à parler, je raconte ma vie. Elle me dit toujours : « On dirait ta mère. » Maman aimait bien donner des détails, en effet, surtout quand j'ai commencé à être un peu connu.

Si ma mère pouvait sembler très dépendante de son mari, très soumise et très humble en apparence, elle s'est aussi révélée absolument indestructible dans les coups durs. Son courage était à toute épreuve. En 1939, lorsque la guerre a été déclarée et que mon père est reparti, il a fallu qu'elle s'occupe de nous toute seule. Sous l'Occupation, elle n'hésitait pas à s'embarquer dans des cars improbables pour aller mendier un bout de saucisse au fin fond des campagnes. Comme mon père avait quarante-cinq ans et deux enfants, il a été rapidement démobilisé pendant la drôle de guerre, ce qui lui a évité d'être fait prisonnier. Au moment de l'armistice, comme bon nombre de Français, il a été soulagé que Pétain prenne les choses en main. En tant qu'ancien combattant de 1914-1918, il avait un a priori favorable. Par la suite, ses bonnes dispositions se sont nuancées, surtout lorsque les Allemands sont entrés dans la zone dite libre. Mais il n'a pas fait de résistance. Il aurait même pu avoir quelques ennuis. En effet, plusieurs de ses amis juifs lui avaient demandé de s'occuper de leurs biens pendant qu'ils étaient cachés. Pour pouvoir continuer à gérer ces affaires, tout en s'occupant de ses magasins à lui, il avait donc dû traiter avec le commissariat aux Questions juives. À la Libération, on est venu lui demander des comptes. Comme il avait accompli ces démarches à la demande de ses amis juifs, il a été rapidement blanchi.

Et puis mon frère Jean était dans la Résistance. Il faisait partie du corps franc Pommiès. Cette organisation était dirigée par un officier d'active, André Pommiès. D'esprit indépendant, il avait créé un réseau puis un maquis assez important, dans les environs de Tarbes, qui a mené à bien nombre d'opérations, attaques de convois ou sabotages. À partir de l'été 1944, ces volontaires se sont tous engagés dans l'armée de Lattre. Ils ont été incorporés dans les régiments de l'armée d'Afrique et sont partis à la poursuite des Allemands, à travers la France et l'Allemagne. Pommiès était un entraîneur d'hommes hors pair. Autour de mon frère, beaucoup de jeunes gens l'avaient rallié, son professeur ou ses copains de philo. Tout s'était fait à l'insu des parents. Aussi, le 5 juin 1944 au soir, nous étions en train de dîner en famille lorsqu'on a sonné à la porte. Mon frère est allé ouvrir. Lorsqu'il est revenu, il s'est adressé à papa et maman :

— Il faut que je vous dise, je fais partie d'un mouvement de résistance ; je dois rejoindre les camarades. On a rendez-vous à la sortie de Toulouse, car les Alliés vont débarquer demain.

Imaginez un peu la tête de mon papa, officier de réserve, à qui son fils de dix-huit ans explique que les Alliés vont débarquer le lendemain !

— Écoute, mon grand, lui a-t-il répondu, on va voir, on va manger la compote, on attendra demain, et s'ils débarquent, il sera toujours temps que tu partes !

Et Jean de renchérir :

— Non, papa, il faut que j'y aille, c'est sérieux.

Donc parmi les larmes de la maman, la fierté du frère et l'émotion du papa, mon frère a chaussé ses brodequins, ses knickers en velours et sa veste assortie, il a mis sur son dos son sac de routier scout bien rempli, déjà préparé depuis plusieurs jours, et il est parti dans la nuit rejoindre ses copains.

À Toulouse, on avait senti la guerre progresser. Bien que n'ayant pas une dévotion particulière pour de Gaulle, mon père était de ceux qui se réjouissaient de la progression des Alliés. Il était foncièrement patriote. Sans être militariste, il avait de la sympathie pour l'armée. Pendant l'entre-deux-guerres, il avait effectué toutes ses périodes. Il était décoré. Politiquement, il était de droite. S'il n'avait jamais été d'Action française, son père, mon grand-père, l'était. Je l'ai bien connu car il est mort dans les années 1950, il a vécu chez nous, à Paris, les dernières années de sa vie. Quand j'étais en pension à Juilly, mon père et ma mère l'avaient recueilli. Avant la guerre, nous voyions très peu nos grands-parents, qui habitaient Amiens. Une fois l'an, nous passions les voir, au moment des vacances au Touquet. Nos relations n'avaient rien à voir avec celles que l'on peut entretenir maintenant avec nos petits-enfants. Je n'étais pas spécialement proche de lui. Il était gentil mais froid, d'apparence sévère. Toujours vêtu d'un habit noir, pantalon rayé, col dur et chapeau melon, il portait moustache et barbiche. À la maison, sa présence était légère, le contraire d'un poids. Il était resté Action française et continuait à lire leur journal. Cela faisait beaucoup sourire papa, qui regardait cette marotte d'un œil indulgent. On a souvent dit que ce courant de pensée était un apanage de la haute bourgeoisie ; dans ma propre famille, j'ai eu la preuve que ce n'était pas le cas. Papa, quant à lui, préférait lire *Le Figaro*, dont la ligne le satisfaisait davantage. Il appréciait tout particulièrement certains auteurs chroniqueurs. Je l'entends encore me dire : « Oh, tu devrais lire l'article de James de Coquet, c'est un petit morceau d'anthologie ! »

Je me souviens très bien de l'entrée à Toulouse des troupes allemandes. C'était après l'invasion de la zone dite libre, en novembre 1942. J'étais en route pour le lycée, comme tous les matins. J'ai vu les troupes défiler sur les avenues, avec tout le cérémonial : SS en uniforme noir, véhicules pavoisés de drapeaux rouges à croix gammée, blindés aux grondements assourdissants, Mercedes décapotables dans lesquelles trônaient des officiers sanglés dans des manteaux de cuir. À quatorze ans, quand vous trouvez pareil spectacle sur le chemin de l'école, cela secoue. Mais si nous avions senti la tension qui montait, nous et nos proches n'en avions pas souffert directement, Dieu merci. Notre quotidien, c'était, pour moi, d'aller à l'école, pour mon père d'aller à son magasin, établissement prestigieux à mes yeux, qui se déployait sur un ou deux étages rue d'Alsace-Lorraine. Après que je me suis fait mettre à la porte du lycée, on m'a inscrit dans un collège de frères maristes, l'école Montalembert, où j'ai véritablement commencé ma carrière de cancre. Jusqu'en septième, je me maintenais dans la moyenne, mais entré en sixième les choses se sont rapidement dégradées. Dès la cinquième, ce fut une catastrophe. J'étais faible en mathématiques, principalement. Mais tout m'emmerdait. Je m'ennuyais à périr. Mon frère, bien que rêveur lui aussi, poursuivait une scolarité plus normale. Nous avions cinq ans de différence mais nous étions très proches, nous dormions dans la même chambre – nous nous bagarrions de temps en temps, nous nous foutions des peignées, comme tous bons frères qui se respectent. Mais nous avions des activités séparées, et chacun notre petit cercle d'amis. S'il n'y avait pas eu cet accident de la guerre, Jean aurait peut-être fait carrière dans l'administration coloniale. Il avait cinq ans de plus que moi, et je pense qu'il avait été très marqué par le Maroc. Plus tard, il est retourné là-bas traîner ses guêtres et travailler à droite à gauche. Il avait rêvé de passer le concours de l'École coloniale. Mais lorsqu'il est revenu du maquis et de la campagne d'Allemagne, il n'a plus voulu retourner au lycée. Il n'a jamais passé son bac philo. Il a été transformé, pour ne pas dire détruit, par la guerre. À dix-sept ans, la clandestinité avec le corps franc Pommiès devait avoir un côté jeu de piste. Sans doute y eut-il aussi d'autres raisons. Ils étaient trois copains à s'être engagés. Un des trois a été tué dans le maquis. J'imagine, car on n'en a jamais parlé, que mon frère Jean devait être à ses côtés. À ce moment-là, quelque chose a dû se passer, le conduisant à un renoncement. C'était quelqu'un d'intelligent et de cultivé. Il était assez timide et réservé, mais pas de façon maladive. Seulement, il se refusait absolument à diriger ou commander à qui que ce soit. Toute sa vie, il a fui les responsabilités. Chaque fois que, par des amis ou des relations, il était question qu'on lui confie quelque chose, il allait voir très gentiment la personne qui lui voulait du bien, puis il remerciait et déclinait la proposition. Il a passé sa vie à faire des petits boulots. Il n'avait pas de gros besoins. S'il pouvait acheter des bouquins, lire, écouter de la musique, cela suffisait à son bonheur. Il aimait beaucoup la musique. Il a eu plusieurs femmes et l'une d'elles, que Monique et moi aimions beaucoup, était très mélomane. Elle lui a ouvert l'esprit dans ce domaine. Mais s'il n'a jamais tiré le diable par la queue, il n'a jamais eu beaucoup d'argent devant lui. Il a terminé sa vie professionnelle comme visiteur médical dans un gros laboratoire, métier qui lui laissait l'esprit complètement libre, mais qui lui était complètement indifférent.

L'avenue Frédéric-Mistral où nous habitions est une grande artère qui se trouve en face du jardin des Plantes de Toulouse. Il s'y trouve beaucoup de jolis hôtels particuliers ; la plupart avaient été réquisitionnés par les officines allemandes, pour y installer qui le mess des officiers, qui la Kommandantur, et peut-être même aussi la Gestapo. Avec Lyon, Toulouse a été un des hauts lieux de la Résistance française, et donc un centre de détention et de déportation. Il y a eu beaucoup de torturés, de fusillés et de trains en partance pour les camps. Un jour, je rentrais de chez un copain et j'ai entendu des cris dans un jardin qui donnait sur l'avenue Frédéric-Mistral. Le jardin était protégé par des grilles qui elles-mêmes étaient aveuglées par des tôles. Je me suis rendu compte que les cris étaient en allemand. Soudain, j'ai vraiment vu quelqu'un en train d'essayer de sortir, de franchir la grille. J'ai aperçu ses mains, et une bagarre là derrière, j'ai le souvenir de mains qui s'agrippaient et qu'on arrachait des barreaux...

Quelques mois plus tard, à l'été 1944, j'ai aperçu au même endroit une longue colonne en train de se former. C'était une foule hétéroclite de bureaucrates, de collaborateurs et de petites amies qui s'entassaient dans des véhicules militaires et des voitures de tourisme. Les Allemands partaient. Alors que les fumées d'échappement étaient à peine dissipées, on a vu sortir les héros de la vingt-cinquième heure. Ils sont allés vérifier si par hasard dans ces bureaux, il ne se trouvait pas quelque retardataire. Il y en avait un, bien sûr, et je l'ai vu lyncher. J'ai vu la foule écharper ce soldat allemand. Il paraissait à moitié ivre. Je ne sais pas de quoi.

La Libération n'en a pas moins été un moment extraordinaire. Mon frère est revenu à la maison, vivant. Nous avions eu de vagues nouvelles de lui, mais jamais par écrit.

La religion ne tenait pas une place énorme dans la famille. Nous ne la contestions pas pour autant. C'était une chose acquise, un climat. Le soir, nous disions notre prière mais pas régulièrement, pas toute ma jeunesse. Pendant l'enfance, plutôt. Le dimanche, nous allions à la messe avec maman, mais je ne sais pas si papa y assistait régulièrement. Comme mon frère avant moi, j'ai été baptisé, j'ai fait ma première communion, ma confirmation. Nous avions une pratique très routinière, parce que cela se faisait, mais avec une vraie sincérité. Ma mère était plus pratiquante que mon père. Elle avait la foi du charbonnier. Papa, je ne sais pas. Il ne nous en a jamais parlé. Ma mère nous disait aussi : « Ne fais pas ça, le petit Jésus ne va pas être content », ce genre de formules. Mon père n'a jamais travaillé sur ce genre d'images.

Mes premières vraies émotions religieuses, je les ai ressenties au collège de Juilly, chez les oratoriens. Là, j'ai beaucoup aimé tout ce qui était liturgie. Il faut dire que les pères la rendaient très séduisante et spectaculaire. Nous pratiquions le chant grégorien. Nous servions la grand-messe en aube. Il n'y avait pas d'exagération : nous n'allions à la messe que le dimanche. Le règlement était beaucoup moins astreignant que chez les jésuites par exemple, les grands concurrents de l'Oratoire. L'atmosphère n'était pas du tout prosélyte. Nous étions libres, avant tout. Ceux qui voulaient participer participaient, ceux qui préféraient se tenir en recul avaient la possibilité de le faire. C'était le contraire d'un joug. À partir du moment où je me suis mis à servir la messe, j'ai été plutôt assidu. Avec mes copains, je faisais partie de la manécanterie, je chantais, j'étais sous-diacre. Pourtant, malgré tout cela, je n'ai jamais été très porté sur la chose religieuse. Si j'aimais le côté spectaculaire des célébrations, je n'ai jamais vraiment donné dans la mystique. Mais j'avais des amis qui étaient vraiment impliqués, qui avaient une pratique religieuse beaucoup plus régulière, plus approfondie que la mienne.

Mon frère et moi avons hérité la voix de notre père, une voix de basse plutôt caractéristique. Longtemps, on nous a confondus au téléphone. Il m'arrive souvent, à moi qui ne crache pas sur l'emphase, de me remémorer le ton grandiloquent que mon père adoptait volontiers. À table, il balançait de temps en temps un distique ou un quatrain, à brûle-pourpoint. Cela pouvait être Verlaine, par exemple :

Le ciel est, par-dessus le toit,
Si bleu, si calme !
Un arbre, par-dessus le toit,
Berce sa palme.

Alors la tradition familiale voulait, soit que nous connaissions déjà, soit que nous demandions le nom de l'auteur. Et il répondait : « Verlaine, *Sagesse* » d'un ton définitif. Lorsqu'il nous récitait ses poèmes, il avait des intonations de théâtre. Je me rappelle un distique, sorti de je ne sais où, qui n'est pas d'une grande valeur artistique mais qui revenait souvent dans sa bouche :

Chaque jour huit pendus à faces de Gorgone
Grimaçaient aux huit coins de ma tour octogone...

Il nous déclamait cela sur un ton de Coquelin Aîné, sans prévenir, au petit déjeuner. Il possédait un vaste répertoire de cette eau-là et ne lésinait pas sur la répétition. C'était gai, chez nous. Cela faisait partie des petites routines, de nos petites traditions.

Souvent aussi, mon père citait les vers d'un jeune poète, Jean de La Ville de Mirmont :

Cette fois, mon cœur, c'est le grand voyage
Nous ne savons pas quand nous reviendrons.
Serons-nous plus fiers, plus fous ou plus sages ?
Qu'importe, mon cœur, puisque nous partons !

Il avait dû apprendre ces poésies longtemps avant notre naissance, parce qu'il n'y avait aucun de ses recueils dans la bibliothèque de la maison ; il ne nous a jamais dit : « Prenez et lisez. » Je n'ai retrouvé ces vers que des années plus tard, il y a quatre ans, lorsqu'on a édité ses œuvres complètes, qui malheureusement sont minces à cause de sa mort précoce. Jean de La Ville a été tué au Chemin des Dames, en 1914. Outre les poèmes, il a écrit un roman merveilleux, *Les Dimanches de Jean Dézert*. Je me suis plongé dans cette lecture avec énormément d'émotion. Une de mes amies, Noëlle Rondeau, m'avait trouvé plusieurs exemplaires que je distribuais autour de moi. Au détour des pages, je redécouvrais les poèmes dont mon père nous gratifiait au cours de ces séances improvisées. Jean de La Ville a beaucoup écrit sur le fleuve, les ponts, Bordeaux, les voiliers, les appareillages. Quelques mois plus tard, j'ai eu l'occasion d'enregistrer quelques-uns de ces textes. C'était à l'occasion d'une espèce de son et lumière sur le fleuve, sur Garonne comme on dit. Là-bas, on ne dit pas « la » Garonne, on dit simplement « Garonne », comme si l'on parlait d'une personne. La fête de Garonne.

Notre bibliothèque n'était pas spécialement fournie. Papa n'était pas ce que l'on appelle un gros lecteur. Il avait ses livres de chevet, Montaigne et les poètes, et aussi des livres dont on parlait, sur le Maroc par exemple, ceux des frères Jérôme et Jean Tharaud, *Fez ou les Bourgeois de l'Islam*, *Marrakech ou les Seigneurs de l'Atlas*. Il devait y avoir des Mauriac et des Maurois, des Mac

Orlan, des Francis Carco... Malraux et Bernanos aussi sans doute. Il possédait un exemplaire des *Croix de bois*, qu'il avait fait relier. Roland Dorgelès le lui avait dédicacé, parce qu'ils avaient combattu dans les mêmes coins, pendant la Grande Guerre. Papa achetait seulement les livres qui lui paraissaient indispensables. Je me souviens que, quelques bonnes années avant sa mort, il m'avait demandé si je pouvais lui prêter des œuvres de Céline, parce qu'il ne « voulait pas mourir idiot ». Alors je lui avais apporté *Voyage au bout de la nuit*.

De mon côté, je lisais la Bibliothèque verte, et Jules Verne, dans une très belle collection entoilée : *De la Terre à la Lune, Vingt mille lieues sous les mers, Les Enfants du capitaine Grant*. J'écumais aussi la collection Nelson, avec ses jolies couvertures claires ornées de guirlandes, qui m'avait séduit grâce au *Dernier des Mohicans* de Fenimore Cooper. Mais ma première grande émotion de lecteur, je la dois aux *Trois Mousquetaires* d'Alexandre Dumas. Je devais avoir quatorze ou quinze ans. Pour la première fois, j'ai eu le sentiment de ce qu'était un auteur. J'étais stupéfié qu'un homme ait pu créer, par son seul talent et sa seule imagination, ce monde et ces personnages si divers. Et quel style ! J'ai senti ce qu'était la littérature. En outre, j'avais été assez troublé par les amours des mousquetaires et par le charme vénéneux de cette chère Milady. Régulièrement, je me replonge dans Dumas. La mort de Porthos, c'est encore quelque chose qui me bouleverse profondément.

Dans ma famille, on avait beaucoup de gestes de tendresse. Ma mère nous faisait des câlins à n'en plus finir. Même assez tard, je me rappelle avoir été serré dans ses bras pour une contrariété ou un chagrin. Mon père n'était pas en reste. Je me suis assis sur ses genoux jusqu'à l'adolescence. Entre nous, il y avait cette proximité, cette absence de réserve, mais en même temps une très grande pudeur, surtout dans l'expression verbale des sentiments.

Nos parents étaient très présents dans notre éducation. Si nous avions avec eux des rapports très libres, si nous nous tutoyions, ce qui se pratiquait dans notre milieu, il fallait en revanche bien se tenir à table. Lorsqu'ils avaient une conversation à deux ou avec un adulte, on n'interrompait pas. Mon père était quelqu'un d'exigeant, qui avait un sens aigu de la tenue, aussi bien physique que morale. Il n'aimait pas l'avachissement, le laisser-aller, comme on disait et comme on dit encore parfois bien que par les temps qui courent, ce soit devenu un art de vivre. À part en vacances, au bord de la mer, je l'ai toujours vu avec une cravate. À sa génération, on n'imaginait pas de ne pas en mettre. « Un peu de tenue », disait-il volontiers. Sans sévérité excessive, nous étions bien élevés. Mon père sévissait surtout lorsque je passais les bornes, au lycée ou en pension. Dans ces cas-là, il lui est arrivé de perdre son calme, ce qui pouvait le rendre terriblement malade. De temps en temps, lorsque j'avais vraiment exagéré, je recevais une gifle, ou un coup de pied au cul, si je m'avisais de fuir. Mais j'avais le sentiment que c'était quelque chose qui le dépassait. Lorsqu'il s'était mis en colère, et qu'il estimait s'être laissé aller, il en faisait une maladie. Je me souviens de ma mère me disant : « Tu as rendu ton père malade, il est allé s'allonger. » Il avait besoin de recouvrer son sang-froid et il s'en voulait énormément de l'avoir perdu.

Afin de faire de la publicité pour ses magasins, mon père avait créé un club de cinéma pour les enfants, qui s'appelait le club Laurel et Hardy. Les membres arboraient fièrement un petit pin's à la boutonnière. Les projections avaient lieu le jeudi matin, jour de congé des écoliers. Le Grand Cinéma de Toulouse était un lieu plus difficile d'accès. Je me rappelle être allé voir en douce *Les Aventures fantastiques du baron de Münchhausen*, film à grand spectacle et en couleurs qui avait de surcroît l'avantage inespéré de contenir plusieurs scènes de baignade avec des dames.

Après la Libération, les films étaient entrecoupés par un entracte, au cours duquel il y avait une attraction. Un jour, nous avons vu monter sur scène un inconnu qui s'appelait Yves Montand. Il portait un pantalon et une chemise marron à col ouvert, ce qui était très original à une époque où la plupart des chanteurs se produisaient en costume cravate. Il avait dû chanter deux ou trois chansons, dont un de ses premiers tubes :

Dans les plaines du Far-West, quand vient la nuit
Les cow-boys, dans leur bivouac, sont réunis...

Quelques années après, je l'ai entendu reprendre cette chanson et je me suis souvenu des entractes au Grand Cinéma de Toulouse.

Côté théâtre, c'était le désert. Il y avait bien une troupe qui relevait du mouvement des Comédiens routiers, issu du scoutisme, mais elle n'avait rien à voir avec l'aura d'un vrai théâtre. Grâce au Capitole, la musique était mieux représentée. Las, mes parents n'étaient guère mélomanes. Nous possédions bien un phonographe et quelques disques de mélodies françaises, chantées par Georges Thil ou Géori Boué, mais avant Juilly et le chant grégorien, je n'ai jamais étudié la musique. Là-bas, un de nos professeurs, qui adorait le chant choral, avait monté une manécanterie. Nous pratiquions la polyphonie. Nous interprétions des motets de Palestrina, du Vincent d'Indy, ce genre de pièces. Je ne chantais pas très juste mais j'avais une bonne voix. En groupe, lorsque j'étais bien entouré par deux ou trois amis qui me donnaient le *la*, je pouvais aider au volume. Lorsque des années plus tard, en 1977, j'ai tourné *Tendre Poulet* avec Philippe de Broca, je m'en suis souvenu lors de la scène du bistrot après la pluie où, avec quelques autres, nous entonnons un *Agnus Dei* vibrant, sous les yeux d'une Annie Girardot ébahie. Mais ma véritable apothéose a sans doute été de chanter à Saint-Pierre de Rome, devant Pie XII. La manécanterie de Juilly était une des multiples filiales des manécanteries à la croix de bois du révérend père Fernand Maillet, le créateur des petits Chanteurs à la croix de bois. Un jour, toutes ces manécanteries se sont réunies à

Rome. Il devait y avoir deux ou trois mille chanteurs. Nous étions logés au Vatican même. En aube, croix de bois autour du cou, j'ai chanté l'*Ave Verum* de Mozart devant le pape, au cours d'une messe concélébrée. Cette fameuse croix était en fait une croix scoute. Si, contrairement à mon frère, je n'ai jamais été scout, j'ai appartenu à une meute de louveteaux, à Toulouse. Et malgré mon côté anarchiste, je ne détestais pas l'atmosphère du scoutisme, la vie au grand air, les rituels, l'uniforme... J'avais un totem que j'ai totalement oublié si ce n'est qu'il était tout à fait extravagant et n'avait pas beaucoup de points communs avec moi. Nous partions avec nos tentes, plusieurs semaines, chaque été. C'est là que j'ai dû jouer mes premiers sketches, et connaître mes premiers succès publics, à la lueur des feux de camp.

Pendant un temps, lorsqu'on me demandait ce que je voulais faire plus tard, je disais : dentiste. Je suis passé directement de capitaine des pompiers à dentiste. Est-ce parce que je les ai particulièrement fréquentés, pendant mon enfance ? Je sais que j'ai répondu cela un jour à maman. Peut-être était-ce un canular pour qu'on me laisse tranquille ? Une plaisanterie en vase clos que j'étais le seul à comprendre ? Mystère. Je savais en tout cas ce dont je ne voulais pas : un métier comme celui de mon père, ou dans l'Administration, tout ce qui pouvait ressembler à un carcan quelconque. Le temps des études, qui s'ouvrait devant moi, me faisait peur. Je suis devenu comédien un peu par défaut. Un jour, je me suis dit que ce que je faisais par plaisir, je le ferais aussi bien pour gagner ma vie. Mais il s'agissait plus d'une fuite que d'une réelle attirance.

J'ai été un cancre. C'est une grande douleur d'être un cancre. Si encore il y avait eu de la mauvaise volonté de ma part ! Si ne rien faire à l'école avait été une façon de dire non à l'autorité ou aux parents ! Mais non. J'étais au mieux avec mes parents, je les aimais, je savais qu'ils m'aimaient. Mon rêve aurait été de les satisfaire, de ne pas les décevoir, de leur faire plaisir. Qu'ils soient fiers de moi. Et je n'y arrivais pas. Dès la quatrième, j'ai été pris dans une sorte de spirale. Au début, cela passe encore. Ensuite vous touchez la barre ; elle bouge mais ne tombe pas. Et puis l'année d'après, c'est terminé. Vous courez après le peu de connaissances que l'on vous demande d'assimiler, vous n'y parvenez pas, vous commencez à tricher, vous commencez à mentir aux gens que vous aimez le plus au monde, en l'occurrence les parents. Cette cascade de mensonges, ce filet dans lequel on s'emprisonne soi-même, est quelque chose de terrifiant. L'angoisse vous accompagne, elle devient perpétuelle : vous n'êtes jamais à jour, vous faites des devoirs dont vous savez qu'ils ne seront pas à la hauteur, vous ne savez pas vos leçons, vous recopiez des antisèches, vous copiez, vous demandez à un copain son devoir, vous consacrez des trésors d'ingéniosité à vous démarquer de lui pour camoufler votre tricherie. Être cancre devient une sorte de métier, comme d'être écolier. Je me souviens d'avoir évoqué ce cercle vicieux avec un autre ancien cancre notoire, Michel Galabru, sur le tournage du *Juge et l'Assassin* de Bertrand Tavernier. Comme moi, il en avait souffert énormément, et pendant toute la durée de ses études.

Mon père, qui n'avait pas beaucoup été à l'école, aurait adoré que je réussisse dans cette voie. Il m'aurait encouragé, soutenu. Mais il n'y avait rien à faire. Il faut dire que les professeurs ne faisaient pas grand-chose pour enrayer ce processus. Avant Juilly, je n'ai pas rencontré de maître qui m'ait laissé un souvenir impérissable. Peu savaient susciter l'intérêt de leurs élèves, peu s'y intéressaient même. Seuls suivaient ceux qui voulaient bien suivre. Ce n'est qu'à Juilly que les choses ont changé. Je n'ai pas cessé d'être un cancre ; mais là, j'ai découvert des enseignants qui avaient vraiment la vocation.

2.

Notre installation à Paris. Janson-de-Sailly, épisode fugitif. Pensionnaire à Juilly. La vie dans la Brie. Le père Louis Bouyer. Fastes de la liturgie. Comment j'ai eu ma chevalière. Révélation du théâtre. Le père Bouyer me met à l'épreuve. Donogoo Tonka. *Julien Green et Jouhandeau. Souvenir de Pierre Renoir. La lumière comme refuge. Vie et mort du père Bouyer.*

En 1945, les patrons de la société pour laquelle travaillait papa, MM. Audrain et Courant, décidèrent de l'envoyer à Paris. Nous étions tous contents de ce déménagement. Papa quittait la direction des magasins pour devenir acheteur. C'était désormais à lui d'approvisionner la chaîne en matières premières. Quant à moi, je connaissais déjà un peu la capitale : l'école Montalembert était arrivée en finale du championnat de natation des écoles catholiques. Je m'étais spécialisé dans le quatre fois cinquante mètres nage libre. Au jour fatidique, rien ne s'était passé comme prévu : en bon cancre qui se respecte, je m'étais trompé d'heure pour la compétition. Je n'ai donc jamais connu les joies du podium. Nous nous sommes installés rue Michel-Ange, près de la porte de Saint-Cloud. L'appartement était banal, mais très agréable.

À peine inscrit au lycée Janson-de-Sailly, j'ai immédiatement repris mes bonnes vieilles habitudes. Paris ne changeait rien à l'affaire. J'étais indiscipliné, je chahutais, je n'avais aucun résultat. Mon frère m'engueulait, mais ne pouvait guère m'aider. On me donnait des cours particuliers, en pure perte. Je cultivais l'insolence. Je ne voudrais surtout pas donner l'impression que j'étais quelqu'un d'intéressant; ou alors seulement au sens où l'entendait maman lorsque je rentrais collé : « Tu as encore fait ton intéressant... » Il y avait là quelque chose de pathétique.

N'ayant aucun succès dans les études, j'avais besoin d'être reconnu autrement. Je ne me sentais pas bien dans ma peau. Le visage orné d'un pif qui avait surgi sans crier gare, à la puberté, je ne savais que faire de ce corps maladroit de grand gars poussé trop vite. Cette tendance à faire mon intéressant, selon l'expression si juste de ma mère, a duré encore quelque temps, y compris après que je suis devenu comédien. J'en faisais trop. Le père Tardiveau, préfet des études à Juilly, allait bientôt résumer tout cela dans une formule lapidaire, dont j'imagine qu'il n'était pas l'auteur : « Noiret, votre suffisance n'a d'égale que votre insuffisance... » Aussi l'épisode Janson fut-il bref. Ils n'ont pas tardé à me virer.

Ayant été renvoyé de Janson, il fallait maintenant trouver un établissement privé qui acceptât de m'accueillir. Mon père songeait à me mettre en pension. Un de ses amis lui avait parlé d'un collège de Seine-et-Marne tenu par des religieux, non loin de Roissy-en-France et de Dammartin-en-Goële : Juilly. Un rendez-vous avait même été organisé avec un ancien, afin que ce dernier puisse vanter les mérites de l'endroit. Le comique de l'histoire, comme je l'ai appris beaucoup plus tard, c'est que mon père avait trouvé ce type parfaitement imbécile, au point qu'il avait bien failli ne jamais m'inscrire dans l'établissement. Mais le gars était tellement pontifiant et content de lui que papa s'est dit qu'il n'était pas possible qu'un collège puisse à ce point déformer quelqu'un. Le bonhomme avait forcément des antécédents. À chaque phrase ou presque, il martelait : « Chaque pierre a son histoire... » Dans un argumentaire, cela peut passer une fois, mais plusieurs fois, il y a de quoi inquiéter un père.

Quand mon cher père m'a emmené là-bas, il pensait que j'avais bien mérité d'être traité à la dure. Je lui avais donné tellement de souci en me faisant mettre à la porte de Janson ! Mais quand il a découvert les lieux, un soir de fin septembre, avec la brume sur les étangs et l'odeur de betterave qui imprégnait toute la région, je crois qu'il était presque plus secoué que moi. Nous nous trouvions en pleine Brie. Au milieu d'un vaste parc clos de murs, le collège était constitué d'immenses bâtiments, d'une austérité toute janséniste. La partie où j'étais appelé à loger était la plus ancienne. Elle datait de Louis XIII. Chaque dortoir comptait de soixante à quatre-vingts lits, et les réfectoires pouvaient accueillir plusieurs centaines d'élèves.

Pour la première fois, je me retrouvais en pension. Or, je n'avais jamais songé à me révolter contre la vie familiale. J'avais toujours vécu dans un cocon, très heureux avec mon frère et mes parents. Et voilà que j'étais maintenant condamné à ne les voir qu'une fois par mois. Lorsque nous sortions, c'était le samedi à midi pour être de retour le dimanche soir. J'essayais pourtant de voir le bon côté des choses. Ce serait bien le diable si je n'arrivais pas à faire mon trou là-dedans. Tout cela avait un côté exotique, qui changeait de la routine. Pas d'uniforme, mais les anciens portaient des casquettes en velours. Le collège avait été fondé au XVIIe siècle par la congrégation de l'Oratoire, qui le possède toujours. J'étais particulièrement impressionné par la salle des illustres. Sous l'Ancien Régime et jusqu'à nos jours, dans les meilleures familles, il était de tradition d'envoyer les enfants à Juilly. Une salle entière était consacrée aux anciens élèves célèbres. On pouvait y admirer leurs bustes : Montesquieu, Massillon, Condren... Il y avait surtout d'Artagnan, le vrai d'Artagnan. J'espérais que quelque chose allait se produire, et que je réussirais enfin à sortir de ma condition de cancre.

Les parents ne nous rendaient visite que très rarement. Aussi, les amitiés que nous tissions en arrivant avaient une grande importance. Elles nous aidaient à nous réchauffer le cœur, un tant soit peu. Fatalement, je me suis plutôt lié avec de mauvais écoliers de mon espèce. Mon meilleur ami s'appelait François Pozzo di Borgo. Il descendait d'une grande famille de la noblesse corse qui s'était beaucoup opposée à Napoléon et dont certains membres avaient fait carrière au service du tsar. Lui et moi étions les deux grands cancres diplômés de l'école, si j'ose dire. Quatre autres piliers venaient compléter ce noyau dur. Philippe Mitchké voulait être peintre. Il est devenu un graphiste de talent. Lussigny était un amoureux de Verlaine. Il écrivait. Yves de La Morandière, qui n'avait pas de violon d'Ingres, est entré après Juilly à l'école d'agriculture de Grignon. Par la suite, il a fait toute sa carrière comme régisseur du domaine de Chenonceaux. Quant au quatrième larron, il était davantage porté sur la musique et le chant. Il s'appelait Millot – nous l'appelions Darius, évidemment. Un peu plus tard, sous sa direction, nous avons constitué, dans le style des Compagnons de la chanson, un petit groupe qui s'appelait les « Fous de joie ». Comme les Compagnons, nous nous produisions en pantalon bleu et chemise blanche. Nos chants étaient accompagnés de mimes. L'ami Millot souffrait d'une maladie des reins. Il est mort brutalement, très vite après notre départ du collège.

Avec un peu d'usage, on se faisait à cette vie. Nous n'étions ni maltraités ni soumis à une discipline de fer. Simplement, nous devions nous lever à six heures moins le quart dans la bonne saison, et l'hiver à six heures et quart. Tous les matins, sauf s'il faisait vraiment trop mauvais, nous faisions de la gymnastique dans la cour ou dans le parc. Cela se pratiquait sous la houlette du professeur d'éducation physique, maître Lafoix. On l'appelait maître parce qu'il était maître d'armes. C'était un homme charmant, entre deux âges, le poil dru, poivre et sel, une petite moustache et les cheveux coupés court. Il donnait aussi des leçons de boxe, et tout vieux qu'il nous ait paru, il était toujours en excellent état de marche. J'entends encore sa voix quand il nous faisait faire nos mouvements :

— Sec et méchant, un, deux !

Au collège, le sport était une tradition. Des rencontres étaient fréquemment organisées avec Saint-Martin de Pontoise et d'autres collèges des environs. Je m'étais spécialisé dans le football et le lancer de poids. Avec ma taille, j'avais des prédispositions : Pozzo et moi étions les deux asperges de service. Je mesurais un mètre quatre-vingt-cinq, j'étais le grand. Quelques années plus tard, ce physique m'a permis de jouer les rôles d'homme mûr avant l'âge, les pères à vingt-cinq ans. En me voyant, Gérard Philipe a dû se dire que je ferais une bonne base de troupe.

À part l'aumônier scout de Toulouse, qui était un dominicain, j'avais peu fréquenté de prêtres avant d'entrer à Juilly. À l'époque, il y avait encore pas mal d'oratoriens au collège, peut-être une vingtaine : le supérieur, les préfets de chaque division, le préfet des études, beaucoup de professeurs aussi, car les oratoriens sont des prêtres enseignants. Ils portaient la soutane, et se coiffaient parfois d'un bonnet carré de théologien, dont la forme variait selon les grades. Gens de haute culture, ils étaient capables de remplacer au pied levé n'importe quel professeur absent, que ce soit en mathématiques ou en lettres. Parmi eux, les deux vedettes étaient des pères qui avaient des accointances avec le monde littéraire. Le père Cognet tout d'abord : ce spécialiste du jansénisme avait été le conseiller de Montherlant lorsque celui-ci avait écrit *Port-Royal.* C'était un petit homme sévère, costaud et râblé, avec un grand nez. Il régnait sur la bibliothèque, qui était très bien fournie et fréquentée par beaucoup de savants ; les documents sur la période ne manquaient pas, à Juilly. Dans certains endroits, en chuchotant, on se montrait de ces anciens christs aux bras étroitement levés qu'affectionnaient les jansénistes.

L'autre vedette était le père Louis Bouyer, notre professeur de lettres et de latin. Plutôt osseux, très maigre, il avait une tête ingrate, les oreilles décollées et de grosses lunettes qui cachaient des yeux extrêmement vifs. Il était propre sur lui mais sans coquetterie, sans apparat. Avant de se convertir au catholicisme, ce protestant d'origine avait commencé par être pasteur. Austère, il n'en était pas moins avenant dans ses rapports avec les élèves, et nous l'aimions beaucoup.

À Juilly, j'ai trouvé une plus grande attention de la part du corps enseignant. Bien que prêtres, nos maîtres étaient des professeurs comme les autres. À ceci près qu'ils n'abandonnaient pas les cancres à eux-mêmes. Comme ils cohabitaient avec nous, cela leur donnait une plus grande disponibilité. Ils surveillaient personnellement le travail en étude. En cas de besoin, cela leur permettait de conseiller les élèves. Contrairement à l'idée que je pouvais m'en faire, l'atmosphère du pensionnat n'avait rien de sévère. C'était tranquille et bon enfant, avec quelques chahuts parfois. Retroussant leur soutane, nos professeurs ne dédaignaient pas de participer à nos parties de foot ou de basket. Les fermes étaient nombreuses dans les environs. Il s'en trouvait même une à l'intérieur du collège, qui nous fournissait en produits frais. Pourtant, la France de 1946 en était encore aux tickets de rationnement. Afin d'égayer un ordinaire qui n'avait rien de très excitant, nos parents s'efforçaient de nous ravitailler, tant bien que mal. Au sein des élèves, cela avait fait émerger une classe à part, celle des enfants de cultivateurs. Nous les voyions revenir de week-end avec des caisses entières bourrées à craquer de beurre, de sucre et autres douceurs, le tout défendu par de gros cadenas. Inutile de dire que cette catégorie-là n'était pas en odeur de sainteté parmi nous.

Depuis des lustres, beaucoup de familles aristocratiques envoyaient leurs rejetons à Juilly. En fréquentant des descendants de la meilleure noblesse française, l'idée m'est venue de me faire faire une chevalière à mes armes : tous mes copains en portaient une à l'annulaire, pourquoi pas moi ? Mes parents m'avaient demandé ce que je voulais comme cadeau de Noël. Moi, n'y tenant plus, je leur réponds : une chevalière. « Bon, me disent-ils, on va t'en faire faire une. » Ça ne se portait pas tellement dans la famille, les chevalières. À part maman qui en possédait quelques-uns, modestes, personne chez nous n'avait de bijoux. « On ira chez le joaillier et tu choisiras. » Restait le problème du blason. Là, c'était à moi de trouver la solution. Or nous avions un voisin qui était vaguement généalogiste, ou héraldiste. Mes parents lui disaient juste bonjour ou bonsoir dans l'escalier, c'était tout. Je me suis décidé à aborder ce monsieur :

— Voilà, mes parents m'offrent une chevalière, je voudrais des armes et nous n'en possédons pas dans la famille. Que puis-je faire pour en avoir, sans scandale ?

— Eh bien, m'a-t-il dit, on va chercher, comment vous appelez-vous ? De quelle région êtes vous originaire ? Noiret, à Lille ! On va chercher.

Quelque temps plus tard, il est passé me voir avec une espèce de grand dictionnaire, dans lequel on trouvait une famille Noiret, timbrée d'un blason au massacre de cerf.

— Avec ça, m'a-t-il dit, je crois que vous ne risquez pas grand-chose.

C'était un échevin de Lille qui s'appelait Quentin Noiret et qui était mort en 1200, apparemment sans enfants. J'ai donc eu ma chevalière à Noël, sous le sapin, et depuis je ne l'ai jamais quittée.

De toujours, j'ai été attiré par le raffinement de ces objets symboliques. Plus encore que le côté aristocrate, j'enviais, chez ces amis de vieilles races, le côté ancien. J'aurais beaucoup aimé avoir cette connaissance qui est la leur de leur lignée, de leurs origines, de leur histoire qui souvent se confond avec l'Histoire et qui leur permet de se situer. Le passé m'a toujours fait rêver. Dès l'enfance, j'ai aimé me déguiser. J'ai transformé en cape bien des rideaux ou des couvre-lits. Ayant été nomade, je n'ai pas connu d'ancrage dans un terroir. Chez beaucoup de ces amis, j'ai retrouvé de façon plus établie, plus évidente, des qualités que mon père chérissait instinctivement, et une forme de comportement qui était issue du modèle chevaleresque. Ce qui ne gâtait rien, ces valeurs n'étaient pas incompatibles avec une certaine irrévérence envers la règle et l'autorité, pour laquelle je me sentais une inclination tout aussi prononcée.

Après trois ans, j'étais toujours très heureux dans ma pension, mais mes résultats scolaires ne s'étaient guère améliorés. Lorsque le premier bac est arrivé, je l'ai naturellement raté. Si l'on échouait en juin, on pouvait se rattraper en septembre. Mes parents m'ont donc inscrit pendant les vacances dans une boîte à bachot du parc Monceau. Au rattrapage, nouvel échec. J'ai donc redoublé ma première à Juilly.

À l'approche de l'examen, le père Bouyer est venu vers moi et m'a demandé si par hasard mes parents avaient de la fortune. Me voyant interloqué, il a poursuivi en me disant que si ce n'était pas le cas, il me voyait mal parti dans la vie. J'étais au pied du mur. Il fallait que je me prenne en main et que je décide de ce que je voulais faire. Or à ce moment-là, j'avais déjà joué un peu la comédie, car depuis le XVIIe siècle cette activité faisait partie de l'éducation oratorienne. Il y avait un théâtre au collège, un vrai petit théâtre, très joli et très délabré. Il était bâti un peu à l'écart. Pour y accéder, il fallait quitter les bâtiments de la division des grands pour monter en haut du parc, en suivant de grandes allées plantées de très vieux tilleuls. C'était un édifice du XVIIIe siècle, très simple d'architecture, qui abritait quelques centaines de places. L'aménagement intérieur était réduit au minimum : un rideau, une scène en hauteur avec une rampe et quelques projecteurs, très peu de dégagement. Avec ma bande de copains, nous avions commencé par jouer des sketches, puis nous avions monté l'*Œdipe* de Cocteau. Je conserve pieusement la lettre du poète au père Bouyer qui nous autorisait à reprendre la pièce. Nous avons ensuite enchaîné sur des pièces de Gide, de Romain Rolland, d'un des pères du collège aussi, qui écrivait de la poésie. Pour la première fois, j'étais confronté à de vrais textes de théâtre. Je sentais que je pouvais être à mon affaire dans ce domaine, et me faire une place dans la société. Je devais aussi élaborer la distribution, motiver mes copains, concevoir la mise en scène. J'avais une raison d'être. Cela fonctionnait. Après tout, ce qui était un plaisir ne pouvait-il pas se changer en métier ? J'ai donc répondu au père Bouyer que je ne détesterais pas, éventuellement, devenir comédien. Le père Bouyer était un passionné de théâtre. Il a donc décidé de tester ce que j'avais dans le ventre, afin de vérifier si j'avais vraiment la vocation.

Le père n'était pas un homme des longs discours, ni des compliments inutiles, mais quelqu'un de concret. Il m'avait annoncé la couleur :

— Je vais vous laisser monter une vraie grande pièce, et puis je ferai venir des amis qui sont plus au fait que moi de la chose théâtrale.

Je me suis donc attelé à mon morceau de bravoure : *Donogoo Tonka ou les Miracles de la science*, conte cinématographique de Jules Romains. Comme metteur en scène, ce fut mon plus grand exploit. On m'avait laissé carte blanche. Je m'étais réservé le rôle principal, qui était très important : Lamandin. Il y avait quarante-cinq personnages, tous en costumes. Philippe Mitchké s'occupait des décors. Il avait élaboré un système très ingénieux. Au fond de la scène, il avait installé un ou deux grands panneaux qu'il avait entièrement cloutés. Grâce à des cordes de couleur qu'il tendait de clou en clou, chaque décor avait son dessin particulier. La cordelière lui permettait de tracer des motifs en silhouette ; quand on changeait de scène, il faisait pivoter les panneaux et commençait à dessiner les décors pour la scène d'après.

Après qu'il eut décidé de me mettre à l'épreuve, je n'ai plus vu le père Bouyer. À Juilly, quand on faisait partie de la troupe de théâtre, on était dispensé de devoirs. Moi peut-être plus que d'autres, parce que le père Bouyer avait dû sentir que mon cas était désespéré. Pendant un trimestre, j'ai donc été déchargé de tout ce qui fait le tracas du lycéen, apprendre ses leçons ou rédiger ses dissertations. Le jour de la générale, le père Bouyer avait invité un public d'amis avertis pour me voir jouer : Marcel Jouhandeau et sa femme Élise, ancienne danseuse, ainsi que Julien Green. La représentation terminée, les commentaires ont tourné à mon avantage. « Quand ce garçon sortira, la meilleure chose à faire, c'est qu'il aille voir Dullin », avait tranché Jouhandeau. Élise Jouhandeau avait bien connu Dullin, dont elle avait été la maîtresse ; l'ancien directeur du théâtre de l'Atelier dirigeait un des cours d'art dramatique les plus réputés de Paris. Jouhandeau proposa au père, une fois les examens passés, de me présenter à ce grand homme. Je me raccrochai à cette idée jusqu'à la fin du trimestre. Arrivé en juin, mes notes étaient si mauvaises que je n'ai même pas été autorisé à me représenter en septembre... Il ne fut plus jamais question pour moi de passer le second bac.

C'est à Juilly que j'ai découvert le théâtre, en me colletant directement à de vraies pièces. Je n'avais quasiment pas de références. En tout et pour tout, je n'avais été qu'une seule fois au théâtre, assister à une représentation du *Dom Juan* de Jouvet à l'Athénée. Je devais avoir seize ou dix-sept ans. Cette expérience unique m'avait fortement impressionné. Christian Bérard avait dessiné les costumes. Ils étaient magnifiques d'allure, dans le style de la Renaissance espagnole, et allaient droit à l'essentiel, comme toujours chez ce peintre, avec un charme mélancolique et une grande économie de moyens. Jouvet avait un visage de noble castillan qui semblait coulé dans le bronze. Andrée Clément, une actrice qui est morte très jeune, jouait Elvire. Fernand René avait repris le rôle de Sganarelle. Le choix était ingénieux : il venait du boulevard et de la farce, univers très éloignés du théâtre classique. Curieusement, un comédien m'avait ému ce soir-là, peut-être plus encore que Jouvet. C'était Pierre Renoir, un des fils d'Auguste, le peintre impressionniste. Large et grand gaillard à l'œil noir, au nez assez imposant, il jouait dom Luis, le père de dom Juan. Ai-je reniflé qu'il tenait peu ou prou mon emploi à venir ? Je ne sais. Toujours est-il qu'il m'avait beaucoup frappé. Il avait une voix de basse et une présence magnifique. Son jeu était très moderne, pas du tout dans la déclamation mais au contraire dans la retenue, dans la sobriété. Il était un peu handicapé par un bras blessé pendant la guerre de 1914, dont il ne pouvait se servir. Bérard lui avait fait un costume tout en noir, avec une très belle tête à barbe blanche qui reposait sur une large fraise.

Il y a beaucoup plus de comédiens qu'on ne pense qui ont choisi cet état par timidité, mal-être, difficulté à s'accepter, à se sentir bien dans leur peau. Parfois j'ai le sentiment que si je me suis engagé dans ce métier, c'était pour me cacher. Les comédiens ne sont pas toujours les exhibitionnistes que l'on croit. Beaucoup recherchent la lumière pour mieux se dissimuler. On croit trouver une échappatoire à ce qui pèse ailleurs, dans le quotidien, dans les comptes qu'il y a toujours à rendre, dans la vie concrète, à des chefs de service ou à des sous-offs. S'il vous est difficile d'entrer dans la société, il vous reste la solution de vous enfuir sous le déguisement du gugusse. Cela dit, tout le monde n'a pas cette vision des choses. Beaucoup d'acteurs sont dévorés au contraire par le désir secret d'une discipline, d'une façon d'être bien réglée, établie, qui les tienne. Pour ma part, j'ai toujours fui cela.

J'ai appris la mort du père Bouyer il y a peu de temps, en lisant la notice nécrologique du *Monde*. Après mon départ de Juilly, je ne l'ai jamais revu. Il n'était pas tellement plus vieux que moi : une quinzaine d'années de plus, peut-être. Un peu après que nous nous sommes connus, et qu'il a exercé une telle influence sur ma destinée, il est devenu l'un des plus grands théologiens de notre époque. J'ai souvent pensé à lui, pendant toutes ces années. Il est l'homme qui a su me faire confiance, et qui m'a fait prendre conscience qu'être comédien pouvait être une vocation et un métier.

3.

Mon père, sur la recommandation du père Bouyer, me laisse tenter ma chance comme comédien. Le théâtre à l'orée des années 1950. Rencontre avec Edmond Beauchamp. L'EPJD. Roger Blin. Mes copains. Delphine Seyrig. Saint-Germain-des-Prés. Figurant au Marigny. Pèlerin d'Avignon. Le choc Vilar. Premières auditions. Le Centre dramatique de l'Ouest. Jean-Pierre Darras. Jean Deninx. Doña Rosita *de García Lorca et Claude Régy. Sylvia Monfort. Balthus.*

Après deux ou trois représentations de *Donogoo Tonka*, le père Bouyer était venu vers moi pour me dire que ses conseillers avaient établi un diagnostic positif :

— Pas de veto à formuler. Vous avez des dispositions pour cet exercice-là. Si vous persistez dans cette envie, je vais écrire à vos parents pour leur en parler.

Il a donc envoyé une lettre à mes parents, claire et efficace, dans laquelle il préconisait qu'on m'autorise à tenter ma chance. Il insistait habilement sur le fait qu'il fallait que j'obtienne mon bac avant toute chose, vœu pieu qui malheureusement ne devait pas se réaliser. Nous venions de quitter la rue Michel-Ange pour emménager dans le VIIe arrondissement, au 56, rue de Bourgogne. Contrairement à ce qui se passe habituellement dans les familles, ma vocation surprise n'engendra guère de psychodrame. Après la lettre du père Bouyer, la conversation fut brève avec papa. Il me dit :

— Bon écoute, essaye. Tente ta chance.

Il ne devait pas être très rassuré, mais la caution de Bouyer, pour lequel il avait la plus grande estime, jouait en ma faveur. Il m'a fait confiance, lui aussi. Pas plus que moi, il n'imaginait les difficultés réelles. Nous avions décidé que je suivrais en parallèle des cours de lettres à l'Institut catholique, rue d'Assas. Sans diplôme, on pouvait y faire un peu d'études supérieures.

Avec Jean Rochefort ou Jean-Pierre Marielle, nous avons un point commun paradoxal : nous avons eu envie d'être acteurs en allant au cinéma. C'est Gary Cooper qui nous a amenés à l'art dramatique. Nous avions été marqués par les grands Américains, les Cary Grant et autres Clark Gable, mais aussi les Français, ceux de l'avant-guerre, Raimu, Gabin, Michel Simon, et tous ces grands seconds rôles, les Jules Berry, les Saturnin Fabre, les Pierre Larquey, les Charles Granval et autres Jean Tissier, qui étaient hommes à tourner quinze films dans l'année. J'avais aussi une passion pour l'*entertainment* et la comédie musicale. Juste après la guerre, Fred Astaire m'avait bouleversé. Il était tellement éloigné de ce que je pouvais être, encombré dans mon mètre quatre-vingt-cinq pataud, avec ma démarche en canard. Lorsque je regardais cette espèce de miracle bondissant, j'étais émerveillé. Pourtant, si ces acteurs de cinéma nous éblouissaient, lorsqu'il s'est agi de réfléchir à l'entrée dans la vie professionnelle, aucun d'entre nous n'avait l'ambition de travailler pour le cinéma. Nous n'envisagions pas d'autre carrière que théâtrale. Pour nous, être acteur, c'était d'abord entrer dans une troupe. Était-ce parce que le cinéma nous paraissait plus inaccessible ? À Jean Rochefort, à Marielle ou à moi, il a fallu vingt ans pour rejoindre notre emploi, vers la quarantaine. Pourtant, l'avenir ne nous a jamais tellement inquiétés. La bienheureuse inconscience de la jeunesse nous protégeait. Quand je me retourne, près de soixante ans plus tard, je suis saisi d'effroi. Je me demande comment nous avons pu entamer une aventure pareille. Il faut dire que ce pari ne nous en paraissait pas un, car nous le relevions avec passion. À l'époque, les bonnes compagnies foisonnaient : il y avait la troupe Grenier-Hussenot, dans laquelle Marielle et Rochefort ont beaucoup joué, il y avait celle de Jacques Fabri, dans laquelle Raymond Devos a débuté. Il y avait aussi toutes les troupes de province, à Saint-Étienne celle de Jean Dasté, le gendre de Copeau, à Rennes le Centre de l'Ouest, d'Hubert Gignoux, ou encore le Grenier de Toulouse, de Maurice Sarrazin. Je n'ai jamais pensé au Français. Ce n'était pas ma culture. Assez vite, dans mes espoirs les plus fous, j'ai rêvé de Vilar. Mais je n'en étais pas encore là. Pour devenir comédien, il me fallait d'abord passer par le cours d'art dramatique.

Cet été 1949, la famille est partie en vacances en Bretagne, à Tréboul, près de Douarnenez, où tante Hortense, la sœur de ma mère, avait loué une maison. C'est sur cette petite plage de sable blanc qu'à la fin de l'été j'ai rencontré des gens de Sceaux un peu bohèmes qui jouaient du jazz. Je leur ai confié mes projets et mon angoisse du moment : Dullin, auquel Jouhandeau avait promis de me recommander, venait de mourir. Or ils avaient justement pour voisin un certain Edmond Beauchamp. Ce dernier avait longtemps été comédien chez Dullin et travaillait maintenant dans la troupe de Jean-Louis Barrault. Mes nouveaux amis se proposaient de me donner l'adresse de la petite maison qu'il habitait, à Sceaux. Grand et mince, avec une crinière grise flamboyante, Beauchamp était un très bel homme. Plus tard, il devait rencontrer le succès dans un des tout premiers feuilletons de la télévision, *Belle et Sébastien*. Nous avons immédiatement sympathisé. Il m'a fait lire un poème ou deux, puis m'a proposé de me prendre comme élève. Au début, nous nous retrouvions dans sa loge, au Marigny, qui était alors le théâtre de la compagnie Renaud-Barrault. Il continuait à me faire travailler des poèmes. Un beau jour, il m'a annoncé qu'il allait donner des leçons dans un cours que Barrault patronnait, et dans lequel allaient enseigner Roger Blin, qui avait été l'assistant d'Antonin Artaud, et François Vibert, un ancien de la troupe de Copeau qui était pensionnaire au Français, et qui devait jouer, beaucoup plus tard, mon beau-père dans *Alexandre le Bienheureux*.

Blin, Beauchamp et Vibert étaient les trois piliers de ce cours, qui avait été baptisé de façon un peu ésotérique : l'Éducation par le jeu dramatique (EPJD). Le directeur, Jean-Marie Conty, était un personnage très étrange, ancien pilote d'essai passionné de sport. On ne savait pas trop par quel biais il avait embarqué dans cette aventure. Homme de haute taille, on disait de lui qu'il avait été l'ami de Saint-Exupéry et d'Antonin Artaud. Il habitait rue Froidevaux, dans l'ancien atelier de l'auteur de *L'Ombilic des limbes*, qui venait de mourir à Ivry.

L'EPJD était le type même du cours « rive gauche ». En développant la sensibilité naturelle, tempérée par la maîtrise de soi, il avait d'abord pour ambition de « faire des vivants », dans l'esprit de Jacques Copeau et de ses fils spirituels du Cartel de l'entre-deux-guerres, Gaston Baty, Jouvet, Dullin et Pitoëff. C'était un organisme discret, presque clandestin. Le lieu du cours changeait fréquemment. Nous nous réunissions souvent du côté de la porte d'Orléans, dans un endroit improbable qui tenait à la fois de la salle de réunion et du gymnase ; ou alors dans l'atelier de Jean-Marie Conty, rue Froidevaux.

Nous étions vingt à vingt-cinq élèves, répartis en plusieurs années. Ce petit nombre nous permettait de travailler beaucoup. On étudiait parfois les mêmes scènes avec nos différents professeurs. L'accent était mis sur des choses simples destinées à nous déverrouiller, la respiration, l'articulation, le contrôle corporel, le bon placement de la voix. Ce sont les fondements du métier d'acteur. Ensuite, il ne reste plus qu'à réfléchir à l'approche du personnage, aux moyens d'arriver à la justesse de l'émotion, sans empêcher les autres d'exister. Edmond Beauchamp était un acteur très physique, dans la lignée de Jean-Louis Barrault, qui avait monté juste avant la guerre plusieurs spectacles remarqués pour leur dimension quasi athlétique, une adaptation de *Tandis que j'agonise*, de Faulkner, à l'Atelier, et *Numance*, d'après Cervantès. Roger Daymard, quant à lui, venait de chez Marcel Marceau. Chose peu courante à l'époque, il nous enseignait l'art du mime et de l'expression corporelle. Mais notre professeur le plus charismatique était Roger Blin. À l'époque, il avait quarante-trois ans. Sa tête un peu particulière lui donnait des airs d'Inca du Machu Picchu. Plutôt taciturne, il était bègue en dehors de la scène. Depuis la guerre, il avait régulièrement tourné dans de bons films, *Le Corbeau*, de Clouzot, ou *Rendez-vous de juillet*, de Jacques Becker. Il s'apprêtait à jouer le rôle du poète, dans *Orphée*, de Jean Cocteau. Au théâtre, il était très féru de Strindberg, avant de l'être de Beckett ou de Genet, qu'il allait mettre en scène un peu plus tard. On aura compris qu'à l'EPJD, nous n'étions pas promis au boulevard. Blin, qui était un très bon pédagogue, nous faisait pourtant travailler une partie de ce répertoire. De Marcel Achard à Steve Passeur, il nous faisait découvrir un boulevard poétique de qualité, comme il en existait alors.

Inutile de préciser que j'ai été peu assidu aux cours de lettres de la Catho. Très vite, j'ai passé toutes mes journées avec mes camarades de l'EPJD, dont beaucoup ont fait parler d'eux dans les années qui suivirent. Mes plus proches amis s'appelaient Delphine Seyrig, Pascale de Boysson ou Maurice Garrel. Mais il y avait aussi dans le cours des gens comme Laurent Terzieff, Daniel Emilfork, ou encore un garçon qui a fait beaucoup de théâtre de recherche par la suite, Claude Bouchery. J'habitais seul, dans l'appartement de mes parents, rue de Bourgogne. Papa avait repris la direction de magasins, à Rabat, pour plusieurs années. Quant à mon frère, il était aussi retourné là-bas. Il s'y est marié, y a divorcé, tout en enchaînant divers petits boulots, avant de revenir habiter avec moi à Paris. Je ne rentrais à l'appartement que pour dormir. L'essentiel de la journée était consacré au cours. Le reste du temps, nous refaisions le monde au Select à Montparnasse, ou nous nous retrouvions chez Delphine Seyrig. Nous étions tous amoureux d'elle. Grande fille blonde, elle avait des cheveux abondants et très frisés, un visage délicat et une taille de guêpe, faite au moule, comme on dit. Elle était la grâce et l'élégance mêmes. Son père était un archéologue très connu. Née à Beyrouth, elle avait vécu avec ses parents à l'étranger, en Grèce et en Égypte. Elle connaissait bien les États-Unis. Son expérience de la vie, son ouverture d'esprit et sa culture étaient très supérieures aux nôtres. Avant l'EPJD, elle avait pris des cours d'art dramatique auprès de Tania Balachova et de Pierre Bertin. Seule de nous tous à être établie, elle avait épousé un jeune peintre américain abstrait qui vivait à Paris, Jack Youngerman, dont elle avait eu un enfant. Son mari devait avoir le même âge que nous. Il avait lui-même l'air d'un enfant, blond, avec des mains délicates. Ils habitaient un petit appartement rue des Saints-Pères, en face de Sciences Po, à l'endroit où il y a aujourd'hui un hôtel. Nous passions beaucoup de temps chez eux, à prendre des bains de soleil sur le toit en zinc. Delphine était pleine d'aisance, bien dans la vie et dans sa peau. C'était une merveilleuse amie. Elle était plus mûre que la plupart d'entre nous, moi en particulier. Je sortais à peine de mon collège oratorien, où j'avais servi la messe en surplis. Elle était complètement agnostique. Nous avions de longues conversations, et les rapports les plus délicieux du monde. Elle m'a fait découvrir beaucoup d'horizons insoupçonnés. Mais elle était mariée, et heureuse ; il n'était pas question de penser à autre chose.

Pascale de Boysson faisait partie de notre petit groupe. Adorable, très souriante, pleine de bon sens, elle compensait l'extravagance de Delphine par sa nature raisonnable et douce. Elle n'était pas encore mariée avec Laurent Terzieff, que nous côtoyions sans le voir très souvent. Lorsque nous avions quelque argent de poche, nous nous risquions en dehors de notre circuit, en direction de la terrasse des Deux-Magots ou de la piste de danse d'une boîte de Saint-Germain-des-Prés. Le quartier vivait sa grande époque. Nous fréquentions le Lorientais, ou bien le Bilboquet, rue Saint-Benoît. Le jazz New Orleans et Sidney Bechet y étaient quasiment à demeure. L'ambiance générale était à la gaieté et à la joie de vivre. À peine quatre ans plus tôt, une guerre mondiale s'était achevée. Entre Montparnasse et Saint-Germain, Paris était redevenu une fête. Nous arpentions les boulevards, en nous raccompagnant les uns les autres. Nos soirées se passaient souvent comme cela, à marcher dans la ville.

Notre idée était de jouer des pièces au plus vite, d'entrer dans une troupe. À un certain moment, nous avions pensé, Maurice Garrel, Pascale, Delphine et moi, monter *L'Échange* de Paul Claudel. Nous avions commencé à lire un peu, nous nous étions distribué les quatre rôles de la pièce. En même temps, nous commencions à faire de la figuration. La première fois que je suis monté sur une scène professionnelle, c'était au Marigny. Comme Barrault avait des liens privilégiés avec notre cours, son théâtre faisait figure de point de chute naturel. Il montait alors une pièce à personnages multiples, le *Malatesta* de Montherlant. Chez Barrault, la vie de troupe avait un côté très hiérarchisé. Rien de comparable avec le Français, bien sûr, mais on nous faisait bien sentir que nous n'étions que des figurants. Nous sympathisions tout de même avec les comédiens de notre âge, William Sabatier ou Bernard Dhéran. Lorsqu'on n'avait pas besoin de nous, nous pouvions assister aux répétitions. C'était une formidable école de voir s'ébrouer de vieux comédiens magnifiques comme Pierre Bertin, André Brunot ou Madeleine Renaud.

En juillet 1951, Delphine, Pascale et moi descendîmes en Avignon pour une semaine de théâtre pur, d'une intensité sans pareille. Au sortir de la gare, nous sommes allés planter notre tente dans une île du Rhône, l'île de la Barthelasse. En attendant l'heure du spectacle, pour tromper la chaleur, nous nous sommes baignés dans le fleuve. À cette occasion, nous avons sympathisé avec un jeune journaliste qui couvrait le festival, drôle et chaleureux avec les pèlerins que nous étions : Jean-Louis Bory. Le public formait un peuple mélangé, à la fois régional et venu de la France entière. Toute la ville était en osmose avec Vilar, sa troupe et ses projets. Dans les rues, aux terrasses des cafés, on pouvait côtoyer les comédiens. On pouvait aussi participer aux rencontres qu'organisait Vilar, dans le verger d'Urbain V, près du palais.

Le soir venu, nous avons assisté à la représentation du *Prince de Hombourg*, de Kleist. Ce que nous avons vu nous a bouleversés. Le prince de Hombourg était joué par Gérard Philipe. On a du mal à se rendre compte aujourd'hui de ce que représentait ce comédien. Lorsqu'on demandait à Nijinski comment il faisait pour sauter aussi haut lorsqu'il dansait, il répondait :

— Je ne saute pas plus haut que les autres, mais une fois que je suis en l'air, j'y reste un petit moment.

C'était cela, la différence. Gérard Philipe détestait avoir le sentiment de retomber dans des rails. Parfois, il pouvait parler très faux, en scène. Il n'empêche que le monde s'arrêtait de respirer lorsqu'il entrait sur un plateau. Grâce au cinéma, il était alors la plus grande vedette de France, voire d'Europe. Et il avait choisi de rallier le Théâtre national populaire. Il n'y a pas d'équivalent aujourd'hui d'une telle beauté et d'une telle aura. Il apparaissait sur une scène sans décor. Çà et là, on avait disposé quelques éléments scéniques, les bannières du peintre et décorateur Léon Gischia. Mais de décor, point. Vilar n'intégrait même pas les pierres nues du palais dans son dispositif; il les maintenait dans l'obscurité. Tout était présence, dans ce théâtre. On avait le sentiment d'être en lévitation. Et au-dessus de nos têtes, c'était la voûte des étoiles.

Avignon est une ville particulière, un peu étrange ; à la fois d'une grande beauté, avec ce palais titanesque aux allures de *Burg* hugolien, et donnant aussi l'impression de receler une violence terrible. Je ne sais si ce sont les pierres, l'Histoire qui exacerbent à ce point les sentiments, ou tout simplement le vent. Quand le mistral, certains soirs, était de la partie, on entrait dans une lutte quasiment perdue d'avance, mais qui donnait un cachet très particulier au spectacle. Le vent s'engouffrait dans cette bouche d'ombre qu'est la cour d'honneur. Les étendards claquaient, et Dieu sait si les étendards étaient nombreux chez Vilar. Le souffle gonflait les vêtements, s'immisçait partout, jusqu'à glacer les corps, car le mistral est un vent froid. D'autres soirs, au contraire, on recevait un coup de sirocco. La ville se recouvrait alors d'une pellicule de sable rouge, comme un léger vêtement de fête.

Il y avait aussi cette particularité que pour entrer en scène, sur l'immense scène de la cour d'honneur, les comédiens devaient monter. On n'entrait pas, on montait en scène. Un plan incliné reliait la coulisse au plateau. Au moment de s'y engager, il fallait une énergie particulière, appuyer sur les jambes, courir, c'était très physique. Nous devions prendre notre souffle à pleins poumons. L'art du TNP est né de ce genre de contraintes matérielles, concrètes. La première des politesses au théâtre, c'est de se faire comprendre. Aux jeunes comédiens, je dis toujours : « Je vous en supplie, faites-vous entendre ! Il faut qu'on comprenne ce que vous dites. » Trop souvent, on a l'impression que la diction, le ton, l'énergie sont des choses qui ne comptent pas. Or les prix des places sont chers et nous vivons grâce au public. Il faut absolument se faire entendre par celui ou celle qui est assis au balcon.

De retour à Paris, je courais les théâtres, à l'affût de ce qui se préparait. Un jour de 1951, j'ai appris par Beauchamp, qui devait figurer dans la distribution, que Raymond Rouleau, un des grands metteurs en scène de l'époque, faisait passer des auditions au théâtre de la Madeleine pour *Vogue la galère* de Marcel Aymé. L'action se déroulait sur une galère du roi. On recherchait quelques solides gaillards pour donner quelques répliques. Je m'imaginais fort bien la rame à la main et le fer au pied, l'affaire paraissait entendue. Or, à mon grand dam, ils n'ont pas voulu de moi. Cela m'a donné un coup de cafard terrible. Quelques jours plus tard, lorsqu'il s'est agi de renouveler l'exercice face à Hubert Gignoux, pour le Centre dramatique de l'Ouest, j'ai dû me faire violence. Avec le Grenier de Toulouse, la Comédie de Saint-Étienne, le Centre dramatique de l'Est et la Comédie d'Aix, le Centre dramatique de l'Ouest était l'un des cinq centres dramatiques nationaux créés en province dans le cadre de la décentralisation théâtrale. Très dynamique, cette nouvelle politique était due à l'impulsion de Jeanne Laurent, sous-directrice aux Spectacles et à la Musique du ministère de l'Éducation nationale, qui était alors le ministère de tutelle des théâtres. Les auditions se passaient à l'Athénée, chez Jouvet. En fin de saison, il recevait toujours dans son théâtre les centres de province. Je me suis donc présenté, et à ma grande surprise j'ai été pris. Pour un an d'engagement ! Quant à la pièce de Marcel Aymé que j'avais tant regrettée, ce fut un four mémorable, ne dépassant pas trente représentations malgré la présence de Rouleau. Jusqu'à aujourd'hui, cela m'a servi de leçon : lorsque je rate une chose, je me dis que quelque chose de bien meilleur va m'arriver juste après.

Le Centre dramatique de l'Ouest était installé au cœur de Rennes, dans un lieu qui abritait une salle de spectacle et l'administration. Nous répétions dans ce quartier général, mais notre vocation était de partir en tournée dans toute la région avec nos tréteaux, pour apporter le théâtre à des populations campagnardes qui, bien souvent, n'avaient jamais vu se lever un rideau rouge. Durant cette saison, j'ai joué dans quatre spectacles : *Volpone*, où j'avais le rôle du capitaine Leone, *Électre* de Sophocle, créé pour les mardis de l'Œuvre, où j'ai pu reprendre par la suite le rôle d'Égisthe, *Le Malade imaginaire*, où j'étais le frère d'Argante, Béralde. J'ai tenu aussi un petit rôle dans *Intermezzo* de Giraudoux, celui de Crapuce. L'ambiance de la troupe était très sympathique et fervente. Avant de fonder le Centre dramatique de l'Ouest, Gignoux avait été administrateur du théâtre de marionnettes des Champs-Élysées. Le noyau dur de son équipe était constitué de comédiens semi-professionnels, des amateurs de qualité comme Georges Goubert, Guy Parigot ou Roger Guillo, un ancien ouvrier qui jouait un bon gros Argan dans le *Malade*, quelques filles aussi, comme Denise Bonal, qui a écrit des pièces par la suite. Beaucoup étaient issus d'une troupe locale qui avait joué un grand rôle dans la création du centre, la troupe des Jeunes Comédiens. Ce carré originel était renforcé par des acteurs parisiens engagés pour la saison, comme moi, ou un jeune homme très drôle avec lequel j'étais appelé à vivre de nombreuses aventures, Jean-Pierre Darras. C'était un petit bonhomme très baraqué avec de petits yeux et le nez un peu épaté.

Nous avons tout de suite sympathisé. À Rennes, il n'y avait pas de hiérarchie dans la troupe, contrairement à ce que j'avais trouvé chez Barrault, compagnie établie, avec un passé. Nous étions en état de naissance, et l'atmosphère était très joyeuse. Le temps d'une saison, j'ai donc vécu en Bretagne, entre la petite chambre où je logeais, dans un de ces vieux hôtels de province un peu désuets où le lit ne coûtait pas grand-chose, et le théâtre. Jean-Pierre, lui, était marié, il habitait un appartement comme les gens du cru. Le travail nous accaparait. Lorsque nous ne répétions pas, nous tournions nos spectacles dans la région, comme *Le Malade imaginaire* que nous avons tout de même joué cent fois.

La saison avec Hubert Gignoux achevée, je suis rentré travailler à Paris avec un ancien pensionnaire du Français qui s'appelait Jean Deninx. Il faisait vivre sa troupe grâce à des matinées classiques qu'il produisait devant des collégiens et des lycéens de la périphérie. En septembre 1952, il avait également prévu de reprendre *La Nuit des rois* de Shakespeare, au théâtre de l'Œuvre, après l'avoir joué sur deux scènes parisiennes, le théâtre Charles-de-Rochefort et le théâtre de l'Ambigu. Sa mise en scène était fortement inspirée de celle de Jacques Copeau au Vieux-Colombier, qu'il avait autrefois joué à la Comédie-Française. Il m'avait attribué un rôle truculent, celui de sir Tobby Belch, sorte de Falstaff aimant à trousser les servantes. Pendant que ce spectacle marchait honnêtement, nous proposions à la banlieue un montage de comédies habilement intitulé *Aux Quatre Vents du rire*, qui réunissait *Les Précieuses ridicules* – j'y jouais un des valets –, *Embrassons-nous, Folleville*, de Labiche, *Mais n'te promène donc pas toute nue* de Feydeau et *Seul* d'Henri Duvernois. Le matin, nous grimpions dans le car pour nous rendre à Poissy ou à Saint-Germain-en-Laye, puis nous rentrions, mission accomplie, pour jouer à l'Œuvre. À ce moment-là, je commençais à avoir le sentiment de gagner ma vie.

Un jour, Delphine et moi sommes allés passer des auditions au théâtre de la Porte-Saint-Martin pour le Centre dramatique de l'Est, dont la direction artistique était assurée depuis 1947 par une autre figure de ce temps-là, André Clavé. Comédien, il avait fondé la compagnie de La Roulotte – dans laquelle avait notamment joué Vilar. Il s'inscrivait lui aussi dans la filiation du théâtre des tréteaux initié par Jacques Copeau et sa troupe des Copiaux. Il avait fait une très belle guerre dans la Résistance. Membre du réseau Brutus que dirigeait Pierre Sudreau, il avait été arrêté à la suite d'une trahison, puis déporté à Buchenwald et à Dora. Ce n'était pas lui qui faisait passer les auditions mais son bras droit François Darbon, le futur adjudant-chef de *Baisers volés*. Ce jour-là, il était de mauvaise humeur – peut-être n'était-il pas non plus tout à fait à jeun. Toujours est-il qu'il nous a littéralement démolis, de très rude façon, sans nuances. Je nous revois encore, Delphine et moi, attablés devant nos bocks, en sortant de cette douche froide. Nous étions désespérés. Plus tard, nous avons retrouvé Darbon, au Centre de l'Est où nous avons eu l'occasion de jouer. Lorsqu'il est venu nous féliciter, je ne me suis pas privé de lui rappeler cet épisode. Entre-temps, Delphine avait joué avec Michel Deray au théâtre du Quartier latin, avant d'aller faire un tour chez Jean Dasté, à Saint-Étienne.

Grâce aux amis de l'EPJD, j'ai su qu'une pièce de Federico García Lorca, *Doña Rosita*, était en train de se monter sous la houlette d'un jeune metteur en scène dont c'était le premier travail, Claude Régy. Pascale de Boysson jouait le rôle d'une vieille fille, et un autre de nos camarades, Daniel Emilfork, au singulier visage, incarnait don Martin. Le spectacle devait d'abord être présenté aux mardis de l'Œuvre puis, à partir de janvier 1953, au théâtre des Noctambules, une petite salle très rive gauche de quatre-vingts places, rue des Écoles, juste à côté du théâtre du Quartier latin. Par la suite, elle a été transformée en cinéma, avant de disparaître complètement. Claude Régy m'avait engagé pour jouer le professeur d'économie, avec une scène à la clé. Les deux rôles principaux avaient été confiés à Sylvia Monfort, qui jouait le rôle titre, et à Giani Esposito, le comédien chanteur, qui jouait son fiancé et que je devais croiser à nouveau dans les cabarets. Tout de suite, j'ai sympathisé avec Sylvia. En ce début des années 1950, elle était une comédienne très en vue. Dans sa prime jeunesse, elle avait été une grande résistante, tout en décrochant le rôle d'Agnès dans *Les Anges du péché* de Robert Bresson, son premier rôle au cinéma. Elle avait participé à la libération de Chartres et à celle de Paris au côté du philosophe Maurice Clavel, qu'elle avait épousé à la Libération. Elle avait écrit plusieurs romans, et incarné Édith de Berg, la lectrice d'Edwige Feuillère dans *L'Aigle à deux têtes* de Jean Cocteau. C'est chez elle que j'ai fait la connaissance d'une de mes grandes admirations. En effet, peu de temps après *Doña Rosita*, Sylvia avait joué dans une pièce d'Ugo Betti adaptée par Maurice Clavel, *L'Île aux chèvres*, avec Rosy Varte et Laurence Bataille. Laurence Bataille était une jeune comédienne qui était la fille de l'écrivain Georges Bataille et de Sylvia Maklès, une des actrices fétiches de Jean Renoir, qui épousa en secondes noces le psychanalyste Jacques Lacan. Elle avait alors pour compagnon un jeune peintre presque inconnu qui avait la réputation de créer des toiles mystérieuses, aux sombres radiations érotiques. C'était Balthus. Dès la première rencontre, j'ai été fasciné par cet homme qui me faisait l'effet d'un prince artiste, beau comme un dieu, élégant mais d'une élégance tout à fait personnelle, hors des modes. Il était d'une grande simplicité mais ne montrait guère ses tableaux. J'ai dû attendre de nombreuses années et des retrouvailles successives pour être admis dans son dernier atelier, à Rossinière, dans les montagnes suisses.

4.

Comment j'ai été pris au TNP. Jean Vilar. Mes débuts sous sa direction. Une famille. Jolie fille : Monique Chaumette. Le grand rêve de Vilar. Les bâtons dans les roues. L'épisode Raymond Hermantier. La vie quotidienne au TNP. Le rendez-vous du festival. Les tournées internationales. Ce que Vilar m'a appris. Mes premiers rôles. Franches rigolades. Maria Casarès, l'inspirée. André Schlesser, dit Dadé. La « pièce écossaise ». Premier film : La Pointe courte, *d'Agnès Varda. Les rushes me font vomir. Rôles plus importants. Avare, dans* La Ville. *Alain Cuny.* Marie Tudor. Ce Fou de Platonov. *Le duc Alexandre dans* Lorenzaccio, *ou comment j'ai donné la réplique à Gérard Philipe. Amoureux. Je quitte le TNP.*

Longtemps, j'ai pensé que j'étais devenu comédien par hasard. Rien ne me prédisposait à embrasser cette profession. Mais était-ce un hasard, en même temps, si je n'arrivais pas à travailler en classe ? Si j'avais un mal fou à me concentrer, si j'étais rêveur, si j'avais l'œil plutôt attiré par les arbres qu'il y avait dans la cour à Juilly que par ce qui était écrit au tableau, si je préférais lire des romans ou des biographies plutôt que ma grammaire latine ? Après tout, ce ne sont peut-être pas des hasards, mais des signes. Insensiblement, ils devaient me conduire à ce moment où le révérend père Bouyer m'a demandé :

— Alors, qu'est-ce que vous comptez faire, Noiret ? Parce que si vos parents n'ont pas de fortune je vous vois mal parti dans la vie. Vous n'êtes pas près de l'avoir, votre bac... Qu'est-ce qui vous plairait, qu'est-ce que vous envisagez ?

Un beau jour, toujours par le bouche-à-oreille de l'EPJD, j'ai appris que des auditions allaient se tenir chez Vilar. Le TNP préparait *La Mort de Danton*, de Büchner, et ils cherchaient des comédiens pour jouer les sans-culottes. Pour la première fois, l'occasion m'était donnée d'approcher la troupe que j'admirais le plus. Échaudé par l'épisode François Darbon, j'échafaudai une stratégie nouvelle. Plutôt que d'y aller de ma grande tirade, je choisis plutôt de m'acoquiner avec un camarade, à qui je proposai de donner la réplique. J'avais l'intuition en effet que pour moi, c'était le meilleur moyen d'être juste. Nous nous retrouvons donc sur l'immense plateau de Chaillot, au milieu de trois cents personnes. Vilar n'était pas là. Il s'était fait remplacer par Gérard Philipe. Grand, mince, figure d'archange et vedette internationale, il était la plus belle conquête du TNP. Pour faire passer l'audition, il s'était assis sous une lampe, devant une sorte de pupitre installé entre les sièges de la corbeille, à l'endroit où le régisseur prend ses notes pendant les répétitions.

J'attends mon tour, et j'applique ce qui était prévu : je donne mes répliques. Gérard Philipe regarde sans doute un peu mes états de services. Compte tenu de mon âge, j'avais finalement fait pas mal de choses, dont le Centre de l'Ouest. À la fin, il me dit :

— Jeune homme, approchez.

Et voilà. Ce fut aussi simple que cela. J'allais jouer un des citoyens anonymes de la pièce, le « citoyen Noiret », comme on l'avait noté sur les programmes. Au TNP, les nouvelles recrues s'engageaient d'abord pour une saison. Elles signaient un contrat d'un an, qui était tacitement renouvelable. Rapidement, nous avons fait une lecture, tous ensemble ; c'est à cette occasion que j'ai rencontré Jean Vilar pour la première fois. L'homme était mince, avec un visage émacié d'oiseau des hautes branches. Contrairement à l'impression qu'il donnait en scène, lorsqu'il paraissait en robe de Cinna ou d'archevêque de Cantorbéry, il n'était pas très grand de taille. Paradoxalement, il dégageait une impression de force. Il était direct, très précis. J'étais très intimidé ; Vilar était lui aussi quelqu'un de timide, et quand deux timides se rencontrent, cela prend toujours un certain temps avant qu'ils aient des rapports plus libres.

Très vite, nous nous sommes retrouvés sur le plateau avec les autres comédiens. Gérard Philipe n'en était pas, je ne l'ai retrouvé que plus tard. Daniel Ivernel jouait Danton. Il y avait aussi Michel Bouquet dans le rôle de Saint-Just, Christiane Minazzoli, Daniel Sorano, Georges Wilson, d'autres encore. Il y avait surtout Jean-Pierre Darras. Après Gignoux, il avait été recruté par le TNP, lui aussi. Comme nous étions devenus très proches, à Rennes, c'était une joie de le retrouver. Les théâtres décentralisés servaient de pépinière à Vilar. Daniel Sorano, par exemple, avait commencé au Grenier de Toulouse.

Vilar a commencé sa mise en scène à sa façon, c'est-à-dire sur le tas. Au commencement d'un spectacle, il n'avait jamais d'idée préétablie. Le premier jour, il m'a demandé d'entrer au jardin, à mi-chemin entre le centre de la scène et la coulisse. Ayant travaillé auparavant avec des metteurs en scène assez directifs, qui indiquaient des places et des déplacements précis, je n'ai pas osé bouger de là. Or avec Vilar, il fallait agir, « acter », comme dit Depardieu. Heureusement pour moi, au bout de deux jours, Darras est venu à la rescousse :

— Mais vas-y, fais ce que tu sens, bouge ! Si tu sens qu'il y a à se déplacer dans le mouvement de la scène, fais-le.

— Mais Vilar...

— Il n'y a pas de Vilar qui tienne, c'est comme ça qu'on travaille. Il faut proposer des choses. Alors propose, fais, et c'est lui qui te dira si cela ne lui convient pas. N'aie pas peur de mal faire, fais ce que tu ressens pour ton personnage, Vilar n'attend que cela. Tu sais ce qu'il vient de me dire ? « Ton copain, il est sympathique mais il ne fait pas grand-chose... »

Tout doucement, j'ai été pris dans une sorte de vie de famille. J'avais retrouvé Jean-Pierre, qui me fournissait un ancrage dans la troupe. Petit à petit, les rapports avec les uns et les autres se sont développés. Nous étions beaucoup à n'avoir qu'une vingtaine d'années ; quant aux plus âgés, Wilson, Ivernel ou Sorano, ils n'étaient guère nos aînés que de quatre ou cinq ans. L'ambiance était très gaie, à mille lieues du sérieux missionnaire que l'on pourrait imaginer. On arrivait au théâtre avec enthousiasme, vers deux heures de l'après-midi. Les filles étaient ravissantes, ce qui ne gâtait rien. Dès ce premier spectacle, j'ai rencontré pour la première fois une jeune femme nommée Monique Chaumette. Elle jouait le rôle de Lucie Desmoulins, la femme de Camille. Tout en la trouvant fort jolie personne, j'avoue n'avoir pas entendu de sonnette d'alarme particulière, en ce qui concernait notre destinée commune. Notre doyen d'âge était un vieux compagnon de Dullin : Lucien Arnaud. Avant d'intégrer la troupe, il avait d'abord été chargé de diriger le cours Dullin, implanté dans Chaillot, qui fut rattaché au TNP. C'était un as du maquillage. Du fait de la distance en effet, nous devions nous maquiller beaucoup. Sur une scène vaste, il faut veiller à ce que le visage soit davantage qu'une tache de fromage blanc. Pour cela, nous allions voir Lucien, qui nous initiait aux subtilités du fond de teint, du dessin des yeux. J'aimais le questionner sur Dullin, que j'avais failli côtoyer. Il nous reliait à la génération qui nous avait précédés. Grâce à lui, au théâtre, je me suis toujours maquillé moi-même.

Vilar était un homme de fer, dont le désintéressement était total. On le sentait profondément habité par sa mission. Il avait relevé le flambeau de Firmin Gémier au TNP, avec Copeau et Dullin pour figures tutélaires. Son ambition était la plus élevée qui soit : un théâtre qui s'adresse au plus grand nombre, mais d'une exigence sans concession. Il faisait le pari de l'élitisme pour tous. Il voulait divertir les gens – le mot ne lui répugnait pas – et en même temps les faire réfléchir sur les classiques ou plus rarement sur des pièces contemporaines, car les lieux que nous investissions ne se prêtaient pas bien à ce type de théâtre. Il n'imaginait pas d'autre théâtre populaire. D'instinct, j'ai aimé cela chez lui. Si l'on excepte les régimes totalitaires, le fait d'avoir un grand concours du peuple pour assister aux spectacles avait disparu depuis des siècles. Son engagement politique, c'était de permettre à des gens qui n'avaient jamais eu d'ouverture sur le théâtre d'y avoir accès.

Cet engagement passait d'abord par l'élaboration d'un nouvel espace théâtral, permettant justement ce rapport au plus grand nombre. Au TNP plus qu'ailleurs, la contrainte matérielle et financière contribuait à définir l'esthétique générale. Après, seul comptait le théâtre. Au fond, plus qu'un propos, le TNP était une façon de pratiquer l'art dramatique. Vilar ne nous parlait jamais de son ambition de théâtre populaire. Il n'était pas homme à marmonner des slogans, encore moins à les faire monter sur scène. Il ne délivrait pas de messages : sa foi dans le théâtre lui suffisait. Il croyait dans la force de l'œuvre, dans la puissance de la beauté. La volonté de dépouillement qui caractérisait ses mises en scène avait d'abord pour objectif de rendre les œuvres accessibles aux gens qui n'avaient pas reçu en héritage la culture d'aller au théâtre. C'est aussi pour cela qu'à Chaillot comme au palais des Papes il a rompu spectaculairement avec le théâtre à l'italienne qui divisait les spectateurs en classes, séparant ceux de l'orchestre de ceux des loges et du poulailler. Il détestait cela. Dès le début de ses spectacles, il a supprimé la rampe. À la place, il n'y avait qu'un plateau, que l'on pouvait agrandir. En tournée, lorsque nous devions jouer dans des opéras ou dans des salles à l'italienne, Vilar faisait toujours recouvrir la fosse d'orchestre, de façon que nous ayons une sorte de proscenium dont on se servait pour jouer la plus grande partie de la pièce. Ce dispositif était assez comparable à ce qui est devenu la dramaturgie classique des concerts de rock. Il n'y avait pas de frontière entre le spectacle et le spectateur.

Ce n'est pas pour rien que les gens de Mai 68 ont attaqué Vilar. C'est lui et non l'administrateur de la Comédie-Française qu'ils sont descendus chercher en Avignon. Tout d'abord, ils savaient qu'ils le trouveraient en face d'eux. Et puis son attitude était l'exact opposé de celle, avantageuse, que tous ces gens entendaient prendre dans l'affaire. Sa dimension authentiquement révolutionnaire ne pouvait que les déranger. Déjà, lorsqu'il avait monté *La Mort de Danton*, ce choix avait été très discuté. À gauche, beaucoup de belles âmes, communistes ou non, trouvaient que la pièce donnait une image assez dure de la Révolution française, du peuple et des manifestations de la foule. Le dramaturge Arthur Adamov, traducteur de Büchner, s'était désolidarisé de la mise en scène : « On ne représente pas de cette façon le peuple révolutionnaire devant un public populaire. » En face, bien entendu, c'étaient les accusations inverses. On lui cherchait des poux dans la tête. On parlait de Vilar le communiste, on interpellait à la Chambre, on se livrait à des attaques *ad hominem*, allant jusqu'à mettre en cause son honnêteté.

Avec le temps, je me suis rendu compte que Vilar ne manquait pas d'ennemis. Un jour que nous répétions une pièce, il s'est interrompu et nous a dit :

— Je vais vous faire un schéma pour que vous puissiez continuer à travailler sans moi. Vous défricherez. Je vais être occupé à plein temps pendant quelques jours...

Lorsqu'il est revenu, il nous a expliqué qu'arrivé en fin de mandat il devait solliciter « de la haute bienveillance » du secrétaire d'État à la Culture le renouvellement de son contrat. Or des amis bien placés lui avaient signalé que des complots se tramaient à son encontre. Une rumeur courait selon laquelle on songeait à le remplacer par un tandem de télévision composé de Jacques Chabannes et de Roger Féral – frère aîné de Pierre Lazareff –, qui animaient une émission intitulée « Télé Paris ». À l'époque, c'était ce qu'il y avait de plus ordinaire dans le genre ; depuis, bien sûr, on a fait exploser vers le bas l'échelle de la médiocrité... Pour couronner le tout, les deux compères n'avaient aucune expérience du théâtre. À ce moment-là, j'ai réalisé que le TNP, qui me paraissait une institution coulée dans le bronze, vivait en fait sous la menace perpétuelle des très nombreuses jalousies qu'il suscitait.

Plus tard, il s'est produit un épisode comparable avec un metteur en scène nommé Raymond Hermantier. Comme homme de théâtre, il était d'une tout autre pointure que les autres. Formé par

Maurice Jacquemont, disciple de Copeau, il connaissait Vilar depuis longtemps, et lui devait beaucoup. Il l'avait accompagné à Avignon lors du lancement du festival, et cela lui avait donné le goût du théâtre à ciel ouvert, sans décor ni rideau. Un peu plus tard, il avait monté un *Jules César* de Shakespeare très remarqué aux arènes de Nîmes. Monique avait débuté avec lui. En 1950, il l'avait mise en scène dans *À chacun selon sa faim*, de Jean Mogin, au théâtre du Vieux-Colombier. C'était un homme de talent et d'ambition. Or depuis quelque temps on sentait que certaines personnes l'auraient volontiers installé à la tête du TNP, dans le fauteuil de Vilar. Pour contrer ces manœuvres, le père Vilar, qui le connaissait par cœur, avait manigancé un piège machiavélique. Il l'avait très astucieusement convié à monter un spectacle au TNP :

— Viens, tu as carte blanche. Non seulement ça me fait plaisir de t'inviter, mais en plus ça nous changera un petit peu.

L'autre, bien sûr, s'était senti immensément flatté, et s'était empressé d'accepter. Seulement Vilar avait ajouté :

— Il n'y a qu'un problème, c'est que je répète une pièce en ce moment. Tu ne pourras donc pas bénéficier de la troupe... Il faudra te débrouiller autrement.

N'ayant pas tellement d'autre choix, Hermantier a donc décidé de reprendre son *Jules César* de Nîmes. La mise en scène avait été conçue pour le plein air. Inutile de dire qu'à Chaillot ce ne fut pas une réussite pleine et entière. Dès lors, la question du remplacement de Vilar cessa d'être à l'ordre du jour.

Peu après la décevante première, un dîner réunit la troupe du TNP et celle d'Hermantier. Entre la poire et le fromage, Hermantier souhaita prononcer quelques mots. Il commença à évoquer l'amour qu'il avait pour le théâtre. Bon prince, il se présentait comme quelqu'un du dehors, un amant, et il s'apitoyait sur les mille embûches qui jalonnent les vraies aventures amoureuses. Avec sa finesse coutumière, Vilar lui répondit sur ce même ton de badinage :

— Oui, c'est vrai, la vie d'amant est chose exaltante. Mais il arrive aussi parfois que, de temps à autre, le rôle du mari dans les couples ne soit pas aussi inintéressant que cela. Bien sûr, ce n'est pas un rôle toujours facile à tenir. Tout le monde n'en a pas l'étoffe. Mais lorsqu'on y parvient, ce n'est pas si mal...

Il y a toujours eu de l'anarchiste en moi. D'abord parce que le jugement que les gens peuvent porter sur moi ne m'a jamais vraiment touché. Et puis parce que je n'ai jamais eu un rapport facile avec l'autorité, ou avec les autorités, tout en reconnaissant qu'elles sont indispensables à la vie en société. Pourtant, bien que Jean Vilar fût quelqu'un de très autocratique, j'acceptais sa férule, je la désirais même, parce qu'elle était destinée à élaborer quelque chose auquel j'adhérais totalement. Vilar était un parfait honnête homme. Il avait une autorité et s'en servait, mais il n'en jouait pas. Il n'était pas de ceux, si nombreux, qui trouvent une forme de plaisir pervers dans l'exercice du pouvoir. Une troupe de théâtre, cela ressemble à un bateau. Il n'y a pas de place pour les directions collégiales. Je ne pense pas qu'il puisse y avoir de projet théâtral, ni même de projet artistique, sans acceptation de l'autorité d'un maître d'œuvre. En indiquant la direction à suivre, en apportant la touche, l'exaltation finale, c'est lui qui, par son savoir-faire, transforme l'artisanat en œuvre d'art. Vilar pouvait paraître froid, mais ce n'était pas de l'indifférence. Il était incroyablement attentif à la troupe, à chacun d'entre nous ; nous sentions son affection. Il nous avait forgés. Je l'appelais monsieur, il m'appelait Noiret. Je lui disais vous. Dans la troupe, peu de gens le tutoyaient. C'était le cas de Gérard Philipe, de Maria Casarès aussi. Autrefois, chez André Barsacq, ils avaient joué ensemble dans *Roméo et Jeannette*, de Jean Anouilh. Lucien Arnaud, notre doyen d'âge, qui avait été un compagnon de Dullin, le tutoyait également, comme deux autres de ses vieux complices, André Schlesser, qui faisait le serviteur de scène, ou le peintre décorateur Léon Gischia dont l'avis comptait beaucoup. Mais Georges Wilson par exemple, ou Daniel Sorano, qui l'appelaient Jean, ne le tutoyaient pas.

Tous les jours, nous commencions à deux heures et nous terminions à minuit. Nous travaillions énormément. J'étais fier d'avoir été élu pour participer à cette aventure. Compte tenu de mon absence de conscience politique, le côté militant ne me paraissait pas primordial. Pourtant, sans nous prendre pour des missionnaires, nous avions le sentiment de créer non seulement du beau et du bon théâtre, mais aussi de le faire pour de bonnes raisons. Nous recevions beaucoup de témoignages de gens qui avaient été touchés par nous. Vilar citait parfois cet abondant courrier dans le bulletin de service. À Avignon, il organisait des rencontres avec le public au verger d'Urbain V, en fin de matinée. Les gens pouvaient poser des questions au patron ou aux acteurs. Ce public très chaleureux comptait de nombreux enseignants. On a souvent reproché à Vilar de n'avoir jamais touché le « vrai » public populaire, en confondant populaire et ouvrier, ou prolétarien. Vilar se moquait de l'origine des gens. Ce qui lui importait, c'était le fait qu'ils ne seraient pas venus si nous n'avions pas été là.

Le début de la saison avait plutôt lieu au commencement de l'été, avec les créations d'Avignon. Chaque année, nous passions environ un mois dans la cité des papes, avec deux spectacles. Nous n'avions pas vraiment droit à l'erreur. Un théâtre de répertoire, cela fonctionne comme un laboratoire, une industrie de prototype. On n'a jamais assez de temps pour se perfectionner. Nous débutions par un temps de répétition conséquent, qui durait toute la matinée. Nous déjeunions dans un petit restaurant de la place du Palais, puis nous reprenions le travail en fin d'après-midi, à cause du soleil. Le soir venu, nous allions prendre un verre place de l'Horloge. Parfois, pour nous détendre, nous jouions au football. J'étais arrière, Gérard Philipe gardien de but.

Lorsque le festival se terminait, début août, c'étaient les vacances. Pendant un mois, nous avions quartier libre. Certains musardaient un peu du côté du cinéma. Pour ma part, si l'on excepte *La Pointe courte* d'Agnès Varda, qui fut mon premier tournage en 1954, cela ne m'est guère arrivé. Nous vivions à un rythme d'enfer. À la rentrée de septembre, les répétitions reprenaient de plus belle. Chaque automne, en effet, nous partions en tournée à l'étranger pour un mois et demi, parfois deux. En 1954, soit un an après la mort de Staline, nous sommes allés jouer en Pologne et en Union soviétique. C'était très nouveau de pouvoir se rendre là-bas. Le dépaysement était incroyable. Nous avons été stupéfaits de la compréhension qu'on sentait. Les gens parlaient encore beaucoup le français, ils aimaient la France et étaient curieux d'elle. Nous n'étions pas non plus sans curiosité. Certains camarades, comme Charles Denner qui avait combattu dans le maquis du Vercors, étaient discrètement communistes. Lors d'un lever de rideau mémorable, au théâtre Maly de Moscou, j'ai aperçu dans la loge d'honneur, à quelques mètres de moi, les bobines de Khrouchtchev, de Molotov et de Mikoïan qui se penchaient vers nous avec la plus grande attention. Malgré les ambitions déclarées, nous ne pouvions pas ne pas mesurer le décalage entre ce que Vilar parvenait à faire et le théâtre soviétique poststalinien, poussiéreux et édulcoré. Nous n'avons pas eu beaucoup de rencontres avec nos collègues russes.

Fin octobre, c'était Chaillot, de nouveau. Nous jouions immédiatement une pièce du répertoire, ou un spectacle d'Avignon. La saison était longue, d'octobre à avril, soit près de six mois. Arrivés au printemps, nous embrayions sur une nouvelle création, que suivait bientôt une petite tournée en province ou en banlieue, à Suresnes par exemple où, certains week-ends, nous enchaînions trois ou quatre pièces en deux jours, qu'entrecoupaient des concerts de jazz ou de variétés. Entre la matinée et la soirée, les spectateurs qui le voulaient pouvaient se restaurer ; et s'ils voulaient danser après le spectacle, c'était possible, il y avait de la musique. En multipliant les offres, Vilar devançait l'esprit des futures maisons de la culture. Mais avec lui, la fête était spontanée, donc cela fonctionnait.

Chaque année, Vilar prévoyait entre deux et quatre créations. Avec le temps, le répertoire s'étoffait. Nous en arrivions à jouer en alternance quatre ou cinq pièces dans la même période. La première d'un spectacle donnait donc souvent lieu à des périodes extravagantes. Vilar avait toujours plusieurs fers au feu ; il se décidait au dernier moment pour telle ou telle pièce. Il hésitait. Il devait jongler entre la nécessité d'équilibrer sa saison et les impératifs de distribution. Lorsque la troupe ne suffisait pas, il était courant de faire appel à des talents extérieurs. Lorsque Vilar avait fait son choix, c'était le sprint jusqu'à la générale : dans les bons cas, nous disposions d'un mois, parfois moins. Il nous fallait apprendre nos textes, tout en jouant chaque soir le reste du programme. Les répétitions avaient lieu l'après-midi, avant la représentation. Souvent, Vilar se décidait pour une pièce avant d'en avoir exploré toutes les facettes. Nous faisions une lecture au foyer, et puis nous nous retrouvions sur scène. Il n'y avait pas de temps à perdre. Très concrètement, Vilar nous donnait des indications de place, de sens. Tout en assurant la mise en scène, il jouait souvent le rôle principal. Au fur et à mesure le régisseur, Jean-Jacques de Kerday, prenait des notes pour la mise en place. Les décorateurs costumiers étaient présents dès le début, car les costumes devaient être conçus très tôt. Nous faisions chacun nos propositions, que Vilar validait, et nous arrivions à la première du spectacle. En général, nous le jouions dix fois de suite, ce qui nous permettait de le roder un peu. Nous étions ensuite interrompus par Avignon, par une tournée en province, ou par les vacances. Cette interruption forcée permettait un travail de maturation inconscient, qui faisait qu'à la rentrée nous pouvions approfondir ce que nous avions défriché au printemps. Pareille organisation dissimulait un *deus ex machina* : notre administrateur, Jean Rouvet. Cet ancien instituteur avait fait ses classes aux Jeunesses musicales de France de Bernard Gavoty, un mouvement qui avait beaucoup d'ampleur à l'époque et qui organisait des concerts dans toute la France. Rouvet avait du génie pour dénicher de nouvelles sources de financement. Afin d'assurer en prévente une recette suffisante, il avait mis en place les abonnements saisonniers, qui s'adressaient aussi bien aux personnes qu'aux associations ou aux comités d'entreprise.

En Vilar, je n'ai trouvé ni un professeur ni un second père, mais un maître. À l'époque, il se comportait surtout avec nous comme un frère aîné. Je n'ai jamais eu le sentiment d'être un petit dans la troupe : plutôt un jeune, ou un nouveau, bien qu'on ne me l'ait jamais fait remarquer. Le maître, je l'ai ressenti comme tel après l'avoir quitté. Dans l'attention qu'il portait aux autres, Vilar n'établissait pas non plus de hiérarchie en fonction du compte en banque ou de la classe sociale. Un jour, j'ai eu l'occasion de lui présenter mes parents. Je me rappelle très bien la grande gentillesse avec laquelle il les avait salués et avait bavardé avec eux après le spectacle. Il avait une grande dévotion pour son père et sa mère, qui tenaient une petite boutique de confection à Sète. À son père, il devait cet idéal républicain, ce goût des grands textes et cette exigence de justice, d'instruction et de culture pour tous. De sa mère, très croyante, il avait hérité le sens du sacré et le respect des sentiments religieux, bien que lui-même n'eût pas la foi. Vilar avait toujours refusé la Légion d'honneur. Il disait que pour sa vie de travail et de dignité, son père la méritait plus que lui. Au sein de la troupe, un grand égalitarisme régnait. Les rapports entre comédiens étaient très fraternels. En sortant du théâtre, les célibataires dont j'étais allaient généralement casser une graine à la brasserie du Coq, place du Trocadéro, qui était tenue par un Auvergnat. Il n'y avait pas plusieurs cercles, ni d'état-major. Nous nous démarquions plutôt par l'âge, ou par l'expérience. En dehors des têtes d'affiche, comme Gérard Philipe, Maria Casarès, Monique Chaumette ou Daniel Sorano, qui d'ailleurs étaient annoncées comme les autres, nous n'étions pas des vedettes. Le TNP ne possédait pas le prestige du Français. Aux yeux du public et beaucoup plus que maintenant, la Comédie-Française restait « la » troupe. Cela tenait aussi au fait que de nombreux sociétaires, Louis Seigner, Jacques Charron ou Renée Faure, tournaient beaucoup plus que nous au cinéma. À part Gérard, dont l'activité cinématographique était une donnée de départ, le fait que certains d'entre nous aient des tournages qui risquaient de recouper les dates de nos représentations agaçait beaucoup Vilar. Il avait des contraintes financières, liées au nécessaire amortissement des spectacles. Et puis il était très possessif. Dans son esprit, nous lui appartenions. En cas de changement de répertoire ou de maladie d'un des comédiens, c'était le TNP qui devait avoir la priorité sur les autres engagements, que ce soit pour la télévision, le cinéma ou n'importe quoi d'autre. Nous n'étions libres que pendant les vacances, ou le soir, après onze heures.

Avec Vilar, j'ai appris ce qu'était l'honnêteté vis-à-vis du travail et du public. Au TNP, il n'y avait pas de place pour le faire semblant, pour ceux qui ont l'air sans avoir la chanson. Dans les années qui ont suivi, cela m'a rendu service. On a souvent l'occasion, au cinéma, d'user de trucs qui produisent leur effet et qui font s'extasier les béotiens. Parfois, il n'est pas facile d'y résister. Dans *Le Juge et l'Assassin*, par exemple, je me suis vite rendu compte que Michel Galabru ferait un malheur et que son interprétation de Joseph Bouvier serait un choc pour les trois quarts de la presse et du public – alors que beaucoup de gens du métier savaient depuis toujours qu'il était un acteur prodigieux. Si je n'ai pas été tenté de compenser cela en tirant un peu la couverture à moi par des moyens pas tout à fait honnêtes, c'est grâce à ce que j'ai appris chez Vilar. Il nous disait souvent : « Allez au bout de la phrase et vous irez au bout des sentiments. » Les conditions physiques faisaient qu'il n'y avait pas de place pour l'anecdote, pour la fioriture. Il fallait que le sentiment soit d'une intensité maximale pour arriver ensuite à le projeter. Vilar insistait donc pour que nous ne laissions pas tomber les finales. On peut aussi retourner la proposition : si vous allez au bout de vos sentiments, vous irez au bout de votre texte. Au cinéma, le problème ne se pose pas : la caméra est là pour saisir ce que l'on veut faire passer. Cependant cette habitude de tomber juste et vite, acquise au théâtre, n'est pas sans utilité au cinéma. Cela me rappelle une boutade de Jean-Pierre Marielle, qui possède le sens de la formule au plus haut point. Un jour qu'un metteur en scène lui demandait quelque chose de plus nuancé, il s'était exclamé : « la nuance, refuge des mauvais acteurs... ». Et il avait raison. On s'en fout de la nuance. Est-ce que les grands acteurs américains font dans la nuance ? Ce qui compte, c'est que l'acteur soit juste. Voilà pourquoi je dis souvent, avec un brin de provocation, que seuls les clichés sont vrais. Si nuance il y a, elle vient d'une succession de sentiments qui s'enchaînent et non de quelque chose qu'on rajouterait pour faire bien. L'idéal de l'acteur, ce ne sont pas les hachures d'un Gromaire par exemple – dont je suis amateur – mais le dessin de Matisse, d'un seul trait, ou la peinture de la Chine ou du Japon, qui atteint l'harmonie d'un seul geste. Il n'y a pas très longtemps, lorsque je répétais *L'Homme du hasard* de Yasmina Réza, j'avais sorti cette phrase de Marielle à mon metteur en scène, Frédéric Bélier-Garcia, que je ne connaissais pas encore très bien. Quelque temps plus tard, il m'a avoué :

— Vous m'avez ôté le sommeil pendant huit jours, parce que je me demandais comment j'allais pouvoir travailler avec un mec qui se fout de la nuance...

Comme nous disposions de peu de temps, Vilar déléguait énormément. Chacun avait sa part de responsabilité. Les comédiens confirmés aidaient les moins expérimentés. Il faut imaginer ce que représentait pour le jeune comédien que j'étais de se retrouver plongé d'un coup dans une compagnie qui comptait des artistes aussi extraordinaires que Gérard Philipe, Maria Casarès, Daniel Sorano, Jean-Pierre Darras ou encore Charles Denner qui était si bouleversant, lui aussi, dans *Le Prince de Hombourg*. Souvent, je me faufilais en coulisses pour voir jouer mes camarades. Gérard Philipe, en particulier. Dès *La Mort de Danton*,

Michel Bouquet faisait preuve des mêmes qualités que maintenant : maîtrise totale de son art, formidable intensité. On prononçait les discours devant la Convention à l'avant-scène, face au public. Bouquet arrivait, l'un des discours de Saint-Just commençait par ces mots :

— Il semble qu'il y ait dans cette assemblée quelques oreilles sensibles qui ne peuvent supporter le mot sang...

À ce moment-là, on voyait les deux mille cinq cents personnes de la salle se recroqueviller dans leur fauteuil, l'air de se demander ce qui leur arrivait. Au TNP, des moments de communion comme celui-là étaient monnaie courante. Quand Vilar entrait en scène, grâce à sa prestance, à sa seule présence, tout changeait. Qu'on soit dans le drame ou dans la comédie, chez Marivaux ou chez Tchekhov, il avait une crédibilité extraordinaire, sans la moindre composition. S'il jouait Richard II, nul ne doutait qu'il ne descendît des Plantagenêt en ligne directe. Je me souviens du prêche de Thomas Beckett qui clôturait *Meurtre dans la cathédrale*, de T. S. Eliot. Vilar terminait son sermon en traçant un large signe de croix. À chaque fois dans le public, cela n'y manquait pas : plusieurs centaines de personnes se signaient à l'unisson...

Dans tout théâtre qui se respecte, on trouve un tableau sur lequel la régie, le directeur ou le metteur en scène épinglent les informations qu'ils veulent faire circuler. Au minimum, on y indique l'heure de la représentation, le titre de la pièce et le numéro de la représentation. Si l'on met bout à bout ces petits pense-bête, on peut voir défiler toute la vie d'un théâtre, du très prosaïque rendez-vous d'essayage de la perruque au plus subtil de l'art dramatique. Les notes de service que Vilar épinglait avant la représentation avaient cette particularité de dépasser ce côté pratique pour tendre à l'aphorisme. Réunies, ces notes forment une sorte d'art poétique, la façon la plus simple et la plus efficace pour connaître Vilar. Il écrivait remarquablement bien, et il avait le sens du raccourci.

Lorsque j'ai intégré la troupe, j'ai commencé par faire mon apprentissage. En 1953, l'année de mon arrivée, Vilar m'a attribué deux petits rôles dans *Dom Juan,* qui n'avaient rien de bien excitant : La Ramée et le Commandeur. Comble de malchance, la pièce a été un des grands succès du TNP. Je les ai donc joués pendant sept ans, au gré de nos tournées annuelles. Le Commandeur n'était qu'une voix masquée, avec des cothurnes au pied. Je n'en pouvais plus, à la fin, de jouer les statues. À Chaillot, je faisais mon entrée à travers une sorte de péristyle formé de colonnes de lumière créées par Pierre Saveron, notre éclairagiste. Pour les concrétiser, Sganarelle-Sorano faisait mine de les caresser. Dans mon malheur, j'avais une consolation de taille : le spectacle était un des plus beaux jamais créés par Vilar. Ce dernier s'était réservé dom Juan. Monique jouait Elvire, beau rôle qui l'a fait souffrir, car il est aussi très ingrat ; les actrices disent que c'est la croix et la bannière, ou plutôt la croix ou la bannière, parce que l'on ne réussit qu'une des deux scènes, celle où Elvire reproche à son amant de l'abandonner ou celle où, ayant renoncé à tout, elle est prête à entrer en religion. À la création, Michel Bouquet fut Pierrot, avant de passer le relais à Jean-Pierre Darras. Georges Wilson joua dom Luis, le père de dom Juan, puis me transmit le flambeau l'année d'après, lors d'une reprise à Avignon, car il était accaparé par un tournage. J'avais à peine vingt-quatre ans et voilà que je jouais un homme d'âge, le père de Jean Vilar...

Vilar n'était ni un boute-en-train ni quelqu'un de léger. Pourtant, il avait aussi ses moments de folie. Un jour en tournée, à Vicence, nous jouions dans un théâtre de Palladio, un magnifique théâtre de bois avec un décor de places et de rues construit en perspective. Ce n'était pas l'idéal, mais Vilar s'en accommodait. Nous jouions *Richard II.* Mon rôle était muet. Il consistait à venir trucider Vilar dans sa geôle. Et lorsque je suis entré pour accomplir ma besogne, en spadassin routinier, Vilar n'était pas là, à l'endroit où il aurait dû être. J'ai eu un moment de panique, cherchant de droite et de gauche où il avait bien pu passer. Sous ses allures de protestant du Midi, alors qu'il était si sévère dans le travail, il pouvait être saisi par l'envie de nous faire presque des niches... Une autre fois dans *Le Prince de Hombourg*, alors qu'il jouait l'électeur de Brandebourg, il était en train de nous passer en revue, nous, ses officiers, comme Napoléon ses grognards, avec les drapeaux ennemis à nos pieds. Et par tous les moyens, il essayait de nous faire rire. Si, de notre propre chef, nous nous étions risqués à semblable fantaisie, nous aurions écopé à coup sûr d'une de ces feuilles de service foudroyantes dont il avait le secret. Et voilà qu'il nous secouait, façon scrogneugneu, qu'il remettait nos perruques en place. Inutile de dire que devant ses grimaces, nous mettions notre point d'honneur à bannir jusqu'à l'ombre d'un sourire... Lorsque tout roulait bien, il avait des accès d'espièglerie, des saillies comme celle-là. Il n'était ni un pisse-froid ni un peine-à-jouir.

La troupe avait ses côtés potaches. Depuis Rennes, j'avais avec Darras des rapports assez humoristiques. Mais Georges Wilson, par exemple, qui a pris par la suite des allures de père Fouettard, était aussi un grand déconneur, tout comme les filles, Monique, Maria, qui n'étaient pas les dernières à rigoler. Tous ces gens se révélaient très bénéfiques à fréquenter. Jean Vilar comme Gérard Philipe étaient d'authentiques inspirés. Ils avaient dans la troupe un équivalent au féminin : Maria Casarès. Fille d'un homme politique espagnol, arrivée en France après 1936, elle avait été inoubliable dans *Les Enfants du paradis* de Carné, et surtout dans *Les Dames du bois de Boulogne* de Robert Bresson. Jean Cocteau lui avait fait jouer la Mort dans ses films. Elle était l'intelligence et la sagesse mêmes. Portant la discipline et la maîtrise technique au maximum de la concentration et de l'incandescence, elle était aussi dotée d'un formidable appétit de vivre. Sans jamais se laisser aller, elle était rieuse de tempérament. Si un quelconque je-ne-sais-quoi se cassait, il arrivait qu'on entende un petit rire, presque un chevrotement de chèvre galicienne, qui se mettait à monter, irrésistiblement... Nous murmurions alors :

— Oh ! Nous voilà mal barrés...

Dans *Marie Tudor*, alors qu'elles pleuraient enlacées à genoux au milieu de la scène de Chaillot, Monique et Maria furent prises de fous rires véritablement shakespeariens. Elles essayaient de cacher cela dans leurs épaules réciproques. C'était épouvantable.

Je ne voudrais pas non plus laisser croire que tout n'était que franche rigolade. Au TNP, nous étions sérieux. Ceux qui ne l'étaient pas ne sont pas restés. Lors de la création de *Richard II*, à Suresnes, deux magnifiques comédiens en ont fait l'expérience à leurs dépens : Bruno Cremer et Jean-Pierre Marielle, qui sortaient tous deux du Conservatoire. Ils avaient de jolis rôles, mais ils sont arrivés là complices et ricaneurs, avec une sorte de distance. Sans être réticents, ils n'adhéraient pas de façon spectaculaire à l'entreprise. Un jour, alors qu'il descendait en scène, Vilar les a trouvés tous les deux – l'un jouait l'évêque de Carlisle et l'autre un noble quelconque –, assis sur les marches en béton des escaliers qui remontaient aux loges. Il ne leur a fait qu'une brève remarque, au sujet de leurs costumes. Il leur a rappelé qu'ils étaient neufs. Il ne les a pas mis à la porte. Mais il ne les a pas réembauchés pour un autre spectacle. Car Vilar possédait aussi au plus haut point une chose dont il ne parlait jamais : la foi dans le caractère sacré du théâtre.

J'ai enchaîné les petits rôles, le laquais de *Ruy Blas*, en février 1954, ou l'Evandre de *Cinna* en juin, pour lequel je n'avais qu'un seul vers à dire :

— Tous vos ordres, seigneur, seront exécutés.

C'est ce que je répondais à Vilar, qui jouait Cinna, lorsqu'il venait me parler à l'oreille. La première a lieu, et le moment où Cinna m'appelle arrive. Comme prévu, je m'approche, puis je fais un pas en arrière, je m'apprête à dire mon vers... Et Vilar enchaîne immédiatement, sans me laisser le temps d'ouvrir la bouche.

— C'est déjà pas très rigolo, lui ai-je dit en coulisses, le rôle que vous m'avez filé, alors si en plus vous me le coupez...

À Chaillot comme à Avignon, il n'y avait pas de rideau, mais, de temps en temps, des noirs. Pour passer d'une scène à l'autre avec élégance et fluidité, Vilar disposait d'un atout maître : André Schlesser, dit Dadé, qui faisait fonction de valet de scène. Ce vieux caramade était un des rares à le tutoyer. Ils se connaissaient d'avant le TNP. Un peu plus âgé que moi, Dadé était d'origine gitane. Grand, brun, très bien fait, il avait une belle tête un peu espagnole et cette élégance suprême des hommes qui maîtrisent leur corps à la perfection sans en abuser. C'était un personnage discret, pas bavard, gentil avec tout le monde. On savait qu'il avait été adopté un temps par la bande à Prévert et qu'il avait joué dans des pièces d'Anouilh. Ce n'était pas un bon acteur; il s'en était très bien accommodé. Il avait une voix de ténor naturelle, de toute beauté. Entre les scènes, il chantait des chansons à la façon des troubadours, s'accompagnant à la guitare, assurant les liaisons et ponctuant les spectacles. Parfois, il s'adjoignait un garçon nommé Marc Chevalier, avec lequel il formait un numéro de duettistes chanteurs, sous le nom de Marc et André. Il faisait aussi le régisseur-accessoiriste, intervenant chaque fois qu'il y avait un objet à déplacer, que ce soit un trône, des étendards, ou des fanions à la florentine, dans *Marie Tudor*, dans *Lorenzaccio* ou dans *Le Cid*. Comme l'espace était vaste et que le travail sur l'éclairage était essentiel, l'interlude que Dadé offrait permettait par exemple de finir une scène côté jardin et d'entamer la suivante côté cour, en passant simplement du noir à la lumière, les comédiens étant déjà en place.

Quand il était jeune, Dadé avait fait son service militaire dans les zouaves. Il m'avait montré une photo de lui à l'époque : il était d'une beauté à se mettre à genoux. Il avait beaucoup pratiqué la boxe en amateur au régiment, au point de devenir champion militaire. Une fois son service effectué, un type qui l'avait vu sur les rings est venu lui proposer de s'occuper de sa carrière comme professionnel. Dadé s'était dit : « Pourquoi pas ? » et avait accepté. Puis le premier match est arrivé. Dadé s'est alors retrouvé devant un mineur polonais du Nord, le nez comme une patate et les oreilles comme deux autres patates :

— J'ai vu ce type, j'ai eu l'impression qu'il pesait dix kilos de plus que moi et qu'il mesurait vingt centimètres de plus, bien que nous fussions de la même catégorie. J'ai eu alors le comportement le plus courageux de ma vie : j'ai fui pendant les trois premiers rounds, avant d'être disqualifié. Je me suis dit : si ce type m'approche, il me massacre. J'avais pourtant plein de copains dans la salle : les gars de l'entraînement, mon manager-entraîneur qui me gueulait « Vas-y ! » dans les oreilles. « Sans moi », lui ai-je répondu. Des huées fusaient de toutes parts, on m'envoyait des tomates, des détritus. Mais je m'en suis tenu héroïquement à ma décision : ne pas tomber dans le piège.

Dadé était un grand amateur de cigares. C'est à lui que je dois mon initiation à cet art subtil. Au quotidien, il fumait plutôt de petits Voltigeurs, ou des cigares des Philippines un peu rustiques, avec de temps à autre un bon havane, lorsqu'il était en fonds. Je lui suis aussi redevable de ma carrière de cabaret : il était copropriétaire de L'Écluse, où j'ai fait mes débuts dans ce registre avec Jean-Pierre Darras.

En juillet 1954, nous avions prévu de monter *Macbeth* à Avignon. *Macbeth*, ou plutôt « la pièce écossaise », comme on dit dans le monde du théâtre avec un air entendu. Car citer ce nom maudit a la réputation de porter malheur. Mon ami Peter O'Toole, par exemple, m'engueulait et partait à cent mètres si par malchance il entendait ce mot dans ma bouche. La légende veut qu'il y ait eu toutes sortes d'accidents lors des innombrables créations de cette pièce. Nous n'avons pas échappé à la règle. Toute sa vie, Jean Vilar a souffert d'un ulcère à l'estomac. C'était un héritage de l'époque où il était pion au collège Sainte-Barbe, à Paris, et où il ne mangeait pas vraiment à sa faim. Il avait déjà été opéré. Même admirablement secondé par Jean Rouvet, Vilar abattait année après année un travail de titan, entre l'administration, le jeu, la mise en scène de trois ou quatre pièces annuelles, la programmation, les tournées et les finances. Lorsque nous sommes arrivés à Avignon, la tension était à son comble. Comme chaque fois, rien n'était prêt. Maria faisait ses débuts au TNP, et l'ulcère de Vilar s'était rouvert. Lorsqu'il a dû entrer en clinique, nous en étions aux derniers jours de répétition. La mise en scène était loin d'être terminée. Gérard a assuré l'intérim. Je n'ai jamais connu pareil chaos. Dans les coulisses, nous avions des fiches afin de ne pas oublier d'entrer par la cour ou par le jardin... Les costumes, conçus par Mario Prassinos, étaient somptueux, magnifiquement stylisés de motifs géométriques romans. Moi je jouais Ross, un noble d'Écosse. J'avais deux ou trois scènes, dont une avec la femme de Macduff, qui était jouée par Monique. Je crois que c'était ma toute première scène avec elle. Vilar jouait Macbeth. Lorsqu'on est arrivés au spectacle, il est donc sorti de son lit d'hôpital pour monter en scène. La générale a été dramatique. Vilar s'est présenté en sachant mal son texte. Or au théâtre, un noir, une lumière, une entrée sont déclenchés par un mot ou une phrase. Et Vilar, en mauvais état, hésitait. Du coup, certains basculements s'opéraient trop tard. Si bien que les figurants, qui avaient encore moins répété que nous, ignoraient par où ils entraient. Traditionnellement, depuis la création du festival, nous les recrutions dans le régiment d'Avignon. Ils ne savaient même pas s'ils faisaient partie des gardes de Macbeth ou non. J'étais de la conjuration des anti-Macbeth. Tout d'un coup, je les ai vus me tomber dessus avec des gourdins, au point que j'ai dû leur expliquer le plus discrètement du monde que nous étions dans le même camp. Sur le plateau, il y avait une espèce de passerelle qui courait le long de la muraille. Vilar-Macbeth devait s'y tenir pour dire un long monologue dans lequel il évoquait les fantômes des rois de l'Écosse qui l'avaient précédé.

Comme il ne connaissait pas très bien son texte, il avait prévu de s'allonger sur la passerelle en question et de prendre le manuscrit en main, sur le plateau, ni vu ni connu. Nous observions cela des coulisses, rassurés quant à l'éventualité d'un trou malencontreux. Au bout de quelques vers, épouvantés, nous avons réalisé que chaque fois que Macbeth tournait une page, un projecteur qui l'éclairait par en dessous en dessinait l'ombre sur les trois quarts du palais des Papes... À peine les représentations terminées, Vilar est retourné dans sa clinique. Nous avons repris dans la foulée *Le Prince de Hombourg*, mais avec ce spectacle-là, la troupe commençait à être rodée.

Pourtant, nous n'étions pas au bout de la série noire. À peine Avignon terminé, c'est Georges Wilson qui est tombé malade. Or il devait jouer le rôle principal dans le premier film d'Agnès Varda, *La Pointe courte*, qui allait se tourner en août. Agnès m'a donc téléphoné pour me proposer de le remplacer au pied levé. Elle avait tout préparé ; si elle ne tournait pas ce serait une catastrophe, car elle produisait elle-même et avait fait plusieurs emprunts. J'ai accepté tout de suite, en camarade. Après tout, l'aventure était inédite, et je n'avais rien de prévu pour les vacances. Je connaissais Agnès depuis mon arrivée au TNP ; elle était notre photographe officielle. Pour la presse, et surtout pour les programmes, Vilar l'avait chargée de conserver une trace de tous les spectacles. Petit bout de femme dotée d'une forte personnalité, elle était brune comme un pruneau, avec de grands yeux et des cheveux ailes de corbeau coupés à la Jeanne d'Arc. Elle s'acquittait de sa tâche avec son style bien particulier : ses photos étaient très posées, éclairées spécialement. Elle ne les prenait jamais sur le vif.

Le film devait se tourner à Sète, la ville natale de Vilar, dans un quartier de pêcheurs, qui se trouve entre l'étang de Thau et la mer : la Pointe courte. L'endroit était d'un confort spartiate et paraissait hors du temps, séparé du reste de la ville par une frontière invisible. Les habitants, qu'on appelle les Pointus, ramassaient des coquillages, des huîtres et des moules dans l'étang. Ils ont participé au tournage comme figurants. Le premier rôle féminin avait été confié à Sylvia Monfort. J'étais son mari, et notre couple traversait une crise. Agnès voulait un ton très peu joué, *recto tono*, insoucieux de réalisme, un peu bressonien. Tout en dialoguant, nous devions effectuer une longue déambulation dans le quartier. On sentait que la réalisatrice était photographe : le cadre, les places dans le champ étaient méticuleusement composés. Tout était très écrit. Nous devions adopter un comportement hiératique. Agnès avait prévu des plans de visage très précis, certains de profil, d'autres avec la moitié du visage. Les indications qu'elle nous donnait relevaient plus de la gestuelle que de l'interprétation. Lorsqu'elle a décidé de se lancer dans cette aventure, Agnès ignorait tout du financement comme de la réalisation d'un film. À l'époque, la pellicule coûtait cher. Nous n'en étions pas encore à l'ère de la vidéo. Agnès ne s'est pas laissé intimider. Elle a commencé par créer une coopérative, puis s'est attelée à l'écriture. Elle avait pour conseiller un de ses amis, Carlos Villardebo, qui avait déjà tourné deux ou trois documentaires. On a achevé le tournage en un mois. La petite équipe technique était efficace, nous avions même une cuisinière pour la cantine et l'atmosphère fut très plaisante. En dehors des Sétois pure souche, la Pointe courte est un quartier ignoré de tous. Dans le voisinage, notre présence faisait figure d'événement. Agnès, comme Vilar qui était venu nous rendre visite, était du pays. Nous étions donc en terrain connu.

Si l'intermède amical que représentait ce tournage fut une expérience très sympathique, ce fut aussi l'occasion de me rendre compte que face à la caméra je n'étais pas à l'aise du tout. Ce n'était pas tant à cause de l'inexpérience d'Agnès que du fait de mon ignorance totale de ce travail. Ce ton irréaliste, qu'elle souhaitait, ne m'apportait pas grande satisfaction, malgré la présence de Sylvia Monfort que je retrouvais avec plaisir.

J'ai vu les premiers rushes avant même le montage final; je me souviens encore de ce long travelling dans lequel j'avançais, dos à la caméra, dans les rues de la Pointe courte. En voyant cela, j'ai dégueulé. Carrément. À cette époque d'avant la vidéo, un acteur de théâtre pouvait ignorer à quoi il ressemblait. Je n'imaginais pas du tout avoir ce physique-là. Et voilà que je découvrais une espèce d'ours mal léché qui marchait comme un canard. On ne se connaît pas quand on ne se voit qu'en se rasant le matin, à son avantage. Lorsqu'on évoque le côté magique du cinéma, c'est aussi de magie noire qu'il s'agit. Ce n'est pas naturel de se voir, soi, de trois quarts dos ou de profil. Ce n'est pas « normal » qu'un être humain s'aperçoive dans ces conditions-là. Cela m'a fait un effet d'une violence terrible. J'ai mis de longues années à oublier ce traumatisme. Longtemps, j'ai été mal à l'aise avec mon physique. C'était d'abord une question de poids. Le cinéma a un effet grossissant. Bien que n'étant pas spécialement corpulent pour ma taille, j'aurais voulu avoir vingt kilos de moins. J'ai fait mon premier régime au moment de quitter le TNP. À l'époque, je pesais quinze kilos de plus que maintenant. J'avais vingt-huit ans. Je me suis mis à la diète pour des raisons de santé, et aussi par souci d'esthétique. J'avais le sentiment que mon physique risquait d'être un handicap, qu'il m'empêcherait de progresser. Cela devenait une obsession. Si je n'ôtais pas un petit peu de lest en retrouvant une silhouette qui me permette d'aborder toutes sortes de personnages, cela n'irait pas. Monique, avec qui je commençais à avoir des rapports privilégiés, m'encourageait dans cette voie. À ce moment-là, j'ai donc perdu quinze kilos en trois mois.

Au bout du compte, *La Pointe courte* a été une vraie réussite cinématographique. Film pionnier, il anticipe la Nouvelle Vague. À Paris, le montage avait été assuré par Alain Resnais. Ce que j'ai aimé, et que j'ai recherché par la suite, c'est l'atmosphère de troupe qui régnait sur ce tournage. Il y avait un côté TNP en vacances. Le travail d'Agnès avait cet aspect artisanal que j'apprécie tant dans notre métier. Mais pour moi, à ce moment-là, ce film était un accident. Comme je n'en attendais rien, je n'ai pas été déçu, mais ce ne fut pas non plus une révélation. J'ai toujours eu le sentiment d'avoir été choisi par le cinéma, et non l'inverse.

Avec le temps, Vilar commençait à me confier des rôles plus importants. En 1955, dans *L'Étourdi* de Molière, j'ai joué Truffaldin, un des barbons de la pièce. La mise en scène était de Daniel Sorano qui jouait le valet Mascarille. *L'Étourdi* narre les mésaventures d'un jeune premier charmant qui a le malheur d'être étourdi, et qui enchaîne gaffe sur gaffe. Son valet lui mâche le travail, mais comme il est timide, il gâche tout ce que l'autre lui goupille. C'est une très bonne pièce, très rigolote, qui fonctionnait bien et qui étrangement n'est pas beaucoup jouée. Parfois, cela frisait la charge. Avec la surface que nous avions à remplir, nous pouvions y aller gaiement, d'autant que le ton de la pièce est plus proche de la farce que du *Misanthrope*. Daniel était très friand de ce que je pouvais lui amener et j'en faisais gros comme une maison.

Et puis au printemps 1955, j'ai joué Avare, dans *La Ville*. Vilar tenait beaucoup à monter une pièce de Claudel au TNP, notamment parce qu'il était un des rares auteurs contemporains à pouvoir affronter des espaces comme le plateau de Chaillot ou la cour d'honneur du palais des Papes. *La Ville* était une pièce quasi inconnue, jamais jouée. Il en existait deux versions. Vilar avait choisi la seconde. Après avoir fait de nombreuses coupures, il était allé en parler à Claudel. De sa voix nasale, le vieux poète lui avait d'abord demandé :

— Qu'est-ce que c'est, *La Ville*, vous voulez monter *La Ville*, est-ce que c'est cette pièce dans laquelle l'héroïne s'appelle Lâla ?

Il avait fini par accepter les coupures, mais avait demandé qu'on les compense par des temps de silence, afin de ne pas modifier le rythme.

J'avais eu du mal à entrer dans ce personnage d'Avare. Ce rôle très important, magnifique, demandait maturité et maîtrise technique. Dans la première partie de la pièce, on découvre un poète ; mais il finit par prendre le pouvoir et se transforme en dictateur. C'est un personnage qui a beaucoup à voir avec l'auteur lui-même et qui cousine avec Tête d'or. Le pari de Vilar n'était pas sans risque : la respiration et le vers claudéliens ne sont pas de vains mots. Il m'avait fait un très beau cadeau. Ce qu'il y avait de passionnant dans le travail avec Vilar, c'était de découvrir la pièce en même temps que lui. Il demandait beaucoup aux acteurs. Dans *La Ville*, le morceau de bravoure était un grand discours politique sur la façon de gouverner. Je ramais, et Vilar cherchait en même temps que moi. En choisissant la pièce, il savait à peu près où il voulait en venir, mais il ignorait encore par quel chemin. Il comptait sur nos propositions pour trouver sa route. Grâce à cette façon de travailler, j'ai appris à ne pas avoir de blocage d'amour-propre lors du défrichage d'une pièce. À chaque nouvelle aventure, pour le metteur en scène comme pour moi-même, je rappelle toujours ce principe.

Alain Cuny jouait Coeuvre. Je l'avais découvert par le cinéma, en voyant *Remorques*, de Grémillon, ou *Les Visiteurs du soir*. Il était assez fascinant. On aurait dit une statue du Moyen Âge. Il avait cette beauté, cette présence et surtout cette diction, si particulière, qui pouvait paraître parfois un peu affectée. Cuny était quelqu'un de terriblement sérieux ; mais pour ma part, j'avais de bons rapports avec lui parce que je le faisais rire. Une fois, j'ai même réussi à le surprendre. Lorsque je suis entré dans la troupe, j'avais donné une interview à *Bref*, le journal du TNP. C'était sans doute ma première interview, mais je ne sais pourquoi, j'avais déjà des préventions contre l'exercice. À chaque nouvelle arrivée, il était de tradition de faire le portrait de la recrue. Je ne me souviens plus de l'intervieweur, mais j'ai le souvenir de m'être demandé, tout à coup, ce que je faisais là. Pourquoi étais-je en train de disserter devant ce type, avec cette épouvantable gravité ? À la fin de l'entretien, mon intervieweur me demande si, à part le théâtre, j'ai d'autres passions. Alors je ne sais ce qui m'a pris, mais je me suis entendu lui répondre :

— Ah ! Eh bien, j'écris... J'écris.

Je pense que la désinvolture et le côté condescendant du bonhomme avaient dû m'agacer un peu.

— Ah bon, vous écrivez ?

— Oui, je travaille actuellement sur un roman, mais j'ai écrit une série de nouvelles qui viennent d'être acceptées chez Gallimard, dans la collection blanche, et qui doivent paraître en octobre.

Alors là, coup de baguette magique, le mec rectifie la position, change immédiatement de ton, et notre entretien paraît tel quel dans le journal du TNP. Nul ne l'ayant lu, personne ne m'en parle, même pas Vilar, jusqu'au jour où je tombe sur Cuny qui se marre, me disant de sa voix de sépulcre :

— Alors... Noiret, on écrit ? On va être publié chez Gallimard ?

— Moi ? Non, pourquoi ?

— Ben, et ce que je viens de lire dans *Bref* ?

— Quoi ? Ah oui, non j'ai raconté des conneries au mec parce qu'il m'agaçait énormément...

Alors ça, ça l'a cueilli. Qu'un jeune type de vingt-trois ans, dont c'est la première interview, puisse raconter des fariboles qui doivent être publiées dans le journal du théâtre qui vient de l'engager, jamais il n'aurait pu imaginer une chose pareille. À ce moment-là, j'ai conquis une certaine place dans son estime. « Ce type, a-t-il dû se dire, il est quand même un peu particulier. »

Le problème avec Cuny, c'est qu'il n'a jamais été vraiment heureux d'être acteur. À l'origine, il était architecte. C'était un homme écartelé entre des aspirations contradictoires, entre la tête et le robinet. Il y avait chez lui une insatisfaction permanente, qui s'est confirmée ensuite, à ma grande déception. Des années après la mort de Vilar, il a publié un livre d'entretiens dans lequel on découvrait un homme à l'orgueil immense, confit d'aigreur et de frustrations. Il était jaloux du monde entier, de Jean Marais, de Gérard Philipe, jaloux de tous ceux qui avaient eu de plus grandes réussites que la sienne. Comme tous les gens qui affectent de dédaigner les succès publics, il dissimulait une insatisfaction profonde à ce sujet. À cause de ce côté bancal de sa personnalité, il s'est toujours refusé à travailler sa technique, à améliorer sa respiration. Il n'était pas du genre à se considérer comme un artisan, il se voulait plutôt l'homme de l'inspiration. C'était à prendre ou à laisser. Si au lieu de passer, cela cassait, peu importait. Il n'en conservait pas moins cet extraordinaire emploi fantomatique de figure de vitrail, de connétable. Il avait fait un formidable Macbeth. Je me souviens d'une réplique, au moment où revenait le spectre de Banco :

— Aah ! Aah, voilà que ça me reprend !

Et il doublait la parole par un geste en direction de ses tripes, il était plié en deux en se tenant le ventre, on avait l'impression que s'emparait de lui une dysenterie aiguë, irrépressible. On lui avait fait la remarque, en pure perte. Lorsqu'il jouait, il ne se contrôlait absolument pas. Dans ce même *Macbeth*, il avait failli fêler deux côtes à Maria en la prenant dans ses bras. Il n'était pas homme à entrer dans ce type de considérations.

Avec Avare, j'ai franchi une étape. Car il en est de Claudel comme de tous les grands auteurs qui sont aussi des poètes : leurs personnages dramatiques se révèlent à travers la respiration. Toute interprétation est une sorte de musique rythmée, ponctuée de pauses, de silences. C'est une succession de blanches et de noires, avec des déliées, des liaisons. Il est donc absolument nécessaire d'avoir une technique impeccable, au risque d'être englouti. Le souffle est un élément primordial. Aujourd'hui, cette évidence disparaît au profit de la « vérité », du « réalisme », du « naturel », ce sacro-saint naturel dont tout le monde se fout... Il suffit de réentendre des enregistrements de Gérard Philipe, de quoi faire dresser les cheveux sur la tête à nos jeunes acteurs. Il y a là-dedans une telle folie, un tel lyrisme... Cela tient de la transposition, du chant. C'était complètement irréaliste. Parfois même, on se disait qu'il allait un peu loin...

Le patron n'était pas l'homme des compliments dithyrambiques, ni celui des embrassades spectaculaires. À la veille de la générale, j'ai trouvé dans ma loge de Chaillot un petit mot de lui :

« Mon cher Noiret, je suis très content de ce que vous faites. Je crois que se dessine pour vous un très beau succès personnel. Et j'en suis très heureux. Votre Jean Vilar. PS : n'oubliez pas que l'éloquence d'Avare est plus proche de celle de Rimbaud que de celle d'un ministre radical-socialiste. »

En juillet, à Avignon, j'ai joué dans *Marie Tudor*, de Victor Hugo, avec Maria Casarès. J'avais l'un des rôles principaux : Simon Renard, conseiller de la reine et Premier ministre. À la fin de la pièce, Marie Tudor se rend compte que son conseiller a pris la décision de passer outre à ses ordres :

— Qui a osé ?

— Moi ! J'ai sauvé la reine et l'Angleterre !

Rideau, trompette.

J'avais deux ans d'ancienneté et vraiment l'impression de faire partie de la troupe. Avec *Dom Juan*, *Le Cid*, *L'Avare* et *Le Triomphe de l'amour* de Marivaux, cette pièce est de celles que nous avons jouées dans tous les pays, en ambassadeurs de la langue et de la littérature françaises. En Pologne ou en Russie, nous rencontrions un succès formidable. Depuis mon adolescence et la lecture de *L'Homme qui rit*, j'avais une grande affection pour Hugo. Toute petite avec sa coiffe Renaissance, Maria avait l'air de sortir d'un tableau de Holbein. Il fallait que ça sonne, c'était notre seul impératif et nous prenions beaucoup de plaisir à jouer.

La même année, nous avons présenté *Le Triomphe de l'amour*. La pièce n'avait pas été jouée depuis deux siècles et fut une révélation pour beaucoup. On redécouvrait cette légèreté si française, alliée avec ce petit rien qui grince dans la plume... Travesties en petits marquis, Monique et Maria étaient délicieuses. Wilson était épatant en jardinier. Quant à Vilar, il était à mourir de rire en philosophe dont toutes les certitudes sont remises en question. Moi, je ne faisais pas partie de la distribution. Cela m'a permis de respirer un peu, d'aller voir ce qui se faisait ailleurs, chez Barrault, au Français ou au cinéma.

Mon grand rôle de l'année 1956 fut celui d'Ossip le moujik, dans *Ce fou de Platonov* de Tchekhov. Pour le TNP, la pièce était une gageure; c'est un drame intimiste et nous devions le jouer dans notre espace vaste et nu. Pour une fois, Vilar avait voulu des décors, mais ils étaient très suggérés : une isba, quelques poteaux télégraphiques, guère davantage. Le peintre Édouard Pignon avait été chargé de créer les éléments scéniques et les costumes. C'était un ancien mineur du Nord, très proche de Picasso. Il était communiste mais opposé à l'esthétique du réalisme socialiste. Ami de Gischia et de Prassinos, il avait travaillé pour Vilar dès la création d'Avignon. Ses costumes étaient d'une grande simplicité. J'avais une grosse tunique matelassée qui me faisait une carrure énorme, avec des bottes en feutre, assez dans l'esprit des Ballets russes. Cela m'avait porté. Très tôt, le costume fut mon premier appui et mon point d'entrée dans le personnage. Je crois que cela vient de la formation reçue chez Gignoux ou chez Vilar. Avec eux, j'ai commencé par jouer des personnages classiques, dans des périodes historiques très éloignées de notre époque. Pour incarner un compagnon de Macbeth, cela aide d'enfiler le casque, de passer le bouclier et d'empoigner la grande épée à deux mains. Au cinéma, le costume favorise l'incarnation. Au théâtre, il enrichit la représentation. Un costume qui fonctionne apporte énormément à l'acteur. Son objet est de parler à votre place, avant même que vous n'ouvriez la bouche. Et puis, au moment d'entrer dans un rôle, on est son propre instrument. On pioche d'abord dans ce qu'on est, dans sa jeunesse, sa famille. Il ne faut pas négliger non plus la part de l'imagination, surtout lorsqu'on est jeune. Plus tard, l'expérience de la vie vient prendre un peu le relais. Les acteurs ont un côté anthropophage. Ils se nourrissent de leur coupable activité de vivants.

Ossip est un très beau personnage. Il a plusieurs scènes importantes, avec différents protagonistes, Platonov que jouait

Vilar, et surtout avec Sacha Ivanovna, la femme de Platonov que jouait Monique. Nous avons gagné notre pari avec les honneurs. J'en ai tiré un grand plaisir de jeu, de travail, de recherche.

L'année 1957 a débuté avec *Le Faiseur*, de Balzac, en février à Chaillot. La pièce avait été pas mal retravaillée; Dullin l'avait montée avant nous. L'intrigue est simple : une succession de personnages qui viennent réclamer leur dû au faiseur. Pour l'occasion, Maurice Jarre avait composé une musique délicieuse. L'entrée de chaque visiteur était accompagnée d'une petite ritournelle, à la façon des marionnettes. Vilar était formidable dans ce rôle d'escroc. Acteur très sobre, il ne dédaignait pas de temps en temps d'en faire un peu plus que la normale. Cela le régalait de charmante façon. Je jouais son valet de chambre, Gustin, et je donnais la réplique à Christiane Minazzoli qui faisait la soubrette. Monique, quant à elle, jouait la fille du faiseur. Selon les indications de l'auteur, elle devait avoir un « physique ingrat ». Je m'en étais occupé. Avec de la pâte à nez, une sorte de pâte à modeler, je lui avais rempli la partie qui se trouve au-dessus de l'arête nasale, ce qui lui rapprochait les yeux de curieuse façon. Elle avait coiffé ses cheveux en macaron. C'est vraiment en jouant des pièces comme celle-ci que j'ai pris goût à la comédie. Mon physique ne me portait pas vers un genre ou un autre. Je n'étais ni une beauté fatale ni un petit bonhomme agile de son corps, promis aux Sganarelle ou aux Scapin. J'étais plutôt ce que l'on appelait un deuxième valet : un emploi assez indéfini, avec possibilité d'élargir vers les pères nobles, grâce à ma voix grave. Le TNP, avec des comédiens comme Maria Casarès ou Daniel Sorano, privilégiait des voix moins classiques, moins « Conservatoire » qu'ailleurs, que chez Barrault par exemple.

Les rôles se succédaient : le duc de Courlande dans *Ubu roi*, Oronte dans *L'École des femmes*, le comte de Gormas, père de Chimène, dans la reprise du *Cid*, Tirésias, dans l'*Œdipe* de

Sophocle traduit par Gide. Ce n'était pas des personnages inintéressants, mais aucun n'était vraiment important. Cette même année 1958, Vilar monta *Les Caprices de Marianne*, de Musset, avec Gérard Philipe et Geneviève Page qui étaient tous les deux d'une beauté extraordinaire. Le spectacle était inoubliable, mais moi, je ne jouais qu'un spadassin, c'était dire. Comme ces derniers temps, on ne me proposait rien de bien passionnant, j'avais demandé à Vilar un rendez-vous pour savoir s'il avait une idée de ce qu'il allait monter dans les prochains mois et s'il aurait des choses à me proposer. Vilar s'est excusé : n'ayant rien décidé, il ne pouvait rien me promettre. Deux jours plus tard, après réflexion, je lui ai annoncé que je songeais à ne pas renouveler mon contrat. Depuis quelque temps nous avions, avec Jean-Pierre Darras, un numéro de cabaret en dehors du TNP qui nous avait donné une certaine notoriété. Cela faisait déjà cinq ans que j'étais là ; je commençais à avoir envie d'aller voir ailleurs. Sur ces entrefaites, Gérard Philipe est venu à moi. Étrangement, je n'avais pas eu très souvent l'occasion de le fréquenter. Du fait de ses obligations extérieures, de par son caractère aussi, il maintenait une certaine distance avec la troupe. À mes yeux, il conservait sa part de mystère. Par Vilar, il avait appris que j'avais décidé de partir. Toutefois, il tenait à m'informer qu'il s'apprêtait à reprendre *Lorenzaccio* pour le printemps. Dans la foulée, une grande tournée était prévue, au Canada et aux États-Unis, avec des représentations à New York, Boston, Philadelphie et Washington. Vilar et lui me proposaient de reprendre le rôle du duc Alexandre, qui avait été tenu auparavant par Daniel Ivernel. J'ai donc décidé de rester au TNP une saison de plus, ce qui m'a permis de jouer l'un de mes plus beaux rôles au théâtre, un personnage phare, qui possède une vraie résonance dans l'histoire de l'art dramatique. Avec Gérard, les répétitions nous ont beaucoup rapprochés. Je n'ai jamais oublié une de ses remarques, qui me fut très utile par la suite. Le duc Alexandre est une espèce d'ogre. J'avais choisi de l'approcher de façon très exubérante, en lui faisant pousser non pas des cris, mais des rugissements que j'ajoutais au texte, qui me servaient d'appui lorsque je lançais mes répliques. Lorsque j'avais à dire « Entrailles du pape », par exemple, j'encadrais le juron de vociférations léonines. Gérard m'avait alors interrompu :

— Tu peux très bien faire ça, mais pour cela sers-toi de ton texte. Rugis dans ton texte, non pas en plus, à côté.

Gérard m'a donc appris à rugir dans le texte, en quelque sorte. Cela m'a servi de leçon : dans notre métier, on gagne beaucoup à ne pas faire de rajout, de bavure. Il faut toujours revenir au dessein lui-même. Que ce soit un mugissement ou un soupir, il faut se méfier de ce que l'on rajoute. Souvent, cela signifie que l'on a raté l'essentiel. Si l'on a envie de pleurer, de soupirer ou de geindre, faisons-le dans le texte et ne rajoutons pas de décoration. Car un personnage existe d'abord dans son texte, par ses répliques. Les grands textes se suffisent à eux-mêmes. Tout est dit dans l'écriture. Si l'on éprouve le besoin d'en rajouter, il y a de fortes chances pour que l'on ne soit pas dedans. C'est un des paradoxes du comédien : lui, le maître de jeu, quand il se retrouve face à un grand texte, doit s'efforcer de ne rien ajouter qui ne soit le texte lui-même. Lorsque le texte est moins bon, on peut éventuellement compléter, enrichir, achever. Mais ce qui fait la différence entre un Musset, par exemple, et une banale pièce, c'est la présence ou non de la poésie dramatique. Car la poésie a pour fonction spécifique de permettre l'incarnation. On le sent lorsque des œuvres, qui ont par elles-mêmes leur valeur, ne trouvent leur véritable raison d'être qu'à travers une incarnation, c'est-à-dire, au théâtre, projection et respiration. Si je lis une pièce de Racine, de Claudel, de Corneille ou de Hugo, j'ai envie de la dire à haute voix.

Le rôle du duc Alexandre fut pour moi une étape importante. Comme chez les compagnons d'autrefois, il constituait un peu mon chef-d'œuvre de maîtrise. Je devais ce cadeau à Gérard Philipe. Six ans plus tôt, tel un ange gardien, il m'avait ouvert les portes du paradis. À l'heure où je partais voler de mes propres ailes, il m'offrait un dernier viatique, pour la route. Je ne pouvais pas imaginer que quelques mois plus tard il allait être emporté par la mort, à trente-six ans.

Mon ultime rôle au TNP fut un rôle de composition, le mur, qui est un des personnages du *Songe d'une nuit d'été* de Shakespeare.

Ce torchis, ce plâtras, cette pierre vous montrent
Que je suis bien un mur; la vérité le veut.
Et que voici la fente, à droite comme à gauche,
Par où vont chuchoter les craintifs amoureux?

En 1959, j'ai définitivement quitté la troupe et la séparation s'est faite le plus simplement du monde. J'avais vraiment envie d'aller voir ailleurs. Surtout je ne partais pas seul : Monique avait décidé de quitter le nid, elle aussi. En effet, notre penchant l'un pour l'autre venait de se concrétiser. J'étais probablement amoureux d'elle depuis longtemps, mais avec mon côté bien élevé, comme elle était mariée, je ne me l'étais pas avoué. Le décalogue se trouvait à la base de mon éducation : « Tu ne convoiteras pas la femme de ton voisin... » Et puis Monique s'est séparée de son mari, un romancier pour lequel j'avais beaucoup d'estime et d'admiration, l'auteur de *Mendiants et Orgueilleux*, Albert Cossery. Alors j'ai commencé à lui faire comprendre, d'une façon un peu maladroite, encore que peut-être pas entièrement, tout l'intérêt qu'elle m'inspirait. Aussi bien en scène qu'à la ville, elle avait une présence très forte, mais ce qui m'avait d'abord frappé chez elle, c'étaient les yeux et le sourire. Lorsque nos sentiments l'un pour l'autre ont changé, la chance de notre couple a été que nous avions déjà vécu sept ans ensemble, onze mois par an... Nous n'ignorions rien de nos défauts réciproques, des miens en particulier... Nous avions même eu quelques affrontements dans la vie de troupe, de véritables pré-scènes de ménage. Un jour qu'elle était arrivée en retard pour un départ en car, je l'avais engueulée. Elle m'avait aussitôt envoyé paître... Nous nous connaissions donc très bien lorsque nous avons appareillé pour cette aventure à deux, qui dure encore.

5.

Darras et Noiret, ou ma carrière au cabaret. L'Écluse. Barbara. Jean Rochefort. Notre numéro de duettistes. Tableau des cabarets de Paris. Présentateur de télévision : « Discorama » et Denise Glaser. Château en Suède *à l'Atelier. André Barsacq. Françoise Sagan.* Zazie dans le métro, *de Louis Malle. Première rencontre avec Jean-Paul Rappeneau. Comment il m'a proposé* La Vie de château.

Lorsque nous partions en tournée, en autocar, en train ou en avion, Jean-Pierre Darras et moi avions pris l'habitude de distraire nos petits camarades en improvisant des sketches. C'est de là qu'est né notre duo. Un jour de 1957, André Schlesser, notre valet de scène et chanteur, nous a proposé de monter un vrai numéro et de nous accueillir dans son cabaret, L'Écluse. L'idée nous a plu, d'autant qu'elle nous offrait la possibilité de respirer un peu en dehors de la troupe. Nous vivions en effet beaucoup en vase clos. Le seul moment où nous étions à l'abri des foudres de Vilar ou d'une réquisition pour le théâtre, c'était le soir après onze heures. Et puis les cachets que nous allions toucher nous permettraient d'arrondir les fins de mois. L'Écluse se trouvait au 15, quai des Grands-Augustins, non loin de la place Saint-Michel. C'était un petit bistro tout en longueur, avec un comptoir à l'entrée, des banquettes de moleskine rouge et des tabourets où s'asseyait le public. La salle pouvait contenir une soixantaine de personnes. Nous nous produisions sur une petite scène de trois mètres de long avec un piano droit en travers sur le côté et une bâche verte clouée sur le mur du fond, agrémentée d'une bouée et d'un filet. Il n'y avait pas de rideau, ou alors une vague serviette de bain. Dadé Schlesser avait plusieurs associés : outre Marc Chevalier, son alter ego du duo Marc et André, il y avait Brigitte Saboureau, une chanteuse blonde qui s'accompagnait à l'accordéon, et Léo Noël, qui chantait des goualantes à la

Bruant en tournant la manivelle d'un orgue de Barbarie. La réputation de L'Écluse était déjà bien établie. Haut lieu de Saint-Germain-des-Prés, l'endroit était un des quartiers généraux de ce qu'on appelait la chanson rive gauche. Il attirait un public de bohèmes et de professeurs, qui n'était pas sans rapports avec celui du TNP. Raymond Devos y passait régulièrement. Barbara y a fait ses débuts. Elle était même un des piliers de la programmation. C'est là qu'elle a été connue et reconnue. Les artistes qui se succédaient chaque soir à L'Écluse étaient des plus variés. Les marionnettistes de la compagnie Joly, par exemple, présentaient un spectacle dont les marionnettes étaient leurs mains. Ils se servaient de gants et d'accessoires de toutes sortes. L'un de leurs plus beaux numéros était une évocation sous-marine, sur les *Gymnopédies* d'Éric Satie. On y voyait danser des anémones, des poissons. On croisait aussi à L'Écluse l'acteur humoriste suisse Bernard Haller, Pierre Richard et Victor Lanoux, qui ont monté un numéro de duettistes juste après nous. Marcel Marceau y était passé aussi, des années plus tôt, à l'instar de Jacques Brel ou de Cora Vaucaire...

Il n'y avait qu'une loge, que nous devions partager avec les autres artistes. Nous nous étions particulièrement liés, Jean-Pierre et moi, avec Barbara. La longue dame brune n'habitait pas très loin, rue de Seine, alors en repartant nous avions pris l'habitude de la raccompagner. Par Barbara, j'ai rencontré un jeune homme qui venait souvent boire un canon à L'Écluse parce qu'il était un de ses grands admirateurs. Il était comédien, lui aussi : il s'appelait Jean Rochefort... Après notre numéro, il venait terminer la soirée avec nous, ailleurs dans Saint-Germain. Nous buvions un petit scotch au Nuage, nous cassions une graine à L'Échaudé, un restaurant très fréquenté par les gens des cabarets du quartier. À l'époque, Jean faisait partie de la compagnie Grenier-Hussenot. Ils montaient des trucs épatants, de la farce, des pièces de tréteaux. Nous avons très rapidement sympathisé.

En scène, Jean-Pierre et moi étions habillés dans le style bourgeois : costume trois-pièces gris, chemise blanche, cravate sombre et chaussures noires. Nous cultivions notre côté soigné alors que dans les cabarets la tendance était plutôt à la licence. Traditionnellement, l'artiste rive gauche chantait en chemise. Mais notre côté « bien comme il faut » servait notre premier sketch. Darras montait sur scène : il était un comédien qui s'apprêtait à présenter son numéro. Assez vite, j'intervenais de la salle où je m'étais installé avant qu'il n'entre. Je lui coupais la parole de façon très désagréable, un peu suffisante ; il cherchait, il clignait des yeux, il voulait savoir qui se permettait de l'interrompre. Puis il me reconnaissait : j'étais un comédien moi aussi, nous étions censés nous connaître. Son numéro, la salle, tout passait au second plan. Nous étions partis dans notre conversation :

— J'ai trouvé quelque chose d'intéressant mais pas commode, je vais jouer *Athalie.*

— C'est pas tout à fait votre emploi, lui disais-je. Je serais assez curieux de voir ce que vous faites là-dedans...

Maintenant le public était complètement oublié :

— Mais je peux vous en jouer un passage, je peux vous réciter le grand monologue : « Oui, je viens dans son temple adorer l'Éternel... »

Il attaquait, je gueulais dans la salle :

— Noon !

— Mais si...

Je le reprenais, je l'humiliais sur chaque mot :

— Je viens, je viens, vous dites « je viens », encore faut-il qu'on s'en rende compte, vous restez planté comme une asperge, alors venez, venez vraiment, allez-y !

— Dans son temple...

— Mais où est le temple ?

— Mais il y aura un décor, enfin ! « Dans son te e e mple... »

Je l'emmerdais... À partir d'un thème que nous avions choisi, c'était Jean-Pierre qui écrivait. Le principe était d'improviser tous les deux, et d'enregistrer le résultat au magnétophone. Jean-Pierre bâtissait le sketch à partir de cette matière brute.

Assez rapidement, on nous a proposé une émission de radio : « Dimanche dans un fauteuil », produite par Jean Chouquet. Elle passait tous les dimanches, sur l'équivalent de France-Inter. C'était une émission d'humour très suivie, avec des gens très rigolos. Comme il fallait un sketch par semaine, des auteurs de la radio comme Yves Jamiaque ont commencé à écrire pour nous. Notre duo était, avouons-le franchement, du Poiret et Serrault, en moins bien. Monique vous dirait même : en beaucoup moins bien...

Nous avons écumé les cabarets de Paris. Notre coupable activité commençait après la représentation du TNP, à Chaillot, qui durait de huit heures à dix heures. Pour nous reposer, il nous restait le matin et l'après-midi, avant que ne débutent les répétitions. Cet emploi du temps n'est devenu difficile à tenir que lorsque j'ai quitté la troupe, et qu'il fallut concilier le théâtre, le cabaret et le cinéma. En dehors de L'Écluse, nous nous sommes produits à L'Échelle de Jacob, rue Jacob, non loin de la petite place Fürstenberg, à la Galerie 55, au n° 55, rue de Seine, qui était aussi une galerie de peinture et qui avait été fondée par René Legueltel. Nous avons mené ensuite quelques incursions rive droite, dans un cabaret de la rue Arsène-Houssaye, La Villa d'Este, qui existe toujours. Les gens y dînaient au champagne avec des attractions, des chanteuses dans le vent comme Catherine Sauvage ou Jacqueline François, des chansonniers aussi, qui parfois nous accueillaient dans leurs quartiers généraux, la Lune rousse par exemple. C'est là qu'en 1958 nous avons créé le numéro qui mettait en scène Racine et Louis XIV, Louis XIV étant fortement inspiré du général de Gaulle et Racine de Michel Debré, avec lequel nous commentions l'actualité de la semaine. Lorsque nous avons repris ces sketches sur les ondes, inutile de dire que cela fit grincer quelques dents en haut lieu. Les boîtes de la rive droite avaient une clientèle très différente de celles de la rive gauche : plus bourgeoise, et sortant à une heure plus avancée de la nuit. Les Trois Baudets, boulevard des Batignolles, avait été ouvert par Jacques Canetti, qui y recevait la chanson française de variétés et de qualité. Canetti dirigeait alors Philips; c'était un grand découvreur de talents : Georges Brassens, Félix Leclerc, Mouloudji, déjà établi mais qui se produisait là, Juliette Gréco ou encore Boris Vian que nous apercevions parfois, jouant de sa trompinette. Le music-hall n'était pas non plus à dédaigner. Nous nous sommes produits à Bobino, en première partie d'une chanteuse un peu exotique qui s'appelait Maria Candido et qui chantait :

Cou-couche panier,
Pa-pattes en rond,
Les yeux fermés,
On fait ronron...

Jean-Jacques Debout, l'auteur des « Boutons dorés », qui est devenu par la suite le mari et le pygmalion de Chantal Goya, passait aussi sur la même scène. C'était un très bon auteur de chansons, qui par la suite a beaucoup écrit pour les yéyés : on lui doit par exemple « Pour moi la vie va commencer » de Johnny Hallyday ou « Comme un garçon » de Sylvie Vartan.

Curieusement, je ne raffolais pas de cette vie nocturne. Je n'ai jamais été très attiré par ce que l'on appelle le monde de la nuit. Contrairement à beaucoup de gens, j'ai toujours pensé qu'après minuit on ne faisait plus de rencontres intéressantes. À partir de cette heure-là, on croise beaucoup de viande saoule et je n'ai que très rarement trouvé du plaisir à la conversation de ceux qui sont ivres ou partent vers l'ivresse. Quelles que soient leurs autres qualités, les gens qui boivent ne m'intéressent pas. Je les préfère à jeun.

Si notre numéro de cabaret nous a aérés, nous a rapporté un peu d'argent et nous a permis de nous faire connaître d'une autre façon, c'est aussi grâce à lui qu'à la suite de notre aîné Jean Desailly, nous avons été amenés à présenter une émission vedette de la RTF, « Discorama ». Une fois par semaine, nous commentions l'actualité du disque. Denise Glaser, qui avait créé ce rendez-vous, était une femme très intelligente mais aussi très timide, ce qui la rendait très attachante. Elle était d'une grande exigence. Elle a soutenu très tôt Barbara, dont elle a beaucoup contribué à la popularité. Les artistes venaient pour faire la promotion, mot qui n'existait pas encore, des disques tout juste sortis. Quand il n'y avait pas encore d'enregistrement, Denise trouvait toujours le moyen de faire passer les gens qui en valaient la peine. Avec Jean-Pierre, nous avions adopté le même ton que dans nos numéros : plaisantin, gentil, jamais méchant, soucieux de mettre en valeur les gens qui étaient invités. S'ils avaient de l'humour et de la notoriété, nous les mettions un peu en boîte. S'ils étaient moins aguerris, nous cherchions au contraire à les mettre à l'aise. Je me souviens de Dalida, alors en pleine gloire. Il était de bon ton de se moquer d'elle mais nous, nous l'aimions beaucoup, alors nous avions mis notre point d'honneur à être spécialement gentils avec elle. Un autre jour, nous avions reçu Michel Simon pour un de ses disques. Je l'admirais énormément. Il nous avait chanté :

Elle était jeune et belle
Comme de bien entendu
Il eut l'béguin pour elle
Comme de bien entendu...

En quittant le TNP, une page s'était tournée. J'ai toujours eu la conviction que Vilar ne savait plus très bien quoi faire de moi, et qu'il m'avait tacitement poussé à voler de mes propres ailes. Il n'a donc rien fait pour me retenir. Moi, j'avais aussi le sentiment qu'il fallait passer à autre chose. Le cabaret, que je pratiquais déjà depuis deux ans, m'offrait une excellente transition. Mais il n'a jamais été question pour moi de m'y éterniser. Alors que Jean-Pierre, au contraire, avait envie de continuer, de se concentrer sur le cabaret et sur le music-hall, je prenais ça comme une bonne aubaine, mais certainement pas comme une vocation. En sortant du TNP, j'avais d'abord pour ambition de décrocher des rôles au théâtre. Il n'était pas question que le cabaret m'oblige à refuser des propositions.

Début 1960, assez vite après mon départ du TNP, André Barsacq m'a demandé de venir lire dans son théâtre de l'Atelier une pièce en un acte de Félicien Marceau, intitulée *La Mort de Néron.* Il avait pensé à moi pour le rôle-titre. Je ne connaissais pas Barsacq, si ce n'est de réputation. Vilar avait joué chez lui. Parmi tous ses pairs, Dullin l'avait choisi comme successeur. Je savais qu'il possédait un des plus beaux répertoires de Paris. Dans son escarcelle, il avait de très bons auteurs vivants, comme Anouilh, Félicien Marceau ou encore Marcel Aymé. Quelques jours plus tard, il m'a rappelé pour me dire qu'il n'était finalement pas sûr que le rôle me convienne. Rebaptisée *L'Étouffe-Chrétien* et augmentée d'un acte, la pièce fut créée quelques mois plus tard, avec Francis Blanche en Néron et Arletty en Agrippine. Dans l'immédiat, il fallait que Barsacq mette en place un autre spectacle. Il m'a dit :

— J'ai aussi dans mes tiroirs une petite pièce de Françoise Sagan. Il faudrait qu'elle la retravaille un peu, mais je vais l'y aider. Et si les choses se font, il y aura un rôle pour vous.

Le marché fut bientôt conclu, il s'agissait de *Château en Suède.* Comme tout le monde, j'avais lu *Bonjour tristesse*, que j'avais beaucoup aimé. *Château en Suède* était la première pièce de Sagan. Avec quelques comédiens, nous avons fait une première lecture : il y avait Françoise Brion, que j'ai retrouvée plus tard dans *Alexandre le Bienheureux*, la délicieuse Annie Noël, femme de Serge Reggiani, et un jeune garçon très sympathique qui s'appelait Henri Piegay. La distribution n'était pas encore complète. En particulier, il nous manquait le rôle principal. Je me mets à donner la réplique à tous les jeunes premiers de Paris. Les jours passaient, nous ne trouvions toujours pas, jusqu'au moment où ce fut l'évidence, un jeune acteur, qui était tout simplement magnifique : Claude Rich. À partir de ce moment-là, tout a été un conte de fées absolu. Nous avons monté cela tranquillement. À l'Atelier, Françoise Sagan était installée à demeure. Sous la houlette de Barsacq, qui avait une grande connaissance du métier, elle écrivait à la demande. Elle allait faire ses corrections dans le bureau de la direction ; quelques minutes après, elle redescendait avec les nouveaux dialogues. Elle avait une facilité, une fraîcheur et une aisance extraordinaires. J'étais emballé par sa pièce. Cela se passe à notre époque, dans un château en Suède. Le maître de maison, Hugo Falsen, que je jouais, y vit avec sa femme, jouée par Françoise Brion, le frère de sa femme que jouait Claude Rich, et sa première femme, qu'interprétait Annie Noël. Le frère et la sœur, Rich et Françoise Brion, ont des rapports qui frisent l'inceste. La première femme a un petit coup dans la tête. Elle s'appelle Ophélie et se balade dans les couloirs d'un air énigmatique. Il y a aussi un régisseur et la sœur de Hugo qui s'occupe un peu de l'intendance, et qui impose à tout ce monde-là de s'habiller en costumes Louis XV. Personne ne souligne cette étrangeté. On ne s'en aperçoit que lorsqu'un jeune voyageur venu de l'extérieur, Frédéric, fait son entrée dans ce petit monde et devient l'enjeu de toutes les intrigues, alors que dehors la neige tombe sans discontinuer. Françoise Sagan était très heureuse de son expérience, de se trouver là au milieu d'une troupe de jeunes gens, avec une espèce de papa comme était Barsacq, qui la faisait travailler, qui l'initiait à ce métier d'artisan. Elle était ravie de ce partage avec les comédiens ; grâce à cette pièce, j'ai eu le bonheur extrême de la fréquenter. Elle était très timide, on aurait dit un petit rongeur séduisant, assez sauvage, avec un sourire et un regard toujours chaleureux. Elle n'établissait jamais de distance avec ses interlocuteurs, malgré son esprit qui était si brillant, si rapide. Elle ne disait jamais de méchanceté, à propos de qui que ce soit. Elle avait au contraire une grande indulgence et une attention affectueuse pour les gens. Et lorsque les premières représentations sont arrivées, nous avons fait un triomphe.

Une fois de plus, ce dont je rêvais me tombait dessus providentiellement, comme tout ce qui m'est tombé dessus, d'ailleurs. Voilà que je me retrouvais en haut de l'affiche d'une pièce qui marchait, à l'Atelier, le théâtre du vieux Dullin sous la férule duquel j'avais rêvé de débuter dix ans plus tôt. À deux pas de Pigalle, au milieu de sa petite place enchantée, l'endroit était hanté d'ombres familières. On avait l'impression que le cheval du maître grattait encore du pied au fond de la cour pavée. On pouvait toujours voir son box. Dullin l'attelait à une petite carriole dans laquelle il partait en promenade. Sous André Barsacq, l'atmosphère était devenue très familiale. Mila, sa femme, était très présente. C'était la nièce du peintre des Ballets russes, Léon Bakst. Elle n'intervenait pas dans le travail mais s'occupait du reste avec cette chaleur et cette gentillesse inimitables des Slaves. Barsacq avait deux qualités essentielles, qui faisaient de lui un grand directeur de théâtre : le sens de la lecture et celui de la distribution. Aussi bien dans la création, Sagan, Anouilh, Félicien Marceau, que dans les classiques, avec un penchant marqué pour Tchekhov, son répertoire était époustouflant. Par ailleurs il avait un grand sens de la distribution. Il connaissait sur le bout des doigts tous les comédiens de France et de Navarre. Il avait commencé par faire des décors – son frère, Léon Barsacq, était un grand décorateur de cinéma –, ce qui lui avait donné un vrai sens de la scène. Pour couronner le tout, ce pilier du théâtre parisien était un homme très sympathique. Le soir de la centième, il avait organisé dans le théâtre une fête mémorable qui dura toute la nuit. La salle était pleine, nous avions à boire et à manger. Tout le monde avait été mobilisé pour monter des sketches ou écrire des chansons.

La pièce a été un tel triomphe qu'elle est devenue la pièce fétiche d'André Barsacq. Par la suite, quand il faisait un four, il la reprenait afin de se renflouer. Charles Dullin avait eu *Volpone*, Louis Jouvet avait eu *Knock*, Barsacq a eu *Château en Suède*. Nous l'avons jouée toute une saison, avec reprise à la rentrée, puis à nouveau deux ans après. Barsacq a organisé des tournées, auxquelles je n'ai pas pu participer. Le rôle de Hugo a été joué par d'autres. Au cinéma, Roger Vadim en a tiré une adaptation, avec Monica Vitti, Jean-Claude Brialy et même Françoise Hardy. Mon personnage était incarné par Curd Jürgens. Le film était très Nouvelle Vague et pour tout dire un peu raté.

C'est au moment de *Château en Suède*, en cette année 1960, à la fin de la saison de théâtre, que j'ai tourné dans *Zazie dans le métro*, de Louis Malle. Je suis sûr de la date parce que ma fille Frédérique est née pendant que je tournais la fameuse scène en haut de la tour Eiffel. À peine sorti du TNP, les choses continuaient donc à s'enchaîner très vite. J'ai presque honte à l'avouer, mais au fond, je n'ai jamais eu à galérer. Et le comble, c'est que cela me paraissait absolument normal. À cet âge, on a de l'innocence. Je n'ai jamais eu d'angoisse ni de craintes. Avec l'aveuglement de la jeunesse, on se dit que l'ambition qu'on s'est fixée n'est pas une ambition démesurée. La vache enragée, je n'en ai pas mangé, donc je ne peux pas dire si c'est désagréable ou pas ! Cette inconscience a sans doute aussi été un atout. Je n'ai jamais eu l'occasion d'être angoissé par l'avenir, ce qui est une chance incommensurable.

Louis Malle ressemblait à ce qu'il était, un jeune homme de la haute bourgeoisie très sage, très policé, très propre sur lui, et en même temps peut-être pas aussi sage qu'il en avait l'air. Il avait le regard et le sourire très doux, il montrait une grande gaieté derrière laquelle on sentait une sorte de mélancolie, une nostalgie de quelque chose qu'il avait peut-être été le seul à connaître. Son projet pouvait sembler une gageure : il voulait transposer au cinéma le livre de Raymond Queneau. Après avoir obtenu la palme d'or à Cannes pour son premier film, un documentaire avec le commandant Cousteau intitulé *Le Monde du silence*, il venait d'enchaîner deux réussites, *Les Amants* et *Ascenseur pour l'échafaud*. Toute sa vie, un peu comme Tavernier, Louis s'est ingénié à changer de registre et de genre à chaque nouveau film. Il m'avait vu jouer à Chaillot et à L'Écluse, dans des styles à l'opposé l'un de l'autre. L'oncle Gabriel était une grande marionnette à laquelle il fallait donner une certaine humanité. Sachant que je pouvais offrir à la fois la maîtrise du verbe et la fantaisie d'un personnage de cabaret, il s'était dit que je pouvais faire l'affaire. J'avais lu le livre ; lorsqu'il m'a communiqué le scénario, même si je n'avais pas eu l'occasion d'en parcourir beaucoup à l'époque, j'ai été immédiatement séduit par le rythme et le découpage. En se servant des moyens du cinéma, Louis voulait transcrire la langue de Queneau, avec ses fantaisies langagières, ses bizarreries, son éclatement, ses jeux d'esprit. Du roman, il avait également retenu ce côté music-hall, comédie musicale, ces chapitres qui crépitent comme autant de scènes de ballet. D'où, sans doute, son choix d'engager des comédiens familiers des cabarets et ses partis pris de mise en scène, où les séquences s'enchaînent comme dans une revue. Dans la distribution, je connaissais beaucoup de monde. Il y avait Jacques Dufilho et Hubert Deschamps, déjà épatants, que j'avais croisés dans les cabarets où ils s'étaient fait connaître. Tous deux avaient également joué au TNP, en première partie du *Médecin malgré lui*, dans une pièce d'Henri Monnier, *La Garde-Barrière* : ils y faisaient deux travestis, deux vieilles bonnes femmes, et ils étaient irrésistibles. Il y avait un acteur italien, Vittorio Caprioli, lui aussi célèbre à travers des numéros de cabaret, Yvonne Clech, charmante, Annie Fratellini, ou encore Antoine Roblot, qui n'était pas comédien. C'était un ami de Louis, héritier des Pompes funèbres Roblot, qui était une figure de Saint-Germain-des-Prés où il traînait habituellement ses guêtres avec une lassitude plus ou moins feinte. Il était assez précieux, détaché des choses, et d'une fantaisie exquise. Il a écrit ensuite un ou deux livres qui étaient loin d'être mauvais. Il y avait surtout la petite Catherine Demongeot, époustouflante, qui jouait Zazie et qui chapeautait toute l'affaire. C'était un voyou délicieux, insupportable... et charmante. Elle correspondait génialement au personnage. Elle était Zazie. Il y a trois ou quatre ans, quelque part en banlieue parisienne, je jouais *L'Homme du hasard*, si je me souviens bien, ou alors je lisais des poèmes de Victor Hugo. En sortant de scène, on m'a prévenu qu'une femme m'attendait dans ma loge :

— Elle nous a dit qu'elle avait tourné avec vous il y a très longtemps et qu'elle s'appelait à cette époque Catherine Demongeot.

Et j'ai vu une dame arriver, avec des lunettes, un long visage. La petite Catherine était devenue professeur. Je lui ai dit :

— Tu as concrétisé ce dont rêvait Zazie : devenir institutrice pour faire chier les mômes...

La distribution était vraiment gérée comme une troupe, et les simples apparitions étaient traitées comme des rôles à part entière. Il n'y a qu'à voir l'implication des serveurs, par exemple, lors de la bataille de la brasserie. Louis avait eu une idée formidable : il avait engagé une vingtaine de jeunes comédiens et comédiennes pour faire la figuration et les silhouettes. Cela leur donnait du travail, même si les cachets n'étaient pas énormes ; et le metteur en scène gagnait un temps fou en obtenant beaucoup plus rapidement ce qu'il voulait grâce à eux que s'il avait eu recours à des figurants professionnels, souvent difficiles à impliquer dans le film, ou à des amateurs. Ils étaient intéressés, motivés ; nous avions de vrais rapports avec eux. Tous les jours, ils changeaient de personnage suivant les besoins. Sans doute cela contribue-t-il à l'étrangeté du film : sans s'en rendre compte, on retrouve d'une scène à l'autre, d'un jour à l'autre, les mêmes visages sous des costumes différents. Les costumes étaient très soignés, très élégants. Pour ma part, j'avais un costume trois-pièces pied-de-poule, avec une chemise rose à col anglais et une petite épingle sous la cravate... J'avais aussi un ventre, comme on dit, qui me grossissait. C'était au fond de vrais costumes de spectacle, qui donnaient une idée du personnage au premier regard. Le tout avait un côté acidulé, bonbon anglais, qui est vraiment la couleur des années 1960.

Les rapports avec Louis étaient très simples, avec de la tenue et de la retenue, sans doute liées à son éducation, ce qui n'était pas le signe d'un manque de générosité. Technicien hors pair, malgré son expérience relativement récente, il avait une maîtrise complète des subtilités de l'art de la caméra. Le côté délirant de l'ensemble a été obtenu grâce à la très grande précision du scénario. *Zazie* est un film qui relève de la préhistoire des effets spéciaux. Pour donner un aspect étrange, Louis nous faisait accélérer nos mouvements dans certains plans, ou au contraire les ralentissait. Au montage, en modulant la vitesse de la pellicule, il nous redonnait une démarche à peu près normale, ce qui permettait de créer un environnement déroutant, décalé. Il jouait sur les rythmes, les à-coups. À la fin, nous étions devenus de véritables experts. Lorsque Louis disait :

— Attention, on va faire du dix-huit images-seconde, alors il faut que vous soyez...

Nous étions déjà en place. Si l'une des scènes les plus marquantes fut sans doute celle de la tour Eiffel, la plus épique fut celle de la bagarre dans la brasserie. Le tournage était très découpé. La réalisation de la séquence fut donc très longue, et le combat se faisait à coups de choucroute. Plus le temps passait, plus le chou fermenté devenait difficile à fréquenter. Comme nous devions balancer un nombre incalculable d'assiettes sur la tête des serveurs, un de nos machinistes avait inventé une catapulte à choucroute, qu'il avait bricolée avec des sandows. On y posait soigneusement son assiette, avec une louche de chou, une paire de francforts, on choisissait une coche, et selon la coche on atteignait telle ou telle distance. C'était à mourir de rire.

Raymond Queneau venait parfois nous rendre visite. Il était très réservé, très timide. J'avais beaucoup d'admiration pour lui. Il avait été enchanté du film et m'avait envoyé une lettre très gentille. La langue de Zazie était magnifique, c'était une vraie langue, ce qui est un bonheur assez rare au cinéma, lorsqu'on n'a pas la chance d'avoir un texte signé Prévert, Audiard ou Aurenche et Bost. Ce n'était pas du *platéen*, comme disait Audiberti, c'est-à-dire le sabir des plateaux, l'espéranto des pièces de théâtre de deuxième catégorie.

Sur ce tournage, j'ai fait plusieurs rencontres qui ont compté pour le futur, celle du photographe William Klein par exemple, qui avait collaboré aux effets d'optique et que je devais retrouver pour *Qui êtes-vous Polly Magoo ?* En tournant *Zazie*, j'ai fait aussi la connaissance de Jean-Paul Rappeneau, qui avait participé à l'écriture. En 1965, alors que je venais d'accepter *Les Copains* d'Yves Robert, il m'a apporté le scénario de son premier film, *La Vie de château.* Je n'étais pas disponible tout de suite. Perfectionniste comme il est, ce contretemps lui rendait plutôt service. C'est presque joyeusement qu'il a accepté de décaler son tournage à l'année d'après. Cependant, si nous avions sympathisé lors de *Zazie*, c'est à Claude Sautet que je dois d'avoir pu jouer dans son film. Dans le cinéma français de cette époque-là, Sautet jouait un peu le rôle de *script doctor*, médecin pour scénarios. Lorsque quelque chose bloquait, lorsqu'il manquait la petite touche qui ferait la différence, on faisait appel à lui. Au moment où Jean-Paul est venu le voir, il n'avait pas encore trouvé toute la distribution. Pour le personnage du mari, il s'était arrêté sur Louis Jourdan, un acteur français installé à Hollywood, nettement plus âgé que moi. Sautet, qui devait être dubitatif, lui a alors glissé :

— Et pourquoi tu prendrais pas Noiret ?

Jean-Paul, interloqué, lui a répondu :

— Noiret ? Il a un grand nez tout de même !

Et Sautet de lui répondre :

— Pourquoi ? Tu ne vas pas voir les films où les acteurs ont un grand nez ?

Voilà comment l'idée a fait son chemin, et comment, un peu comme Cléopâtre, j'ai obtenu l'un des rôles qui ont compté le plus dans ma carrière.

6.

Mes premiers films. Amoureuse. Capitaine Fracasse. *Jean Marais. Louis de Funès. Jean Yonnel. En Camargue avec Rochefort : naissance d'une passion.* Les Amours célèbres. *Je gagne mille francs par jour!* Le Rendez-Vous *de Jean Delannoy. Dans la Rolls de George Sanders.* Tout l'or du monde, *de René Clair.* Comme un poisson dans l'eau, *mon premier rôle principal.* Thérèse Desqueyroux, *de Georges Franju. François Mauriac. Eugène Lépicier.* Les Masseuses, *ou mes débuts en Italie. Le petit sourire de Louis Seigner. L'âge d'or de la comédie à l'italienne. Mon mariage avec Monique. L'amour d'une vie. Couple et travail : les vases communicants. Mon ménage, ma fierté. Les bons conseils de Gérard Lebovici. Sa vie, son œuvre, sa mort.* Cyrano et d'Artagnan, *d'Abel Gance.* La Porteuse de pain, *de Maurice Cloche. Peter Ustinov, dramaturge. Monique n'est pas contente de moi. Je décide d'abandonner le cabaret.* Les Copains, *d'Yves Robert.* Monsieur, *de Jean-Paul Le Chanois. Dans l'amitié de Jean Gabin. Ce qu'il m'a appris.* La Vie de château, *de Rappeneau : un tournant.*

Avec *Zazie dans le métro*, la porte du cinéma était entrouverte. J'ai été engagé tout de suite après pour tourner dans *Ravissante*, un film de Robert Lamoureux. Mais contrairement à ce qui s'était passé avec Louis Malle, il n'y a cette fois pas vraiment eu de rencontre. Lamoureux avait un talent d'amuseur certain pour le cabaret ou le music-hall. Au cinéma, il avait connu d'importants succès dans *Papa, maman, la bonne et moi*, puis dans *Papa, maman, ma femme et moi*, deux films réalisés par Jean-Paul Le Chanois, ou en jouant Arsène Lupin. Mais pour un acteur, sa mise en scène n'avait aucun intérêt. Comme il était assez cabot, il faisait tout pour figurer sur le plus de plans possible, au détriment de ses partenaires. Cette expérience m'a servi de leçon, en me permettant de découvrir que les tournages ne se déroulaient pas toujours aussi idéalement que sur *Zazie*. À l'avenir, j'ai décidé d'être plus méfiant.

Toujours en 1960, j'ai tourné dans le *Capitaine Fracasse* de Pierre Gaspard-Huit, un film de cape et d'épée comme il en foisonnait après la guerre. J'étais Hérode, le chef de la troupe de comédiens dans laquelle s'engage le baron de Sigognac, sous le nom de capitaine Fracasse. Contrairement à *Zazie* et à *Ravissante*, ce film comprenait des extérieurs, en dehors de Paris. Nous étions en automne. Je n'étais pas encore considéré comme une vedette, il fallait que je prenne ma voiture pour me rendre sur le tournage. Entre le film, *Château en Suède* et le cabaret, la gestion de mon emploi du temps a commencé à se compliquer. La distribution ne manquait pas d'attraits. Pour la première fois, je partageais l'affiche d'un film avec Jean Rochefort, qui jouait Malartic. Au cours de ce tournage, j'ai rencontré Jeannot Marais, qui assumait le rôle-titre. J'avais plusieurs scènes avec lui. C'était l'homme le plus charmant du monde. Il se donnait complètement, avec un panache et une hardiesse qui n'appartenaient qu'à lui. Jean Marais était le seul à être traité à peu près normalement par la production et à bénéficier d'une caravane. Alors, nous nous entassions à l'intérieur, comme dans la cabine des Marx Brothers. Sacha Pitoëff, le fils de Georges et de Ludmilla, jouait Matamore, un des comédiens de ma troupe, tandis que Louis de Funès faisait Scapin. J'avais beaucoup sympathisé avec ce dernier. Il avait fait du cabaret lui aussi, avec un numéro de pianiste de jazz, qui était à mourir de rire. Il suffit de l'imaginer en train de scater... Il était perpétuellement inquiet, se demandant ce qu'il allait faire après. À l'époque de *Fracasse*, on lui avait proposé de reprendre une pièce qui a finalement changé sa vie : *Oscar*, dont Édouard Molinaro a tiré un film ensuite. À l'origine, c'était une pièce de boulevard qui avait été créée par Pierre Mondy. Elle avait bien marché, sans plus. Louis pensait qu'il y avait de quoi faire, mais une reprise, cela l'ennuyait. Il trouvait que cela sentait un peu le réchauffé. En même temps, on ne lui proposait rien d'autre. Et il disait que lorsqu'on est acteur, ce qui est bien, quand on rencontre quelqu'un, c'est de pouvoir dire :

— Je joue.

— Oui, mais...

— Non, non, mais je joue, quoi !

Un vrai numéro à la de Funès. Il a été bien inspiré parce qu'il a fait un triomphe avec *Oscar*, qui lui a vraiment permis d'éclater.

Jean Yonnel était une autre figure de ce plateau. Il jouait le prince de Moussy. Entre nous les jeunes, nous rigolions un peu de lui, parce qu'avec sa voix caverneuse il était vraiment le parangon du sociétaire honoraire du Français. Il avait été distribué dans de très belles choses, des pièces de Montherlant, *La Reine morte* ou *Le Maître de Santiago*. C'était le type même du père noble. Au doigt, il portait une bague en or et en plomb, qui m'avait intrigué, et qui avait appartenu à Mounet-Sully. Il possédait ses propres costumes Louis XIII, qu'il avait amenés de la Comédie-Française pour l'occasion. Il devait en avoir des armoires pleines. Avant guerre, il avait joué le rôle du père de Foucauld, dans un film de Léon Poirier qui s'appelait *L'Appel du silence*, très hagiographique, bien-pensant dans l'esprit du temps. On y exaltait joyeusement le désert et la plus grande France. Le genre était très en vogue, avec des films comme *Trois de Saint-Cyr*, par exemple. À l'époque, nous les trouvions épatants, alors qu'ils seraient inimaginables aujourd'hui où la « bien-pensance » a complètement changé de style. Quand il avait fini de tourner le film, il avait pris le bateau puis le train pour Paris :

— Alors dans mon compartiment, j'étais installé, et un jeune homme est venu s'asseoir en face de moi. J'étais en train de lire, il me regardait avec un certain étonnement. Alors je me suis dit que ce jeune homme avait dû me voir quelque part, au cinéma ou au Français. Je l'ai regardé avec un air d'interrogation et ce jeune homme m'a dit, excusez-moi, monsieur, de vous fixer de la sorte, mais il me semble voir au-dessus de votre tête comme... une auréole.

Tout cela en usant et en abusant de sa voix de basse. Autre personnage de *Fracasse*, Maurice Teynac jouait un marquis. Cet homme très délicat, très fin, très cultivé habitait rue de Varenne, en face du musée Rodin. Il avait été un des premiers à faire des imitations dans les cabarets ou les music-halls. Il se transformait en se coiffant ou se décoiffant. Il imitait notamment Sacha Guitry, l'un de ses grands chevaux de bataille.

Dans *Capitaine Fracasse*, j'avais eu à jouer plusieurs scènes à cheval. Or à l'époque, je ne savais pas encore bien monter. Lors du tournage du *Cartouche* de Philippe de Broca, Jean Rochefort avait rencontré le même problème. Pour éviter que le cauchemar ne se reproduise, il avait décidé d'apprendre et m'a proposé de l'accompagner. Jean aime bien organiser la vie des autres. Parfois, il faut s'en méfier. S'il a le goût d'une race de chien par exemple, il n'aura de cesse de vous en acheter un, quitte à vous soutenir un peu plus tard que c'est une race insupportable. Et vous, vous vous retrouvez avec le cabot... Dès que cela a été possible, nous sommes donc partis en Camargue avec nos femmes respectives. Lors d'un tournage, Jean avait fait la connaissance d'un groupe de femmes, dont l'une était une des bonnes cavalières de l'époque, et qui dirigeaient un petit centre équestre. Elles possédaient une petite manade qui comptait de très beaux chevaux, des camarguais, des croisements d'andalous et de portugais, que l'on pouvait louer. Les vacances de Pâques commençaient. Elles avaient fermé leur établissement pour que nous y soyons tranquilles. Et là, nous avons véritablement passé huit heures par jour à cheval. Nous montions quatre heures le matin, quatre heures l'après-midi. Le soir nous étions exténués, hagards, et le lendemain matin il fallait me tirer du lit mais cela nous a fait beaucoup de bien. Nous étions en confiance. Les chevaux étaient agréables et nous ont permis de nous mettre en selle. De retour à Paris, nous avons quelque peu erré dans les centres équestres de l'ouest de l'Île-de-France, fréquentant un peu au hasard des endroits plus ou moins recommandables. Nous n'avions pas encore de chevaux à nous. En bons autodidactes, nous nous plongions pour nous perfectionner dans les maîtres de l'équitation, Baucher, La Guérinière ou le général L'Hotte, afin d'essayer de comprendre de quoi il retournait. Et puis Jean a acheté un cheval. Je n'ai pas tardé à l'imiter. Ce qui au départ n'était qu'un devoir professionnel est devenu une véritable passion. Nous étions mordus. Dans mon enfance, j'avais eu l'occasion de monter un peu, lorsqu'en 1940 mon père avait été rappelé sous les drapeaux comme officier de réserve, au régiment d'infanterie d'Auch. Les officiers avaient droit à un cheval. Mon père ne savait qu'en faire. Parmi ses lieutenants, il disposait d'un excellent cavalier qui avait fait son service dans les spahis. À la demande de mon père, il m'avait un peu initié. Cela m'avait beaucoup plu. Loin d'éprouver la moindre appréhension, je m'étais au contraire senti très bien. Et voilà que vingt ans après, je retrouvais ce bonheur. Je n'étais pas spécialement doué mais je me sentais chez moi.

À ce moment-là, j'ai été engagé pour tourner dans *Les Amours célèbres*, un film à sketches, avec une pléiade de vedettes. À l'origine, c'était un feuilleton en bandes dessinées signé d'un certain Paul Gordeaux qui connaissait un très grand succès dans *France-Soir*. Un producteur, Gilbert Bokanowsky, avait eu l'idée d'en faire des films. Au départ, *Les Amours célèbres* devait être réalisé par Sacha Guitry. Cela aurait pu être une occasion de le rencontrer. À l'époque, j'avais contre lui un préjugé un peu méprisant qui me venait de mon cours rive gauche. Alors que j'aurais pu cent fois aller voir ses pièces, que mes parents en raffolaient, je l'ai laissé passer comme un imbécile, par étroitesse d'esprit et par sectarisme. Quand je me suis rendu compte de son génie, il n'était plus de ce monde et je m'en suis mordu les doigts. Finalement, *Les Amours* fut confié à Michel Boisrond. Je jouais Louis XIV dans un sketch intitulé *Lauzun*. C'est à cette occasion que j'ai rencontré pour la première fois Jean-Paul Belmondo, qui avait le rôle-titre, et que j'avais déjà croisé à Saint-Germain. J'allais le retrouver quelques années plus tard dans *Tendre Voyou*, de Jacques Becker. Une piquante vedette de l'époque, Dany Robin, jouait la maîtresse de Louis XIV, Mme de Monaco. Tout cela était un petit peu coquin. *Les Amours célèbres* marquèrent également une étape sur le plan financier. Lorsque j'ai quitté Chaillot, à une époque où le SMIG était à cinq cents francs par mois, je gagnais mille francs. Nous touchions à la fois un salaire fixe, qui pouvait varier légèrement en fonction de l'ancienneté, et ce qu'on appelle des feux : une sorte de prime à la représentation dont l'origine remonte au temps où les acteurs devaient s'acheter un petit fagot pour chauffer leur loge. Lorsque nous partions en tournée, nous étions défrayés pour le logement et la nourriture.

Cela nous permettait de nous constituer un petit pécule, qui pouvait atteindre un demi-salaire en plus à la fin de l'année. Et voilà que, pour la première fois, je gagnais non plus mille francs par mois mais mille francs *par jour*. En apprenant cela, j'ai immédiatement appelé Rochefort :

— Champagne et caviar à la maison la semaine prochaine ! Je viens de signer un contrat à mille francs par jour !

Devant le succès rencontré, Bokanowsky a décidé de tenter le doublé en adaptant une autre bande dessinée de Gordeaux, *Le crime ne paie pas*. Cette fois, le réalisateur était Gérard Oury, et je donnais la réplique à Michèle Morgan, ce qui était très impressionnant, car elle était une icône, ainsi qu'à Jean Servais. Ces deux films étaient importants commercialement. Ils furent des succès et contribuèrent à consolider ma réputation. Le fait que l'on fasse appel à moi, au milieu de toutes ces vedettes confirmées, était un signe encourageant.

Après le jeune Louis Malle, j'allais découvrir maintenant un représentant de cette bonne vieille Qualité française qui était la tête de Turc de la Nouvelle Vague, et que l'on pourrait définir comme un cinéma propre et soigné, mais plus soucieux d'offrir un divertissement de bon niveau que d'affirmer une quelconque personnalité. Jean Delannoy, le réalisateur du *Rendez-Vous*, était quelqu'un de tout à fait charmant, très posé, pas spécialement porté sur la plaisanterie. J'avais admiré, quelques années plus tôt, *L'Éternel Retour*, dont Jean Cocteau était le coauteur. Il connaissait très bien son métier. Sans que je l'aie particulièrement noté à ce moment-là, le scénario était signé Aurenche et Bost, que j'allais vraiment découvrir quelques années plus tard avec Bertrand Tavernier, qui leur offrit une seconde jeunesse. Annie Girardot faisait partie de la distribution. C'était la première fois que je tournais avec elle, ainsi qu'avec Michel Piccoli et Jean-Claude Pascal. Avant de connaître une éclipse, ce dernier avait été une immense vedette. *Le Rendez-Vous* était un film très important pour lui, car il espérait faire un come-back. Je n'oublierai jamais cet homme que l'enjeu terrorisait à un point tel qu'il se décomposait littéralement devant la caméra. Il était encore très en vue. Hélas pour lui, nous n'avons pas connu de succès. J'ai fait une autre rencontre, grâce à ce film : celle de George Sanders, qui faisait l'assassin. J'avais une admiration sans bornes pour ce magnifique acteur, un des plus illustres méchants de l'histoire du cinéma. Avant de devenir le mari de Zsa Zsa Gabor, il avait incarné le cousin de Rebecca dans le film de Hitchcock ou l'écrivain séducteur du *Fantôme de Mme Muir.* Sanders a été pour beaucoup dans l'une des grandes décisions concrètes de ma vie, je veux parler de l'achat d'une Rolls. Plusieurs scènes du *Rendez-Vous* devaient être filmées en extérieur. Comme le temps était au crachin, au brouillard, nous avions passé beaucoup de temps dans sa voiture. Ce devait être une Silver Cloud I ou II, conduite par un chauffeur. Il y avait un petit bar. Nous buvions des coups de scotch. Plus tard, très malade, George Sanders a mis fin à ses jours. En guise d'adieux, on racontait qu'il n'avait laissé qu'un petit mot, plutôt laconique :

« Cher Monde, je te quitte parce que je m'ennuie. Je te laisse avec tes soucis. Bonne chance. »

Tout l'or du monde n'est pas le film le plus réussi de René Clair. Bien qu'il fût un homme de grande réputation et un pionnier du cinéma, le travail avec lui ne m'a pas vraiment enthousiasmé. Je l'avais croisé au TNP car il avait mis en scène *On ne badine pas avec l'amour,* avec Gérard Philipe et Suzanne Flon. L'homme était courtois, mais peu sympathique. Sa façon de diriger les acteurs était très autoritaire. Nous ne pouvions remuer une narine sans qu'il nous en fasse le reproche. Il avait une assez haute idée de lui-même et n'imaginait pas d'autre cinéma que celui qu'il avait toujours pratiqué. Dans sa jeunesse, il avait été proche des dadaïstes. Avec Satie et Picabia, il avait réalisé *Entr'acte.* Depuis, beaucoup d'eau avait coulé sous les ponts : il venait d'être reçu à l'Académie française. Au grand dam de Pagnol et de Cocteau, il se prétendait le premier cinéaste à écoper de cet honneur. La Nouvelle Vague et *Les Cahiers du cinéma* l'avaient placé dans leur collimateur, mais son jugement sur ses cadets était d'une sévérité que l'on pourrait qualifier de coupable. Je me souviens qu'il avait expédié *Zazie*, le film de Louis, d'une façon définitive : « Quelle drôle d'idée de faire un film qui commence par une phrase comme " D'où qu'il pue donc tant ? " » Dans *Tout l'or du monde*, je jouais un promoteur immobilier ; j'y retrouvai Claude Rich, Annie Fratellini, Bourvil et Alfred Adam aussi, qui était un acteur que j'aimais beaucoup. Avec son cynisme assumé de parigot distingué, c'était un personnage intéressant qui a écrit quelques pièces réussies, dont *Sylvie et le fantôme*, qui donna lieu à un très beau film. Quant à Bourvil, je l'ai découvert à cette occasion. Absolument délicieux, malicieux et drôle, il n'était pas très grand, mais baraqué comme le sont certains Normands. Doté d'une naïveté qui lui donnait une grande fraîcheur, il avait su conserver son côté paysan, dans le meilleur sens du terme.

Je trouvais cela agréable d'enchaîner les films. En général, je signais un contrat avant même d'avoir fini de tourner le film précédent. J'avais le sentiment d'entrer dans une bonne routine. L'époque était à la douceur de vivre : nous sortions des guerres de décolonisation, nous profitions des Trente Glorieuses, du retour du général de Gaulle au pouvoir. J'avais eu l'ambition de vivre de mon métier : elle était largement satisfaite. Je voulais continuer à monter la barre, et travailler avec des gens intéressants. Delannoy, René Clair, cela représentait déjà quelque chose. La Nouvelle Vague, qui était à son firmament, ne m'a jamais sollicité. Cela ne m'a pas chagriné outre mesure. Je me suis toujours fié au hasard. Je n'ai jamais été du genre à écrire aux réalisateurs pour qu'ils me fassent tourner. J'ai toujours préféré attendre tranquillement mon heure, si cette heure devait venir.

Mon premier rôle principal m'a été offert par le réalisateur André Michel, dans une comédie intitulée *Comme un poisson dans l'eau*. Michel avait été autrefois l'assistant de G. W. Pabst. Il avait notamment tourné dans le passé un très joli film, *Trois Femmes*; le scénario de *Comme un poisson dans l'eau* m'avait beaucoup plu. Mon personnage, Lucien, confronté à toutes sortes de péripéties sentimentales, se cachait sur une plage dans une barrique, avant d'être pris par la marée et emmené jusqu'aux États-Unis. Je donnais la réplique à René Lefèvre, qui avait été un grand résistant et qui avait joué avant la guerre dans de nombreux films, *Le Million* de René Clair, *Le Crime de Monsieur Lange* de Jean Renoir ou encore *Gueule d'amour* de Grémillon. J'avais pour partenaires de jolies petites, Zouzou, Berthe Grandval, qui était ravissante et dont j'étais l'amoureux adolescent, puisque je jouais un personnage aux différents âges de sa vie. Au générique, André Michel avait fait mettre un carton spécial, sur lequel était dessiné un petit imperméable. On y lisait la mention suivante : « À la ville comme à l'écran, Philippe Noiret est habillé par son père. » En effet, pour les besoins d'une séquence, j'avais emprunté l'imperméable de papa.

Les tournages commençant à se succéder les uns aux autres, beaucoup de journalistes m'ont fait remarquer que je devais être bien content, parce que cela avait été long. Rien ne m'agaçait plus que cela :

— J'ai commencé à travailler à vingt et un ans, j'en ai trente-deux, j'ai toujours gagné ma vie, j'ai nourri ma famille, qu'est-ce que vous avez à m'emmerder ?

Bien sûr, je ne le disais pas sur ce ton-là. J'avais déjà compris que ces gens étaient fort susceptibles. Je prenais des précautions oratoires. Aujourd'hui, la situation est pire encore. Le « jeunisme » est roi. Si vous n'avez pas éclaté à vingt et un ans, on se demande ce qui a bien pu se passer. En 1962, on m'a proposé un rôle important : celui du mari de Thérèse Desqueyroux, dans le film de Georges Franju, d'après le roman de François Mauriac. Franju était un petit bonhomme sec et nerveux, malheureusement alcoolique, encore qu'on n'ait pas eu beaucoup à se plaindre de cet aspect-là pendant le tournage, car il était très courageux. Je sais ce qu'est cette maladie et je me rends compte à quel point cela avait dû être dur pour lui. J'ai sympathisé avec Franju dès notre première rencontre. À première vue, il était assez surprenant de le voir donner dans l'adaptation mauriacienne. Anarchiste, inspiré par le surréalisme, il avait été avec Henri Langlois un des fondateurs de la Cinémathèque française. Je connaissais son travail comme documentariste. Il avait réalisé un court métrage mémorable, *Hôtel des Invalides*, qui mettait en scène les gueules cassées de façon terrifiante, ce qui lui avait valu d'être refusé par son commanditaire, l'armée. Il en avait tourné un autre sur les abattoirs de la Villette, qui était lui aussi très réussi : *Le Sang des bêtes*, où la réalité de cet univers était montrée sous son jour le plus cru. On lui doit également le plus beau film d'horreur du cinéma français, *Les Yeux sans visage*, avec Pierre Brasseur et Alida Valli.

Nous avons tourné *Thérèse Desqueyroux* en partie à Paris, en partie chez François Mauriac, dans les Landes et du côté de Malagar, en Gironde. Thérèse était jouée par Emmanuelle Riva. Formidable partenaire, elle était une comédienne d'une grande intensité. De temps en temps, Mauriac venait nous rendre visite. Un jour, nous avons tous été invités à déjeuner chez lui. Malagar était une grande maison, pas très jolie mais pleine de charme. Les intérieurs étaient assez sombres ; n'y luisait que la blancheur des appuis-tête en dentelle, dans l'insistant parfum de l'encaustique et des fruits qui séchaient. Il était d'une grande gentillesse pour nous, les jeunes, et s'entendait particulièrement bien avec Franju. Chacun connaissant la façon qu'avait l'autre de voir le monde, ils aimaient bien se livrer à de petites joutes intellectuelles, au second degré. Mauriac était un homme d'esprit, ce qui lui donnait parfois dans l'Église une odeur non plus de cire mais de soufre. Nous avions parfois droit à ses sorties acérées, débitées sur un ton de vieil enfant de chœur. On lui attribuait toutes sortes de mots, aussi drôles que cruels. En 1945, il avait écrit une pièce qui avait été jouée au Français, *Les Mal-Aimés*, dont la première avait été un peu difficile. Le public avait mesuré ses applaudissements. En coulisses, Mauriac avait croisé Henri Bernstein, ancien directeur du Gymnase et roi du Boulevard, qui lui avait susurré :

— Maître, vous devez être content de cet accueil.

Et Mauriac, avec un regard d'en dessous :

— Moins que vous...

Lors du tournage, un petit incident nous avait laissés pantois. Pour filmer la scène du mariage de Thérèse, la production avait sollicité le curé qui desservait une chapelle de la région, non loin de Langon. L'évêque avait déjà donné son accord pour l'utilisation du sanctuaire. Mais lorsque le curé a su que c'était une adaptation du roman de Mauriac, il a catégoriquement refusé d'ouvrir sa chapelle.

Eugène Lépicier, le producteur de *Thérèse Desqueyroux*, était un personnage haut en couleur qui était venu au cinéma par on ne sait quel mystère. Sous ses airs de paysan madré, de maquignon qu'il était plus ou moins, il avait commencé par être grossiste aux Halles; un beau jour, il s'était mis à produire des comédies populaires avec Fernand Raynaud. Cela n'allait pas plus loin, lorsque tout d'un coup, il avait été comme frappé par la grâce. Il m'avait dit : «J'ai décidé de faire dans la qualité, Philippe, finalement cela ne coûte pas plus cher et cela peut rapporter autant.» Il avait la réputation d'être très radin, ce qui n'était pas complètement faux. Cependant, lorsqu'en 1968 mon cheval est tombé sur moi et que je me suis cassé une jambe, j'ai eu l'occasion de vérifier que ce n'était pas non plus tout à fait vrai. Heureusement, cette mésaventure m'arrivait à un moment où je n'avais rien de prévu dans l'immédiat. Je n'étais engagé que pour la rentrée : je devais jouer à Paris et à Hollywood dans *Topaz*, le film d'Alfred Hitchcock. Mon agent l'avait informé que j'aurais probablement une béquille, et Hitchcock nous avait répondu par un très gentil télégramme dans lequel il nous remerciait presque pour cet accessoire qui lui paraissait une excellente idée pour le personnage. Monique me trimballant dans une petite chaise, j'étais en train de me reposer au Touquet avec mon plâtre lorsque Lépicier est passé nous voir. Il se rendait sur la tombe de son père, qui avait été tué dans la région pendant la guerre de 1914. Immédiatement, et sans que je réclame rien, il m'a demandé si je n'avais pas besoin d'« un petit peu de pognon pour faire la soudure ».

Eugène avait eu un très bon contact avec Mauriac. Un jour que je me trouvais dans son bureau, j'avais assisté à l'une de leurs conversations téléphoniques :

« Je voudrais parler au maître... C'est Eugène Lépicier... Alors dites donc, Maître, faudrait que je vous demande deux, trois choses, pour le film, est-ce qu'on pourrait pas casser une petite graine ensemble ? Qu'est ce que vous diriez d'aller se taper une petite marmite de tripes chez Pharamond ? »

J'aurais voulu être une petite souris afin de pouvoir assister à leurs agapes. Lépicier était très impressionné par le côté Académie française de François Mauriac. Par la suite, il s'était un peu spécialisé dans l'académicien, au point de produire en 1963 l'adaptation d'un roman de Daniel-Rops, *Mort, où est ta victoire ?* de Pierre Bromberger. Daniel-Rops, de son vrai nom Henri Petiot, avait écrit une vie de Jésus qui avait connu un énorme succès, en particulier dans les milieux catholiques. Un soir, avec sa femme, il avait croisé François Mauriac dans une soirée. Mme Daniel-Rops était emmitouflée dans un somptueux vison, qui lui tombait jusqu'aux pieds. Mauriac les salua et, caressant la manche du manteau de Mme Daniel-Rops, murmura de sa voix fluette : « Doux Jésus... »

Le film n'était pas terrible, un peu fade, ce qui ne l'a pas empêché d'obtenir le prix de l'Office catholique français du cinéma. Comme j'y jouais un cynique, je ne m'en sortais pas trop mal, mon rôle étant moins stéréotypé que les autres.

Si Franju m'avait offert un premier vrai rôle dramatique, je continuais à accepter ce qu'on me proposait et la qualité n'était pas toujours au rendez-vous. De 1962 date également ce qui doit être mon plus mauvais film : *Clémentine chérie*. Le titre était un rappel du *Caroline chérie* de Cecil Saint-Laurent, qui avait été un des grands triomphes du moment. C'était une comédie affligeante et franchouillarde, tirée de la bande dessinée d'un dessinateur humoristique, Jean Bellus. Les personnages principaux étaient des petits-bourgeois un peu rondouillards, dont la fille, jeune et bien roulée, s'appelait Clémentine. Elle était jouée par France Anglade. Pierre Doris, excellent comédien et bon humoriste, faisait le papa ; je l'avais rencontré dans les cabarets et je l'aimais beaucoup. Nous étions épaulés par une pléiade d'acteurs comiques, et non des moindres, puisque la distribution comptait Jacques Dufilho, Michel Serrault, Michel Galabru et même Noël Roquevert. Hélas, le résultat était nul !

Au début de l'été, il était prévu que je joue dans une pièce de Paul Valéry, je crois que c'était *L'Idée fixe*, avec Pierre Fresnay. J'avais rencontré Fresnay avant les vacances, et après une ou deux lectures l'affaire était entendue. Nous devions jouer la pièce à la rentrée dans son théâtre, le théâtre de la Michodière, près de la place Gaillon. Or début août, j'ai reçu un télégramme de Fresnay m'expliquant qu'il avait changé d'avis. Et qu'il était vraiment désolé, mais qu'il avait décidé de prendre quelqu'un d'autre. Compte tenu de la réputation de grand honnête homme de Pierre Fresnay, j'ai été quelque peu surpris. Il fallait donc faire face à cette situation de chômage inopiné. Au débotté, on ne me proposait qu'une production franco-italienne avec tournage à Rome, intitulée *Les Faux Jetons* en français, mais dont le titre original était *Le Massaggiatrici*, c'est-à-dire *Les Masseuses*. Lorsqu'on parlait de masseuses à l'aube des années 1960, il était clair qu'il s'agissait de call-girls proposant des services beaucoup plus diversifiés. De fait, il s'agissait d'un film policier grivois, de ceux comme on en faisait beaucoup à l'époque, et qui avaient pour ingrédient principal de jolies femmes déshabillées, mais pas trop. C'était mon premier film en Italie. Lorsque je suis arrivé à

Rome, nous étions encore en plein mois d'août et il faisait particulièrement chaud. Dès les premières heures de tournage, j'ai commencé à me faire une idée des différences culturelles qui séparaient l'industrie cinématographique transalpine dc la cisalpine. Le metteur en scène, Lucio Fulci, était un caractériel à l'italienne, piquant des crises pour un oui pour un non, ce qui laissait tout le monde indifférent. Il avait commencé par me demander de me décolorer les cheveux en blond platine. Lorsque nous répétions, la chaleur était si accablante que nous étions torse nu. On ne nous tendait les chemises qu'au moment de dire « moteur ». Dans cette improbable tenue, j'avais pour partenaires quelques ravissantes créatures, dont la somptueuse Sylva Koscina, qui avait un corps à se mettre à genoux. Je l'avais rencontrée en tournant *Ravissante* et je devais la retrouver dans *Cyrano et d'Artagnan* d'Abel Gance.

Au sein de la coproduction, je n'étais pas le seul à représenter la France. Louis Seigner, doyen de la Comédie-Française, jouait le président de la société qui, sous couvert d'ouvrir le foyer de la jeune fille en détresse, recrutait les masseuses. En tant que son secrétaire, je lui donnais la réplique. Seigner n'assumait pas complètement le fait d'être là. Les choses avaient mal commencé dès le matin de son arrivée. Comme nous tous, c'était la nécessité du moment qui l'avait conduit à se mettre dans de pareils draps – sans doute comptait-il sur ses cachets pour acheter le terrain attenant à sa maison. Je ne sais s'il avait lu le scénario au préalable ou s'il le découvrait seulement, mais il était fou de rage. À peine descendu d'avion, Fulci lui avait dit :

— *Maestro, dottore*, si vous aviez l'amabilité de venir immédiatement sur le tournage, on voudrait faire un plan avec vous...

Il s'agissait de la scène où le cadavre de son personnage, qui venait de mourir dans les bras d'une des masseuses, se retrouvait à l'arrière d'une Fiat 600. Afin d'éviter un scandale, on le trimballait ensuite pendant tout le film, ce qui occasionnait mille péripéties. Arrivé sur le plateau, Seigner monte donc en grommelant dans le coffre de l'auto. Le réalisateur entame un long travelling,

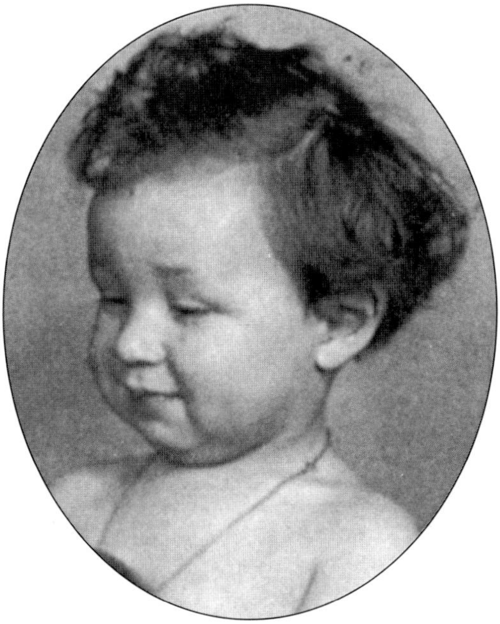

À dix-huit mois.

Ma communion.
Nous étions catholiques,
mais je n'ai jamais versé
dans la mystique.

Avec mes parents
et mon frère aîné,
Jean. Maman était
un Rubens.
Papa aurait pu
jouer n'importe
quel grand
d'Espagne.

Ma mère, le jour de ses quatre-vingts ans.
Chez nous, les gestes de tendresse n'étaient pas rares.

Avec Monique. La vie d'un couple qui devient une famille, avec l'harmonie qui s'en dégage, m'a toujours paru une aventure extraordinaire.

Les classes de philosophie et de première du collège de Juilly, en 1946-47.
Je suis en troisième position, au dernier rang à droite.
Le père Louis Bouyer, qui m'a révélé ma vocation de comédien, est la deuxième personne au premier rang, à gauche.

Avec Jean Vilar,
mon maître de théâtre et de vie.

Ce fou de Platonov, de Tchekhov.
Je jouais Ossip le moujik,
Monique était Sacha Ivanovna,
la femme de Platonov.

Mon premier film,
La Pointe courte,
d'Agnès Varda, en 1955,
avec Silvia Monfort.
En voyant les rushes,
j'ai vomi. Je ne m'étais
jamais vu de dos.

En 1953, Gérard Philipe m'avait fait entrer dans la troupe. Six ans plus tard, en me demandant de reprendre le rôle du duc Alexandre dans *Lorenzaccio*, il m'a offert mon plus beau rôle au TNP. Je ne pouvais imaginer que, quelques mois plus tard, mon ange gardien serait fauché par la mort. À Avignon, sous le regard de Charles Denner, nous répétons dans la cour d'honneur où se forgea sa légende.

Au temps des cabarets de la Rive gauche, Jean-Pierre Darras et Philippe Noiret en Louis XIV et Racine. Le vieux Jouvet disait : « On est communiste, on est pédéraste, on n'est pas duettiste. » Nous devons à notre duo de nous avoir fait connaître en dehors du TNP.

Château en Suède à l'Atelier, en 1960. La première œuvre théâtrale de Françoise Sagan allait devenir la pièce fétiche de notre metteur en scène, André Barsacq. De gauche à droite et de haut en bas : Marcelle Arnold, Claude Rich, Françoise Sagan, Henri Piégay, André Barsacq, Paul Barral, Annie Noël, votre serviteur, Françoise Brion, May Chartrettes.

Mon mariage avec Monique Chaumette, à Gassin, l'été 1962. J'avais encore les cheveux blond platine hérités de mon récent et inénarrable tournage italien, *Les Masseuses*, de Lucio Fulci.

Monsieur, de Jean-Paul Le Chanois, en 1964. Gabin ne jouait pas, il *existait*. Il *était* devant la caméra. L'osmose était si grande que cela devenait *sa* caméra. J'ai beaucoup appris de lui.

La Vie de château de Jean-Paul Rappeneau, prix Louis-Delluc 1966. Jaillissante et pétillante, Catherine Deneuve a le sens du rythme, ce qui fait d'elle une très grande actrice de comédie.

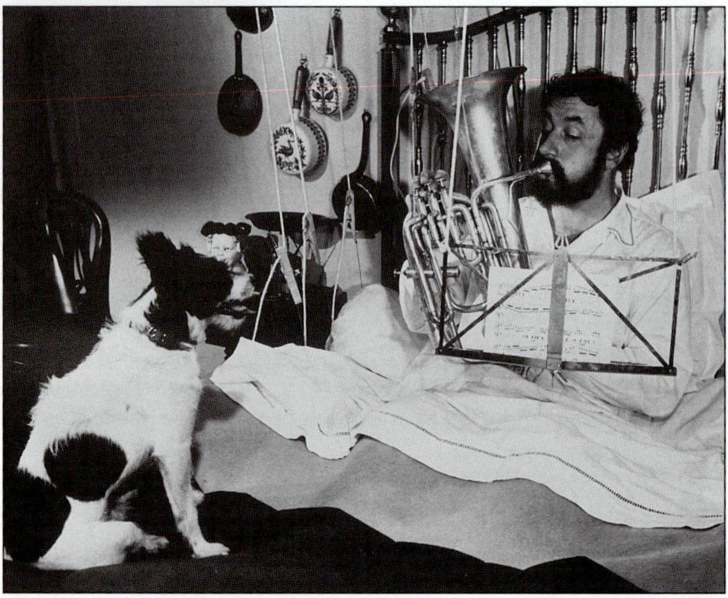

Ci-dessus avec Romy Schneider dans *Le Vieux Fusil* de Robert Enrico, en 1975. Ci-contre, *Alexandre le bienheureux*, d'Yves Robert, en 1967. Dans ma vie, j'aurais pu ne tourner que ces deux films. Ils auraient suffi pour me gagner le cœur du public.

À Hollywood avec Hitchcock, lors du tournage de *L'Étau* en 1968. Sir Alfred avait deux passions : le cinéma et la bonne chère. Avec lui, je me suis senti très à l'aise, uni par une vraie complicité.

Un triomphe inattendu en 1972 : *La Vieille Fille*, de Jean-Pierre Blanc. Avec Annie Girardot, nous formions une belle affiche. Pour les spectateurs, notre couple de cinéma s'est révélé particulièrement propice à l'identification.

Avec Ugo Tognazzi, Michel Piccoli et Marcello Mastroianni, les quatre mousquetaires provocateurs et corrosifs de *La Grande Bouffe*, en 1973. Nos diverses macules servaient un sketch du gala de l'Union des artistes. Tout aussi bien, elles auraient pu provenir des tomates et des crachats dont nous accablèrent le troupeau haineux des pères la morale.

Avec mon basset artésien, Ogre. Lors du tournage d'*Alexandre*, il était très jaloux de mon roquet de cinéma. Dans *Poil de carotte*, il joue le chien de M. Lepic en cabot de génie. Je n'oublierai jamais son regard lorsque, à la fin de sa vie, j'ai dû l'aider à grimper sur les sièges de ma voiture parce qu'il n'en avait plus la force.

dans lequel il inclut deux espèces de clowns sardes ou siciliens de seconde catégorie qui venaient de découvrir le corps et en rajoutaient dans la charge grimaçante. À un moment, le plan s'attarde sur le visage de Louis Seigner, en macchabée... Et le cher Seigner de demander :

— Bon alors, c'est bientôt fini tout cela ?

Alors le réalisateur :

— Oui, *maestro*, mais ce serait bien si, lorsque la caméra arrive sur vous, on découvrait votre visage avec *un piccolo riso*... Un petit sourire, sur le visage.

En quelque sorte, il s'agissait de montrer qu'il était mort heureux... Là, nous avons tout de même assisté à un petit éclat.

Sur le plateau, chacun s'exprimait dans sa langue, et je débitais donc mon texte en français. Les Italiens avaient pour habitude de doubler systématiquement tout le monde, y compris une bonne partie de leurs acteurs et actrices. Au temps du néoréalisme, on les recrutait dans la rue, sans trop se soucier de leur diction. Les voix que connaissait le spectateur n'étaient pas leurs vraies voix. Les Italiens sont moins sensibles que nous aux labiales, à l'articulation, et privilégient d'abord la musique, la justesse du ton. Plus tard, j'ai eu un doubleur attitré. C'était un très bon acteur de théâtre et de cinéma, qui s'appelait Riccardo Cucciola. Il avait une palette très large. Lorsque je voyais les films dans lesquels j'avais tourné, j'en arrivais à oublier totalement que ce n'était pas moi qui parlais.

À cause de la chaleur, Monique passait ses journées dans la chambre climatisée de l'hôtel. Nous ne nous aventurions dehors que le soir, pour aller dîner à Ostie. Je prenais alors le volant de mon Alfa Romeo Giuletta décapotable rouge, avec laquelle nous étions descendus de Paris. Après avoir été longtemps abonné à la 403 utilitaire, c'était ma première voiture de sport. Elle se révélait délicieuse à conduire, extrêmement nerveuse. J'aimais tellement ce modèle que j'en ai acheté trois à la suite. L'un des voituriers de l'hôtel m'avait proposé de faire régler le moteur par son beau-frère, qui travaillait chez Alfa Romeo. Véritable régal, elle était réglée comme une horloge. Elle n'avait qu'un défaut : lorsqu'il pleuvait, cela gouttait à l'intérieur.

Avec de grands noms comme Fellini, Monicelli, Dino Risi ou Pietro Germi, le cinéma de la péninsule était incroyablement vivant et foisonnant. Même les petits films disposaient de vrais moyens. C'était l'âge d'or de ce que l'on appelait la comédie à l'italienne : des films qui alliaient un ton extrêmement drôle à un arrière-plan de critique sociale, qui sous le prétexte de faire rire fournissaient une analyse de la société italienne. Ils étaient écrits par une poignée de scénaristes qui travaillaient successivement pour les uns ou pour les autres, comme Furio Scarpelli et Agenore Incrocci, dit Age. Les coproductions franco-italiennes étaient courantes. Beaucoup de films français faisaient une seconde carrière en Italie, et les producteurs italiens ne dédaignaient pas de faire appel à des comédiens français. Bernard Blier, Charles Vanel ou Jean-Louis Trintignant, par exemple, ont mené une véritable vie parallèle de l'autre côté des Alpes, mais on pourrait également citer Alain Delon, François Périer, Alain Cuny, Anouk Aimée ou Annie Girardot. Pour ma part, c'est à partir de *La Grande Bouffe* – qui avait été un triomphe – que j'ai été vraiment connu et populaire en Italie. Ce film m'a ouvert beaucoup de perspectives. Pietro Germi, qui venait d'écrire le scénario de *Mes Chers Amis*, et qui devait en être le metteur en scène, m'a proposé de le rencontrer à ce moment-là. C'était un des grands réalisateurs de cette époque, un des plus corrosifs. Malheureusement, il était malade. Après m'avoir engagé, il a demandé à son ami Mario Monicelli de réaliser le film et il est mort très vite après.

De retour de Rome après trois semaines de tournage expéditif, Monique et moi nous sommes rendus dans le Midi, à Gassin près de Saint-Tropez, pour un événement important de notre vie commune : notre mariage. Notre histoire d'amour avait commencé un peu plus tôt, en 1959, lorsque nous étions partis ensemble en vacances en Corse. Nous avions continué à vivre chacun chez soi, moi rue de Bourgogne avec mon frère – mes parents étant toujours installés au Maroc –, et Monique rue de Vaugirard, dans un appartement qu'elle partageait avec sa mère. Lorsque notre fille Frédérique est née, en 1960, pendant le tournage de *Zazie*, elle a d'abord vécu avec sa mère pendant quelques temps. Nous n'avons cohabité tous les trois que plus tard, lorsque ma future belle-mère a quitté l'appartement et que je suis venu m'installer rue de Vaugirard. Cette vie de bohème ne nous dérangeait pas le moins du monde, mais une de nos amies, la marraine de Frédérique, trouvait que cette insouciance, à l'heure où la petite allait entrer à la maternelle, n'était pas ce qui convenait à cette dernière. Notre amie a donc décidé de nous forcer un peu la main. Elle possédait une belle propriété à Gassin, où nous étions invités pour les vacances. Lorsque nous sommes arrivés, tout était prêt. Nous n'avions plus qu'à nous présenter devant le maire, avec elle et son compagnon pour témoins. Ainsi que je l'ai raconté, le metteur en scène des *Masseuses* m'avait demandé de me teindre les cheveux en blond platine. Je me suis donc marié sous ces couleurs-là, qui me donnaient des allures d'homosexuel suédois bien en chair. Ce fut un mariage sans cérémonie, un peu par surprise. Nous continuions à n'y attacher aucune importance : pour nous ce n'était qu'une formalité. Je n'ai donc prévenu mes parents qu'après coup, ce qui a beaucoup peiné ma mère. En couillon que j'étais, je n'ai pas pensé une seconde que maman serait triste que nous fassions les choses comme ça, presque à la sauvette. Avoir infligé ce chagrin à ma mère, ne pas avoir partagé ce moment-là avec elle, voilà qui est resté un de mes grands regrets. Cela ne m'avait même pas effleuré. Non seulement j'avais l'air d'un gros homosexuel suédois, mais en plus j'étais un gros couillon de Français. Mes parents avaient été fous de bonheur de la naissance de Frédérique. Elle a été leur seule petite-fille. J'ai eu la chance qu'ils soient encore de ce monde lors de la naissance de notre première petite-fille à nous, Deborah. De les voir tous deux penchés sur le berceau de leur arrière-petite-fille, comme cela, symétriques, ce fut un moment inoubliable. Avec la famille de Monique, nous n'avons pas eu tellement de rapports. Monique ne s'entendait pas très bien avec son frère François Chaumette, qui était un très bon acteur. Il n'y avait pas de proximité entre eux. Moi je n'avais pas tellement d'affinités avec lui. Quand on se rencontrait, on se rencontrait, mais nous ne cherchions pas à créer des occasions. Il avait un caractère assez affirmé et semblait toujours assez sûr de ses jugements, de sa façon de voir, ce qui n'a jamais été mon cas. Nous n'avions donc pas de sympathie mutuelle. Si famille élargie il y a eu, cela fut d'abord grâce à l'adoption de Monique par les miens, mes parents en premier lieu, mais aussi Suzanne ma marraine, Anne sa fille et Simone, la sœur de Suzanne.

Notre rencontre, à Monique et à moi, a été une grande réussite, qui nous procure à chacun des sentiments très vifs, des rapports très harmonieux. Cela a marqué et marque toujours notre vie. Depuis le début jusqu'à maintenant, ce fut un bonheur ininterrompu. Et là, je commence à me rassurer un peu, car ce serait bien le diable si ça se gâtait. Monique a toutes les qualités : elle est magnifique. Elle est intelligente, gaie, drôle, franche, droite. Elle a un esprit clair, un jugement professionnel sans faille qui m'a beaucoup aidé tout au long de ces années. Sa beauté ne bouge pas parce qu'elle a une ossature admirable. Alors, sur elle, le temps n'a pas de prise. Malgré la désinvolture de notre cérémonie de Gassin, je me rends compte maintenant que je me suis marié avec beaucoup d'espoir. Nous menions une vie de saltimbanques, et nous le sommes restés toute notre vie, sous un camouflage de bourgeois. Si je n'ai jamais vraiment connu l'angoisse de l'avenir, nous avons toujours eu un sentiment de précarité. Or le fait d'être à deux pour affronter les éventuelles tempêtes ou difficultés me rassurait. Plus encore, de façon peut-être inconsciente mais profonde, j'avais le sentiment que si je voulais essayer de progresser dans ce métier, j'avais besoin que ce soit sur des bases familiales très fortes. Et j'ai vu mon intuition se vérifier avec le temps. Car si je n'avais pas mené cette vie pendant toutes ces années avec Monique, je n'aurais pas fait le quart de ce que j'ai fait. Très tôt, j'ai eu l'instinct de suivre une ligne de vie, de construire un cadre pour me développer. Ma vie aurait pu être le contraire de ce qu'elle fut. Au début, j'avais des sentiments partagés. Beaucoup d'amis, de connaissances, plongeaient gaiement dans la gaudriole. J'avais pour tout cela si ce n'est de l'envie, de l'attirance et de la curiosité. Mais un instinct secret m'a poussé à résister. À quoi bon, me disais-je. Avec la gent féminine, j'ai toujours pensé qu'à moins d'être don Giovanni, et de compter les conquêtes par *mil e tre*, cela n'avait pas grand sens d'en posséder six, ou douze, ou trente-sept. Une femme suffit, à ce moment-là. Entre les deux, je ne vois pas très bien l'intérêt.

Dans la vie de comédien comme dans l'amour, j'ai toujours eu l'intuition que c'étaient la sédimentation, l'accumulation qui bonifiaient les choses. Je n'ai jamais ressenti le besoin de grandes émotions, de passions avec un grand P. J'ai toujours eu foi dans les émotions partagées. La vie d'un couple qui devient une famille, avec l'harmonie qui s'en dégage, m'a toujours paru une aventure tout à fait extraordinaire. Le quotidien de la vie était un défi à relever : j'ai tenté de réussir cela, d'autant que j'avais conscience de la grande fragilité de cette harmonie, qu'il faut protéger, entretenir. La corrélation qui peut exister entre la réussite dans le travail et la réussite dans le couple m'a toujours beaucoup intéressé. Faute d'être parvenus à trouver cet équilibre, j'ai vu bien des gens exploser en vol. Ceux qui ratent l'un ou l'autre sont nombreux, mais je n'en ai que très rarement rencontré qui avaient réussi sur les deux tableaux. Souvent, les choses cassent parce qu'on ne tient pas suffisamment le coup. Parfois, ce n'est qu'un col à passer, puis ça repart.

J'avais toujours en tête cet échange entre Jean Vilar et Raymond Hermantier, au TNP :

— Nous sommes les amants du théâtre, déclamait Hermantier avec son lyrisme coutumier, nous allons de lieu en lieu, comme le vent nous pousse, nous ne sommes pas, heureusement, une entreprise officielle, nationale, subventionnée, mais d'authentiques aventuriers...

Nous autres, en revanche, sous-entendait-il, n'en étions peut-être pas les fonctionnaires, mais pas non plus le contraire. Après quelques mots très charmants et gentils à son égard, Vilar avait répondu à Hermantier qu'à son avis, être marié avec le théâtre, en assumer le quotidien, était une aventure aussi dangereuse et sûrement aussi noble que d'en être l'amant. Je n'ai jamais oublié ces paroles, qui me paraissent une façon très juste de voir les choses. Lorsque je pense à lui, je me les remémore souvent, et je pense à nous. S'il y a une chose dont finalement je suis fier dans la vie, beaucoup plus que de mes réussites dites professionnelles, c'est de cela. De notre histoire. Parce que le temps a fait que j'en mesure chaque jour davantage la préciosité et la rareté.

À peu près au moment où je me mariais, j'avais fait une rencontre qui a eu une influence déterminante sur ma façon de conduire ma vie professionnelle et de choisir mes rôles : celle de Gérard Lebovici. Grand de taille, toujours très élégant, costume-cravate, petit chapeau à l'américaine, il avait d'abord voulu être acteur. Au moment où je fréquentais l'EPJD, il était entré au cours Simon, et puis il avait senti que là n'était pas sa vocation. Comme il donnait déjà des conseils à quelques amis dans le métier, Jean-Pierre Cassel par exemple, il a décidé de se consacrer sérieusement à cette activité, et de devenir agent. Il a commencé dans un petit appartement du XVIIe arrondissement, avec une secrétaire et une seule associée, Michèle Meritz, une amie du cours Simon. Pour ma part, j'avais confié mes intérêts à Évelyne Vidal et Lola Mouloudji. Lorsque leur association a cessé et qu'Évelyne s'est associée à Gérard, je l'ai suivie et j'ai rejoint son agence. D'une intelligence brillante, Gérard m'a fait l'effet d'un visionnaire. Lorsque nous nous sommes rencontrés, je commençais à avoir des propositions dont certaines n'avaient d'intérêt que par le profit financier que je pouvais en retirer. Plusieurs expériences passées m'avaient déjà convaincu que le jeu n'en valait pas la chandelle, quelles que fussent les compensations en argent. Il n'existe pas de petit tournage. Quoi que l'on fasse, il faut travailler, donner le meilleur de soi-même. Alors autant le faire pour des choses qui le méritent. Gérard a confirmé mon intuition, et m'a recommandé d'avoir confiance en moi, de faire des choix. Il m'a fait comprendre que mes refus seraient plus importants que mes acceptations, et qu'on faisait plus une carrière en disant non qu'en disant oui. Et parce qu'ils sont contagieux, il m'a mis en garde contre la fréquentation des médiocres. Alors que tant d'agents flattent leurs poulains sans voir plus loin que l'année qui vient, j'avais en face de moi quelqu'un qui m'encourageait à penser sur le long terme. Autour de moi, il n'y avait qu'une seule personne qui tenait ce genre de propos : c'était Monique.

Je suis donc resté chez Lebovici jusqu'à aujourd'hui. Évelyne Vidal a continué à s'occuper de moi jusqu'au jour où elle s'est mise à la production. Michèle Meritz, la première associée de Lebovici, a assuré le relais. J'étais très proche d'elle. Elle a pris sa retraite il y a dix ans, et Claire Blondel l'a remplacée. Gérard avait un sens des affaires qui confinait au génie. Il apportait des idées nouvelles, fondées sur un principe simple : l'important dans un film, ce sont les acteurs. Ces derniers ne devaient donc plus se borner à être des salariés, mais devenir partie intégrante du mécanisme de la production. Il a été le premier à leur expliquer qu'ils pouvaient être coproducteurs et toucher des pourcentages sur les bénéfices, ce qui était tout à fait nouveau en France. Rapidement, les plus grands acteurs de la place se sont retrouvés dans son écurie. Ses succès lui ont permis de racheter les deux principales agences d'imprésarios de Paris, André Bernheim et Cimura, qui avait sous contrat Jean-Paul Belmondo. En 1970, sa domination lui a permis de créer Artmédia, la première agence artistique d'Europe.

Homme d'affaires inspiré, Gérard avait toujours été quelqu'un d'énigmatique, de très secret. Dans la foulée de Mai 68, il avait créé une maison d'édition à vocation révolutionnaire, Champ libre. Puis, devenu très proche du situationniste Guy Debord dont il avait réédité *La Société du spectacle*, il produisit plusieurs de ses films et acheta un cinéma, le Studio Cujas, destiné à leur projection exclusive devant des fauteuils vides. En 1982, désireux de se consacrer davantage à l'édition, il vendit Artmédia à l'un de ses collaborateurs, Jean-Louis Livi, le neveu d'Yves Montand, qui dirigea très bien l'agence pendant quelques années, jusqu'à ce que Bertrand de Labbey la lui rachète. La mort de Gérard en 1984, par assassinat, a été un choc. On n'a jamais su qui avait lancé un contrat sur lui. J'étais en train de tourner le premier *Ripoux* quand j'ai appris la nouvelle. Il était assez dur en affaires. On disait qu'il avait beaucoup d'ennemis. C'était surtout un homme d'une grande exigence. Les médiocres ne l'intéressaient pas vraiment. Il ne prenait jamais de gants avec eux, même s'ils étaient gens de pouvoir. Mais de là à se faire descendre...

En 1963, j'ai tourné dans l'un des derniers films d'Abel Gance, *Cyrano et d'Artagnan*. Sur fond de conspiration, deux personnages quasi légendaires s'affrontaient dans la France de Louis XIII. Les rôles principaux avaient été confiés à Jean-Pierre Cassel, qui jouait d'Artagnan, et José Ferrer, qui jouait Cyrano. Ferrer avait déjà joué à Hollywood un autre Cyrano. Avec Gance, il reprenait son nez. Pour ma part, j'étais le roi Louis XIII. Si l'on avait suivi le scénario à la lettre, il aurait fallu des moyens pharaoniques. Le film a été tourné en Espagne et en Italie, à Pise, où l'on avait reconstitué le Paris du début du XVIIe siècle dans la cour des studios. C'était Abel Gance lui-même qui avait écrit notre texte, en six cents alexandrins très librement inspirés d'Alexandre Dumas et d'Edmond Rostand. La première scène montrait Cyrano et d'Artagnan se promenant dans la campagne ; ils devisaient gaiement et, tout en causant, ils arrachaient de mauvaises herbes. Et plus le bavardage durait, plus ils arrachaient, si bien qu'à la fin ils finissaient par déraciner des arbres. Pour tourner cela, il aurait fallu des effets spéciaux qui n'avaient pas encore été inventés à l'époque. Tout était à cette aune-là. C'était un film complètement fou. Cyrano et d'Artagnan étaient rivaux pour conquérir le cœur des héroïnes, Ninon de Lenclos interprétée par Sylva Koscina et Marion Delorme, qui était jouée par une actrice israélienne très belle, Dahlia Lavi. Michel Simon faisait aussi partie de l'aventure : il était le duc de Mauvières.

Ce fut un privilège de tourner avec un de ceux qui, à l'instar de René Clair ou d'Alfred Hitchcock, ont compté parmi les inventeurs du cinéma. Gance était un personnage très attachant, d'une extravagance rare. Il était habité. Pour le seconder, il avait pour secrétaire assistante une charmante jeune femme blonde qui s'appelait Nelly Kaplan, et qui dirigeait la seconde équipe du film. Elle avait été l'amie des derniers surréalistes, d'André Breton. Plus qu'une collaboratrice, c'était son égérie, sa muse. Avec des films comme *La Fiancée du pirate*, elle est devenue par la suite une remarquable réalisatrice. Malheureusement, comme les moyens ont été fatalement limités, Gance a été forcé de multiplier les coupes dans son scénario. *Cyrano et d'Artagnan* est un film mutilé, qui n'a pas pu donner tout ce qu'il promettait. Orson Welles, que j'avais entendu prononcer une conférence à Chaillot, disait que chaque fois qu'il y avait eu un progrès technique, un peu de poésie avait été enlevé au cinéma. Ce fut le cas avec l'apparition du son, puis celle de la couleur. On le vérifie de nouveau avec les effets spéciaux et le numérique. Paradoxalement, à chaque avancée, le pouvoir d'évocation du cinéma tend à diminuer. Il était plus facile, par exemple, de filmer une forêt d'arbres aux feuilles bleues au temps du noir et blanc qu'à l'heure du cinéma en couleurs.

Bien qu'ayant un style assez académique, Maurice Cloche, qui m'a fait tourner dans *La Porteuse de pain* au début de 1963, était un bon artisan du cinéma. Depuis l'entre-deux-guerres, il avait un bon nombre de réalisations à son actif, dont un mémorable *Monsieur Vincent*, biographie de saint Vincent de Paul avec Pierre Fresnay dans le rôle-titre, sur un scénario d'Anouilh. Il avait déjà produit dix ans plus tôt une version italienne de *La Porteuse* ; il s'agissait d'en tourner le pendant français. Le film était un mélodrame dans les règles du genre. Je jouais un horrible industriel en haut-de-forme qui avait d'abord été un contremaître à moustache, avant de s'emparer, à la faveur d'un incendie, d'un portefeuille dans le coffre de son patron, ce qui lui avait procuré une fortune considérable. Il avait laissé accuser de son forfait une pauvre fille. Pour la première fois, on me confiait un vrai personnage de méchant, et je n'ai pas boudé mon plaisir en faisant miroiter ses multiples facettes. Le rôle de la jeune fille injustement condamnée avait été confié à Suzanne Flon. J'étais ravi de la retrouver : l'année précédente, j'avais joué avec elle dans une pièce filmée pour la télévision, *Le mal court* d'Audiberti. Tout le monde était en admiration devant son talent, en adoration devant son caractère, sa drôlerie et sa gentillesse. Jean Rochefort, quant à lui, jouait un maître chanteur qui répondait au doux nom d'Ovide Soliveau et venait me titiller. Nous avions donc de vraies scènes ensemble, et c'était un bonheur de lui donner la réplique. Film à l'ancienne, comme on n'en fait plus, *La Porteuse de pain* possède toujours ses inconditionnels : Jean-Pierre Marielle par exemple, ou Bertrand Tavernier. Je me souviens d'une chose qui nous avait agacés un peu avec Jean : deux jeunes comédiens de la distribution avaient fait partie des premières vedettes de feuilleton à la télévision. Lorsque nous tournions en extérieur, il n'y avait qu'à eux que l'on venait demander des autographes. Depuis, la tendance s'est accélérée, c'est le moins qu'on puisse dire. À l'époque pourtant, la télévision avait encore un potentiel bénéfique. Elle servait de caisse de résonance pour le théâtre et permettait aux pièces de toucher un public plus vaste. Mais sur ce que cela pouvait devenir, j'avais de mauvais pressentiments.

En janvier 1964, je suis remonté sur les planches pour la création française d'une pièce de Peter Ustinov, *Photo finish.* Deux ans plus tôt, j'avais vu son film, *Billy Budd*, qui était magnifique et n'avait pas très bien marché, ce qui l'avait beaucoup blessé. Par la suite, il a décidé de se cantonner dans la comédie et la farce. Corpulent et barbu comme Falstaff mais d'une distinction tout aristocratique, c'était un authentique homme de théâtre, et nous partagions cela. Sans doute est-ce l'explication de la gentillesse qu'il a tout de suite montrée à mon égard ? Il avait déjà connu de gros succès à Paris avec *L'Amour des quatre colonels* ou *Romanoff et Juliette. Photo finish* a été montée au théâtre des Ambassadeurs, dirigé par André Bernheim, par ailleurs important agent artistique de la place. Bernard Blier tenait le rôle principal. Il jouait un vieil homme alité qui revivait les divers moments de sa vie. À chaque période, son personnage était interprété par un acteur de l'âge en question. La distribution comptait aussi Mireille Darc, qui débutait sur scène, Françoise Christophe, ou encore Guy Tréjean. Le succès étant au rendez-vous, nous avons joué la pièce à Paris pendant une saison et demie avant de nous lancer dans une tournée Karsenty, du nom du grand tourneur de l'époque, spécialiste des succès de boulevard.

Sous son comportement drôle et chaleureux, Peter Ustinov était un homme très complexe, que peu de metteurs en scène ont su utiliser à sa juste valeur comme acteur. Ses plaisanteries et ses mots d'esprit avaient quelque chose de trop systématique pour ne pas cacher une angoisse profonde. Il faisait un peu l'effet d'un exilé à perpétuité : héritier d'une famille très internationale, il avait une grand-mère éthiopienne, était apparenté à Léon Bakst, aux Benois de Saint-Pétersbourg, ainsi qu'au baryton Nicolaï Gedda. Il se disait un peu français, un peu italien, un peu suisse. Au fond, peut-être à cause de tout cela, il était très anglo-saxon. Le côté bon gros qu'avec des manières affables il présentait au public était sans doute un leurre. En permanence, il se servait de ses masques multiples. Alors que nous jouions sa pièce, le grand producteur italien Carlo Ponti, mari de Sophia Loren, a fait appel à lui pour diriger l'adaptation au cinéma d'un roman de Romain Gary, *Lady L.* Il m'a alors proposé de jouer le rôle d'un ministre, Gérôme, qui courtisait la future Lady L, jouée par Sophia Loren, du temps qu'elle était blanchisseuse dans une maison de plaisir. Le film a été tourné en Angleterre et à Paris. Les rôles principaux étaient tenus par Paul Newman, Sophia Loren, David Niven, mais je n'ai eu l'occasion de rencontrer que les deux premiers. J'ai trouvé Sophia très impressionnante : drôle, pleine d'esprit, d'intelligence et de distance. Ne parlant pas très bien anglais, j'étais dans mes petits souliers. En amont, j'avais travaillé d'arrache-pied avec un coach.

La générale de *Photo finish* avait été très parisienne et très applaudie. Après le spectacle, nous avions soupé tous ensemble ; j'avais été joyeusement fêté par les camarades et les amis. Mais lorsque nous sommes rentrés à la maison, je voyais que Monique avait le visage songeur et fermé.

— Qu'est-ce qu'il y a, lui dis-je, cela ne t'a pas plu ?

Oui, m'a-t-elle répondu, j'avais effectivement eu un beau succès. Mais à la vérité, elle n'avait pas trouvé que j'étais si bien que cela. J'avais fait mon numéro, j'avais fait rire, mais je n'avais jamais été sincère. Je n'avais pas joué mon personnage. J'avais utilisé des trucs, des recettes, comme on les apprend au cabaret. Mais de véritable comédie, point. Ce soir-là, j'imagine que nous nous sommes couchés plus ou moins dos à dos ; pourtant dans ma tête, ça gambergeait. Monique avait raison. Je m'étais laissé aller à une forme facile de séduction. Elle avait senti cela et elle tirait la sonnette d'alarme. Le cabaret ne lui avait jamais vraiment plu. Auprès de moi, elle était la gardienne de ce qui fait la raison d'être de notre métier, l'honnêteté et la sincérité. Louis Jouvet avait dit : « Duettiste ? Quelle drôle d'idée ! On est communiste, on est pédéraste, on n'est pas duettiste. Quand l'un est malade, l'autre ne joue pas. » Il est extrêmement difficile d'être duettiste. Il faut être Laurel et Hardy. Et jusque dans ces années-là, comme Louis XIV et Racine nous rapportaient de l'argent, nous avions continué, Jean-Pierre Darras et moi, à faire notre numéro habituel. J'ai donc pris la décision de passer la main. Lorsque j'ai annoncé la nouvelle à Jean-Pierre, il a été très déçu, peiné et même un peu blessé. Lui rêvait au contraire que nous nous concentrions sur le cabaret et sur le music-hall. Par la suite, nous ne nous sommes pas beaucoup revus. Bien des années plus tard, lorsque j'ai appris qu'il avait subi une grosse opération, je lui ai passé un coup de téléphone. À ce moment-là, nous nous sommes retrouvés. Mais il est mort assez rapidement après.

Début 1964, Yves Robert m'a proposé le rôle de Bénin, le leader de la bande, dans son film *Les Copains*, adapté d'après Jules Romains. J'avais dû le rencontrer au temps où il montait des spectacles dans le grand cabaret de la rive gauche, La Rose rouge. Si L'Écluse était le territoire des diseurs et des chanteurs, La Rose rouge était le royaume des revues-spectacles. L'endroit était dirigé par un extraordinaire agitateur, Nikos Papatakis, qui avait été le mari d'Anouk Aimée avant de devenir celui de Nico, la chanteuse du Velvet Underground. La compagnie Grenier-Hussenot, par exemple, y avait présenté ses spectacles de tréteaux. Les Frères Jacques ou Juliette Gréco y avaient été découverts. Yves Robert n'était pas très grand, mais baraqué, avec une bonne moustache et des cheveux crépus, des sourcils fournis. C'était un homme très chaleureux, énergique, et capable aussi de piquer des colères mémorables. Ancien typographe, il aimait cultiver cette image d'ancien prolo autodidacte. Comme cinéaste, il avait hérité des frères Prévert ou de Jean Renoir un côté authentiquement corrosif, mais dépourvu d'aigreur ou de rancœur, et la gouaille populaire. Avant de se mettre au cinéma, il avait été un très bon acteur. Puis il avait tourné deux premiers films avec Louis de Funès, alors peu connu, comme acteur principal, *Les hommes ne pensent qu'à ça* et *Ni vu ni connu*, une histoire de braconnier tirée d'une nouvelle d'Alphonse Allais qui s'appelait « L'affaire Blaireau ». Comme il voulait être son propre patron, ce qui ne se pratiquait pas beaucoup à l'époque, il avait produit lui-même, avec Danièle Delorme sa femme, *La Guerre des boutons* d'après Louis Pergaud, qu'il avait décidé de réaliser. L'affaire a failli le ruiner complètement. Ils avaient beaucoup emprunté et ils ont eu énormément de mal à trouver un distributeur : la sortie a eu lieu à la sauvette. Pourtant, grâce à un formidable bouche-à-oreille, le film s'est avéré un grand succès. Il a obtenu le prix Jean-Vigo. Yves avait conquis ses galons de producteur indépendant.

Les Copains réunissait une belle collection de talents : Claude Rich, Michael Lonsdale, Guy Bedos, Pierre Mondy, Jacques Balutin, Christian Marin, Claude Piéplu et Hubert Deschamps. Georges Brassens, autre enfant des cabarets, avait composé et chanté une chanson spécialement pour le film, et non des moindres : « Les Copains d'abord ». Il y avait aussi Tsilla Chelton, qui jouait l'aubergiste. Avant de connaître une gloire tardive dans *Tatie Danielle* d'Étienne Chatiliez, c'était une femme très sympathique, mariée à un décorateur de théâtre talentueux, Jacques Noël. Elle était extraordinaire de cocasserie, de fantaisie et d'étrangeté. Elle avait bien servi le théâtre d'avant-garde, Ionesco en particulier, dont elle avait créé *Les Chaises*. Dans une autre vie, animatrice d'un cours d'art dramatique, elle a enseigné la comédie à toute la bande du Splendid, Jugnot, Clavier, Lhermitte ou Michel Blanc, qui l'adoraient. Pendant le tournage de la scène où Pierre Mondy et moi nous installons dans notre chambre, cela n'avait pas été facile. En effet, Pierre est l'être le plus rieur qui soit au monde. Il suffit d'une grimace pour qu'il explose. Alors avec Tsilla, lorsqu'elle parlait du cor de son mari par exemple, c'était une déflagration permanente.

Nous avons tourné *Les Copains* sur les lieux de leurs crimes, à Ambert, autour de cette mairie circulaire devant laquelle ils s'étaient donné rendez-vous, et autour de laquelle ils déambulaient comme des âmes en peine. D'autres scènes avaient pour cadre le Sancerrois, ce qui permettait d'entrecouper les prises de dégustations chez les viticulteurs.

Avec Piéplu en colonel de garnison et Hubert Deschamps en député-maire, le cinéma des *Copains* respire la France profonde, une France immémoriale ou qui semblait l'être, qui n'avait pas bougé depuis des décennies et que nous parcourions avec délices sur la selle de nos vélos. Yves Robert était proche de cette province-là. Il a filmé la campagne française comme très peu de cinéastes ont été capables de le faire, avec justesse et tendresse, jusque dans la caricature. Alors qu'aujourd'hui cette campagne souffre, qu'elle n'est plus cet immuable paysage de cocagne, elle était encore à l'époque une civilisation millénaire que nul n'imaginait remettre en question, et qui n'avait pas besoin de se justifier. Aujourd'hui, pour la distraction des bobos des villes, c'est devenu la réserve des Indiens. Yves était un véritable homme de la campagne. À ses heures, il aimait travailler la terre. Il était d'ailleurs très fier d'être décoré du Mérite agricole, le fameux « poireau ». Dans son quartier général du moulin de la Guéville, où il avait installé sa maison de production, il possédait un très beau potager. C'était un endroit délicieux, où il aimait recevoir ses amis. Pendant le tournage des *Copains*, nous habitions en phalanstère dans une sorte de « Relais et Châteaux » avant la lettre, en plus modeste, et tous les matins, lorsque nous partions pour le tournage, le patron nous demandait :

— Alors, qu'est-ce que vous voulez pour le dîner, ce soir ?

Yves aimait les bons repas : ce furent deux mois de bombance. Nous nous entendions bien, nous étions jeunes, et nous étions payés pour vivre cette vie-là ! Yves adorait les acteurs. Il était friand de ce qu'on pouvait lui amener. On sentait cette gourmandise, chez lui, et le climat qu'il avait su créer était très agréable. Il est difficile de définir cette fameuse direction d'acteurs, dont certains se gargarisent. Mais s'il fallait la décrire, on pourrait dire qu'elle consiste à mettre les acteurs dans un état tel qu'ils soient libres d'exercer leur art. Une fois supprimées les barrières de la timidité et de l'amour-propre, les bons metteurs en scène n'interviennent que pour suggérer des ajustements minimes, en plus ou en moins. Jean Vilar, par exemple, n'agissait pas autrement. Le vrai directeur d'acteurs est celui qui sait créer une atmosphère, une toile de fond, dans laquelle le comédien peut s'inscrire, se déployer.

Cette année-là, j'ai fait une rencontre très importante : celle de Jean Gabin, en jouant dans *Monsieur*, de Jean-Paul Le Chanois. J'avais connu ce réalisateur très tôt, à mes débuts. Du temps de l'EPJD, il était un des rares à avoir accepté de m'engager pour faire de la figuration. En 1952, j'avais fait une apparition dans un de ses films, *Agence matrimoniale*, dans lequel je croisais Bernard Blier en marchant dans la rue. Par ailleurs, il avait été marié autrefois à Sylvia Monfort. Ancien du groupe Octobre, il avait été l'assistant de Jean Renoir. En 1958, il m'avait proposé un rôle dans *Les Misérables*, que je n'avais pu accepter du fait de mes obligations au TNP.

Monsieur était une comédie de boulevard assez charmante et sans prétention, qui racontait comment un banquier revenu de tout décidait de changer de vie en se faisant engager comme maître d'hôtel et en servant de père de substitution à une ancienne prostituée, jouée par Mireille Darc. Dans la distribution figuraient des actrices magnifiques, Gaby Morlay, Gabrielle Dorziat, que j'étais ravi de rencontrer. Mais, surtout, Jean Gabin jouait le banquier. Avant même de le connaître, j'avais pour lui une sympathie et une admiration sans bornes. À mes yeux, Gabin est un acteur de génie. De tout temps, ses films m'ont accompagné comme une litanie sacrée : *Pépé le Moko*, *Le jour se lève*, *La Bête humaine*, *Quai des brumes*, *Remorques* et puis après la guerre, *La Marie du port*... Il avait connu ensuite une période de vaches moins grasses, au cours de laquelle il avait tourné les *Maigret* de Delannoy et les films de Gilles Grangier, metteur en scène que la Nouvelle Vague s'ingéniait à traîner dans la boue et qu'on ne cesse de redécouvrir. Je savais que si je tournais dans un film où jouait Gabin, c'était qu'il avait un peu d'estime pour moi et qu'il avait donné son feu vert. Je n'ai pas été déçu. À partir du moment où nous nous sommes rencontrés, au commencement du film, j'ai tiré mon fauteuil à côté du sien, sur le plateau, et je ne l'ai plus quitté. Chaque jour, c'était le même rituel : il arrivait cinq minutes avant le début du tournage et s'en allait à la fin de la journée, sans bouger du plateau, sans jamais se retirer dans sa loge. Toujours, il restait là; par la suite, j'ai pris cette habitude, moi aussi. Dès le premier jour, nous avons entamé une conversation à bâtons rompus, qui reprenait chaque matin. Quand il aimait bien les gens, il parlait volontiers. C'était quelqu'un qui ne se laissait pas emmerder. Il n'était jamais désagréable : il se contentait de se montrer très réservé. Plus que tout, il détestait les gens qui ne faisaient pas bien leur travail. Chacun devait être à la hauteur de ses responsabilités. Parfois dans la discussion, il pouvait être d'une assez grande mauvaise foi. Mais je ne l'ai jamais vu user de son pouvoir, de son statut, au détriment de qui que ce soit. Il s'intéressait à ce que je faisais. Il était venu voir *Photo finish*, dans lequel jouait aussi son ami Blier. Nous parlions métier, mais aussi de Monique, de Frédérique, des vacances. Nous bavardions. C'était un amoureux de la Normandie :

— Allez à Deauville, Noiret, vous serez près de Paris!

J'ai appris de lui. Chaque matin en arrivant, il prenait son scénario, un crayon, et relisait les scènes que nous devions tourner. Au gré de sa lecture, il coupait dans les dialogues. Il allégeait. Le scénario, pourtant signé Georges Déry (alias Claude Sautet) et Pascal Jardin, était en effet un peu trop bavard. Depuis, j'ai toujours veillé à enlever le gras de mes scénarios juste avant de commencer.

Lorsqu'il avait une remarque à faire à Pascal, Gabin disait toujours :

— Appelez-moi Molière.

J'aimais énormément Pascal Jardin, que j'ai mieux connu quelques années plus tard. D'une grande vivacité d'esprit, ce petit ludion caustique et pas méchant pour un sou était doublé d'un très bon écrivain. C'est le seul scénariste dont j'ai la photo dans mon bureau, à la campagne. Quant à Le Chanois, Gabin le surnommait « Le Chafus », parce que son vrai nom était Dreyfus. Le Chanois était un nom de résistance, qu'il avait conservé au cinéma.

L'autre leçon reçue de Gabin, plus importante encore, touchait à la manière de jouer la comédie. De travailler avec la caméra. Gabin ne jouait pas, il existait. Il *était* devant la caméra. L'osmose était si grande que cela devenait *sa* caméra. Massif, grand, enrobé, costaud, il se contentait de se planter devant l'opérateur. Très peu de gestes. Cela se réduisait à presque rien. En le voyant faire, j'ai réalisé que dans mon jeu j'avais toujours essayé de perdre vingt-cinq kilos. Dix ans plus tôt, j'avais été traumatisé par les rushes d'Agnès Varda; depuis, j'en rajoutais pour essayer d'en enlever, ce qui était absolument absurde. En observant Gabin, j'ai commencé à me dire, mon grand, tu fais cent kilos, tu mesure un mètre quatre-vingt-cinq, sers-t'en. Appuie-toi dessus. J'ai vraiment compris cela en le regardant faire. C'était l'évidence. Gabin n'a rien eu besoin de me dire; j'ai toujours été friand des bons acteurs. Sans avoir trop l'air d'y toucher, j'ai toujours bien étudié les grands que j'avais la chance de croiser. Je posais à Gabin toutes sortes de questions sur ses films, sur les partenaires qu'il avait eus. Il répondait avec beaucoup de bonne grâce. Il chantait une chanson pour Monique, « Si tu veux petite, je t'invite... » On parlait chevaux aussi. Gabin aimait les trotteurs, la campagne. Il avait une propriété dans l'Orne, la Pichonnière, dans laquelle il faisait de l'élevage. Il me disait :

— Vous devriez driver, Noiret...

Il était craint, sur les plateaux. Il avait horreur de se planter, d'oublier – cela ne lui arrivait quasiment jamais, d'ailleurs. Dans ces cas-là, il pouvait être d'une mauvaise foi charmante. Il disait :

— Qui est-ce qui a bougé, là? Y a eu un bruit!

Alors un assistant réalisateur se dévouait, et répondait :

— C'est moi, m'sieur Gabin.

— Fais gaffe, mon p'tit gars...

Et on reprenait. Un jour, soit par oubli, soit parce que la production pressait, Le Chanois m'a filmé de trois quarts dos sur un travelling, alors que je disais les choses importantes. Gabin, qui me répondait par oui ou par non, était filmé de face. Le soir venu, en regardant les rushes – Gabin visionnait chaque jour les rushes –, il a noté que je parlais sans jamais être filmé de face. Et il a demandé à ce qu'on tourne à nouveau le travelling. De sa part, c'était d'une grande gentillesse, mais aussi de l'intelligence professionnelle. Il disait :

— Quand on devient vedette, il faut apprendre à économiser sa gueule...

Il m'avait demandé quels étaient mes projets. Je n'en avais pas.

— Ne vous inquiétez pas, m'avait-il dit. Avec le temps et l'emploi que vous avez, vous aurez de plus en plus de propositions.

Ce tournage avec Gabin a donc été délicieux, et m'a fait beaucoup de bien. Il m'a donné confiance dans l'avenir et des solutions pour progresser encore. Il avait ajouté aussi :

— Vous avez travaillé, vous avez déjà du succès, de bonnes critiques, vous allez travailler encore, tout cela est très bien, cela va durer, mais vous aurez sûrement droit à un moment où ils vont commencer à vous casser du sucre sur le dos.

— Qui ça ? lui ai-je alors demandé.

— La presse... C'est comme ça. Arrivé à un moment, vous êtes toujours là, et ça les emmerde. Ça emmerde les jeunes parce que leurs parents les ont toujours bassinés avec vous. Ça emmerde les vieux qui s'aigrissent. Ils se disent : « On l'a fait, on va le défaire... » Vous connaîtrez un retour de bâton, mais vous avez le temps. Vous avez vingt ans devant vous.

Et quand c'est arrivé, parce que c'est arrivé, j'ai pensé à lui... À l'époque où je l'ai connu, on écrivait de lui dans les journaux qu'il faisait « du Gabin », ce qui était censé être un grave péché. J'ai connu cela aussi, lorsqu'on a dit que je faisais du Noiret. C'est la scie de ce tournant-là. Il y a une phrase d'Humphrey Bogart que je cite toujours, à ce propos :

— On me reproche de faire du Bogart, mais c'est encore moi qui le fais le mieux...

Quelques années plus tard, j'ai recroisé Gabin, dans les studios de la rue de Silly à Boulogne, qui ont hélas disparu depuis. Il tournait un film de Michel Audiard, *Le drapeau noir flotte sur la marmite*, et moi je tournais *La Vieille Fille*. Nos plateaux respectifs étaient voisins. Entre les prises, nous nous retrouvions parfois. Nous sortions nos fauteuils comme dans le bon vieux temps et nous reprenions nos conversations. C'est là qu'il avait eu ce mot qui me parut extraordinaire :

— Je vais vous dire une bonne chose, Noiret, ils commencent à me faire chier, avec leur cinéma...

En 1965, après le *Lady L* d'Ustinov et *Qui êtes-vous Polly Magoo ?* de William Klein, charge exceptionnelle sur la presse et la mode, d'un très bon cinéaste, ce qui est rare chez un photographe, j'ai tourné un film qui m'apporta une reconnaissance accrue dans le paysage cinématographique : *La Vie de château*, de Jean-Paul Rappeneau. Le projet était déjà ancien. Après que Claude Sautet eut soufflé mon nom à Jean-Paul, du fait des engagements que j'avais contractés, plusieurs mois s'étaient écoulés. En retrouvant le scénario, j'ai tout de suite constaté que ses auteurs l'avaient encore amélioré. Outre Rappeneau, Alain Cavalier, Claude Sautet et Daniel Boulanger faisaient partie des bonnes fées qui s'étaient penchées sur le berceau. *La Vie de château* est un film d'une légèreté très française. Je jouais Jérôme, un jeune châtelain placide, replié pendant la guerre en Normandie. À la veille du débarquement allié, mon personnage, qui avait toujours pris soin de rester neutre, se retrouvait pris en tenailles entre l'occupant allemand et la Résistance de plus en plus active ; par-dessus le marché, l'agent de la France libre et l'officier de la Wehrmacht avaient tous deux jeté leur dévolu sur sa jeune et charmante femme, jouée par Catherine Deneuve. À l'époque, ce côté guerre en dentelle avait choqué quelques âmes bien-pensantes. C'était un combat d'arrière-garde : depuis, la veine a été largement exploitée, avec *La Grande Vadrouille* de Gérard Oury dans le rôle du pic indépassable, et quelques excès de mauvais goût comme la fin de la comédie de Roberto Benigni, *La vie est belle*, qui se déroule à Auschwitz.

Jean-Paul Rappeneau est un garçon délicieux à fréquenter, très doué, avec un sens de l'autodérision remarquable. *La Vie de château* était son premier film, et il était très angoissé. À force de peaufiner les choses, il connaissait son scénario sur le bout des lèvres ; tant et si bien qu'on devait lui demander de se cacher pendant les prises car il ne pouvait s'empêcher de mimer tous les personnages. Catherine Deneuve, que je rencontrais pour la première fois, était belle comme le jour. Pour le rôle, Jean-Paul avait d'abord pressenti Françoise Dorléac. Mais ne pouvant l'accepter, cette dernière avait suggéré qu'on engage sa sœur. Une fois de plus, Catherine a pu démontrer de manière éclatante son immense talent pour la comédie. Cette cuisine-là se prépare avec des ingrédients bien particuliers. Il y faut d'abord du rythme. Le débit naturel de Catherine, qui est un débit de mitraillette, est un véritable atout pour cela. Elle est jaillissante, pétillante. La comédie est également une question de ton. Il n'est donc pas inutile de posséder un minimum de sens de l'humour, ce qui est le cas, au plus haut point, de Catherine. Pour atteindre le ton adéquat, tout l'art est de forcer un petit peu le naturel, en veillant à demeurer vrai et sincère. S'il n'y a que parodie, on se fatigue. La vérité seule permet d'éviter que l'on ne bascule dans la farce. Dès lors, toutes les vicissitudes de l'âme, du mensonge à la candeur, de la mauvaise foi à la vanité, peuvent devenir propices aux situations de comédie.

Le film était produit par une femme charmante, Nicole Stéphane, qui était apparentée aux Rothschild. Elle était également comédienne. Entre autres, elle avait tourné dans *Les Enfants terribles*, de Jean-Pierre Melville, d'après le roman de Jean Cocteau, où elle jouait le rôle d'Élisabeth, la sœur. Son très beau visage semblait d'ailleurs avoir été dessiné par le poète. Principalement, le tournage s'était déroulé au château de Neuville à Gambais, qui était incroyablement délabré à l'époque, et bourré de charme.

C'est une maison qui n'est pas immense, mais qui a grand air. Le matin, nous arrivions très tôt avec Catherine ; pendant toutes ces journées, j'ai donc partagé un lit avec elle. Le temps que les machinistes finissent leur mise en place, nous finissions notre nuit dans le lit conjugal.

En tant que mari en péril, j'avais pour rivaux deux jeunes gens de talent, tous deux fort sympathiques et drôles. L'officier allemand était en fait un acteur argentin, Carlos Thompson, qui a peu joué en France. Quant à l'agent de la France libre, il était interprété par Henri Garcin, qui était surtout un homme de théâtre. Au cabaret, il avait créé un personnage un peu snob qui portait foulard autour du cou et tenait un verre de whisky à la main. Il jouait sur sa ressemblance avec un acteur hollywoodien bien connu, Mel Ferrer, qui avait été marié à Audrey Hepburn.

Mary Marquet, ma mère, formait un extraordinaire numéro de duettistes avec Pierre Brasseur, qui interprétait le père de Catherine, mon beau-père donc, et qui était accessoirement le fermier du château. Mary Marquet n'avait pas fait de cinéma depuis très longtemps. Avec sa grande gueule de tragédienne, héritière de Sarah Bernhardt et ancienne maîtresse d'Edmond Rostand, c'était une idée de génie de lui avoir proposé le film. On racontait que lorsqu'elle était devenue, très jeune, la maîtresse de Rostand, Sarah Bernhardt qui l'avait devancée dans la carrière, si j'ose dire, lui avait offert un paquet de mouchoirs en lui glissant :

— Vous allez en avoir besoin...

Elle avait un défaut, partagé par beaucoup de ceux qui sont passés par la Comédie-Française : elle aurait adoré faire battre des montagnes. Un jour, j'avais même dû la remettre à sa place assez sèchement ; elle commençait à faire des remarques sur Jean-Paul, qui réfléchissait encore sur le placement de ses caméras :

— Il ne sait pas ce qu'il veut, ce jeune homme... Vous ne trouvez pas, Noiret ?

Par petites piques, à ses heures perdues, elle essayait de semer un peu la zizanie. C'est un trait de caractère qui est parfois de tradition chez les sociétaires du Français, comme une estampille sur un meuble de prix. Au bout d'un certain temps, je lui ai dit :

— Mary, arrêtez, on a un scénario magnifique, une distribution délicieuse, on s'entend bien. Certes, Jean-Paul cherche, mais on ne perd pas de temps. Alors arrêtez de lui casser du sucre sur le dos.

Pierre Brasseur, quant à lui, était adorable et charmant, mais con comme un balai quand il avait un coup dans le nez. Pendant la quasi-totalité du tournage, il avait été très raisonnable. Il ne s'est remis à lever le coude qu'à la fin du film, lorsque nous avons tourné des extérieurs nuit, notamment la scène du blockhaus, où nous nous chamaillions pour une grenade, dans un esprit assez chaplinesque. Brasseur arrivait à tenir toute la journée sans boire, mais lorsque le soir venait, l'appel du Malin était trop fort. Il succombait à la tentation. Il s'en était même ouvert à moi. Il m'avait demandé s'il y avait des nuits au programme, car il les appréhendait. Le comique de l'affaire, c'est que dans cette fameuse scène de la grenade, je l'injurie de bon cœur, en lançant aux sentinelles allemandes qui menacent de nous tirer dessus : « Excusez mon beau-père, il est complètement ivre... »

Quand on tourne une scène comme celle-là, on n'est jamais sûr du résultat final. Contrairement au théâtre, on n'a pas de public sur le plateau. Impossible de s'ajuster. Au cours de certains films, il m'est arrivé de tourner des scènes qui me semblaient devoir être très drôles et qui n'ont rien donné. Encore une fois, la question du rythme est centrale. Souvent, on repère le sens qu'un réalisateur a de la comédie à son obsession du tempo. Jean-Paul avait ce sens, comme de Broca qui était encore plus obnubilé que lui par le *timing*. Tous les grands de la comédie ont cette déformation professionnelle. Il n'y a qu'à voir Lubitsch, Billy Wilder ou Hitchcock. Pour que l'énergie soit présente, il faut tenir un certain rythme. Plus le rythme de base sera rapide, plus il pourra y avoir des pauses et des ruptures, en un minimum de temps, avec un maximum d'énergie.

Chez Rappeneau, tout s'enchaîne très vite. Dans la scène où Brasseur se persuade que sa fille trompe son mari avec le résistant, l'enchaînement logique qui suit est éblouissant. En quelques secondes, on passe par quatre ou cinq situations différentes, où les quiproquos semblent s'enfiler comme des perles fines. C'est à l'écriture et à elle seule qu'on doit cette absence de gras. Pour donner ce sentiment de vitesse, d'allègre tempo, on coupe, on réduit. Dans toutes les comédies hollywoodiennes des années 1940 ou 1950, les acteurs parlent comme des mitraillettes : Katherine Hepburn, Cary Grant... Vous serez toujours gagnant si, sur un plan qui fait vingt secondes, vous arrivez à en gagner trois. Mais attention : il ne s'agit pas d'éliminer. Il faut tout dire, mais plus vite. D'où cette idée que l'on n'est pas là pour faire dans la nuance. L'énergie, la musique et l'harmonie d'un film proviennent d'abord du rythme. C'est la chose la plus difficile à obtenir. Souvent, après une prise, je m'enquiers auprès de la scripte : « Est-ce qu'on a gagné ? »

À la fois plus bourgeoise et plus paysanne que celle d'un Audiard, par exemple, la langue de Daniel Boulanger, qui avait écrit les dialogues de *La Vie de château*, était magnifique. Il y a chez lui une invention et une justesse, un fruité et une imagerie épatants. On est dans la poésie. Je l'ai vérifié à nouveau plus tard, dans *Chouans* de Philippe de Broca. Dans ses dialogues, je me suis toujours bien senti. Ils sont très aisés à dire et en même temps très exigeants. Impossible de changer un mot pour un autre : on risquerait de se casser la figure. Un jour, il m'avait félicité ; c'était après le tournage de la scène où je surprenais le petit gosse en train de voler des pommes : « Ho ! Hé, Hé, Hé, Hé ! Ho ! petit pâtureau ! » lui lançais-je. Selon Boulanger, n'importe quel acteur aurait éprouvé le besoin de changer la phrase. Moi, je ne l'avais pas fait. Il était ravi. Il faut dire que c'était du sur-mesure pour mon personnage, qu'un pareil texte dessinait. Dans une comédie aussi écrite, aussi sophistiquée, les dialogues ont une importance primordiale. Ils font partie de la respiration des personnages, et leur insufflent leur part de vérité.

À sa sortie, *La Vie de château* a rencontré un vrai succès public et critique. Face à *Pierrot le Fou*, de Jean-Luc Godard, le film a obtenu le prix Louis-Delluc, qui est un peu le Goncourt du cinéma. Dans ma carrière, c'est un film important, un tournant.

7.

La Nuit des généraux, *d'Anatole Litvak.* Drôle de couple, *de Neil Simon : mes adieux provisoires au théâtre. Comment se négocient les contrats. Ma Rolls.* L'Une et l'Autre, *de René Allio.* Alexandre le Bienheureux, *ou comment je suis devenu populaire. Mai 68. Pourquoi j'ai refusé* Que la bête meure. *Mes regrets.*

Au cours des années 1960, un certain nombre de méthodes de travail anglo-saxonnes ont fait leur apparition en France. Ce fut le cas de la direction de casting. Le premier *casting director* du cinéma français était une directrice. Elle s'appelait Margot Capelier. C'était une femme absolument délicieuse et parfaitement anglophone qui écumait les théâtres et s'était fait une spécialité d'aider les productions américaines à trouver des acteurs français parlant anglais pour leurs tournages à Paris. Elle était mariée à un décorateur, Auguste Capelier, qui avait travaillé pour les frères Prévert. Un jour, elle m'a appelé pour me présenter au réalisateur Anatole Litvak, qui s'apprêtait à tourner à Paris une grosse production hollywoodienne, *La Nuit des généraux*, avec Peter O' Toole et Omar Sharif, tous deux auréolés par le succès de *Lawrence d'Arabie*. Je n'étais pas un inconnu pour Litvak. Cet ami de Françoise Sagan, qu'on surnommait Tola, avait adapté au cinéma son roman, *Aimez-vous Brahms ?* Doté d'un charme slave à toute épreuve, il était très élégant, très chaleureux et parlait toutes les langues avec un accent ; mais depuis quelques années, il avait choisi de s'établir à Paris. Juif ukrainien d'origine, il avait vécu plusieurs vies. Ayant quitté la Russie assez tôt, il avait fait carrière dans l'Allemagne d'avant-guerre, auprès de Pabst, puis en France. On lui devait notamment *L'Équipage*, d'après Kessel, et *Mayerling* avec Charles Boyer et Danielle Darrieux. À la fin des années 1930, il avait rejoint Hollywood et beaucoup tourné pour la Warner. *La Nuit des généraux* était un thriller qui se déroulait au cœur de l'appareil militaire nazi, une enquête sur les traces d'un général de la Wehrmacht psychopathe, que l'on poursuivait pendant et après la guerre. Litvak m'avait engagé pour jouer le policier en charge de l'affaire, l'inspecteur Morand. Mon personnage était français, mais il devait s'exprimer en anglais. Comme j'avais tourné dans *Lady L* d'Ustinov, on pouvait considérer qu'en la matière j'avais déjà subi l'épreuve du feu.

Immédiatement, le producteur, Sam Spiegel, a demandé à me rencontrer. Producteur indépendant, il était très présent sur les plateaux. Il avait l'habitude de tout contrôler. C'était un des nababs les plus chevronnés d'Hollywood : on lui devait des films légendaires comme *African Queen*, *Sur les quais*, *Lawrence d'Arabie*, *Le Pont de la rivière Kwaï* ou *La Poursuite impitoyable*. Lui aussi avait émigré d'Europe orientale au début du siècle, et parlait anglais avec un accent à couper au couteau. Cela ne l'a pas empêché de s'inquiéter en premier lieu de ma mauvaise maîtrise de cette langue. Il m'a proposé de partir à Londres en urgence avec un *coach*, à ses frais, pour un stage linguistique intensif d'une dizaine de jours. Au retour, il était bien décidé à me faire passer des essais. Il m'a fallu enregistrer une scène ou deux avec Omar Sharif. La situation avait quelque chose de cocasse : je me retrouvais à passer une sorte de grand oral dans la langue de Shakespeare, sous le contrôle de Tola et de Sam Spiegel qui me donnaient force conseils avec un accent qui était au moins deux fois moins compréhensible que le mien. Par chance, j'avais Omar Sharif : il m'avait gentiment proposé de répéter avant le bout d'essai et me traduisait tout ce que les deux compères baragouinaient. Lorsque Spiegel avait produit *Lawrence d'Arabie*, il avait fait signer à Peter et Omar un contrat pour plusieurs films. Entre-temps, grâce au succès planétaire de l'œuvre de David Lean, ils étaient devenus des stars internationales. Mais à cause de leur contrat initial, leurs émoluments étaient presque les mêmes que les miens. Lors de ce tournage, qui s'était déroulé confortablement à Paris, en studio, j'avais quelques scènes avec Omar, mais j'ai à peine croisé Peter. Je n'ai véritablement fait sa connaissance que quelques années plus tard, au Venezuela, lorsque nous avons tourné *La Guerre de Murphy*, de Peter Yates.

En septembre 1966, j'ai joué au théâtre pour la dernière fois de ma jeunesse, dans *Drôle de couple* de Neil Simon. Écrite par un grand auteur américain de boulevard, la pièce avait triomphé dans le monde entier, donnant même lieu à une version filmée, avec Jack Lemmon et Walter Matthau. Pour ma part, j'avais pour partenaire Robert Dhéry, un des fondateurs des Branquignols. La mise en scène était de l'ami Pierre Mondy. C'est l'histoire de deux garçons qui se retrouvent célibataires et qui décident de cohabiter dans un appartement. On a là le thème éternel de deux caractères opposés et complémentaire, qui en viennent à former une sorte de couple. L'un des deux, joué par Robert, était très maîtresse de maison. L'autre aime bien mettre les pieds sur la table, boire sa bière, c'était David, mon personnage. Nous avons tenu une saison entière au théâtre de la Renaissance. Après cela, j'ai attendu plus de trente ans avant de me remettre au théâtre, avec *Les Côtelettes*, de Bertrand Blier. À ce moment-là, le cinéma marchait bien. J'en avais assez des acrobaties ; je dormais quatre heures par nuit, et je pleurais le matin quand Monique me réveillait. J'étais épuisé par ces accumulations. J'avais aussi le sentiment qu'il était plus facile de monter une pièce de théâtre, si l'on voulait s'y remettre, qu'un film de cinéma. Et que par conséquent, tant que le cinéma me demandait, il fallait battre le fer. J'ai toujours pensé qu'au théâtre, si la pièce marchait, il fallait pouvoir aller jusqu'au bout. Or les tournages se succédaient et m'obligeaient systématiquement à m'interrompre. Et puis Vilar avait placé la barre tellement haut ! Par la suite, les propositions que j'ai reçues souffraient de la comparaison, même si des gens de talent m'ont offert de beaux rôles, comme Roger Planchon par exemple, qui avait pensé à moi pour jouer Orgon dans *Tartuffe*.

Dans les mois précédents, j'avais enchaîné quelques films français alimentaires sans grand intérêt. Il y avait eu *Les Sultans,* de Jean Delannoy, où j'étais un peu sous-employé. En arrivant au studio d'Épinay le premier jour, j'avais découvert une effervescence extraordinaire : il y avait des problèmes avec le premier rôle féminin, Mlle Lollobrigida. Elle venait en effet de découvrir que la DS qu'on lui envoyait tous les matins pour l'emmener au studio avait des coussins en velours, alors que celle de Louis Jourdan, son alter ego masculin, était équipée de coussins en cuir. J'avais tourné ensuite dans *Tendre Voyou,* de Jean Becker, où avec Jean-Pierre Marielle, Robert Morley ou Geneviève Page, nous servions de faire-valoir à Jean-Paul Belmondo. Dans *Le Voyage du père,* de Denys de La Patellière, je faisais presque de la figuration. C'étaient des films qui avaient d'abord le mérite de faire bouillir la marmite. Avec Monique, nous habitions toujours à l'intersection de la rue de Vaugirard et du boulevard du Montparnasse, dans l'appartement de ma belle-mère, au métro Falguière. Jusqu'en 1969, date à laquelle je suis revenu d'Hollywood avec un trésor de guerre, nous n'avons pas eu de patrimoine. Avec Gérard Lebovici et Michèle Meritz, nous étions d'accord pour ne jamais tirer sur la ficelle. À chaque nouveau film, nous avons toujours pris soin de rester en deçà de ce que nous aurions pu exiger. Nous voulions nous inscrire sur le long terme, faire en sorte que ça marche le plus longtemps possible, sans chercher à assommer les gens. À l'époque les contrats étaient beaucoup plus simples que maintenant, et ne comportaient pas tous les droits de suite qu'on a vus fleurir depuis. Je n'ai jamais mis le nez là-dedans : j'avais entièrement confiance en Gérard et Michèle. La négociation d'un contrat est chose assez complexe : il faut connaître le budget global, le mode de financement choisi, afin d'estimer la part que l'on peut demander sans être trop modeste. En échange de cette tranquillité d'esprit, les agents valent bien leurs dix pour cent. Je commençais à avoir quelques atouts dans mon jeu. Avec *La Vie de château*, j'avais conquis la réussite artistique. Avec *La Nuit des généraux*, j'obtenais une vraie ouverture sur les films internationaux. C'est sans doute à ce rôle de l'inspecteur Morand que je dois d'avoir pu accéder à Hollywood. En effet, Alfred Hitchcock, qui m'a fait jouer dans *Topaz* (*L'Étau* en français), avait à Paris une collaboratrice et amie, Helen Scott, qui était également très liée avec Truffaut. Quand Hitchcock est venu pour le casting des personnages français, Helen Scott avait préparé à son intention un montage de diverses prestations des acteurs pressentis, et dans lequel elle avait mis un extrait de *La Nuit des généraux*.

Grâce au film de Litvak, j'ai pu assouvir l'un de mes vieux fantasmes : acheter une Rolls Silver Cloud. La possession de cette machine magnifique relevait tout autant de la jouissance que de la plaisanterie. Je m'en servais à Paris, pour aller acheter ma salade, ou pour partir à la campagne, en promenade. J'avais l'intention d'imiter un peu George Sanders, et de l'utiliser sur les tournages comme une roulotte. Avec Rochefort, qui était très passionné lui aussi, nous avons dépensé beaucoup d'argent pour rouler au-dessus de notre derrière. Mais cette aimable folie a bien failli me jouer un tour. En effet, René Allio, qui m'a fait tourner en 1967 dans *L'Une et l'Autre*, m'avait avoué, un peu gêné, qu'il avait longtemps hésité à me proposer ce rôle d'acteur de seconde zone, parce qu'il m'avait croisé avenue George-V au volant de mon automobile ! Il avait fallu que Nicole Stéphane, la productrice, le rassure à mon sujet. À l'origine, Allio était un talentueux décorateur de théâtre qui avait beaucoup travaillé avec Planchon. Il s'était fait connaître au cinéma grâce à *La Vieille Dame indigne*, inspiré d'une nouvelle de Brecht. Ce fut le dernier rôle de Sylvie, une grande actrice de l'avant-guerre, et un triomphe inattendu. *L'Une et l'Autre* était le second long métrage d'Allio et péchait un peu à mon goût par un excès de distanciation brechtienne. Il y avait dans son approche du jeu et du théâtre un côté « maison de la culture » qui m'a toujours paru s'inscrire en faux par rapport à l'idéal du théâtre populaire rêvé et pratiqué par Vilar. Le film se déroulait au sein d'une troupe de la périphérie. Une jeune actrice, jouée par Malka Ribovska, voulait rompre avec son compagnon, un comédien plus âgé qu'elle. Mon personnage, un autre membre de la troupe, était son confident. Dans la distribution, il y avait également Claude Dauphin, le fils du poète Franc-Nohain, qui avait été lui aussi une vedette de l'avant-guerre, et un rival de Gabin. Il avait débuté dans une pièce de Tristan Bernard, avant de passer au cinéma. Il s'était interrompu pour combattre avec la France libre, avant de continuer sa carrière, à cheval entre la France et les États-Unis.

C'est au cours de cette période somme toute assez morne que j'ai tourné un film qui devait s'avérer très important pour moi : *Alexandre le Bienheureux*, d'Yves Robert. Il m'avait déjà donné la place du chef de la bande dans *Les Copains*. Cette fois, il me confiait un authentique premier rôle. À l'origine, il y avait une nouvelle qu'Yves avait écrite. Je l'avais trouvée formidable, un peu dans le style de Marcel Aymé, ce mélange charmant de réalisme et de fantaisie. Développé, son texte était devenu le scénario d'*Alexandre*. Une fois de plus, nous étions dans ce terroir cher à Yves, pas très loin de Louis Pergaud, ou du Jules Romains des *Copains*. Comme on sait, Alexandre est un agriculteur surexploité par une épouse autoritaire, la Grande, que jouait Françoise Brion. Lorsque cette dernière passe l'arme à gauche dans un accident de 2 CV, il décide tout bonnement de cesser de travailler, et la fureur scandalisée d'une bonne partie du village ne change rien à l'affaire. Avec ce désir de bousculer l'ordre établi, de revendiquer le droit à la paresse et d'accéder à la jouissance, le film reniflait déjà de façon prémonitoire l'atmosphère de Mai 68. Les femmes, cependant, n'y avaient pas précisément le beau rôle. Si mon épouse, que jouait Françoise Brion, était tyrannique, la petite Agathe, jouée par Marlène Jobert et qui prétendait à sa succession, ne valait guère mieux. Marlène venait tout juste d'être révélée par Godard, dans *Masculin-Féminin*.

Nous tournions dans un village de la Beauce, et l'atmosphère était celle des grandes vacances. Les habitants étaient joués par d'excellents acteurs comiques. Paul Le Person était formidable en paysan accablé d'enfants binoclards qui voulait me remettre dans le droit chemin du travail. Quant à Pierre Richard, curieusement vêtu de treillis militaires, c'était son premier film. Il devait vivre ensuite, avec Yves Robert, les aventures du grand blond que l'on sait. Tsilla Chelton jouait une terrifiante épicière. Elle avait d'importants dialogues avec mon chien de cinéma, dont mon animal à moi, Ogre, un basset artésien, était extrêmement jaloux. Pourtant, contrairement à ce que l'on pourrait penser, je n'ai eu aucun rapport avec le petit roquet d'*Alexandre*. C'était un chien de cirque qui avait pour dresseur un vieil Italien. Comme tous les chiens de cirque, il ne s'intéressait qu'à son dresseur. Tout passait à travers lui. La caméra devait tricher tout le temps. Pour la première fois, je tournais avec Jean Carmet, ce merveilleux fou surréalisant. Sous ses airs de prolo paysan, il n'en était pas moins un homme de grande culture. Il avait le goût de la langue et des mots, et s'exprimait magnifiquement. Il me répétait toujours que lui et moi parlions bien parce que nous avions été élevés chez les bons pères. Il avait un don remarquable, celui de faire causer les gens. Pour les besoins du film, il était habillé en péquenot, en bleu avec une casquette. Cela lui avait permis de gagner la confiance des vrais habitants, avec lesquels il buvait des coups. Il finissait par en savoir très long sur les affaires intimes du patelin. De retour sur le tournage, il nous racontait tout cela par le menu.

Pour obtenir un succès populaire, il faut que le public puisse s'identifier à un héros. Avec *Alexandre le Bienheureux*, ce fut le cas, et le triomphe fut énorme. Pour la première fois, je recevais du courrier après la sortie d'un film. On m'arrêtait dans la rue. J'accédais à la popularité. Avatar de l'Oblomov russe, ce paresseux magnifique du roman de Gontcharov qui se débrouille pour ne jamais quitter son lit, Alexandre a séduit le monde entier. En Uruguay, il était si connu que sur les terrains de football, les joueurs qui ne se fatiguaient pas étaient traités d'« Alejandro » par la foule qui grondait dans les gradins. À Paris, dans la rue, des inconnus me faisaient des confidences. Je me souviens d'une vieille dame qui m'avait remercié avec beaucoup d'effusions : grâce au film, son mari s'était enfin décidé à prendre sa retraite.

Un an plus tard en 1969, de retour d'Hollywood, j'ai tourné un dernier film avec Yves, *Clérambard*, d'après une pièce de Marcel Aymé. Aristocrate ruiné, Clérambard était un tyran domestique. À la suite d'une supercherie, il se convertissait subitement et se mettait à œuvrer pour la rédemption du genre humain. C'était un rôle assez difficile à tenir au cinéma car il fallait être tout le temps excessif, dans la caricature. Contrairement à *Alexandre*, le succès ne fut pas au rendez-vous. Par la suite Yves et moi n'avons plus été aussi proches. Lui et Danièle, sa femme, étaient des gens très accueillants et hospitaliers. Au moulin, ils recevaient souvent. Ils aimaient entretenir des rapports amicaux dans le travail. Le revers de la médaille, c'est qu'ils étaient assez possessifs. Il fallait adhérer à la petite bande, et moi, malgré tout le plaisir que j'avais à travailler avec Yves, je n'étais guère tenté. Cela a-t-il contribué à nous éloigner l'un de l'autre ? Toujours est-il qu'après *Clérambard* je n'ai plus eu de nouvelles de lui sur le plan professionnel. Tout ce qu'il a fait par la suite, il l'a fait sans moi. Je l'ai regretté car j'étais très client de son cinéma. Souvent dans le spectacle, lorsqu'un projet commun ne marche pas, c'est fini. Les chemins se séparent. Est-ce si étonnant que cela ? Après tout, un metteur en scène n'est pas enchaîné à ses acteurs. Il est naturel qu'il ait envie de découvrir de nouvelles têtes.

Lorsque Mai 68 est arrivé, il s'est trouvé des commentateurs pour parler d'*Alexandre*, qui était sorti en février, comme d'un film prophétique. L'anarchisme et le refus de l'embrigadement qu'il revendiquait auraient été annonciateurs des tas de pavés de la rue Gay-Lussac. Pour ma part, je n'avais pas vu venir grand-chose. Lorsque les « événements » se sont produits, je venais d'enchaîner plusieurs autres films. Je n'avais pas beaucoup de curiosité pour toute cette agitation. En prévision des tournages de *L'Étau* et de *Justine*, Monique et moi nous préparions à partir pour Los Angeles en septembre. Je regardais la révolution au Quartier latin avec un certain scepticisme. Je ne pouvais m'empêcher d'y voir d'abord une vaste comédie, même si les barricades qui flambaient faisaient naître quelques appréhensions. Je ne me sentais pas vraiment intéressé. Quelle ne fut pas ma surprise alors de découvrir que dans notre profession des tas d'acteurs, jeunes et moins jeunes, et sans qu'on ne l'ait jamais soupçonné, se révélaient soudain très politisés. Du jour au lendemain, certains camarades tenaient, dans des réunions, des discours extrêmement articulés. Il semblait que la culture de la révolution fût apparemment plus répandue qu'on aurait pu le croire, avec tout ce que cela pouvait avoir de risible bien évidemment. Sur ces thèmes-là, le plus grand sérieux était de rigueur. Les imbéciles avaient la parole. Ils étaient bien décidés à en profiter. Je ne suis pas allé les entendre à l'Odéon, où ils avaient saccagé le théâtre de Jean-Louis Barrault. En revanche, à Suresnes, j'ai fréquenté ce que l'on appelait les « états généraux du cinéma ». Les slogans fleurissaient comme des roses au bout des fusils : « Plus de vedettes ! » « On est tous égaux ! » « Plus de privilèges ! » « Faut que les rôles principaux soient distribués par tirage au sort, que ce soit pas toujours les mêmes... »

Et puis pendant l'été, à Avignon, ils ont cherché des poux dans la tête à Vilar. Depuis mon départ du TNP, près de dix ans plus tôt, je n'avais pas revu le « patron ». Lorsque j'ai su ce qui s'était passé, j'ai été extrêmement peiné et indigné. Vilar avait invité au festival la compagnie emblématique du moment, le Living Theatre de Julian Beck et Judith Malina, qui avait fait des spectacles très impressionnants – j'en avais vu un –, très expressionnistes et violents dans leurs propositions. L'aspect dérisoire de tout cela était compensé par un réel talent, une invention tout à fait étonnante. Dans le sillage de cette troupe qui avait déjà servi de cheval de Troie pour l'invasion de l'Odéon, quelques piliers du mouvement soixante-huitard sont descendus à Avignon. Il s'agissait de prolonger pendant l'été ce qu'ils avaient vécu en mai. Le mot d'ordre était simple : foutre la merde. Et comme toujours dans ces cas-là, au lieu de s'attaquer à la Comédie-Française, à des institutions effectivement très classiques, ils ont préféré chercher des crosses aux gens qui, depuis des années, œuvraient pour faire bouger les choses, pour les faire évoluer dans le bon sens, dans ce qui aurait dû être aussi leur sens à eux. Mais cela, étaient-ils seulement capables d'en convenir ? Ils avaient en face d'eux un homme qui incarnait toute une vie de combats : un humaniste, un homme de gauche, un type qui avait déjà révolutionné le théâtre et pratiqué depuis des années ce que ces gens-là réclamaient, notamment l'absence de vedettariat. Lorsque le chahut a commencé, alors que Maurice Béjart, également invité avec sa compagnie, restait fidèle à Vilar, les gens du Living se sont ralliés sur-le-champ à la frange la plus radicale. Ils ont déclaré qu'ils allaient jouer gratuitement. À cette proposition démagogique, Vilar a opposé une énergique fin de non-recevoir. Comme eux, il était un artiste, avec eux, il partageait bien des idées, mais il était aussi chef d'entreprise. À ses yeux, il n'était pas responsable de jouer sans se faire payer. Tout travail mérite salaire et la pérennité d'une troupe dépend de cet argent. Les attaques du public contre Vilar sont alors devenues extrêmement violentes, quasiment physiques. Il a dû faire fermer la cour d'honneur du palais des Papes, tandis que les manifestants braillaient ces slogans qui resteront dans l'histoire : « Vilar, Salazar ! », « Vilar-Béjart, Salazar ! », du nom du vieux dictateur qui régnait sur le Portugal. C'était à peu près du même niveau intellectuel que « CRS, SS ». Mais je sais que Vilar a été blessé au plus profond par cette histoire. Le choc a été terrible. Assez rapidement après cet épisode, il est mort. Si Mai 68 m'avait laissé plutôt indifférent, ce triste épisode estival ne fit que m'en détacher davantage.

J'avais pourtant eu des amis très engagés, comme Delphine Seyrig, qui avait un côté très sincère et qui apportait de la soupe aux insurgés de l'Odéon. En écoutant des gens intelligents, j'ai parfois l'impression que je suis passé à côté de quelque chose de très important. Après cela, en effet, les rapports hiérarchiques, même dans notre métier, n'ont plus jamais été les mêmes. Le besoin de déboulonner est devenu un droit de l'homme. Mais moi, je ne l'ai jamais ressenti, ce besoin. Ce n'est pas que j'ai admiré systématiquement tous les gens qui avaient dix ans de plus que moi. Mais avec mes aînés, j'ai toujours été attentif au positif, au patrimoine qu'on pouvait approcher à travers eux, à la façon de voir qu'avaient forgée les années. Je n'ai jamais eu envie de tuer mes pères spirituels à la hache. Au contraire, j'ai toujours eu tendance à aller faire mon marché auprès de ceux qui avaient exercé ce métier avant moi. Ce qui était nouveau avec 68, c'était l'apparition de ce devoir de déboulonnage. Comme on sait, je n'ai jamais vraiment aimé faire mes devoirs. Et voilà que tout d'un coup il s'agissait de passer sans transition de conventions ou de règles qui pouvaient donner lieu à sourire, à s'indigner même, à de nouvelles conventions... tout aussi pénibles et ridicules en fait. Depuis mes débuts, j'avais cultivé une sorte d'anarchisme ou d'anticonformisme de bon aloi, et soudain cela devenait obligatoire pour tous, les populations éclairées devant se vacciner à ce virus-là. Il y avait dans tout cela quelque chose de déroutant : qu'allaient devenir l'anarchisme et l'anticonformisme, maintenant qu'ils étaient institutionnalisés comme nouveau conformisme ? Dans les arts plastiques, les héritiers de l'art soixante-huitard sont bien souvent devenus les pompiers de notre époque, il n'y a aucun doute là-dessus. Lorsqu'on regarde la liste des artistes les plus achetés par les FRAC (Fonds régionaux d'art contemporain), on trouve une liste récurrente d'une vingtaine de personnes qui se partagent le gâteau. Est-ce directement lié à 68 ? En partie, en tout cas.

À la faveur de ce bouillonnement, beaucoup se demandaient si le moment n'était pas venu, peut-être, de tirer au clair de nouvelles règles professionnelles. De nombreuses rencontres syndicales ont été organisées. D'un côté, les conservateurs, voire réactionnaires, s'arc-boutaient sur la dimension corporatiste. Ils prônaient la création d'une carte professionnelle, ce qui était une chose absurde : sur quels critères l'aurions-nous octroyée ? De l'autre, on trouvait les chantres de l'absence de barrière, de la liberté de choix. Je me suis toujours battu contre cette tendance irrépressible chez moi, un peu lâche, qui consiste à me dire que ce genre d'événements ne me concerne pas. Peut-être le moment était-il venu de participer à la vie de la cité ? J'avais donc assisté à une réunion des syndicats et de la Chambre des producteurs français. Quelques années avant la crise pétrolière, le cinéma en était encore à sa période faste. Et voilà que, tout d'un coup, j'avais le sentiment de me retrouver à une lecture d'un roman de Zola. La CGT majoritaire – des conservateurs pur jus, des éléphants en place au moins depuis les frères Lumière – geignait sur les pauvres machinistes qui étaient obligés d'aller en sanatorium après avoir tourné tant de films dans des conditions épouvantables. En face, les producteurs en rajoutaient dans le paternalisme bénin, avec supplique à la grande famille du cinéma et tout le tremblement... En entendant ce type d'arguments, j'ai eu la très nette impression que je n'y arriverais pas. J'ai donc renoncé à la brillante carrière politico-syndicale qui s'ouvrait devant moi. Que reste-t-il de tout cela, quarante-cinq ans après ? Les hérauts de l'époque ont vieilli. Pour beaucoup, ils sont rentrés dans le rang, rejoignant le capitalisme avec une discrétion exquise. Je crois que, finalement, la conséquence la plus concrète de Mai 68 sur ma façon de vivre a été de me faire laisser ma Rolls au garage pendant quelque temps, pour la troquer prudemment contre une Peugeot 203 de location. Il faut avouer qu'avec un apprenti syndicaliste au volant, la Silver Cloud risquait de donner une idée relativement biaisée de la rude condition des forçats du cinématographe !

À peu près à ce moment-là, j'ai fait une des plus grosses conneries de ma vie : j'ai refusé de jouer le rôle du garagiste Paul

Decourt dans *Que la bête meure*, que me proposait Claude Chabrol. Je ne l'ai pas refusé parce que c'était un personnage ignoble. De cela, je n'avais pas peur. Mais il avait une forme très particulière d'ignominie : affichée de façon violente, proclamée par son comportement. Absolument dégueulasse avec ses proches, il était du genre à jeter son assiette au visage de sa femme... D'une façon plus intérieure, moins affirmée, j'étais prêt à incarner quelqu'un d'aussi répugnant que ce gars-là. Mais plus ouvertement, j'avais le sentiment que je ne serais pas capable de m'y coller. C'était une connerie, car quand quelqu'un du calibre de Chabrol vous propose un rôle, même si on ne le sent pas entièrement, il faut y aller. Lorsqu'on est acteur, on est là pour ça. On n'est pas censé savoir ce que l'on peut ou doit jouer. Très peu de temps après, j'aurais certainement accepté. Jean Yanne a été vraiment épatant dans le rôle. C'est un acteur magnifique. Ensuite, Chabrol et lui ont fait ensemble *Le Boucher*. Peut-être bien que cela me serait arrivé, à moi aussi, si j'avais dit oui... Cela ne m'aurait pas fait de mal. Je n'ai retrouvé Chabrol que beaucoup plus tard, dans les années 1980, lorsque nous avons tourné *Masques*.

8.

Sir Alfred Hitchcock. L'Étau. *Je signe un autre contrat pour* Justine, *de Joe Strick. Pandro S. Berman décide de remplacer Strick par George Cukor. La famille Noiret à Hollywood. Hitchcock au travail. Universal City. L'art de Hitchcock. À quoi servent les agents. Dirk Bogarde et Sue Mengers. Cukor dans ses œuvres. Un dîner chez sir Alfred.*

J'ai fait la connaissance de sir Alfred Hitchcock lorsqu'il est venu à Paris rencontrer les acteurs que Helen Scott lui avait dénichés pour *L'Étau*. Les heureux élus ont été invités à boire un petit verre avec lui dans un grand hôtel, le Raphaël je crois. Michel Piccoli, Claude Jade et Michel Subor étaient présents. Nous venions de signer nos contrats avec Universal, qui produisait le film. Pour ma part, j'étais très intimidé. Je ne maîtrisais toujours pas l'anglais parfaitement, et je vivais dans la hantise d'un malentendu langagier. Mais la conversation est restée très simple, très amicale. Quelque temps plus tard, je me suis cassé une jambe. Il a fallu prévenir Hitchcock que je risquais d'avoir une, voire deux béquilles. C'est là qu'il m'a répondu, dans un télégramme : « Excellente idée, la béquille. » Cela m'avait enchanté. Je l'avais trouvé encore plus sympathique que je n'imaginais. Si nous devions d'abord tourner quelques extérieurs à Paris – notamment passage de la Visitation, un délicieux endroit du VIIe arrondissement qui était la tanière de Piccoli –, le tournage des intérieurs était prévu à l'automne, dans les studios de Hollywood. Or je venais de signer un autre contrat, pour jouer dans un film produit par la Fox : *Justine*, qui devait au départ être dirigé par Joe Strick, et qui fut finalement réalisé par George Cukor, le réalisateur mythique d'*Une étoile est née* et de *My Fair Lady*. Les agents se sont arrangés pour que les plans de travail me permettent de tourner dans les deux films sans acrobaties.

Après les extérieurs du Hitchcock, j'ai tourné ceux de *Justine* en Tunisie sous la direction de Joe Strick, qui avait engagé toute la distribution. Le film était une adaptation du roman de Lawrence Durrell. Le projet de départ, qui était dans les cartons depuis quelque temps, avait d'abord été prévu pour Joseph L. Mankiewicz, mais ce dernier s'était défilé. Le scénario devait porter sur les quatre parties du *Quatuor d'Alexandrie*. Avec ses personnages multiples, son intrigue complexe mêlant le politique, l'espionnage et le sentimental, c'est le genre de roman trop réussi pour pouvoir être bien adapté. Même revu à la baisse, le projet demeurait une vraie guillotine à réalisateur. Dès que la production a été rapatriée, Joe Strick a été viré par le studio. Le producteur Pandro S. Berman avait détesté les rushes de Tunisie et décidé de repartir de zéro. Ce grand producteur indépendant avait fait dans le passé les beaux jours de la RKO et de la MGM ; il avait accouché quelques-uns des plus grands films de Fred Astaire et Ginger Rogers. Pour reprendre le film, il avait fait appel à George Cukor, rien de moins. Nous les acteurs, nous étions bien conscients de gagner au change, mais les mœurs hollywoodiennes m'avaient tout de même laissé pantois. Lorsque Joe Strick nous a réunis pour nous annoncer la nouvelle, il était triste, mais il acceptait son éviction comme une règle du jeu. Plus tard, Cukor nous a rappelé qu'il avait lui-même été chassé du tournage d'*Autant en emporte le vent.* D'après la légende, c'est Clark Gable qui l'aurait fait renvoyer.

Nous sommes donc partis en famille, Monique, Frédérique et moi, nous installer à Hollywood. Nous étions bien décidés à jouer le jeu sans bouder notre plaisir. On nous avait recommandé de louer une maison. Celle que nous avions choisie était très Scarlett O'Hara, dans le style du sud des États-Unis. Elle était située dans cette partie de Beverly Hills qui s'appelle Cold Water Canyon. Nous avions une piscine bleue dans notre jardin. Notre installation n'avait qu'un inconvénient, c'est que Monique a plus fait la cuisine à ce moment-là qu'elle ne l'a fait ensuite pendant toute sa vie. Tout de suite en arrivant, j'ai loué une Cadillac que j'utilisais pour faire mes courses. Les supermarchés étaient très dépaysants. Nous découvrions la civilisation de l'abondance, ses étals de fruits absolument insipides, qui me fascinaient. Tout était grand, gigantesque. Le supermarché s'appelait d'ailleurs « Food Giant », c'est dire. Un matin, alors que j'étais en train de remplir mon cabas, j'y ai croisé Ella Fitzgerald. Nous avons eu un accident de caddie dans une allée. Entre les poireaux et les cageots de pommes, je me suis permis de lui dire toute l'admiration que j'avais pour elle. Les quelques banalités que je lui avais glissées avaient semblé lui faire plaisir. Le soir, bien souvent, en bons Hollywoodiens, nous recevions nos amis, Michel Piccoli qui tournait dans le Hitchcock, la délicieuse Anna Karina qui jouait dans *Justine*, ou encore Simone Signoret, car Yves Montand tournait à ce moment-là un film avec Barbra Streisand. Comme Simone s'emmerdait un peu, elle débarquait souvent à Cold Water Canyon. Avant que Cukor ne soit engagé, le tournage de *Justine* a connu une interruption assez longue, d'un mois et demi peut-être, le temps de trouver le remplaçant. Monique a donc dû rentrer en France avec Frédérique. J'ai été alors établir mes quartiers avec Anna Karina et son mari de l'époque, le scénariste Pierre Fabre, au Beverly Hills Hotel, dans un de ces bungalows légendaires où vécurent les plus grandes vedettes du cinéma.

Je me sentais très à l'aise avec Hitchcock. Dès que je l'ai rencontré, instinctivement, j'ai su comment le prendre, je me suis senti proche de lui. J'aimais cet homme-là. Je voulais pouvoir jouir de sa présence, de la familiarité que me permettait ce film. Avec son œil malin, vif, moqueur mais jamais méchant, il me faisait l'effet d'une vraie boule d'humanité. Il piquait des colères, parfois ; mais elles faisaient partie de son personnage. Ce qui était frappant lorsqu'on tournait avec lui, c'était le silence qui régnait sur le plateau, non seulement pendant mais entre les prises. Les collaborateurs parlaient à voix basse et marchaient quasiment sur la pointe des pieds. Hitchcock pouvait être extrêmement maniaque. Dans *L'Étau*, une scène se déroulait dans un restaurant de la place Gaillon, Chez Pierre, non loin de Drouant. Les principaux protagonistes du film se réunissaient autour d'une table, pour un déjeuner. Lorsque nous avons tourné la scène, une conseillère française, amie de Hitchcock, était là pour éviter les impairs en termes de décoration. Il avait fait venir de Paris absolument tout ce qu'il fallait pour dresser une table à l'identique, couverts, vaisselle, carafes et verres. Alors qu'on achevait de fignoler ce décor, Hitchcock a vu passer un serveur qui avait dans sa poche de poitrine un carnet à souches. Il s'est alors tourné vers l'accessoiriste et lui a demandé si ça venait de Paris. « Non », a répondu l'autre. J'entends encore la voix impérieuse et haut perchée du maître :

— *Why not!*

Éclat qui a glacé tout le monde. Comme je le regardais, certainement un peu bouche bée, Hitchcock a eu alors pour moi un petit mouvement de sourcils vers le haut, d'un air de dire : « Ne vous en faites pas, cela fait aussi partie du folklore... »

Au cinéma, il n'y a pas de détail secondaire. Tout est important. Pendant cette même scène du repas, j'avais par exemple été frappé du temps passé à parachever les raccords de la carafe de vin. Tout au long de la scène, un sommelier devait servir les convives et un assistant avait été chargé de surveiller avec beaucoup d'attention le niveau du récipient. Comme j'étais assis à côté de lui, je lui en avais demandé la raison. « Si le film a un certain succès, m'avait-il répondu, il y aura cent cinquante mille garçons de restaurant ou sommeliers qui iront le voir. Et que vont-ils regarder, en premier lieu ? Notre façon de verser le vin, bien sûr. Ils seront les premiers à juger peu vraisemblable que l'on serve dix verres aux convives avec une seule carafe. Si nous commettons un impair de ce genre, ces gens-là vont perdre le film. Pour eux, il sera moins crédible, et il faudra au moins dix minutes pour qu'ils retrouvent le fil de l'histoire. »

Dans cette scène, j'étais quasiment un des seuls à ne rien dire. Donc je mangeais et je buvais. Nous tournions en continuité : une prise, deux prises, et puis ensuite on découpait sur chacun des convives. Moi, j'étais assis au fond, face à la caméra. Pendant tout ce temps, j'y allais de mon coup de fourchette. Il était neuf heures du matin, tout de même. La veille, on m'avait recommandé de ne pas trop insister sur le petit déjeuner. Et je n'avais pas osé demander que l'on me servît de la grenadine. Avant de dire « moteur », Hitchcock m'avait pris à part :

— Je vous ai apporté des produits de la maison : du pâté de canard d'Amiens – il ne savait pas que c'était mon pays d'origine – ainsi qu'un grands-échézeaux dont vous me direz des nouvelles, mais que j'ai fait transvaser dans des bouteilles de côtes-du-rhône. C'est un déjeuner d'affaires. Il n'y a donc pas de raison pour que ces messieurs boivent un grand vin.

J'ai donc pu boire en toute tranquillité ce merveilleux bourgogne, et manger quelques morceaux de ce pâté en croûte d'Amiens, sans que le souci de vraisemblance en pâtisse. Ce qui, soit dit en passant, avait tout de même un côté assez surréaliste. Nous avons d'abord fait une répétition de toute la séquence. Je faisais semblant de boire, de manger. Et puis ce fut la première prise, dans un silence de mort, évidemment. Prudent, j'évite de me jeter sur la nourriture. Sur le plateau, Hitchcock possédait deux sièges, un fauteuil de metteur en scène normal avec son nom derrière, et un autre en hauteur, qui lui donnait une vue plongeante. Ce jour-là, il était juché sur le second, avec ses petits pieds chaussés de bottines à lacets qui battaient dans le vide. À la fin de la prise, je l'entends qui dit :

— *Cut!*

Tout le monde attend alors le verdict en retenant son souffle, et, à ma terreur, il se met à articuler lentement :

— *Mister* Noiret...

C'était mon premier vrai plan en studio, je n'avais tourné que des extérieurs à Paris, avec ma fameuse béquille, que j'avais retrouvée par la suite à Hollywood.

— *Mister* Noiret...
Un long silence et puis :
— *How was the* pâté ?

Hitchcock était un des piliers d'Universal. Lorsqu'on arrivait dans ces studios, à Universal City qui était un quartier entier de Hollywood, c'était très impressionnant. À l'intérieur de l'enceinte, on traversait un décor de western, avec la banque, le saloon, l'hôtel et le bureau du shérif. Tous les jours, des cars y débarquaient un flot de touristes sous les yeux desquels on tournait un faux western. Plus encore qu'un studio, Universal était véritablement un monument historique américain, qui de surcroît rapportait de l'argent. Ils ne sont pas les rois du capitalisme pour rien. Le décor de *L'Étau* avait été construit sur le plus grand plateau de la maison. Dans un coin subsistait une partie du décor d'une des premières versions du *Fantôme de l'Opéra.* En s'approchant, on découvrait un tiers du palais Garnier, qui dormait dans l'ombre. Le restaurant Chez Pierre avait été reconstitué dans un autre canton de cet immense entrepôt.

Avec Hitchcock, nous étions arrivés à une vraie complicité, discrète mais réelle. Comme on sait, *Topaz* – qu'on a rebaptisé *L'Étau* en français pour éviter la confusion avec le *Topaze* de Pagnol – était une histoire d'espionnage, un film de commande qui racontait la neutralisation d'une taupe soviétique dans l'entourage du général de Gaulle. Je jouais un fonctionnaire de l'OTAN qui travaillait pour l'Est. À un moment, j'avais une scène avec Michel Subor ; journaliste du *Canard enchaîné,* il menait une enquête sur ce réseau impliquant les hautes sphères de la diplomatie. Je le recevais donc, nous étions assis de chaque côté d'un bureau, l'un en face de l'autre. L'atmosphère était pour le moins tendue. Alors que nous arrivions à la fin de l'entretien et que nous nous quittions sur une fin de non-recevoir, il était écrit dans le script que je devais ouvrir le tiroir du bureau, marquer une pause, refermer le tiroir et reconduire le visiteur à la porte.

Et c'était tout. Le jour où nous avions à tourner cette scène, je me suis retourné les méninges : que pouvait-il bien y avoir dans ce foutu tiroir? Après réflexion, j'en suis arrivé à la conclusion que toute cette histoire était d'abord un moyen d'attirer l'attention du spectateur. Je n'ai donc rien demandé au père Hitchcock. Je me suis dit que si je lui posais une question, j'allais le décevoir. On tourne donc la scène, le dialogue, et on arrive à ce plan-là, qui était un plan de mouvement. Action, j'ouvre mon tiroir, je regarde dedans avec un regard lourd de sous-entendus, puis je referme le tiroir, je me lève et je raccompagne Subor. Hitchcock dit :

— *Cut!*

Et j'attends son commentaire. Mais il n'y a pas eu de commentaire : seulement un grand clin d'œil à mon adresse. Ses séquences étaient souvent bâties comme cela, autour d'une sorte de vide énigmatique, comme dans la scène de *Soupçons* où Cary Grant apporte à Joan Fontaine un verre de lait éclairé spécialement, de manière à le rendre encore plus inquiétant dans sa luminescence. J'étais un grand amateur des films de Hitchcock, j'en avais vu beaucoup. Avec Michel Subor, nous lui posions toutes sortes de questions. Il nous décrivait les trucs qu'il avait inventés pour le tournage des *Oiseaux*, les mélanges de vrais et de faux volatiles, dont certains étaient dessinés directement sur la pellicule. Comme il n'y avait pas d'effets spéciaux ni de numérique, les trucages étaient encore très artisanaux. Cela laissait une grande place à l'imagination des collaborateurs. Il nous avait raconté un plan dans lequel un avion s'écrasait dans la mer. Ils avaient tourné en caméra subjective de l'intérieur d'un avion en piqué, puis ils avaient projeté la bande sur un écran de papier extrêmement fin, derrière lequel était disposé un énorme réservoir d'eau. Tout en le projetant, ils filmaient à nouveau le plan. Lorsque l'avion touchait la surface de l'eau, on ouvrait brusquement les vannes, et la flotte qui jaillissait se retrouvait sur la bobine, ce qui donnait véritablement l'impression de s'abîmer dans la mer. Ce qui amusait Hitchcock, c'était de tromper les gens pour la bonne cause, pour les distraire. À part cela, nous causions gastronomie. Il en savait beaucoup sur le sujet. Je lui décrivais les recettes de ma mère. Nous passions des après-midi délicieuses. Vers cinq heures, nous buvions du champagne dans sa roulotte, qu'il avait au bord du plateau. Cela faisait partie des hiérarchies hollywoodiennes : le réalisateur et les principaux acteurs avaient leur roulotte sur le plateau. Si le rôle était moins important, la roulotte se trouvait en dehors du plateau. Et si le rôle était encore moins important, ils avaient des loges, beaucoup plus loin. Tout était très codifié.

Nous avions été très surpris, mes camarades et moi, par l'omniprésence des agents artistiques. Aux États-Unis, les acteurs se déplaçaient sur les tournages avec leur agent. En France, l'agent se borne à négocier le contrat, à aplanir les difficultés ou à clarifier d'éventuels conflits. À Hollywood, c'était beaucoup plus important que cela. Je m'en suis rendu compte lorsque j'ai eu un problème avec la 20th Century Fox. À l'époque, je n'avais pas d'agent sur place : Gérard Lebovici avait pour correspondant l'un des plus importants agents d'Hollywood, CMA, et en particulier une femme qui allait avoir une grande importance dans le cinéma des années suivantes, Sue Mengers. Les négociations avec la production s'étaient faites directement depuis Paris. Or à la Fox il y avait une Mrs. Mackintosh qui depuis mon arrivée se montrait toujours un peu désagréable dans les rapports d'argent. Je devais par exemple aller chercher mes défraiements dans son bureau, alors qu'elle aurait dû se déplacer pour me les apporter. Cela n'avait rien de bien dramatique. Mais nous avons rencontré ensuite un problème un peu plus embarrassant. Il s'est trouvé qu'en arrivant, le temps de trouver la maison de Cold Water Canyon, nous avions séjourné à l'hôtel pendant une quinzaine de jours, Monique, Frédérique, l'amie qui servait d'accompagnatrice et de préceptrice et moi. C'était un très beau palace, et nous étions comme des coqs en pâte dans deux suites tout à fait épatantes. Lorsque le moment de partir est arrivé et que j'ai voulu régler, il y a eu un incident de carte de crédit. On nous a fait attendre, le temps de prendre plusieurs empreintes. Or quelques jours plus tard, en arrivant au studio, on m'avertit que Mrs. Mackintosh désire me voir immédiatement. Je me rends donc dans son bureau, et je lis sur son visage un sourire qui sous-entendait quelque embrouille, ce dont elle paraissait manifestement très contente, car cela correspondait à ce statut de travailleur émigré qu'elle s'ingéniait à me conférer. Il se trouvait que notre ex-hôtel, qui s'appelait je crois le Beverly Hill Crest, avait envoyé une lettre à la Fox m'accusant d'être parti sans payer.

— Alors, qu'est-ce que vous avez à dire, me dit-elle. Est- ce que vous avez votre souche ?

Je lui réponds que non, que j'ai toujours eu l'habitude de me débarrasser de ces bouts de papier. « Ah mais c'est très embêtant ! » Je lui dis que c'est surtout très embêtant pour moi, que je vais me renseigner, enfin nous voilà partis dans un pataquès. Quelques jours se passent, rien ne bouge. Un après-midi, dans le fil de la conversation, j'évoque mon histoire devant Dirk Bogarde, avec qui je m'entendais très bien, et qui avait le rôle de Pursewarden dans *Justine*. Je me souviens que Monique était présente, ainsi que quelques amis, dont la propre sœur de feu le président Kennedy, Patricia. Elle venait de divorcer d'un acteur, Peter Lawford, celui-là même qui faisait partie du *rat pack* de Sinatra et qui avait introduit Marilyn lorsqu'elle avait chanté à l'anniversaire de JFK. Me voilà parti à raconter mes ennuis avec Mrs. Mackintosh, les vexations qu'elle m'inflige, et Dirk me dit que c'est insupportable, qu'elle n'a pas à me traiter comme cela, et me demande si je n'ai pas un agent. Je lui réponds que n'ayant pas d'agent officiel sur place, c'est Sue Mengers qui est censée me représenter à Hollywood. Or il se trouve qu'elle était également son agent à lui. Il propose alors de l'appeler et de lui expliquer l'affaire :

— Voilà, je suis avec Philippe Noiret, qui est un ami, qui fait un film avec moi et qui a des ennuis avec la comptabilité de la Fox. Or ce n'est pas facile pour lui, il ne parle pas bien anglais, il est dans une position très inconfortable, est-ce que tu ne pourrais pas t'en occuper?

Et cette Sue Mengers de lui répondre :

— Écoute, darling, j'ai autre chose à faire que de m'occuper des petits problèmes domestiques d'un acteur français, effectivement j'ai un vague accord avec son agent, mais il est hors de question que je m'occupe de cela.

Dirk l'a alors très mal pris et lui a dit :

— Écoute : si tu ne veux pas t'occuper des problèmes de mon ami Philippe Noiret, il y a une chose qui va te simplifier la vie, c'est que tu ne t'occuperas plus de mes problèmes à moi.

— Mais, mais... Comment...

— C'est inconcevable! Vous avez la chance d'avoir des acteurs européens qui viennent travailler chez vous, vous devriez mettre votre point d'honneur à ce qu'ils soient bien traités. On va donc en rester là. Et puis ne quitte pas. J'ai des amis qui sont là, pas seulement Philippe Noiret, mais une de mes amies qui voudrait te parler, Mrs. Lawford.

Et Patricia Kennedy de lui dire qu'elle ne peut qu'approuver le comportement de Dirk, car elle trouve elle aussi que le sort qui est fait à un éminent acteur français en visite aux États-Unis d'Amérique est tout à fait injuste... Le lendemain, à peine arrivé sur le plateau, je trouve à la porte de ma roulotte deux mecs aux allures d'agents de la CIA, avec leur attaché-case et leur costume Brooks Brothers, qui m'expliquent avec des sourires avantageux qu'à partir de maintenant, ils allaient prendre les choses en main... C'est cette chère Mrs. Mackintosh qui a dû en faire, une tête.

Dirk Bogarde était un être absolument délicieux. Comme il était britannique, nous nous étions rapprochés. Aux États-Unis, cela fait une différence, on se sent européen. C'était un de ces homosexuels à l'anglaise, très discret, très raffiné et élégant, dont l'humour dévastateur est fondé sur l'*understatement.* Il avait beaucoup tourné aux États-Unis, et sa conversation était passionnante. Il avait détesté l'atmosphère de dictature des grands studios. Il était très ami avec Judy Garland, et m'avait raconté comment les gens des studios avaient ruiné la santé de cette enfant. À ses débuts, ils l'avaient pressée comme un citron, ce qui l'avait quasiment détruite. Ils étaient allés jusqu'à lui faire tourner deux films à la fois. Le soir, ils l'endormaient avec des somnifères, pour la réveiller au petit matin avec des amphétamines. Ils avaient organisé sa vie de la façon suivante : elle travaillait huit heures, elle dormait huit heures, elle tournait à nouveau huit heures, ce qui permettait de mener de front deux films en vingt-quatre heures. Dirk Bogarde m'avait aussi raconté qu'un jour il avait découvert, dans le bungalow qui lui servait de loge, des micros qui enregistraient toutes ses conversations. « Ils » cherchaient à constituer des dossiers sur les gens qu' « ils » avaient sous contrat... J'ai retrouvé Dirk un peu plus tard, lorsque nous avons joué ensemble *Le Serpent* de Henri Verneuil, avec Yul Brynner et Henry Fonda.

Très fin, distingué, avec un long nez sensuel, George Cukor, le réalisateur de *Justine*, m'avait fait l'effet d'une sorte d'anti-Hitchcock. Lorsqu'il se trouvait sur le plateau, Hitchcock se taisait. Son grand principe était de nous dire en substance : « Vous êtes acteur, je vous ai choisi pour ce personnage, donc vous prenez votre texte, vous l'apprenez et vous faites attention de ne pas vous cogner aux meubles. » Avec une grande précision, le cadrage était défini d'avance dans le *story board*. Hitchcock n'avait même pas besoin de mettre l'œil dans le viseur de la caméra. Des travellings aux gros plans, tout était prévu en amont. Son film était pratiquement bouclé avant qu'il ne le tourne. Avec Cukor, c'était le contraire. Avant de tourner, il nous faisait répéter très longuement nos scènes. Il passait beaucoup de temps à discuter avec nous de nos personnages. Il nous indiquait des intonations particulières, ce qui n'allait pas sans me perturber quelque peu car il n'était pas très bon acteur. Mais à un moment, je me suis rendu compte que cette pédagogie permanente était davantage un rituel qui le concernait, lui plutôt que nous. En disséquant nos scènes, il pensait à voix haute et précisait sa façon de voir et de prévoir le film. Car dès que nous tournions, nous pouvions nous éloigner de ce qu'on avait envisagé en répétition. Il faisait son beurre avec délectation de ce que nous pouvions lui apporter : pourvu que ce soit juste, cela ne le gênait pas du tout. Tout en prenant ses indications en compte, je suivais donc d'abord mon intuition. Je jouais un diplomate français, Pombal, personnage pas très brillant, qui à un certain moment se travestissait. J'avais déjà tourné des scènes de ce genre dans *Zazie*, mais Louis Malle avait finalement décidé de ne pas les garder au montage. J'ai donc enfin eu la possibilité de me voir en bonne femme, espèce de Mae West effrayante. Mais le rôle n'avait rien de passionnant.

Contrairement à ce que nous imaginions, du fait du grand renom de l'hospitalité américaine, la vie sociale à Hollywood ne s'est pas révélée très intense. Comme dit Michel Blanc dans un de ses films, nous n'avons pas eu tellement d' « ouvertures ». Les invitations à dîner chez des stars ou des gens des studios ne se bousculaient pas au portillon. Un soir pourtant, vers le milieu du tournage, Hitchcock nous a priés, nous les Français, de bien vouloir venir dîner chez lui. La production était dans tous ses états. Il avait la réputation de détester les acteurs. En règle générale, il était censé n'entretenir avec eux que des rapports réduits à leur plus simple expression. Ce soir-là, nous avons passé une soirée absolument épatante, pantagruélique. Pas du tout ostentatoire, la maison de Hitchcock à Hollywood ressemblait à un cottage anglais. On se serait cru quelque part dans le Sussex ou le Devon. C'était un endroit charmant, pas spécialement grand, bien qu'il faille se méfier de l'échelle californienne qui fausse un peu le sens des proportions. La décoration était très anglaise ; les murs étaient tendus de chintz, les pièces, recouvertes d'une moquette épaisse, étaient meublées de canapés profonds et de fauteuils Chesterfield. Le tout de très bonne compagnie, sans extravagance. Avant de passer à table, le maître nous a fait visiter sa chambre froide privée, dans laquelle il entassait des gigots de pré salé de la baie du Mont-Saint-Michel, des cageots de petits pois de Touraine, des soles de Douvres et autres raretés. Avec le cinéma, la gastronomie était sa grande passion et son érudition était incroyable. Avait-il un chef cuisinier ? Ce n'était probablement pas sa femme, Alma, qui touillait les casseroles. J'ai le souvenir d'un dîner délicieux, dans le genre repas de famille très amélioré, puisqu'on nous a servi du caviar à la louche. Nous n'étions pas très nombreux ; à part nous, il y avait Alma, et sa fille Patricia aussi, il me semble. Hitchcock avait loué des limousines, comme il nous l'a dit, afin que nous puissions boire tranquillement. Un préposé avait spécialement pour tâche de reconduire nos voitures tandis qu'une escouade de chauffeurs avait été mobilisée pour nous ramener chez nous. Les vins étaient particulièrement somptueux. Je me souviens qu'il y avait du dom pérignon à satiété. Pour ma part, je m'y suis tenu tout au long du repas. À la fin du dîner, Hitchcock m'a offert un cigare. Grand amateur, il possédait encore quelques-uns de ces modules légendaires qui remontaient à l'avant-Castro. Parce qu'elle n'était pas du tout dans les habitudes de la maison, notre petite fiesta avait bouleversé Universal. Dans la semaine qui a suivi, tout le monde nous a répété que c'était une marque stupéfiante de considération. Hitchcock avait la France à la bonne. Il aimait notre gastronomie, et puis la critique française – Bazin, Truffaut, Chabrol – avait été la première à reconnaître la qualité de son œuvre, à le considérer non plus comme un industriel du film mais comme un auteur à part entière, parmi les plus grands. Aux États-Unis, il remportait de gros succès au box office, mais on se refusait à le considérer comme un grand metteur en scène. Comme il n'avait certainement pas un ego rétréci, cela l'avait certainement touché. Il aimait beaucoup venir en France. Avant sa mort, je l'ai revu plusieurs fois. Quand il était de passage à Paris, il m'invitait à déjeuner au Plaza. Je me souviens en particulier d'un repas avec Catherine Deneuve. Il ne l'a jamais fait tourner, mais elle aurait certainement pu être une de ses actrices, car il y a en elle quelque chose de typiquement hitchcockien.

Topaz achevé, il me restait quelques scènes à tourner dans *Justine*, qui avait pris du retard. Monique et Frédérique sont rentrées en France un peu avant moi. Finalement, cette escapade américaine avait duré plus de quatre mois. Nous avons fêté Noël là-bas, tous ensemble. Puis nous sommes revenus à la maison assez vite après.

9.

Les Aveux les plus doux, *d'Édouard Molinaro. Marc Porel. Roger Hanin. Raoul Coutard.* La Guerre de Murphy, *de Peter Yates. À l'embouchure de l'Orénoque. Peter O'Toole. Exploration amazonienne. Un succès inattendu :* La Vieille Fille *de Jean-Pierre Blanc. Une réussite méconnue :* Poil de carotte, *d'Henri Graziani. Monique et moi jouons M. et Mme Lepic.* Le Serpent, *d'Henri Verneuil. Je rencontre Henry Fonda.*

Dans les mois qui ont suivi mon retour, j'ai enchaîné plusieurs films, dont *Les Aveux les plus doux*, l'un de mes deux films avec Édouard Molinaro. J'avais pour partenaires Roger Hanin, Marc Porel et Caroline Cellier. Le film était tiré d'une pièce à succès de Georges Arnaud, l'auteur du *Salaire de la peur*. De son vrai nom Henri Girard, ce dernier avait commencé par défrayer la chronique pendant l'Occupation. En 1941, il avait été jugé pour le meurtre très mystérieux de son père, haut fonctionnaire collaborateur, de sa tante et d'une domestique, à Escoire en Dordogne. Après avoir failli être condamné à mort, il avait été finalement acquitté grâce à un avocat célèbre, Me Maurice Garçon. Par la suite, après une vie d'errance, il avait connu le succès grâce à son premier roman, que Clouzot avait adapté au cinéma. Pendant la guerre d'Algérie, il s'était engagé en faveur du FLN et contre la torture, publiant un livre avec Jacques Vergès. *Les Aveux les plus doux* avait été créée par Michel Deray au théâtre du Quartier latin, rue des Écoles, avec Roger Hanin déjà, Pascal Mazzoti et Michel Piccoli. C'était l'histoire d'un jeune délinquant pris en main par un couple de flics particulièrement pourris qui pour obtenir des aveux se livraient à un ignoble chantage en rapport avec sa fiancée. Et ça se terminait très mal. De ce huis-clos, Molinaro avait tiré un scénario assez fort. L'action était située dans un lieu indéfini. Nous l'avons tourné en Algérie, ce qui à l'époque était encore possible. Marc Porel, qui jouait le jeune homme, était un garçon de grand talent, petit-fils de Réjane, qui a joué par la suite dans *Ludwig* de Visconti. Il est mort très jeune, malheureusement, d'une méningite provoquée par une overdose. Il était tombé amoureux d'une fille qui se droguait. Elle, elle s'en est sortie, mais lui y est resté. Son décès prématuré m'avait bouleversé. Nous avions des discussions ensemble, car je trouvais qu'il mélangeait un peu trop l'homme et le comédien : il refusait de faire certaines choses devant la caméra, d'éprouver de la peur par exemple. Je l'aimais bien, nous avions eu de très bons rapports pendant ce film. Roger Hanin était formidable, lui aussi. Avec ce côté faussement paternel qu'il a, faussement bonhomme, il était très impressionnant. Nous étions tous les deux parfaitement ignobles, nous formions un couple absolument répugnant, deux quintaux de flics vicelards, ce qui était une nouveauté pour moi dans le registre des « méchants ». Doudou Molinaro était un metteur en scène très précis, dans la tradition de la Qualité française, là encore. Il avait beaucoup tourné en séquences. Il utilisait un objectif variable qui lui permettait de zoomer, ce qui impliquait de notre part beaucoup de répétions en amont et une précision monstrueuse dans les gestes pour avoir le point net. J'aime assez les contraintes, mais là, c'était tout de même un peu dur. Le film était éclairé par un formidable chef opérateur, la Rolls Royce de la profession, Raoul Coutard, à qui l'on devait entre autres la photographie d'*À bout de souffle* de Godard, ou de *La 317e section*, de Schoendorffer. Sous des dehors plutôt taciturnes se cachait un homme très sensible, que l'on découvrait lorsqu'il souriait. Il n'était pas très grand, brun, avec une belle tête de paysan et des yeux magnifiques, noirs, très profonds. Avec les opérateurs qui cadrent eux-mêmes, ce qui est le cas de Coutard, on entretient des rapports intimes. Ils sont vos premiers spectateurs. À force d'être dans cette position, ils finissent par avoir un vrai regard sur l'ensemble du film, et particulièrement sur la performance de l'acteur. En particulier lorsqu'on tourne en extérieur, sans source d'appoint, en lumière dite naturelle, le travail de l'opérateur a quelque chose à voir avec la magie. En regardant les rushes, on mesure à quel point leur vision peut transformer les choses et le monde. En intérieur, l'éclairage est manipulable. Il est facile d'imaginer la construction d'une luminosité particulière. Mais en extérieur, c'est beaucoup plus troublant. Coutard a été un révolutionnaire de la photographie. Il a été un des premiers à tourner caméra à l'épaule, quasiment sans éclairage. Dans les intérieurs, il se contentait d'éclairer le plafond avec des réflecteurs. Avec ce qu'il avait, il se débrouillait ensuite pour créer une lumière tout à fait neuve, brutale, très contrastée qui donnait un effet de réalité crue, de reportage.

Cette même année 1970, je me suis retrouvé embarqué dans un des tournages les plus aventureux de ma carrière, dans lequel je donnais la réplique à Peter O'Toole : *La Guerre de Murphy*, du réalisateur anglais Peter Yates. Ce dernier était un spécialiste du film d'action installé aux États-Unis, à qui l'on devait notamment *Bullit*, avec Steve McQueen. Dès le départ, les choses s'annonçaient pour durer plusieurs mois. De Londres, nous nous sommes envolés pour Caracas, au Venezuela. Un petit avion nous a conduits ensuite à Puerto Ordaz, un port de pêche situé à l'embouchure de l'Orénoque. La région se présente sous la forme d'un énorme delta, mille bras de marais enchevêtrés. On se serait cru au bout du monde. Puerto Ordaz était une toute petite ville, avec un unique hôtel. Mais l'essentiel du tournage se déroulait sur la mer.

La Guerre de Murphy racontait l'histoire d'un marin irlandais de la marine britannique, joué par Peter, qui survivait au torpillage de son bateau par un sous-marin allemand réfugié dans une de ces embouchures d'Amérique du Sud. À la fin de la guerre, en effet, quelques sous-marins nazis se sont fait oublier dans des endroits comme celui-là. Murphy se jure alors de venger ses camarades massacrés et de détruire le submersible. Quant à moi, je jouais un Français un peu paumé, Louis Brézan, que la compagnie de forages pétroliers qui l'employait avait abandonné à lui-même, pendant la guerre. Cette espèce de Robinson Crusoé s'était adapté aux circonstances, et végétait plus ou moins sur une grosse barge. Ayant pris possession d'un biplan grunman amphibie qui lui permettait d'atterrir ou d'amerrir, le marin parvenait à repérer l'emplacement de l'U-Boat ennemi. Après avoir récupéré une torpille, que j'arrivais à extraire de la flotte avec une grue, il réussissait à détruire le sous-marin mais y laissait sa peau.

Pendant les quatre mois qu'a duré le tournage, j'ai beaucoup sympathisé avec Peter O'Toole. Ce fou d'Irlandais est un passionné de whiskey et de théâtre. Même au faîte de sa popularité, il n'a jamais cessé de brûler les planches, en Irlande, au sein d'une petite compagnie qu'il avait. C'est un homme extrêmement séduisant, très beau et très gai. Cerise sur le gâteau, il ne s'est pas trop beurré pendant cette période, peut-être parce que sa femme était avec nous. Eux et Sian Philips, qui jouait un missionnaire, ont été délicieux à mon égard. On ne s'est pas quittés une seconde. Ils m'ont servi de famille. Le soir, nous allions souvent dîner dans un restaurant allemand, que Peter quittait toujours en disant *Heil Hitler !*, ce qui m'exaspérait et qui n'avait pas l'air de faire beaucoup rire nos aubergistes. Je lui disais :

— Arrête, ils vont finir par nous cracher dans les Kartoffel !

Pourtant, nous étions tout heureux d'aller manger de la cuisine allemande, des saucisses et des pommes de terre sautées qui nous changeaient de la tambouille prétendument internationale du petit hôtel où nous étions hébergés. Malgré les conditions acrobatiques, l'ambiance du tournage était très sympathique. Nous avions pour opérateur Douglas Slocombe, qui est un grand du métier. L'équipe était anglaise. Grâce à leur flegme en toutes circonstances, spécialement les plus catastrophiques, à leur vraie gentillesse et à leur bonne humeur, cela se passait merveilleusement bien. Même si parfois, quand le porridge ou les saucisses du petit déjeuner venaient à manquer, cette fameuse bonne humeur en prenait un petit coup.

Il faut dire que l'aventure était très dure, physiquement. Les températures étaient tropicales. Nous tournions beaucoup sur l'eau, dans l'eau ou à côté de l'eau. Au début, nous habitions sur un petit paquebot de croisière grec en fin de carrière, une espèce d'épave qui avait tout juste réussi à traverser l'Atlantique. Tous les matins, il fallait embarquer dans d'autres barcasses pour aller tourner nos scènes. Pour les hommes comme pour le matériel, cela donnait lieu à d'incessants transferts. Du fait de cette infrastructure extrêmement lourde et périlleuse, les accidents, bras et jambes cassés, tendons sectionnés, furent monnaie courante. La scripte en est morte, d'ailleurs. Vers la fin du tournage, comme elle s'était fracturé le bassin, on l'avait plâtrée sur place avant de la rapatrier en Angleterre. Mais la façon dont elle avait été soignée lui a été fatale. À terre aussi, les déplacements étaient difficiles. Lorsque nous avons dû renoncer au paquebot, nous avons migré vers le petit hôtel de Puerto Ordaz. De là, pour se rendre au lieu du tournage en jeep, il fallait compter une heure et demie de trajet. Mis à part les quelques jours que Monique est venue passer avec moi, j'ai été seul pendant la majeure partie du tournage avec Peter et sa femme. Nous avions le sentiment de vivre quelque chose de grisant. Enfin du cinéma, du méchant. C'était un film de genre. Nous songions à l'*African Queen* de John Huston. Je me coulais dans ce monde aventureux dont j'avais rêvé dans mon adolescence. La nature était fascinante. Lorsque nous partions nous promener en bateau, les paysages se transformaient sous nos yeux, tandis que s'envolaient des nuages d'ibis. Quelques Indiens de la région faisaient de la figuration. Chez eux, tout tournait autour d'une sorte de princesse extrêmement révérée, une Pocahontas qui ne faisait rien, à laquelle tout le monde était dévoué. Pour le reste, ils avaient l'air totalement indifférents à ce qui pouvait se passer.

À un moment, le tournage a connu une interruption de trois ou quatre jours. Avec Peter, nous avons décidé d'aller nous balader. Après avoir loué un bimoteur avec son pilote – là-bas, tout le monde se déplace en avion –, nous avons remonté l'Orénoque à travers la grande forêt, vers l'embouchure d'un deuxième fleuve, le Maroni. Nous avons d'abord fait étape dans une sorte de comptoir où un grand bazar-épicerie ravitaillait les habitants de la région. Parmi eux, beaucoup étaient des orpailleurs, des pêcheurs d'or. Nous avions rencontré aussi des Indiens semi-nomades qui se déplaçaient au gré des chasses et des cueillettes. Ils pêchaient encore avec leurs arcs et leurs flèches. Parfois, ils défrichaient de petites surfaces dans la jungle où ils plantaient un peu de manioc. Ensuite, nous nous sommes arrêtés pour faire de l'essence dans une ville perdue des bords du fleuve, qui s'appelait Upata. Le temps pour lui de faire le plein, le pilote nous avait proposé d'aller déjeuner au centre-ville, distant de cinq cents mètres environ. Peter et moi étions donc en train de nous diriger vers la place principale. Alors que nous traversions un petit square, une dame qui arrivait en sens contraire nous aperçoit tous les deux. Nous étions vêtus à l'identique, tee-shirts et pantalons de coton, chapeaux de brousse en toile vissés sur la tête. Et voici que la dame tombe en arrêt devant nous, ou plutôt devant moi. Elle me demande alors en espagnol :

— *¿Es usted Philippe Noiret?* (Ne seriez-vous pas Philippe Noiret?)

À l'époque! À Upata! Je lui réponds :

— Mais oui, pourquoi?

— Ah! mais je vous ai vu dans *La Nuit des généraux*...

Il fallait voir alors la tête de Peter qui tenait dans ce film un des rôles principaux! Sans un regard pour lui, la chère dame était absolument bouleversée de rencontrer Philippe Noiret. Là-dessus nous sommes partis déjeuner, et depuis lors Peter ne manque jamais une occasion de me rappeler cette anecdote. Il voulait même que nous organisions la première de *La Guerre de Murphy* à Upata.

À sa sortie, en janvier 1971, le film a été un bide total. La critique a été plutôt aimable avec moi, j'étais le Sancho Pança de ce Don Quichotte. Mais cela n'a marché nulle part, sauf en Irlande, patrie de Peter, où il a des inconditionnels par milliers.

En revanche *La Vieille Fille*, le film dans lequel j'ai tourné ensuite, a rencontré un succès extraordinaire et plutôt inattendu. Son auteur, Jean-Pierre Blanc, était un type extrêmement minutieux, assez curieux, qui avait fait jusque-là des films industriels. Le scénario m'avait vraiment emballé. Très original, il était particulièrement écrit, dominé par un humour noir et grinçant. Mon personnage était une sorte de Monsieur Hulot sentimental et gauche, plongé dans le petit monde d'un hôtel de bord de mer, à Cassis. J'avais senti qu'il y avait là une vraie personnalité, un univers qui ne ressemblait à rien et qui s'appuyait sur des thèmes aussi universels que les vacances, les bords de mer, la plage. Pour ses personnages très dessinés, Blanc avait choisi une distribution épatante : Annie Girardot, Jean-Pierre Darras (que je retrouvais), Michael Lonsdale, Édith Scob, Marthe Keller... Jean-Pierre Blanc savait très exactement ce qu'il voulait, sans graisse inutile. Tous les clichés étaient déjoués, avec une pointe de méchanceté jubilatoire, et ce décalage passait souvent par l'écriture. Au lieu de me dire « Monsieur n'a plus besoin de moi ? » au moment de prendre congé, Marthe Keller, qui venait de m'apporter mon petit déjeuner au lit et qui jouait une soubrette de l'hôtel effroyablement désirable, me demandait avec son accent suédois :

— Monsieur n'a plus envie de moi ?

Alors que j'avais ma voiture en panne, Michael Lonsdale, qui jouait un formidable pasteur marié à une Édith Scob planante et stigmatisée, me demandait :

— Pourquoi vous ne la conduisez pas au garage ?

— Parce que c'est dimanche.

— Ah oui, c'est dimanche, merde...

Tout était de cet ordre-là, de cette subtilité-là. Nous avons également tourné dans le restaurant d'incroyables scènes de mangeaille. Au milieu de tout cela, mon personnage et celui d'Annie, qui jouait la fameuse vieille fille, apparaissaient doux et naïfs, comme perdus dans ce monde de brutes. Solitaires et timides, nous étions deux innocents, personnages émouvants de papier découpé. Dans la scène finale, nous ne concrétisions même pas notre histoire. Lorsque je la raccompagnais à la gare, je me contentais de porter un tee-shirt avec un point d'interrogation...

Pour autant, Jean-Pierre Blanc n'était pas quelqu'un de particulièrement chaleureux, et je ne l'ai pas retrouvé par la suite. À peine nous sommes-nous recroisés une fois ou deux. Il a réalisé trois autres films, qui n'ont pas tellement marché. Le succès de *La Vieille Fille* a été une surprise pour tout le monde, à commencer par notre producteur, Raymond Danon, qui n'était guère enthousiaste et qui se demandait encore si une bonne chanson n'aurait pas mieux contribué à faire vendre le film. Comme les distributeurs n'avaient pas accroché en lisant le scénario, il avait commencé à tourner sans accord avec l'un d'entre eux. Par un hasard miraculeux, nous avons bénéficié de l'insuccès d'un film de Truffaut, *Les Deux Anglaises et le Continent*, dont le distributeur s'était retrouvé tout d'un coup le bec dans l'eau. Comme il alimentait beaucoup de salles, il cherchait un film pour faire la soudure et Danon s'est engouffré dans la brèche. Le film n'avait pas été beaucoup annoncé mais l'affiche, une image d'Annie et moi de dos sur la plage, était formidable. Dès la première semaine, nous étions partis comme en 14 : une vraie traînée de poudre. Le public s'était identifié à nos personnages. À partir de ce moment, je devenais vraiment un acteur populaire, car j'avais transformé mes précédents essais.

Courant 1972, Monique et moi avons reçu une proposition inhabituelle : un réalisateur, Henri Graziani, nous proposait de jouer les rôles de M. et Mme Lepic dans l'adaptation de *Poil de carotte* qu'il s'apprêtait à réaliser. Nous l'avions rencontré par Évelyne Vidal, qui avait été mon agent. Il s'agissait de son premier film. Graziani est un garçon qui a commencé comme scénariste. Il avait écrit le script du *Fils* de Pierre Granier-Deferre qui se passait en Corse et fut tourné en 1973 avec Yves Montand. Il a également beaucoup travaillé avec Maurice Pialat et Claude Berri.

Henri avait une vision passionnante de l'œuvre. Jules Renard, en son temps, avait tiré une pièce de théâtre de son roman, qui avait eu un énorme succès. Mais parce qu'il s'était davantage référé au roman qu'à la pièce, Henri avait fait, à mon sens, une très belle adaptation de *Poil de carotte*. Grâce au *Journal* aussi, dans lequel il avait puisé beaucoup de choses, il a su dépoussiérer l'œuvre de tous les vieux clichés sur la famille Lepic. Mme Lepic, par exemple, avait toujours été incarnée par des comédiennes qui jouaient les revêches, et qui étaient généralement de vieilles femmes. Lorsqu'on évoque ce rôle, les gens pensent donc à un dragon repoussant, ce qui est absurde. Cela rend la compréhension de ce couple complètement bancale. Poil de carotte n'a que huit ans, tandis que sa sœur et ses frères n'ont guère que quelques années de plus. Leur mère ne saurait être trop âgée. Par ailleurs, un homme d'une quarantaine d'années marié à une espèce de sorcière, cela ne tient pas. Et pourtant, pendant des générations, c'est le choix qui a été fait au théâtre comme au cinéma. Graziani a donc rétabli les personnages dans leur vérité. Mme Lepic est une jeune femme, qui n'est pas acariâtre mais plutôt dans un état psychologique de tension. Elle est déséquilibrée, mal dans sa peau, elle a un problème de relation, ou plutôt d'absence de relation, avec son mari. Henri a également fait de cette Mme Lepic quelqu'un de très vivant, de coquet. Notre principe de départ était simple : pour que le père Lepic soit dans cet état de haine viscérale contre sa femme, le couple qu'ils avaient d'abord formé avait dû être très fusionnel. Au bout de quelques années, un mariage de convention n'amène pas un changement de cette nature. Il peut y avoir lassitude, mais pas rejet, ni cette violence qu'il y a entre eux. Ils avaient donc dû être très amoureux l'un de l'autre. Comme le père Lepic va se recueillir sur une tombe avec Poil de carotte, nous en avions déduit que la famille avait sans doute connu un deuil, qu'un enfant était mort. Là gisait l'origine de la fêlure, et la clef du mystère. Ce que M. Lepic ne pouvait pas pardonner devait s'enraciner dans cette tragédie.

Je n'étais certes pas un expert en Jules Renard, mais c'était un écrivain que je connaissais bien. Avant de rencontrer Henri Graziani, j'avais beaucoup lu son *Journal.* Dans les années 1950, j'avais assisté au spectacle qu'un chansonnier plein d'esprit, Robert Rocca, avait fait à partir de cette œuvre inépuisable. J'avais eu envie d'approfondir les choses. Tout de suite, je me suis pris d'une grande admiration et d'une grande tendresse pour cet auteur. Nous étions produits par Claude Berri, qui commençait à monter de grosses productions. La nôtre était marginale et pouvait se faire à peu de frais. Le tournage s'est déroulé à Cluny, en Bourgogne. Nous avions une petite équipe très au point. Le chef opérateur était le Cubain Nestor Almendros, qui avait fait la photographie des plus grands films de Rohmer et de Truffaut. Artiste véritable, doté d'une grande sensibilité, sa photo était sensuelle, très palpable. Elle avait aussi quelque chose de pictural, d'impressionniste en l'occurrence. Almendros connaissait la peinture sur le bout des doigts. Récemment, pour la première fois depuis sa sortie, j'ai revu *Poil de carotte* lors d'une projection à la cinémathèque de Corse qui rendait hommage à Graziani. J'ai été épaté. J'ai trouvé Monique absolument formidable, mais surtout je me suis trouvé bien, ce qui est assez rare. L'ensemble était magnifique, le dialogue un régal. Graziani avait glané beaucoup d'aphorismes dans le *Journal* pour les mettre dans la bouche des personnages, de M. Lepic en particulier. J'ai redécouvert avec émerveillement le jeune acteur qui jouait Poil de carotte. Il s'appelle François Cohn-Bendit. C'était le neveu de Daniel et il lui ressemblait comme deux gouttes d'eau. Là aussi, nous avions pris le contre-pied de l'image habituelle de cet enfant, traditionnellement représenté comme un gamin malingre et souffreteux. Cela fut sans doute préjudiciable à la carrière du film. Contrairement à ce que tout le monde attendait, François était un garçon plutôt rond, avec une très belle tête, des yeux magnifiques, et une grande intelligence de ce qu'il jouait. On n'a pas besoin d'être maigre pour être malheureux. Il avait parfaitement compris la complexité de la situation. Avec lui, M. Lepic entretenait une relation sans paroles, sans effusions, qui passait par les regards et qui existait complètement en dehors de la mère. Le film de Graziani est sec comme un cep de vigne, y compris dans le montage. Dépourvues du moindre gras, les séquences ont des airs d'aphorismes de Jules Renard, avec cette affection qui se faufile entre ces deux êtres, ce père qui joue au cynique, qui fait mine d'en rajouter. Le découpage est fait de séquences très courtes, comme autant de paliers, de tableaux qui, par un jeu de patchwork, finissent par dessiner un portrait de ces trois personnes tout à fait juste. En revoyant le film, j'ai été content, parce que mes intentions s'étaient traduites concrètement. Au fond de moi, je désirais cette vision de Renard, sans pathos, sans démonstration. Le pari avait été tenu.

M. et Mme Lepic ne sont pas faciles à situer dans l'échelle sociale. Ils sont un peu plus que des petits-bourgeois. On trouve chez eux tout ce qu'il faut, une belle cheminée, de grands fauteuils, des petits cigares. Lepic est représentatif de cette ancienne façon de vivre à la campagne, en bourgeois. Lorsqu'il rentre chez lui, il enlève son melon et coiffe son chapeau de toile. Dans la composition de mes personnages, le costume a toujours énormément joué. Au côté de notre costumière, j'y ai donc mis mon nez. Elle a eu des idées épatantes. Lepic portait une tenue de chasseur, avec des leggings qui apportaient une note militaire, aristocratique. Pour trouver le couvre-chef de M. Lepic, je m'étais rendu chez Gélot. J'avais précisé qu'il ne fallait pas que ce soit un chapeau de paille. Ce devait être malléable : pas un panama, car ce n'est pas la classe du bonhomme, mais un chapeau du quotidien, facile à porter, à enlever, à rouler dans une poche. Le directeur m'avait alors déniché ce vieux modèle de chapeau de peintre, qui avait été celui de Monet, et plus tard de Matisse. Chez les rapins, il avait existé une espèce de tradition du chapeau à mille côtes, découpé en stries, comme une pastèque.

Avec Monique, nous avions toujours à ce moment-là notre vieux basset artésien, Ogre. Il jouait le chien de M. Lepic. Dans la vie normale, c'était le chien le plus désobéissant du monde, mais là, je ne sais pourquoi, il a fait scrupuleusement tout ce qu'on lui demandait. Nous n'avions pas à nous occuper de lui. Il ne me quittait pas d'un pouce. On filmait sans tenir compte de ses mouvements. De temps en temps, on lui demandait des choses, qu'il accomplissait en vieux cabot qu'il était. À un moment, je marche avec le fusil en bandoulière, et derrière François Cohn me suit en mettant ses pieds dans mes traces. Nous étions filmés en travelling. À la première prise, le chien est venu se placer après Poil de carotte. Nestor a pu mettre en boîte un long plan en mouvement, avec nous trois dans la même image, qui était tout à fait étonnant. Ogre avait parfaitement pigé qu'il se passait quelque chose.

À sa sortie, *Poil de carotte* n'a pas marché. Le scénariste Gérard Brach, qui connaissait bien Henri et qui était très spirituel, m'avait dit que la cause principale de notre échec tenait sans doute à ce qu'autrefois les parents faisaient souffrir les enfants, alors que de nos jours, c'était le contraire... En effet, dans les années qui ont suivi Mai 68, nous étions vraiment passés de l'un à l'autre. Avec Henri Graziani, nous sommes devenus très bons amis. Par la suite, nous nous sommes peu revus, parce qu'il est assez sauvage. Comme son nom l'indique, il est corse et son pays compte beaucoup pour lui. Il a du mal à respirer ailleurs. Assez tôt, il est retourné y vivre. Il y a tourné des courts métrages, il y a écrit. Contemplatif et solitaire, il habite la maison de sa famille. Il a un côté vieux sage chinois, mais c'est aussi un écorché et il cultive son isolement. Vingt ans plus tard, nous avons tourné un second film avec lui, *Nous deux*, en Corse justement. Après toutes ces années, on s'est retrouvés comme si de rien n'était.

Graziani est le seul réalisateur à nous avoir confié, à Monique et à moi, les rôles principaux non seulement dans un mais dans deux de ses films. À l'époque de *Poil de carotte*, il nous avait donné deux scénarios à lire. L'un s'appelait très joliment *Les*

Filles de nos amis ont vingt ans. C'est l'histoire de deux copains d'enfance, la fille de l'un tombe amoureux de l'autre. J'étais très enthousiaste, mais ça ne s'est pas fait. Claude Berri a tourné ce sujet par la suite, dans un film intitulé *Un moment d'égarement,* avec Victor Lanoux et Jean-Pierre Marielle. L'autre scénario, qui allait devenir *Nous deux,* n'était qu'un synopsis à l'époque ; il était inspiré de ses parents. Corses de la fonction publique, ils avaient effectué toute leur carrière sur le continent. Au moment de leur retraite, ils revenaient s'installer dans l'île, dans leur maison de village. Très fidèles à la réalité, les personnages étaient hauts en couleur, très attachants. Là aussi, les rapports qu'ils entretenaient étaient sans émotion ajoutée ni exploitée. J'avais répondu à Henri que je trouvais l'idée très jolie, mais que cela me paraissait un peu prématuré, car Monique et moi n'avions que quarante ans à l'époque. L'affaire avait donc été remise à plus tard. L'année où j'ai tourné *Uranus,* en 1990, je suis allé présenter le film à Berlin avec Claude Berri. Au retour, nous nous sommes arrêtés à Munich pour voir une exposition de Dubuffet. Au cours des quarante-huit heures que nous avons passées ensemble, je ne sais qui de lui ou de moi a parlé d'Henri en premier. Toujours est-il que les choses ont pu se faire à ce moment-là. Dans *Nous deux,* la complicité était très grande entre le mari et la femme. Monique et moi nous sommes régalés. Ce qui nous aurait gêné, ç'aurait été de friser l'indécence, l'impudeur. Pour *Poil de carotte,* il nous avait été plus facile de jouer ce couple qui se haïssait qu'une passion démonstrative.

Le Serpent d'Henri Verneuil, qui faisait suite à *Poil de carotte,* était un film d'un tout autre tonneau. Les tournages de Verneuil étaient de grosses machineries « à l'américaine », avec les budgets qui allaient avec. Il aimait les vedettes. Le casting de son film était international. Il avait fait appel à des acteurs américains et anglais, non des moindres : Henry Fonda, Yul Brynner ou Dirk Bogarde. Méridional au verbe haut, conquérant, très sympathique, Henri Verneuil était arménien d'origine. Il avait vécu sa jeunesse à Marseille, qu'il a racontée dans un beau livre sur sa mère, *Mayrig*. Il avait fait quelques films épatants, *La Vache et le Prisonnier* avec Fernandel, *Un singe en hiver* avec Gabin et Belmondo, ou encore *Week-end à Zuydcoote*. Écrite par Gilles Perrault d'après un roman de Pierre Nord, l'histoire du *Serpent* était bâtie sur une authentique affaire d'espionnage. Dans les années 1960, un transfuge russe était passé à l'Ouest. Haut placé dans le KGB, il prétendait faire une série de révélations sur les agents soviétiques infiltrés dans les services secrets de l'Occident. Ces informations avaient provoqué une vraie révolution aux États-Unis, en Angleterre ou en France. De nombreux agents avaient été arrêtés par leurs propres gouvernements, mis en accusation, parfois condamnés. Et puis, quelques années plus tard, on s'était aperçu que toutes ces prétendues révélations étaient fausses. Celui qui les avait distillées était un faux transfuge. Grâce à quelques éléments vraisemblables, il était parvenu à désorganiser complètement le contre-espionnage occidental. Yul Brynner incarnait Vlassov, l'espion russe. Henry Fonda était l'agent américain, Dirk Bogarde le britannique et moi le français. Je faisais partie de ceux qui avaient à prouver leur innocence. Dans le landerneau, il était chic de dauber sur le cinéma de Verneuil. Pendant très longtemps, il a été en butte à ce snobisme condescendant. Or il faisait de très bons films de genre, après tout. Comme dit l'autre, personne ne s'intéresse à ce cinéma, sauf le public.

J'étais content de revoir Dirk. Il devait s'exprimer en français. Comme il l'avait fait pour moi lors du film de Cukor, j'ai pu jouer les interprètes occasionnels. Ce tournage m'a également permis de rencontrer une de mes idoles : Henry Fonda. J'avais toujours trouvé ses interprétations extraordinaires, *Les Raisins de la colère* ou *La Poursuite infernale* par exemple. Il avait un regard très troublant, une présence pleine de justesse. Il était digne, humain, pudique. Sa façon de marcher, qui n'était qu'à lui, avait fasciné John Ford. Je n'ai pas été surpris de découvrir que dans la réalité il ressemblait à Henry Fonda. Nous avons eu beaucoup de plaisir à travailler l'un avec l'autre. Je n'en croyais pas mes yeux d'être assis à ses côtés. Devant la caméra, j'avais remarqué qu'il se transformait un petit peu pour correspondre à ce qu'attendaient les gens. Cela m'avait bouleversé. Il était toujours très beau, il ne montrait aucun signe de vieillissement. Parfois pourtant, il se redressait imperceptiblement, pour effacer quelques années. Afin que l'image soit conforme, il rectifiait la position. Plus tard, j'ai vu faire la même chose à Fred Astaire ; encore plus tard, j'y ai repensé quand il m'est arrivé d'avoir le même réflexe, à mon tour.

10.

1973, année faste. La Grande Bouffe, *de Marco Ferreri. Scandale à Cannes. Comment Ferreri tourne ses films. Marcello.* Touche pas à la femme blanche. *Bertrand Tavernier et son* Horloger de Saint-Paul. *Histoire d'un projet. Michel Descombes et moi. Aurenche et Bost, leur style. Bertrand Tavernier et moi. Lyon, patrie d'élection.* Un nuage entre les dents, *de Marco Pico.* Les Gaspards *de Pierre Tchernia. Comment je choisis mes rôles, et comment j'entre dedans.*

Dans ma carrière, 1973 a été une année faste. J'ai tourné cinq films, dont *La Grande Bouffe* de Marco Ferreri et *L'Horloger de Saint-Paul*, de Bertrand Tavernier. Le premier de la série fut *La Grande Bouffe*. Si Ugo Tognazzi, Marcello Mastroianni et Michel Piccoli avaient déjà tourné avec Marco, ce n'était pas mon cas. Alors qu'il ne me connaissait pas, il avait écrit le rôle du juge à mon intention. J'ai été assez épaté, parce que ce personnage était très proche de moi. Précédemment, je n'avais jamais joué dans cette tonalité-là. Cela ne m'a pas empêché d'entrer là-dedans comme dans une chaussure. Béni soit donc l'instinct des vrais auteurs.

Assez vite, j'ai eu le sentiment de tenir de la dynamite entre les mains. Lorsque j'ai ouvert le scénario, et que j'ai parcouru la première scène, où le juge se faisait faire une petite gâterie par sa nourrice, avant de partir faire ses courses chez Fauchon et de s'enfermer pour se suicider en mangeant, j'ai dit à Monique : « Faut que tu lises ça, parce que quand même, on n'est pas dans le tout-venant. » J'avais vu plusieurs œuvres de Ferreri, *Break up*, *L'Audience*, dans lequel un type attendait une audience papale au Vatican, qui n'arrivait jamais. Avec leur subversion élégante et ironique, ces films m'avaient plu, sans m'enthousiasmer outre mesure. Mais en lisant le script de *La Grande Bouffe*, j'ai été absolument emballé.

Soit dans l'adhésion, soit dans le rejet, le film a suscité une énorme violence. À la société de notre époque, nous tendions un miroir. Et ce que les gens y voyaient n'avait rien de plaisant. La critique s'est déchaînée contre nous. Avec moins d'hypocrisie que maintenant, au lieu de nous attaquer sur l'esthétique du film, elle alignait les arguments moraux. Seul Jean-Louis Bory a été enthousiaste. Il s'est fait notre porte-drapeau. Je me souviens de lui, magnifique, dans deux ou trois émissions à Cannes. Il partait en guerre, c'était à mourir de rire. En face, les esprits étaient particulièrement remontés. Nous avons eu des appels au boycottage, à l'anéantissement, si ce n'est physique, du moins professionnel. Un Michel Droit, un Jean Cau réclamaient dans la presse des représailles contre nous. François Chalais faisait également partie de la meute, mais son statut était particulier : il m'a traîné dans la boue jusqu'à sa mort, celui-là. Il avait une dent contre moi parce qu'un jour je m'étais moqué de lui en direct à la radio. Sans doute était-il un peu susceptible ? Je crois que c'était à l'occasion de la sortie du *Serpent*, de Verneuil. Une émission sous forme de souper avait été organisée à Europe 1. Elle était retransmise en direct et animée par Chalais. Chacun à notre tour, nous devions parler dans le micro. Lorsque ce fut à moi, Chalais a commencé par me dire, de son ton un peu agressif :

— Alors, c'est votre cinquantième film, Noiret, combien y a-t-il de bons films dans tout ça ?

Comme cela, d'entrée de jeu. Alors moi qui venais de boire un peu de clicquot rosé, j'ai été agacé. Je lui ai répondu de façon un petit peu désagréable. Et on s'est accrochés, en direct, devant le Tout-Paris de l'époque. Il ne m'a jamais pardonné cela. Par la suite, il a mis son point d'honneur à ne jamais me rater. Pour *La Grande Bouffe*, il s'est surpassé.

Le scandale avait commencé dès la présentation du film, à Cannes, où il représentait la France. Il faut dire qu'il y avait trois productions françaises en lice, la première était *La Grande Bouffe*, la deuxième, *La Maman et la Putain* de Jean Eustache, quant à la troisième, elle devait être du même acabit. Si cela faisait jaser dans les chaumières, ce fut une formidable aventure à vivre.

Lorsque après la projection, nous sommes sortis du palais du Festival et que nous avons descendu les marches, nous avons été à deux doigts d'être agressés physiquement. On entendait des cris haineux, les badauds nous insultaient, certains nous ont même craché dessus. Face à ce déchaînement, qui avait son côté drolatique, nous nous comportions comme un pack de rugby. Pour nous rendre dans les émissions, nous formions la tortue, avec nos femmes sous le bras. Dans le groupe, nos censeurs avaient une tête de Turc : c'était Piccoli. Ils étaient particulièrement remontés contre lui, car il avait une image beaucoup plus subversive que les nôtres. Pétri de mauvaise conscience, peut-être mon personnage était-il plus propice à l'identification ? Car le succès populaire, énorme, fut au rendez-vous. Du fait de ce scandale, mais aussi d'une vraie adhésion des spectateurs, le film a démarré extrêmement fort. Jean-Pierre Rassam, le producteur, pouvait se vanter d'avoir su orchestrer efficacement son lancement.

Marco Ferreri était rond, pas très grand de taille, avec une tête romaine, des cheveux frisés et une barbe en collier. On aurait dit un petit Bacchus aux yeux bleus. Il avait un regard d'enfant très candide qui surprenait dans cette corpulence. Dans son genre, il était très beau. Son visage paraissait surgi de la Renaissance italienne. J'aimais bien sa façon d'être ; toujours sérieux, et tout d'un coup, en train de sourire. On pouvait le trouver brusque, mais jamais méchant. Sur le tournage, il attendait sur son tabouret. Il se rongeait les sangs. Parfois, il lui arrivait de piquer des colères énormes, disproportionnées. Pour s'en empêcher, pour ne pas se mettre à hurler, il mordait son mouchoir à pleines dents. On sentait que s'il l'enlevait, cela allait exploser. C'est de lui que j'ai pris ce goût des mouchoirs de couleur italiens.

Le tournage de *La Grande Bouffe* s'est déroulé de façon chronologique, ce qui est extrêmement rare. Cela nous avait permis d'improviser. Nous n'en avons pas abusé, parce que le scénario était très écrit, très bien ficelé. Mais nous avions tout de même une grande liberté. Lorsque nous inventions une réplique ou une situation, nous étions tranquilles. Il suffisait d'enchaîner le lendemain sur cette nouvelle base, sans avoir à calculer par rapport à des prises précédentes. Ferreri était très demandeur de propositions, il aimait cela. Ainsi, bien avant le tournage, au cours d'un déjeuner, je lui avais parlé, au détour de la conversation, de l'écrivain Raymond Roussel, l'auteur de *L'Étoile au front.* Ce dernier avait pour habitude de se faire servir un repas par jour, de quatre heures à sept heures du soir. Et lors d'une scène avec Andréa Ferréol, j'ai eu la surprise d'entendre Marco me dire :

— Vas-y, raconte-lui l'histoire du poète.

Étrangement, c'était Francis Blanche qui avait écrit les dialogues. Pour faciliter la tâche d'Ugo et de Marcello, nous les avions beaucoup retravaillés. Bien qu'ils parlassent fort bien le français, nous les avions aidés à mettre au point leurs propres dialogues, en tenant compte de leurs italianismes. Marco s'appuyait souvent sur les imprévus qui survenaient en cours de tournage. Nous étions installés dans une maison à vendre, de style années 1920, assez curieuse. L'ingénieur qui l'avait construite avait fait fortune pendant la guerre de 1914 grâce à un système pour torpilles. Comme ce monsieur ne supportait pas les odeurs de cuisine, la maison avait pour particularité d'avoir la salle à manger au rez-de-chaussée et les fourneaux au dernier étage. On utilisait donc non pas un monte-plats, mais un descend-plats. Pendant que nous tournions, l'agent immobilier qui cherchait à vendre la bâtisse était venu la faire visiter à des représentants de l'ambassade de Chine. On avait donc vu passer deux ou trois Chinois qui découvraient les lieux, et Ferreri en avait fait une scène. Il n'était pas homme à expliquer. Il proposait, il présentait mais ne cherchait pas à convaincre, ni à commenter.

J'ai rencontré pour la première fois Marcello Mastroianni en tournant ce film. Nous n'avons jamais eu de rapports très constants, mais j'ai toujours eu une admiration énorme pour lui. C'était l'homme le plus délicieux que l'on puisse trouver, à mes yeux l'un des plus grands acteurs de cinéma de notre époque, si ce n'est le plus grand. Quand on voit sa carrière, l'éventail de ses possibilités, la diversité des personnages qu'il a incarnés, socialement, intellectuellement, historiquement, sans que l'on se pose la moindre question sur sa crédibilité, il est impossible d'en douter. Marcello était l'acteur le plus vrai que j'ai vu de ma vie. Il pouvait jouer un boulanger, un prince ou un contremaître d'usine, on ne se posait pas de question. Parce qu'elle était faite avec une telle justesse, une telle absence d'artifice, sans qu'on sente jamais le travail, la composition ou la réflexion, on acceptait sa proposition. C'était l'évidence, toujours, ce qui était tout à fait prodigieux. Marcello était disert, ironique, plein d'autodérision, comme la plupart de ses amis italiens, ce qui contrastait assez avec les Français. C'était un être d'exception.

Après *La Grande Bouffe*, aucun d'entre nous n'avait envie que les choses s'arrêtent. Nous voulions tourner à nouveau tous ensemble, et le plus vite possible. Avec Marco, nous avions donc évoqué différentes pistes. Nous étions assez tentés par une nouvelle version des *Trois Mousquetaires*, mais deux au moins étaient déjà en tournage, celle de Richard Lester et celle des Charlots. Finalement, Marco a eu cette idée de tourner un « Custer », c'est-à-dire sa propre version de Little Big Horn, la fameuse bataille au cours de laquelle les Indiens ont défait la cavalerie américaine. En compagnie du scénariste Rafael Azcona, il s'est immédiatement attelé à l'écriture de ce qui allait devenir *Touche pas à la femme blanche*. À ce moment-là, ce devait être à l'été 1973, je m'apprêtais à tourner dans *L'Horloger de Saint-Paul*, le premier film de Bertrand Tavernier. Je n'eus donc qu'un petit rôle dans le film de Ferreri, celui du général Terry. Je mettais les week-ends à profit pour venir enregistrer mes scènes. Le reste du temps, Marco utilisait une doublure. Sous mon képi, il m'avait fait coincer un mouchoir. Ce subterfuge lui permettait de me faire participer lorsque je n'étais pas là. Lors de la synchronisation, j'ai eu beaucoup de répliques à dire de dos. Avec ses allures d'énorme farce, *Touche pas à la femme blanche* est un film qui a conservé son côté corrosif, et qui finalement n'a pas tellement vieilli. Il se déroulait dans le trou des Halles, qui n'avait pas encore été rebouché. Cet immense terrain vague offrait un décor de western extraordinaire. Le général Custer était joué par Marcello et son grand rival Buffalo Bill par Michel Piccoli. Les Indiens étaient incarnés par Reggiani, Alain Cuny et le papa de Piccoli, tandis qu'Ugo Tognazzi faisait un renégat obséquieux, Mitch le scout. Je me souviens d'un bivouac de la cavalerie à la fontaine des Innocents. Tout d'un coup, on se prenait à douter, on commençait à y croire. Le film est un précieux témoignage sur le drame urbanistique que fut la destruction des Halles de Baltard, et dont Paris ne s'est toujours pas remis. À l'époque, la destruction de cette architecture de fer n'avait suscité que quelques rares protestations.

Marco avait encore une autre idée derrière la tête. Il n'était pas content des royalties que Rassam lui avait versées pour *La Grande Bouffe*. Il avait donc confié à Alain Sarde qu'il voulait faire un film pour le ruiner. Dans cette perspective, *Touche pas à la femme blanche* lui avait paru le film idéal ; et de fait, il avait connu un bide monumental. Le jour de la sortie, Ferreri était allé avec Sarde au Normandie pour s'enquérir du nombre d'entrées. Lorsque la caissière lui avait répondu qu'il n'y avait pas eu plus de deux spectateurs, il avait murmuré en roulant des *r* : « J'ai réussi. » Jean-Pierre Rassam était quelqu'un qui avait un génie pour la production, un vrai courage dans ses choix, une invention et une imagination qui lui auraient permis de faire des choses encore plus étonnantes, s'il n'était pas mort trop tôt.

J'ai rencontré Bertrand Tavernier pour la première fois lorsqu'il était l'attaché de presse de *La Guerre de Murphy*. Journaliste de cinéma, il s'occupait également de promouvoir certains films étrangers un peu à part. J'avais conservé le souvenir d'un garçon sympathique et chaleureux. Un peu plus tard, il est revenu me voir avec cette adaptation assez surprenante d'un roman de Simenon, *L'Horloger d'Everton*, qui se passait aux États-Unis et qu'il avait transposé dans sa bonne ville natale de Lyon. Pour le scénario, il s'était associé à Jean Aurenche et Pierre Bost, les deux grands scénaristes-dialoguistes de l'après-guerre, pour lesquels il avait toujours eu beaucoup d'admiration. Après avoir collaboré à de très beaux films, comme *Le Diable au corps*, *La Traversée de Paris* ou *Jeux interdits*, ils avaient subi les foudres des purs et durs de la Nouvelle Vague. François Truffaut, en particulier, les avait pris dans son collimateur. En janvier 1954, il avait publié dans *Les Cahiers du cinéma* un article célèbre, « Une certaine tendance du cinéma français », dans lequel il les donnait en exemple de ce qu'il ne fallait pas faire. Dans la profession, ils avaient été enterrés vivants. Compte tenu de ce que Truffaut représente maintenant, cette violence peut paraître assez surprenante. Il n'était pas aussi gentillet que la légende dorée le laisse penser, ce qui n'enlève rien à son talent. Truffaut trouvait pernicieuse la tradition qui consistait à porter des livres à l'écran. Selon lui, le cinéma devait se détacher de la littérature. Par la suite, il n'en est pas moins devenu un grand adaptateur de romans.

À l'époque du tournage, Bertrand avait trente-deux ans. Il n'en était pas à son premier coup d'essai. Il s'était fait souffler une idée de film avec James Mason et Jacques Brel. Par la suite, il avait voulu développer un scénario autour de Bonny et Lafont, les gestapistes de la rue Lauriston, ce qui lui avait donné l'occasion de contacter Aurenche et Bost, mais Aurenche l'avait dissuadé de se lancer dans cette aventure. Enfin, il était tombé sur le roman de Simenon, qui avait éveillé en lui des échos très profonds. Michel Descombes, l'horloger de Saint-Paul, est un artisan tranquille, qui vit modestement au milieu de ses amis, avec cette chaleur de rapports qu'on peut trouver à Lyon, ce côté table partagée dans les bouchons, les pots de beaujolais, cette vie sociale simple mais très belle. Soudain, la tragédie surgit sans crier gare. L'horloger a un fils, et ce dernier est accusé du meurtre d'un contremaître. Par indifférence, par légèreté, Descombes n'a eu aucune conscience de l'état dans lequel se trouvait l'être qui lui était le plus proche. Sans qu'il ait rien vu venir, son enfant est devenu un assassin. Bertrand a été très touché par les rapports entre ce père et son fils. Alors qu'il n'a jamais eu le profil d'un révolté ou d'un révolutionnaire, l'horloger en vient à se dire, pendant le procès, totalement solidaire de son fils. À l'occasion de ce crime, il lui est en quelque sorte révélé.

Bertrand connaissait très bien le cinéma, notamment celui de l'Amérique et de la France d'avant-guerre. Il en parlait magnifiquement; cela me rassurait, et en même temps cela m'inquiétait. Il avait une culture encyclopédique très précise. Il pouvait citer chaque plan d'un film, décrire le style des metteurs en scène les plus confidentiels. Intérieurement, je me disais : « Pourvu que ce garçon ait assez de personnalité pour aller au-delà des références, pour ne pas faire un film de citations. » J'ai été tout de suite rassuré, parce que j'ai vu qu'il avait un vrai point de vue et qu'il savait ce qu'il voulait. Il maîtrisait parfaitement la mise en scène et avait su s'entourer de solides talents. Le chef opérateur, Pierre-William Glenn, avec qui Bertrand a souvent tourné par la suite, possède une force, une joie de vivre, et une ouverture d'esprit épatantes. À l'époque, c'était déjà un homme expérimenté, il avait tourné avec François Truffaut ou avec Claude Miller. Il avait un crédit énorme et une équipe qui lui ressemblait, dans le style motard, blouson de cuir, mais blouson de cuir joyeux. Pour Bertrand, ce fut une chance d'avoir à ses côtés ce formidable moteur, qui savait se mettre entièrement à son service.

Dès 1970, j'avais donné mon accord pour ce film. Le montage financier a duré deux ans. Nous avons d'abord essayé de trouver un producteur qui accepte de payer Aurenche et Bost pour développer le scénario, sans y parvenir. Ces deux années ont été très dures pour Bertrand qui était marié et qui avait deux enfants. Plus souvent qu'à leur tour, ils mangeaient des pommes de terre le soir, avec une saucisse quand tout allait bien. Leur père tirait vraiment le diable par la queue. Pendant ce temps-là, j'ai été derrière lui, passionné par le projet. Je trouvais le personnage de Michel Descombes vraiment magnifique. C'est révélateur, dans notre métier, lorsque l'on se dit en découvrant un personnage dans un scénario, « celui-là, il faut que je le fasse, et je n'ai pas l'intention de le laisser à qui que ce soit. Il est à moi ». J'ai enfilé bien des rôles, dont après le clap de fin je me suis débarrassé le plus souvent comme d'un manteau. Mais quelques-uns m'ont véritablement accompagné, et l'horloger est de ceux-là. Peut-être est-ce lié à cette attente pénible, douloureuse. Pour moi, bien sûr, la situation était moins grave que pour Bertrand. Je continuais à rouler ma bosse, à tourner, mais je vivais dans l'attente d'incarner ce personnage. Cela m'a donné le temps de venir à lui. De laisser les choses se déposer. J'ai eu aussi cette sensation dans *La Vie et rien d'autre*. Dellaplane est arrivé au bon moment. Mais là, c'était la vie qui m'avait permis de le mûrir en moi.

Chaque contributeur a apporté au film une forte charge autobiographique. Bertrand entretenait un lien très fort avec son père, mais aussi avec Jean Aurenche. Leur relation avait quelque chose de filial. Aurenche avait également truffé le film d'allusions personnelles. Quant à moi, c'était la première fois qu'un personnage trouvait un tel écho dans ma propre vie. Je pensais à ce qui m'unissait à mon père, à ma fille aussi. J'ai mesuré combien, si l'on n'y prend garde, l'incompréhension peut parfois s'installer entre parents et enfants, non par indifférence, mais par maladresse. Chez l'horloger, on retrouve cette pudeur dans les relations familiales, que je connaissais fort bien. Son côté artisan produisait en moi des résonances intimes. On fait sa tâche, on fait ce qu'on peut ; on organise sa vie autour du travail. Je n'en ai pas joué tant que cela, des artisans. Il y a eu l'horloger. Plus tard, il y a eu Alfredo, le projectionniste de *Cinema Paradiso*. Ce sont des rôles dont je me suis senti proche.

Au cinéma souvent, la concrétisation passe par l'objet, l'accessoire. Pour *L'Horloger de Saint-Paul*, je me suis contenté d'apprendre à placer correctement la loupe sur l'œil. Acquérir quelques notions permet de se faire une idée de la discipline du métier qu'on est censé exercer, afin d'être convaincant vis-à-vis du public. Je n'ai jamais ressenti la nécessité d'aller passer huit jours dans un atelier d'horlogerie, façon Actors Studio. La prise de possession d'un personnage est un mouvement qui va de l'extérieur vers l'intérieur et de l'intérieur vers l'extérieur, à travers les petits faits vrais. Par exemple, j'avais demandé à Tavernier des chemisettes. Je me disais en effet que Michel Descombes était un homme qui enfilait sa blouse tous les matins. Si sous cette blouse on porte une chemise à manches longues, tissu contre tissu ce n'est pas commode à enfiler. Tandis que si on a les bras nus, hop ! On met sa blouse d'un seul coup d'un seul. Pas de temps perdu, on est bien dedans, on n'est pas trop engoncé. J'ignore ce que de tels détails ont pu apporter au personnage. Le spectateur ne se rend compte de rien. Mais moi, cela m'a beaucoup aidé.

Pour produire le film, le premier nom qui m'est venu à l'esprit, bien évidemment, fut celui d'Eugène Lépicier. Depuis les films de Franju et de Bromberger, nous étions devenus amis. Comme je l'ai dit, c'était un personnage paradoxal, à la fois légendairement pingre et capable d'une grande générosité. Pour l'écriture, il a été le seul à nous sortir « un petit peu de pognon ». En fin de compte, ce n'est pourtant pas lui qui a fait *L'Horloger*, mais Lira films, qui avait produit *La Vieille Fille*. Et comme pour *La Vieille Fille*, Raymond Danon fut un peu producteur à succès malgré lui. Pas une seconde, il n'avait cru au film de Jean-Pierre Blanc, qui lui avait fait toucher le paquet. Pour *L'Horloger*, ce fut un peu la même chose. Lorsque nous sommes allés le voir – j'avais joué les entremetteurs, puisque nous avions travaillé ensemble –, Bertrand avait déjà trouvé un distributeur et obtenu le soutien d'exploitants de salles. Il nous a alors déclaré qu'il allait vérifier que ce que nous avancions était bien vrai. Il nous a demandé aussi :

— Le scénario, il est bien ?

— Oui, il est très bien.

Et quand nous nous sommes revus, il nous a déclaré :

— Bon, j'ai vérifié, vous m'aviez bien dit la vérité à propos du distributeur, mais par contre le scénario est nul. Comme je vous ai donné ma parole, on va le faire quand même.

Il avait aussi proposé à Bertrand de doubler son salaire s'il acceptait de tourner le film non plus à Lyon, mais à Paris, ce que Bertrand, à son grand étonnement, avait catégoriquement refusé De Lyon, j'avais envoyé une carte postale aux gens de Lira films, dans laquelle je leur disais que nous étions en tournage, mais que peut-être ils n'étaient pas au courant. Or il y avait dans la maison un directeur de production légendaire, qui s'appelait Ralph Baum. C'était un petit bonhomme très Europe centrale, à chapeau tyrolien. On citait toujours de lui mille anecdotes ou aphorismes plus ou moins volontaires. Quelques jours plus tard, en réponse à ma carte, il nous avait adressé un télégramme :

— Ai vu les rushes hier, stop, tout va bien, stop, on reconnaît tout le monde.

Pour jouer le commissaire de police, le nom de François Périer avait été évoqué. Malheureusement, il n'était pas disponible. Bertrand avait pensé à Michel Bouquet, mais il tournait énormément à l'époque ; nous nous sommes rendu compte qu'au moment de la sortie de *L'Horloger*, il serait à l'affiche d'au moins six films, dont au moins trois flics. Ce n'était donc pas la bonne idée. Ensuite, nous avons songé à Jean Rochefort. Les distributeurs étaient tout à fait pour. Cela tombait bien, car il était vraiment l'acteur idéal.

À part Jean, j'avais pour partenaire un très bon comédien, Jacques Denis, qui jouait mon ami et confident. D'une justesse vraiment sans défaut, il suffisait de l'écouter et de lui répondre, on savait qu'on allait être dans le ton. Il a eu une carrière un peu à part. En dehors du tournage du *Nuage entre les dents* de Marco Pico, nous ne nous sommes jamais beaucoup revus. Il a beaucoup travaillé avec le metteur en scène suisse Alain Tanner, il a fait aussi beaucoup de théâtre, en province. Clotilde Joano, la journaliste qui venait m'interviewer, était une amie de l'EPJD que je retrouvais là. Très jolie, elle ressemblait à un Modigliani. Elle a cassé sa pipe très jeune, dans un accident. Christine Pascal, dont c'était le premier rôle et qui jouait la fiancée de mon fils, a connu elle aussi une triste fin. Dans *Que la fête commence*, elle jouait une jeune prostituée dont le Régent, que je jouais, était très épris. Devenue metteur en scène, elle a tourné ensuite quelques très beaux films, *Félicité*, *La Garce* et surtout *Le petit prince a dit*. Puis elle s'est suicidée, il y a une dizaine d'années. Elle était très touchante, elle avait un très beau visage, des yeux magnifiques et une personnalité formidable.

Chez Tavernier, j'ai tout de suite aimé cette capacité à relever l'héritage des grands des générations d'autrefois, tout en faisant un cinéma de son époque. Ce n'est pas un hasard si *L'Horloger* est dédié à Jacques Prévert, car c'est un film qui témoigne d'un goût marqué pour le verbe. Dans leurs dialogues, le style d'Aurenche et Bost se reconnaissait à une certaine forme de décalage entre la chose à dire et les moyens utilisés pour la dire. Grâce à de petites phrases qui semblaient tomber à côté de la plaque, ils avaient le génie de vous en révéler plus que s'ils avaient développé frontalement une idée particulière. Dans le film, mon fils est défendu par un avocat, que je trouve très antipathique, et qui est joué par l'admirable William Sabatier. En 1960, il avait donné la réplique à Jean-Louis Barrault dans *Rhinocéros* de Ionesco. Tandis que nous sommes en train de discuter sur les marches du palais de justice, il est clair que nous ne nous comprenons pas. À la fin de la conversation, l'horloger lui avoue dans un souffle :

— Je n'aime pas votre chemise rose...

Une petite phrase comme celle-là en dit beaucoup plus que de longs discours. On reconnaissait la marque de fabrique d'Aurenche et Bost à ce genre de dialogues. Savoureux et simples, jamais démonstratifs, toujours allusifs, ils procédaient par ricochets, par évocations. Ces deux-là pouvaient tout faire, et leur filmographie avec Tavernier en témoigne : *L'Horloger de Saint-Paul* était l'adaptation d'un roman de Simenon, *Que la fête commence*, un film en costumes sous la Régence, *Le Juge et l'Assassin*, un fait divers du XIXe siècle et *Coup de torchon* l'adaptation d'un roman américain de la Série noire.

Des deux, celui que j'ai le mieux connu fut Jean Aurenche, car Tavernier aimait bien l'avoir auprès de lui pendant les tournages. C'était un petit bonhomme aux cheveux blancs et frisés, avec de grands yeux clairs. Il avait un côté chat, l'œil pétillant, rieur, blagueur, un peu Raminagrobis. Il accompagnait ses propos d'œillades complices. Déjà âgé, il n'en était pas moins l'incarnation de la jeunesse. À quatre-vingts balais, il continuait à s'enthousiasmer pour de nouvelles découvertes. Il a été ainsi le premier à me parler de la bande du Splendid. Voyant qu'a priori cela ne me tentait guère, Jean m'a recommandé d'aller voir leurs films, car il leur trouvait un ton neuf. A ses débuts, il avait été engagé comme aide régisseur par Charles Dullin. Il avait tourné des courts métrages publicitaires pour l'agence Damour, où il avait rencontré Jean Anouilh et Paul Grimault. Il avait eu pour beau-frère Max Ernst, le peintre surréaliste. Il était insaisissable. Parfois, sans qu'on sache où il allait, il partait. Il avait à faire. D'après Bertrand, il collectionnait les attachements, ou les anciens attachements. Tout d'un coup, il fuyait le travail pour aller les retrouver. Il n'écrivait presque pas. C'était Pierre Bost qui tenait la plume. Lui gambergeait, inventait. Son don était de concevoir les scènes, les situations, l'évolution des personnages, leurs rencontres et ce qui en découlait. Bertrand racontait qu'il fallait surtout se méfier du moment où il disait : « J'ai bien réfléchi, tout ce que nous avons fait jusqu'à présent est nul, il faut repartir de zéro sur des bases entièrement différentes, mais j'ai ces bases-là... » Même s'il avait parfois en partie raison, il fallait aussi savoir lui résister. Car sa séduction, sa capacité de persuasion étaient immenses.

Au début du travail d'écriture de *L'Horloger*, Aurenche est venu voir Bertrand pour lui dire que finalement il ne se sentait pas capable de faire un film de ce genre, qu'il ne savait pas comment faire. Bertrand avait alors appelé Bost, qui l'avait rassuré :

— Ne vous inquiétez pas, il va vous faire le coup pendant tout le film, tenez bon.

Aurenche était quelqu'un de très angoissé. Il écrivait son film au fil des conversations, porté par l'imagination, le vagabondage de l'esprit. D'où parfois, ces errements. À certains moments, il fallait dire : « Ça, on le garde. » Puis le tout partait chez Bost qui couchait le nouvel apport, concrètement, sur le papier. Leur façon de fabriquer un scénario, si artisanale, influait sur le travail de toute l'équipe.

Le paradoxe de ma rencontre avec Tavernier, c'est que ce cinéma de l'après-1968, marqué par les luttes de cette génération, dans lesquelles je ne me reconnaissais pas toujours, m'a apporté ce que je recherchais : un lien avec ce qui précédait, un souci de ne pas faire table rase des qualités de nos aînés. Avec Tavernier, nous nous sommes vite compris à demi-mot; nous avons beaucoup de points communs. Nous avons reçu des éducations comparables. Nous partageons l'amour des mots, de la littérature. Nous avons aussi le goût de la vie, de ce qu'elle a de concret, de la table, du vin, de la campagne. Et puis, nous sommes pareillement habités par ce sentiment, non des douleurs cachées, mais des blessures, faites par on ne sait qui ou quoi, blessures qui ne furent pas particulièrement violentes mais qui relèvent d'une espèce de mélancolie de naissance. Au fond de moi, je sécrète cette tendance à la mélancolie, que balance un goût de la vie. Qui touche à la révolte aussi, sous-jacente.

Avec Bertrand, sur certains choix, nous n'avons pas toujours été d'accord. Lorsqu'il en rajoutait une couche, à la fin de *Que la fête commence*, en prédisant la révolution, ou à la fin du *Juge et l'Assassin*, en accusant les capitalistes, je n'étais pas pour. Cela me paraissait outré, inutile. Ce à quoi Bertrand répondait, et il n'a pas tout à fait tort, qu'un des défauts notoires du cinéma français avait été de rester un peu distant vis-à-vis de ces luttes-là. Cela dit, des films exempts de slogans comme *La Règle du jeu* ou *Boudu sauvé des eaux* gardent un potentiel de destruction qui reste incroyablement actuel, alors que bien des conclusions militantes des années 1970 ont plutôt mal vieilli.

Je n'ai jamais vraiment décidé de batailler pour les jeunes réalisateurs. Pourtant, tout d'un coup, je me suis retrouvé aux côtés de plusieurs metteurs en scène débutants dont les projets me plaisaient. Il y avait eu Graziani et son *Poil de carotte*, il y avait eu Blanc et sa *Vieille Fille*. Cela commençait donc à se savoir. Malgré les agents qui ont plutôt tendance à surprotéger, Michel Piccoli et moi avions la réputation d'être abordables. Ainsi, Michèle Meritz n'était pas du tout pour que je joue l'horloger. Bien que très intelligente, elle ne croyait pas au scénario. Elle le trouvait faible, reposant, le crime mis à part, moins sur des situations que sur des sentiments. Elle lui reprochait de n'être que le commentaire d'un climat politique. J'étais étonné, parce que d'habitude elle avait du nez.

Dans l'immédiat après-1968, un fossé s'était creusé entre les générations. Quelques années auparavant, le cinéma du réel qui faisait un retour en force aurait laissé froid tout le monde. Pour ma part, je suivais le mouvement. Bien que je ne sois pas un va-t-en-guerre, j'adhérais aux climats dans lesquels j'étais plongé. En me retrouvant engagé aux côtés des films de Ferreri ou de Tavernier, j'étais le premier étonné. Piccoli, lui, a toujours possédé une fibre « gauche morale », un peu donneuse de leçons. Moi, j'imagine que les réalisateurs m'ont choisi parce que je pouvais incarner une sorte de respectabilité qui, à partir du moment où elle était subvertie, n'en donnait que plus de poids à leur discours. Sans doute ont-ils décelé en moi cet anarchisme à l'état latent, caché sous les apparences. Je me rappelle encore ce cher René Allio qui avait hésité à me donner le rôle d'un acteur de banlieue parce qu'il m'avait aperçu, avenue George-V, dans ma Rolls. Mon côté bon chic bon genre pouvait pourtant être tempéré par l'extravagance d'un oncle Gabriel, dans *Zazie*. Cela dit, comparé à la capacité de folie qu'ont mes amis Marielle et Rochefort, je me suis toujours trouvé trop sage dans mes interprétations. Je n'ai pas ces coups de grisou qu'ils ont, ces décrochements complètement abstraits, où tout d'un coup cela fuse vers une autre dimension. Quand Rochefort, dans *Le Mari de la coiffeuse*, se met à faire la danse du ventre, je suis épaté. Cela me rend jaloux. Parce que je ne sais pas comment il fait. Moi, ma folie au cinéma est plus dissimulée, sans avoir l'air d'y toucher, presque à mon corps défendant. Mais je suis attiré par cela, j'y prends plaisir.

L'atmosphère du tournage de *L'Horloger* fut très particulière. Nous avions l'impression que ce que nous faisions sonnait juste. L'orchestre jouait en harmonie, plein. De façon évidente, beaucoup de premières prises étaient les bonnes, comme dans cette scène de bagarre, avec Jacques Denis, où nous flanquons les gros bras à la rivière. Parfois, au cinéma, il y a comme une grâce. Une des forces de Bertrand, c'est d'être toujours prêt à la saisir au bond. Souvent, au bout des plans, il laisse tourner la caméra. Parfois, lorsqu'on est juste, quelque chose apparaît en fin de séquence, auquel on n'avait pas pensé, qui n'était pas prévu. Quelque chose de très rare.

Je peux dire que Lyon est une de mes patries d'élection. Je me suis senti très lyonnais. Jean Rochefort aussi, d'ailleurs, je crois. Plongés dans cette atmosphère des bouchons, d'amitié, nous avons vécu sept semaines là-bas. J'ai été très séduit par cette ville entre deux rivières, qui est à la fois très française et déjà un peu italienne, avec ces immeubles un peu roses. Il y a une majesté de Lyon, qui est une métropole, une capitale. Ce n'est pas une cité facile à appréhender. Là-bas, je ne sais jamais où je suis, sur quel quai, au bord de quel fleuve, et ce n'est pas toujours à cause de l'enchevêtrement des traboules, des cours ou des passages. Soudain, on tombe sur des hôtels Renaissance de toute beauté. C'est une ville cachée, une ville secrète, comme beaucoup de villes de province, mais peut-être plus qu'ailleurs. Par la suite, j'y ai séjourné à plusieurs reprises, d'abord pour *Les Grands Ducs* de Leconte, au théâtre des Célestins, puis en tournée, pour des périodes assez longues, seul. C'est une ville où l'activité solitaire est importante, qu'elle soit travail ouvrier, ou prière, selon la colline. Religieuses et ouvrières, frontalières et révolutionnaires, les mémoires s'y enchevêtrent. C'est une ville de passage, fluviale, et aussi une ville d'artisans, de savoir-faire. On sent la présence de la soie, des ateliers. Et la lumière y est belle.

À la faveur de ce film, Tavernier a montré Lyon sous un jour nouveau, en sortant des clichés. Il a eu l'intelligence de situer son œuvre dans son territoire d'enfance. La scène où je vais rendre visite à l'ancienne nourrice de mon fils a été tournée dans la maison du père de Bertrand. Elle était en sursis. On s'apprêtait à la démolir pour faire place à un immeuble. Elle était enfouie dans une espèce de no man's land qu'envahissait la végétation. Bertrand a profité de son film pour fixer sa mémoire. Pendant la guerre, ses parents y avaient hébergé Aragon. René Tavernier dirigeait une revue littéraire, *Confluences*, qui avait publié des textes du poète. Lorsque Aragon a raconté cet épisode, il ne s'est pas privé d'enjoliver en en rajoutant dans l'inconfort et l'austérité, alors que c'était une très belle maison et que les propriétaires lui avaient abandonné leur chambre.

Cette époque cherchait son combat. La révolution qui était dans l'air ne se trouvait pas. En même temps, sans que personne le mesure vraiment, on assistait à la disparition d'un monde ancien, qui ne renaîtrait plus jamais. C'était la fin des paysans, des petites villes, de la province. La destruction d'une culture immémoriale, de toute une façon de vivre, était en cours. Le grand enlaidissement du monde avait commencé. Jusqu'alors, il y avait eu de la modernisation, oui, mais on n'avait pas interrompu la chaîne. Des artistes, des cinéastes comme Tavernier, ou Ferreri avec son trou des Halles, sentaient plus ou moins consciemment que quelque chose se brisait. Ils en ont rendu compte dans leurs films. Mais quelle prétention que celle de cette époque ! Quelle inconscience dans le saccage ! À la place, on a mis du toc, du faux-semblant. Avec ce côté vicelard de l'esprit musée : on vous détruit les Halles de Baltard, mais on vous dit : « Ne vous inquiétez pas, on garde un pavillon pour les générations futures, que l'on va transplanter à Nogent. »

Si quelques journaux de droite, nous taxant d'anarchisants et de gauchisants, ont fait la fine bouche, *L'Horloger* n'en a pas moins été très bien accueilli. Il a obtenu le prix Louis-Delluc. Après *La Vie de château*, en 1966, pour la seconde fois, je jouais dans un film qui obtenait cette récompense. Danon devait se dire que j'étais son porte-bonheur. Pour Tavernier, c'était un beau pied de nez à tous ceux qui avaient douté de lui, ou qui lui avaient mis des bâtons dans les roues. Quelques années plus tard, à l'occasion d'une participation dans un autre film de Bertrand, *Une semaine de vacances*, j'ai eu l'occasion de reprendre ce personnage de l'horloger Michel Descombes. Il était ami de Michel Galabru, qui avait le rôle principal. À nouveau, j'ai donc enfilé mon vieux costume. Nous avions une scène de dîner ensemble. Nous échangions quelques phrases, dans lesquelles je faisais allusion à mon fils, à ce qui lui était arrivé.

Également produit durant cette glorieuse année 1973, *Un nuage entre les dents* avait été réalisé par un jeune metteur en scène, Marco Pico. Je l'avais connu au moment de *La Vieille-Fille* : il était assistant de Jean-Pierre Blanc. Avant cela, il avait été secrétaire de Pierre Brasseur, tâche qui laisse délicieusement rêveur.

Avec Pierre Richard, nous avons beaucoup aimé tourner ce film. Poétique, pleine d'errances nocturnes dans Paris, sa tonalité était très curieuse. C'était l'histoire de deux journalistes qui travaillaient au service des faits divers d'un journal du soir, plutôt *France-Soir* que *Le Monde*. Mon personnage, Malisard, était une sorte de Lucien Bodard des chiens écrasés. Boycottant en amont les régimes amaigrissants, je m'étais donc fait une silhouette à la Lucien Bodard, avec barbe de cinq jours et mégot de cigarillo au coin du bec. Pierre était le photographe avec qui je faisais équipe. Vivant dans une quête perpétuelle du crime ou de l'accident, nous étions soudain contaminés par cette atmosphère. Le serpent se mordait la queue. Emportés par notre désir de scoop, nous nous persuadions que les enfants de Pierre avaient été kidnappés. En réalité, ils se trouvaient bien en sécurité chez eux. Nous partions tout de même à leur recherche. Le Lazareff du *France-Soir* en question était joué par Claude Piéplu. Il régnait sur toute une bande de journalistes, interprétés par des comédiens comme Jacques Denis ou Paul Crauchet. Marco filmait un Paris qui n'avait pas été beaucoup montré, la porte de la Chapelle par exemple, territoire que Zidi a investi plus tard pour y acclimater ses *Ripoux*. Au cours de notre errance, dans le brouillard du XIVe, nous tombions sur un éléphant échappé d'un cirque. Nous croisions toutes sortes de personnages qui étaient de vrais seconds rôles à l'ancienne, Rufus par exemple, qui promenait son chien. L'histoire se terminait lorsque nous réalisions que nous nous étions monté le bourrichon.

Malgré un bon accueil critique, le film n'a pas rencontré le public qu'il méritait. Comme Pierre sortait d'un énorme succès, *Je sais rien, mais je dirai tout*, et moi de *L'Horloger*, c'est donc ce pauvre Pico qui a pris, ce qui est une injustice typique du cinéma. Il a eu du mal à tourner par la suite. Il a fait de nombreux films pour la télévision, dont une très belle série sur un groupe de personnes qui prenaient le même train tous les matins, *Paris-Saint-Lazare*. Dans les années 1980, j'ai essayé de monter un nouveau film avec lui, *Le Coup de chapeau*. Faute de soutien de la commission d'avance sur recettes, le projet est tombé à l'eau.

Sur un scénario de René Goscinny, j'ai tourné ensuite dans *Les Gaspards*, de Pierre Tchernia. Ce conte parisien charmant était son second film. La distribution était plutôt prestigieuse : Michel Serrault, Michel Galabru, Charles Denner, mais aussi Chantal Goya, Annie Cordy, ou encore Gérard Depardieu qui avait un petit rôle. Rebutés par ce que devenait Paris en surface, par les destructions en série, des gens décidaient, un peu comme une secte, de s'établir dans les sous-sols, carrières, égouts et catacombes. Pour se nourrir, ils chapardaient à droite, à gauche ; je me souviens de plans où l'on cueillait des carottes par en dessous, ce qui enclenchait des courses-poursuites avec la police. Nous avions tourné dans des carrières de gypse impressionnantes, non loin de la périphérie. Dans ces cavités profondes comme des cathédrales, des camions de vingt tonnes pouvaient entrer.

À cette époque, je commençais à recevoir beaucoup de scénarios. Pour peu que je sois épaulé par un ou deux partenaires du même poids, le fait que je donne mon accord pouvait faciliter grandement le montage financier. À moins, ce qui est rare, que le projet ne vienne de quelqu'un pour lequel je n'ai ni sympathie ni estime, je lis toujours ce qu'on me propose. Si mon intuition de départ est négative, par acquit de conscience, je demande tout de même à mon agent de vérifier. Mais en règle générale, je lis moi-même, d'un seul trait dans la mesure du possible, pour essayer de me faire une idée. En évitant de m'attarder, je m'efforce d'obtenir une vraie première impression, car je la considère comme la bonne. De même que je n'ai jamais été vraiment ce qu'on appelle un cinéphile, je n'analyse pas, je ne décortique pas. Contrairement à Monique, lorsque je lis un scénario, j'ai beaucoup de mal à formuler des diagnostics sur ce qui va ou ne va pas. Aussi bien dans un sens que dans un autre, il m'est arrivé de revenir sur un premier jugement. Si jamais je suis perplexe, je demande à rencontrer le metteur en scène. Un tournage peut durer longtemps. Lorsque cela s'avère un pensum, la durée se rallonge encore. Si j'adhérais à un projet, je donnais mon accord.

Même si cela ne débouchait pas forcément sur un succès, je n'ai eu que très rarement à le regretter.

Si j'ai eu une ligne de conduite, ce fut de ne pas me laisser enfermer dans un type de personnages, les gentlemen-farmers, par exemple. En dernier ressort, la qualité du rôle était déterminante. Dans ma quête d'un cinéma populaire de qualité, j'avais un peu en tête ce que Vilar m'avait appris, ce que nous avions vécu avec lui au temps du TNP. Pour moi le cinéma est d'abord un art populaire, même si l'on peut aussi pratiquer un cinéma de recherche, à la première personne. Pour moi, il est très difficile d'envisager un film qui ne tiendrait pas compte de ce principe-là : essayer d'établir un rapport simple avec le public. Par les critiques, l'expression « cinéma populaire » est presque toujours employée avec condescendance. Mais pour moi, le vrai cinéma populaire, c'était par exemple ce que Bertrand Tavernier recherchait : un cinéma d'auteur à portée de tous. C'était exactement le cinéma dont j'avais envie.

Pour entrer dans mes rôles, je n'ai pas de méthode prédéfinie. Je me fie à ma première impression. Comme j'ai toujours peur de trop gamberger sur un projet qui n'aboutirait pas, je ne relis que deux ou trois fois le script, guère plus. Après, le processus était enclenché. Le temps pouvait faire son œuvre. En me promenant à cheval, en faisant mon marché à Carcassonne, les choses mûrissaient tranquillement, germaient, quasiment à mon insu.

Parfois, j'ai éprouvé le besoin de lire quelques livres autour du sujet. Pour Philippe d'Orléans dans *Que la fête commence*, j'ai lu la biographie de Philippe Erlanger, j'ai relu aussi quelques passages de Saint-Simon. Mais je m'en suis tenu à cela. Je me suis toujours méfié d'un excès d'informations, qui aurait risqué de me bloquer, *a fortiori* pour un personnage ayant existé. Je me protège. En acteur éventuel, j'ai toujours eu le sentiment qu'il fallait que je ménage ma fraîcheur. Il faut pouvoir laisser libre cours à son imagination. Le cinéma le plus minutieux du monde ne peut offrir que des évocations. Il y aura toujours des érudits grincheux pour protester au nom de la vérité historique, comme lorsque nous avons fait *Poil de carotte* et que quelques gardiens du temple autoproclamés protestèrent, nous accusant de prendre des libertés avec l'œuvre.

Pour en revenir au Régent de *Que la fête commence*, c'est un personnage que j'ai approché grâce à quelques remarques de Bertrand. Jusqu'alors, les films en costumes avaient eu un esprit très Comédie-Française ou à la Guitry, avec des acteurs en talons rouges, le petit doigt tendu vers le ciel. Or Bertrand avait été très clair :

— Vous ne vous asseyez pas dans des fauteuils Louis XV, vous vous asseyez dans des fauteuils Roche Bobois que votre papa a été acheter quand il s'est installé avec votre maman dans le château qu'il venait de se faire construire.

Les gens de ce temps vivaient dans le moderne. Autre détail significatif : dans beaucoup de scènes, nous apparaissons sans nos perruques. En effet, on peut imaginer qu'en privé, avec leurs serviteurs ou quand il faisait trop chaud, les grands seigneurs de la Régence se débarrassaient de ces accessoires encombrants. Il nous fallait déjouer les images toutes faites.

Pour entrer dans mes rôles, je me suis souvent appuyé sur le costume. Cela fait apparaître un premier élément concret, sur lequel on pourra se fonder pour développer le reste. De façon purement visuelle, sans qu'on ait à s'en préoccuper dans le jeu ou dans les dialogues, on transmet un maximum d'informations au spectateur. Je me souviens d'une remarque faite par Jean-Louis Barrault à propos de Lawrence Olivier. Ce dernier était venu jouer à l'Odéon *Titus Andronicus*, qui est une pièce de Shakespeare épouvantablement sanguinaire. Les combats abondent, et le héros y mange le cœur de ses enfants, entre autres joyeusetés. Dans le dernier acte, Lawrence Olivier était apparu tout ruisselant de sang. On aurait dit un écorché qui titubait sur scène. Barrault, qui avait toujours été partisan de la composition physique, d'un jeu fondé sur l'évocation des choses, s'en était étonné auprès de son invité. Et Lawrence Olivier avait eu cette réponse surprenante :

— C'est toujours cela auquel je n'ai pas besoin de penser...

En effet, le spectateur ayant les yeux emplis de son costume sanguinolent, cela lui permettait de se concentrer sur l'essentiel, qui n'était pas la douleur physique, mais la situation dans laquelle se trouvait le personnage à ce moment-là. À sa façon, le costume parle.

Dans les années 1970, j'avais rêvé pendant un temps de mettre en scène un film. Lorsqu'on regarde un chef-d'œuvre comme *La Nuit du chasseur*, de Charles Laughton, on se dit que réaliser son *one shot movie* peut avoir une certaine allure. Dans les années 1950, lorsque les circonstances étaient économiquement plus faciles, je serais sans doute passé à l'acte. J'aurais eu un tout petit budget, beaucoup de temps devant moi, et une histoire qui se serait passée à la campagne, dans une région tranquille... J'aurais filmé en artisan, comme lorsque nous avions tourné *Poil de carotte* avec Graziani. Un ou deux amis m'auraient aidé pour l'écriture. Mais je n'ai jamais franchi le Rubicon. Je connaissais tellement de gens pour qui mettre en scène était une question de vie ou de mort : je m'en serais voulu d'utiliser ma notoriété à seule fin de m'amuser.

11.

Ma vie entre les films. Mareil-Marly. Le bonheur à cheval. L'école de l'équitation. Comment j'ai rencontré Temeroso. L'élégance de mon père. Comment il m'a transmis ce goût. Portrait de Jean Gabin et de Fred Astaire en maîtres de style. Comment je m'habille. L'Italie, terre de cocagne. Charme des accessoires. Mes chaussures. Plaisir du sur-mesure. M. Dickinson. Création des bottes Noiret.

Curieusement, le fait de gagner plus d'argent n'a pas changé ma vie en profondeur. Il nous a simplement permis d'avoir davantage de liberté et de confort. En plus de faire vivre ma famille, j'ai pu m'acheter un cheval, payer sa pension. Mais je n'ai jamais été bouleversé par les rentrées d'argent. En comparaison avec le temps du TNP, cela pouvait paraître faramineux. J'étais très content d'en gagner mais je n'ai jamais cherché à signer des contrats dans ce seul but. Lorsque j'avais cette tentation, je me faisais rappeler à l'ordre par Monique, ou par Lebovici qui me mettait en garde, me disant que je risquais de le regretter, que je souffrirais et que je n'en serais pas fier.

Lorsque je suis rentré des États-Unis, début 1969, le film de Cukor, dont le tournage venait de se terminer, avait connu des dépassements. Je rapportais donc dans mes fontes une somme assez coquette, comparée à ce que j'aurais pu gagner en France. Grâce à ce petit paquet de dollars, j'ai pu acheter la maison de Mareil-Marly. C'était une maison moderne, dans un style qui nous plaisait et dans laquelle nous avons été très heureux. Son jardin était contigu à celui de Jean Rochefort, qui nous avait fait connaître les lieux. Quant aux chevaux, ils étaient installés tout près, à Saint-Germain-en-Laye.

Pendant longtemps, j'ai eu des demi-sang, c'est-à-dire ce que l'on appelle des selles français, mélanges de pur-sang et de chevaux français. Le premier s'est appelé Sigur. Demi-sang très près du sang, il est mort de coliques dans sa cinquième année, peu de temps après que je l'eus acheté. J'ai eu un autre cheval ensuite, avec lequel je me suis cassé une jambe. Puis ce fut Beaumanière. J'ai vécu trente ans avec lui. Il est mort à trente-quatre ans. Grand, bai, assez clair, un mètre soixante-dix-huit au garrot, ce personnage pouvait être d'une fainéantise dépassant tout ce qu'on peut imaginer. Il avait pourtant de très bonnes origines : son propre frère avait concouru dans l'équipe de France sous la selle d'Hubert Parot, du temps de Marcel Rozier. Beaumanière, lui, n'a jamais sauté un crayon. Mais à l'extérieur, il était formidable. Il passait n'importe où. Je peux dire qu'il a vraiment été l'un des deux chevaux de ma vie.

Depuis 1960 et la Camargue, Rochefort et moi avions continué à monter, non sans risques parfois. Nous allions dans des endroits où on se contentait de nous seller les chevaux : après, tout pouvait arriver. En autodidactes, nous avons pris des leçons à droite et à gauche, essayant de progresser, lisant les maîtres, Decarpentry et La Guérinière... Jean d'abord, moi ensuite, nous sommes passés à l'achat de chevaux, que nous mîmes en pension dans le même centre équestre. Petit à petit, l'équitation a pris une place très importante dans notre vie. Jean a été jusqu'à faire de l'élevage, et possède encore de très nombreux chevaux. Après Saint-Germain-en-Laye, j'ai mis mes chevaux d'abord à Maisons-Laffitte, puis dans un très bel établissement installé en lisière de forêt, au Mesnil, entre Maisons-Laffitte et Saint-Germain en Laye. Outre Beaumanière, j'y avais mis Niso, la jument que j'avais offerte à Frédérique pour ses quinze ans. Lorsque j'ai eu Turcy, ils sont tous les deux partis pour Carcassonne.

Quand je ne tournais pas, je montais tous les matins. Moi qui ne suis pas spécialement lève-tôt, à cheval j'ai toujours été du matin. Vers neuf heures, j'étais en selle, et cela durait jusqu'au déjeuner. Lorsque je ne faisais pas une promenade dans la forêt, je travaillais un petit peu en carrière, pour me perfectionner. Jean et moi avions pour souci constant d'être corrects à cheval. Notre maître de manège était un homme charmant. Dans des proportions très raisonnables, il nous faisait sauter quelques barres. Contrairement à Jean, qui a participé aussi à beaucoup de concours complets, je n'ai jamais fait de concours hippique. Dans ce choix, sans doute y avait-il un peu de prudence. Je ne voulais pas prendre de risques qui mettent en danger ma vie professionnelle. En 1968, lorsque les assureurs avaient su que je m'étais cassé une jambe, ils n'avaient pas manqué de me faire les gros yeux.

À cheval, j'ai eu des heures d'un grand bonheur. J'ai adoré cela. En particulier, j'avais un faible pour la balade, pimentée de quelques obstacles naturels, barrières, haies et fossés. Dans la forêt de Saint-Germain, il existait des parcours de chasse. À partir de 1976, je partais conquérir ces paysages de l'Aude pour lesquels nous avions eu le coup de foudre, Monique et moi. Il n'y a pas de communion plus extraordinaire avec la nature que de sortir au petit matin pour éviter la chaleur, en compagnie d'un cheval avec lequel on s'entend bien. C'est un animal qui est beau, qui sent bon, qui est chaud, qui a un charme et une séduction extraordinaires. Dans ces moments d'harmonie, on a le sentiment d'être hors du temps, et en même temps relié à nos ancêtres, aux époques que l'on n'a pas connues. On pourrait être au Moyen Âge ou sous Louis XIII. Lorsqu'on galope sur un petit chaume fraîchement moissonné, avec la brume et les Pyrénées dans le fond, la chaleur qui monte, l'odeur de l'herbe qui se réchauffe, lorsqu'on se laisse aller au souffle du cheval, au rythme du petit galop, puis qu'on reprend un peu sa monture, qu'on s'arrête pour la laisser paître, avec le labrador qui vient se coucher à vos côtés, tout cela, ce sont véritablement des moments de grand bonheur, de grâce. Bien évidemment, c'est difficile à faire partager. Aux yeux des autres, les cavaliers sont un peu fatigants, car ils peuvent parler de leurs chevaux pendant des heures.

À tous les sens du mot, l'équitation apprend à se tenir. À se contrôler. Lorsqu'on est à cheval, il n'est pas question de faire des mouvements intempestifs, de se laisser aller à l'humeur. Tout l'enjeu est d'établir avec sa monture des rapports harmonieux, de ne pas déranger. Moi, ma hantise, c'était mon poids. À tous points de vue, je voulais être le plus léger possible. J'avais d'ailleurs reçu un compliment d'un grand champion d'équitation, Nelson Pessoa, qui m'avait dit : « Tu es lourd, mais tu montes léger. » Ce jugement m'avait fait l'effet d'une Légion d'honneur avant la lettre. Même lorsqu'on est à pied, l'influence de l'équitation se ressent. C'est une façon d'être dans la vie, en dérangeant le moins possible. Et puis tous ces rapports physiques, lorsqu'on selle le cheval le matin, lorsqu'on sangle, sont extrêmement sensuels. Tous les sens sont en éveil. Rien n'est plus délicieux que l'odeur du box dans une écurie propre, bien entretenue. Cela sent comme une boîte de havanes. C'est comme si vous mettiez votre nez sur un cabinet de Hoyo de Monterey double coronas. Le soir enfin, quand on vient leur dire bonsoir, on entend ces mâchoires qui travaillent, le petit coup de sabot dans la porte, on aperçoit le bout du nez qui sort pour voir qui vient leur rendre visite.

J'ai pratiqué l'équitation jusqu'à il y a deux ans. À partir du moment où j'ai fait moins de cinéma et plus de théâtre, bien évidemment, je me suis mis à monter beaucoup moins. Lorsqu'on joue dans une pièce, il faut compter six mois de répétitions et de représentations, puis six mois de tournée. Aussi, pendant très longtemps, j'ai délaissé le théâtre. À partir d'un certain moment, ma vie s'est organisée en fonction de mes activités de cavalier. J'ai pu bénéficier de ce formidable confort qui consistait à tourner un film en gagnant bien ma vie, avant de m'arrêter deux ou trois mois, pour aller à Turcy monter à cheval et préparer tranquillement le prochain. J'ai connu le paradis sur terre. Et puis un jour, l'âge venant, j'ai été pris d'appréhension. Le spectre de la mauvaise chute a commencé à se profiler. Je n'avais pas vraiment peur, mais j'y pensais. Alors, j'ai pris la décision d'arrêter. Dans ma vie, ce fut une étape assez douloureuse. L'équitation est un art de la régularité, du geste quotidien, qui suppose une fidélité de chaque jour. Un cheval n'est pas comme un vélo, que l'on va remiser pendant six mois. Ce que l'on a essayé de lui inculquer, il faut qu'il ne le désapprenne pas. Dans une perpétuelle mise en place, on doit entretenir les bons gestes.

Lorsque j'ai tourné *La Fille de d'Artagnan* avec Bertrand Tavernier, au début des années 1990, j'avais de nombreuses scènes de chevauchée. Mario Luraschi était en charge des séquences équestres. Il m'avait attribué un andalou gris qui s'appelait Temeroso. Pour un cavalier, cela n'est jamais drôle de tourner un film à cheval. Au milieu du bruit, de l'ignorance des chevaux, on ne fait pas les choses proprement. Il y a des risques, de la confusion, de la brutalité parfois. Mais ce Temeroso, j'ai eu un tel plaisir à le monter, il était d'un tel équilibre ! Il ne bougeait pas d'une oreille et en même temps il avait un sang formidable, une vraie Ferrari. J'ai donc dit à Luraschi :

— Celui-là, il faut que tu me le vendes.

Il m'avait tellement séduit pendant le tournage, j'avais eu un tel bonheur ! Bien évidemment, Luraschi m'a répondu :

— Non, celui-là je ne peux pas le vendre, prends-en un autre !

Ce cheval était une star. Il avait déjà beaucoup tourné. Il était engagé pour *Le Hussard sur le toit*, qui fut sa dernière apparition. Après, Luraschi a fini par céder et me l'a amené à la maison.

Après Beaumanière, Temeroso a été le second cheval de ma vie, et finalement mon préféré. Il avait sept ans quand je l'ai eu. J'ai vécu une bonne dizaine d'années avec lui. Il m'a appris beaucoup dans la tenue, car il suffisait que je sorte mon mouchoir pour qu'il me fasse une volte au galop. Il était au bouton. Luraschi lui faisait faire ce qu'on voulait, se cabrer, se coucher... Il suffisait de déplacer son assiette et ça partait. À Turcy, pour éviter de tirer sur ces pauvres bouches, j'avais un montoir. Au bout de trois ou quatre jours, je n'avais qu'à ouvrir la porte du box. Témé allait directement au montoir et m'attendait. Il était extraordinairement gentil.

À la maison, l'écurie était conçue pour accueillir quatre chevaux. Après la mort de Niso et de Beaumanière, Temeroso a eu d'autres compagnons, Nivakine, Lanoline, et Irisa, que je voulais appeler Insuline, avant d'y renoncer de crainte que cela ne finisse par faire un peu trop armoire à pharmacie. Nivakine était la jument d'un de mes excellents amis, qui était un ancien sous-officier de cavalerie, M. René Amardeilh. Il faisait vraiment partie de la famille, et s'occupait des chevaux en notre absence.

Bien qu'il n'ait pas été du tout un dandy, j'ai toujours connu mon père très élégant. Il avait le goût des beaux vêtements. Il ne s'agissait pas pour lui de se distinguer : cela faisait simplement partie de sa vie, de son métier, et il en tirait du plaisir. Il avait longtemps dirigé des maisons de détail, où l'on trouvait un rayon tailleur. Dans la mesure de ses moyens, il se faisait faire des costumes par son coupeur. Le métier n'avait pas de secrets pour lui. Il savait ce que c'était qu'une doublure, pour les manches, comme pour un veston. Dans le temps, on appelait cela de la mignonnette. Elle était taillée dans de la soie rayée. Papa aimait porter du tweed homespun – une étoffe dont le motif n'est pas à chevrons ou à carreaux mais plutôt moucheté, de différentes couleurs. Il connaissait ces finesses, il aimait cela ; et moi, tout naturellement j'ai développé ce goût. Après la guerre, quand j'ai eu à peu près quinze ans et que j'avais atteint sa taille, j'ai commencé à lui faucher des costumes ou des chemises. Avec le temps, j'ai continué sur ma lancée. Je cherchais un sentiment de confort, d'harmonie. Je voulais me sentir bien dans mon costume comme on se sent bien dans sa peau. L'élégance, les beaux habits m'apportaient aussi une espèce de protection. Ainsi, lorsque j'ai commencé à faire du cabaret, je n'avais pas de grands moyens. Je me suis quand même fait faire un ou deux costumes bien coupés.

Dans les cabarets de la rive droite en particulier, j'éprouvais le besoin d'être aussi bien habillé, sinon mieux, que les bourgeois nantis qui venaient nous voir. De ce côté-là au moins, j'entrais tranquille en scène.

À part mon père, j'avais d'autres modèles, puisés dans le cinéma que j'aimais. Jean Gabin, qui était au centre de mon panthéon personnel, était d'une élégance parfaite. Qu'il fût gangster, ouvrier ou grand bourgeois, il était toujours vêtu avec un grand raffinement, y compris dans *La Bête humaine* ou dans *Le jour se lève.* Nous n'en avons jamais parlé ensemble, mais il aimait cela, c'était visible. Il portait par exemple des pardessus en poil de chameau absolument somptueux, avec des épaules pas du tout marquées, un grand pli dans le dos et une martingale. Ce n'est pas courant, ce degré d'élégance. J'ai eu également la chance de croiser Fred Astaire. Alors là, c'était le top. Si l'on m'avait donné le choix, j'aurais aimé être un second Fred Astaire, à un niveau très subalterne bien sûr, mais être un Fred Astaire, de la lignée des Fred Astaire. Avec lui, en revanche, lors du tournage du *Taxi mauve*, j'ai pu aborder cette passion de la fripe. Je lui avais dit une chose qui l'avait beaucoup fait rire. Comme on sait, il jouait les danseurs dans de nombreux films. Quand on a commencé à voir ces derniers, à la Libération, j'avais quinze ans. J'avais remarqué que pour les scènes de répétition, il portait des pantalons de flanelle magnifiquement coupés, un peu larges, qui tombaient merveilleusement ; et qu'en guise de ceinture, il mettait une cravate. Or c'était le moment où je commençais à faucher des pantalons de flanelle à mon père. Et en guise de ceinture, j'avais décidé, moi aussi, de mettre des cravates. Ma petite histoire l'avait beaucoup touché, Fred Astaire. Il nouait sa cravate autour de la taille, avec un nœud à deux bouts, comme pour les chaussures. Si vous êtes en tenue décontractée, en polo par exemple, cela peut introduire une très jolie touche de couleur. À mes yeux, c'est cela, le style : quelque chose de libre et de spontané.

Sans que cela tourne à l'obsession, j'ai toujours eu cette prétention à l'élégance, ou en tout cas à avoir mon style. D'abord parce que c'est le meilleur moyen de fréquenter des gens que j'aime, les artisans. Parce qu'ils sont passionnés de leur métier, j'aime discuter avec eux, que ce soit du col d'une chemise ou du revers d'un pantalon. En fonction du physique ou du style, nous pouvons avoir des conversations byzantines sur la juste proportion. Le tout est de garder une totale liberté par rapport à ces dogmes, qui sont complètement absurdes, si on commence à les analyser. Dans mes armoires, j'ai par exemple des pantalons très bien coupés, mais qui sont un peu longs, parce qu'on s'est trompé lorsqu'on a pris les mesures. Eh bien, je leur fais un revers. Ce n'est pas une affaire. Pour une soirée habillée, je n'irais pas jusque-là. Mais s'il s'agit d'un pantalon de sport, ou même d'un pantalon de flanelle, qu'on porte avec un veston en cachemire et une cravate, on peut très bien se permettre cela. Longtemps après que mon ami Dominique de Villepin m'eut remis la Légion d'honneur, je n'ai pas voulu la mettre à ma boutonnière. Et puis un jour que Monique et moi étions allés assister à la finale du championnat de France de rugby, entre Biarritz et le Stade toulousain, j'ai vu arriver dans la tribune Jean-Pierre Cassel. Il a la Légion d'honneur, et il arborait son petit ruban rouge sur un veston blanc.

— Mais c'est vachement joli, ça, lui ai-je dit.

Et à part moi :

« Va au bout de ta logique. Tu as accepté la Légion d'honneur ; eh bien, contrairement à ce que tu disais, tu la porteras. »

Bien que je sache que tout cela n'a aucune importance, je possède un certain nombre de règles en matière vestimentaire. Quand quelqu'un ne les respecte pas, j'ai un petit doute sur la personne... Et là il faut que je me raisonne. Je n'aime pas les gens qui ont un costume croisé et qui portent des mocassins. Je trouve que cela ne va pas. Ou encore, je n'aime pas les gens qui ont une cravate et une pochette assortie. Par contre, j'aime bien les belles matières. Un beau coton, que ce soit pour un costume ou pour des chemises, c'est aussi intéressant que de la soie. Tout est dans la qualité, qui n'est, hélas, pas toujours au rendez-vous. À notre époque, nous avons connu la démocratisation des matières précieuses. Les cachemire, tussor et autres shantung se sont répandus. Mais en même temps, je me souviens que mon père me montrait souvent des étoffes d'une telle qualité qu'on les voyait probablement pour la dernière fois. La vie a changé. Les maisons et les appartements sont devenus très chauffés. On vit de moins en moins dehors. La mode a dû alléger les tissus. Quel sédentaire d'aujourd'hui supporterait les costumes en cheviotte que l'on enfilait dans les hivers d'antan ? Ce serait beaucoup trop lourd. À l'instar des vieilles armures du Moyen Âge, il a fallu les remiser.

Pendant de longues années, comme j'avais souvent l'occasion de m'y rendre, je me suis beaucoup habillé à Rome. En France, même parmi les gens fortunés, rares sont ceux qui se font habiller ou chausser sur mesure. Nous avons perdu cet art de vivre. En Italie, en revanche, ce goût et ce raffinement existent toujours. Dans n'importe quelle petite ville, vous avez encore plusieurs chemisiers et tailleurs. Il est encore très répandu d'acheter son tissu au mètre pour se faire faire son pantalon chez l'homme de l'art. À Rome, mon tailleur de prédilection m'avait souvent habillé à l'écran. Il s'appelait Rotuno ; beaucoup de gens de cinéma, Franco Rosi, Marcello, étaient ses clients. Il avait d'ailleurs un frère, Giuseppe, qui était un très grand chef opérateur. Je lui ai commandé énormément de costumes. J'avais l'esprit tranquille : j'étais en tournage à Rome, je me sentais un habitant de la ville. En baguenaudant, j'allais voir sa boutique. Cela me donnait un but de promenade et le plaisir de le rencontrer. J'avais aussi un chemisier, Albertelli. Je trouvais qu'il travaillait bien et que son choix de cotons et de soies était formidable. À force, j'ai fini par me retrouver à la tête d'un nombre incalculable de chemises, au point que je ne savais plus où les mettre.

À Londres, je me sens moins en terrain de connaissance. Je m'étais bien fait faire un ou deux costumes chez un tailleur de grande réputation, Henderson and Sheppard, sur Saville Row. Une fois par mois, il envoyait son coupeur à Paris prendre des mesures. Les essayages se pratiquaient presque clandestinement dans un petit hôtel de la place Vendôme. Cette infidélité ne devait être qu'une passade. Tout compte fait, ma véritable adresse fétiche se trouve à Paris : c'est Charvet. Avec une rigueur et une passion formidables, cette maison familiale est une des dernières qui travaille encore à l'ancienne. Ils m'ont habillé pour beaucoup de films. J'aime ces gens. J'ai beaucoup de plaisir à me rendre chez eux.

J'ai souvent porté des accessoires en voie de disparition, chapeaux ou nœuds papillons. Qu'il se coiffe d'une casquette ou d'une bombe, le cavalier doit avoir la tête couverte. Et puis j'ai toujours vu mon père avec des chapeaux. Pour former un tout, un costume doit être fini par un chapeau. Avec le temps, je me suis découvert une prédilection pour la fantaisie des couleurs, le mélange des carreaux et des pois. Par-delà le désir d'échapper aux règles admises, de faire les choses à mon idée, il y avait une part de farce, là-dedans. Le statut de comédien est un des rares qui confère une totale liberté vestimentaire. Les Guitry père et fils, par exemple, revendiquaient cela. Aujourd'hui, je ne sais pourquoi, peu de gens en usent. Rares sont les acteurs qui se soucient de la façon dont ils sont habillés. À vue de nez, il y a bien Guy Marchand, qui est à la ville un homme très élégant, un peu dans le style des années 1930. Jean-Pierre Marielle est également d'une élégance extrêmement discrète et personnelle, sans aucune recherche apparente. Mais ce sont à peu près les seuls.

Lorsque nous sommes arrivés à Paris, juste après la guerre, j'allais parfois chercher mon père à son bureau. Ce dernier était situé en face de l'ambassade de Grande-Bretagne, rue du Faubourg-Saint-Honoré. Aussi, pour m'y rendre en venant du lycée Janson-de-Sailly, je passais d'abord devant l'Élysée, puis devant chez John Lobb. J'étais absolument fasciné par cette vitrine et par ces chaussures.

Aussi, dès que j'ai gagné un peu d'argent, j'ai eu envie de me faire faire des souliers de chez Lobb. Je suis allé voir Monique :

— Écoute, c'est un rêve d'enfant, qu'est-ce que tu dis de ça ?

Elle m'a répondu :

— Bon. T'as beaucoup travaillé. Tu le mérites. Vas-y.

C'était pendant cette fameuse année 1973. Les souliers ont été prêts au moment du tournage du *Nuage entre les dents.* Pierre Richard, qui avait pourtant tourné *Le Grand Blond* l'année d'avant, s'était beaucoup moqué de moi. En effet, je lui avais longuement parlé de mes futures chaussures – c'étaient des mocassins ; lorsque je les ai récupérés, j'ai voulu les essayer : ils me faisaient un mal de chien.

Je suis allé trouver M. Dickinson, qui était le maître bottier de chez Lobb :

— Ne vous inquiétez pas, monsieur Noiret. On a voulu trop bien faire. On va vous donner de l'aisance.

À partir de ce jour, j'ai été un fidèle de la maison. Cela fait trente-trois ans, maintenant. M. Dickinson était un homme très agréable, qui avait la passion de son métier. Souvent le samedi, même si je n'avais pas de chaussures en train, j'allais faire un tour chez Lobb. À l'époque, la boutique se trouvait au premier étage de chez Hermès. J'allais passer un moment avec M. Dickinson et sa femme, et nous bavardions tranquillement. Il y avait là un fauteuil dans lequel Gary Cooper s'était endormi autrefois. Un jour que j'avais commandé une nouvelle paire, des mocassins à plateaux à languettes écossaises, un modèle très particulier, le maître bottier avait sorti de ses archives un énorme livre ; il l'avait ouvert à une certaine page qui était la fiche client d'une commande de mocassins à plateaux à languettes écossaises, au nom de M. Gary Cooper...

M. Dickinson était un homme discret. Pas le genre à raconter des anecdotes. On commençait par choisir le modèle :

la peau, la couleur, l'épaisseur. C'est une opération qui prend un certain temps – bien sûr, on pourrait expédier cela en dix minutes, mais où serait le plaisir ? Puis le maître bottier, M. Dickinson, passe à la prise de mesures. On pose son pied sur une grande feuille, ce qui permet d'en dessiner la forme, et de reporter toutes sortes de mensurations. Ensuite, le maître bottier taille cette forme dans une bûche de charme. Il s'agit d'un bois blanc, assez tendre mais néanmoins solide, dans lequel il va sculpter littéralement votre pied. Au millimètre près, ce travail est d'une vraie délicatesse et d'une grande précision. Chez Lobb, cela prenait au minimum six mois. Une fois fabriquées ces formes de bois, on les confiait aux ouvriers bottiers qui travaillaient à domicile. Quand j'ai commencé à fréquenter la maison, au début des années 1970, la plupart des ouvriers étaient des gens déjà âgés. Il y avait très peu d'apprentis et il fallait sept ans pour faire un artisan bottier convenable. L'apprentissage traditionnel, dans lequel les gamins commençaient à douze ou treize ans pour se débrouiller à vingt, n'existait plus. Alors qu'elle traversait cette mauvaise passe, la société avait été rachetée par Hermès. Jean-Louis Dumas, qui a su développer cette grande marque avec génie sans transformer son esprit, avait fait cette acquisition pour permettre à Lobb de retrouver une clientèle. Il était prêt à perdre de l'argent le temps qu'il fallait. Le problème majeur était celui de la transmission. Pour y remédier, Jean-Louis Dumas a profité des derniers ouvriers pour former de nouveaux artisans. Tout ce monde a été rassemblé dans un atelier du faubourg Saint-Antoine, depuis transféré quelque part en banlieue. Le travail a été divisé en trois phases. Les paires sont désormais l'œuvre de plusieurs corps de métier, et non plus d'une seule personne.

Depuis très longtemps, je rêvais de me faire faire une paire de souliers qui convienne à mon usage personnel. Un jour, j'en ai parlé à M. Dickinson : je voulais créer avec lui un modèle, une chaussure qui n'existât point. Nous avons longuement tourné autour de cette idée, sans véritablement déboucher sur une solution satisfaisante. Le catalogue de Hermès contenait déjà tout ce qu'on pouvait imaginer en matière de chaussures. C'est alors que nous avons songé aux bottes. Là, en revanche, il était possible de concevoir quelque chose de nouveau. J'avais justement envie d'une paire de bottes pour Turcy, que je pourrais porter toute la journée. Surtout pas des bottes à la Saumur, mais plutôt des espagnoles ; je voulais pouvoir les porter avec des pantalons, et non plus forcément avec des culottes de cheval ou des jodhpurs. Pour pouvoir les enfiler, et qu'on puisse les garder sous le pantalon, il fallait qu'elles soient munies de deux languettes apparentes sur les côtés. Nous avons donc élaboré une forme qui tenait un peu de la botte espagnole, un peu de celle de Camargue, un peu de la mexicaine aussi, avec des talons à peine biseautés comme en ont les santiags, et un bout carré. Taillées dans un cuir très souple, elles étaient très près de la jambe. En effet, comme j'ai un cou-de-pied énorme, j'ai besoin d'un très bon bottier pour donner un certain galbe à l'ensemble. À partir du moment où nous avons été d'accord sur le principe, l'enfant est né sans douleur. Depuis, je les mets tout le temps, d'autant qu'étant passé du selle français à l'andalou, je ne monte donc plus en jodhpurs mais en pantalon. Au bout d'un certain moment, je suis quasiment devenu un collectionneur. Entre les bottes et les chaussures, entre les bottillons d'équitation ou de ville, je dois avoir dans les trente-cinq paires de chaussures en tout genre. Petit à petit, j'ai dû quasiment m'en faire faire une par an...

Quand j'entends certains parler d'« industrie du luxe », je trouve l'expression complètement absurde. Pour moi, le luxe ne saurait être une industrie. Ce ne peut être qu'un objet fabriqué par un artisan, c'est-à-dire un objet unique, commandé par une personne à une autre personne. Le luxe a été pour moi une nourriture. De ces accessoires précieux se dégage un savoir, qui infuse. Chaque jour de votre vie, vous vous servez d'objets faits pour vous par un homme que vous connaissez, que vous aimez. C'est entre soi et soi. C'est quelque chose qui fait plaisir, dont on jouit, qui apaise et qui rend gai, qui rassure. Quand j'habitais Marly, j'entreposais mes souliers au sous-sol. J'avais une table sur laquelle ils étaient tous disposés. Lorsque je descendais chercher une paire, cela me rassurait de découvrir les trente alignées comme à la bataille, en rangs d'oignons. Je me disais que rien de grave ne pouvait plus m'arriver, dans la vie. J'avais de quoi me chausser jusqu'à la fin de mes jours. Et puis, cela m'a souvent servi de pâture pour les journalistes. Lorsqu'ils débarquaient à Turcy, ils ne manquaient jamais de s'extasier :

— Oh oh ! On va faire une photo dans la sellerie, avec les chevaux derrière, et vos bottes aux pieds...

Et moi, bien sûr, cela m'arrangeait ainsi...

J'ai mis près de trente ans à devenir celui que je suis. Toujours, j'ai pris les choses comme elles venaient. Mon plus grand plaisir, ce fut de me rendre compte, à un certain moment, que le fait que j'adhère à un projet pouvait le rendre faisable, réalisable. Le reste était loin d'être négligeable : les bons cachets, le fait d'être reconnu dans la rue, que l'on vous donne la bonne table au restaurant, mais la chose importante, c'était vraiment cela. Pour la première fois, je goûtais à la liberté de choix. J'en ai joui paisiblement. C'est le moment où l'on se dit, « les choses roulent, il y a des offres, des propositions, rien n'est fragile, rien n'est acquis, mais je suis tranquille pour un moment. Si je ne fais pas de conneries énormes, on va se régaler ». Ça m'avait rassuré d'être choisi par quelqu'un comme Hitchcock, même pour un rôle secondaire. Et puis, parallèlement, je vivais une vraie rencontre avec le public. Avec *Alexandre*, puis avec *La Vieille Fille*, les gens m'ont adopté. Il s'est produit un phénomène d'identification. Sans être tout à fait commun, je suis quelqu'un d'assez ordinaire. Si ça doit venir, ça vient. Cela n'a rien à voir avec le talent. On ne peut pas tabler là-dessus. Je crois que si j'ai une qualité comme acteur de cinéma, c'est la crédibilité. Les gens ont foi en ce que je leur propose. Et cela, on ne peut ni le prévoir ni le calculer. On ne peut que s'efforcer d'être le plus honnête possible face à son personnage, de ne pas chercher à en faire plus que ce qu'il nécessite. Cela correspondait à ma nature. Certains acteurs aiment en faire énormément, surjouer, et parfois cela peut être épatant. Pour moi, ce fut le contraire de cela. Avec Vilar j'avais appris quels rapports on devait entretenir avec l'œuvre, le personnage et l'entreprise dans son ensemble. C'est une question de diapason, de note. À chaque nouveau rôle, il faut retrouver la virginité, l'innocence, l'invention et le jaillissement. C'est cela l'honnêteté. Aller au bout de tout ce qu'il y a, au fond d'un personnage.

12.

Le Secret, *de Robert Enrico. Pascal Jardin me propose* Le Vieux Fusil. *Jean-Louis Trintignant.* Le Jeu avec le feu, *d'Alain Robbe-Grillet.* Mes chers amis, *de Mario Monicelli. Gueuletons en Toscane. Ugo Tognazzi. L'Italie m'adopte.* Que la fête commence, *de Bertrand Tavernier. Marielle, Rochefort et moi. Yvette Bonnay, mon habilleuse. Le Régent. Ce que je lui dois.*

En 1974, j'ai tourné mon premier film avec le metteur en scène Robert Enrico : *Le Secret.* C'était l'adaptation d'un roman de Francis Ryck, publié dans la Série noire. Le tournage, en Ardèche, dans un pays magnifique, n'a pas été facile. Pour commencer, nous avons eu de la neige. Le plan de travail a dû être modifié en profondeur. Et puis Robert Enrico et moi avons mis du temps à nous comprendre. D'entrée de jeu, il se montrait très directif. Il faisait sa mise en scène sans tenir compte de nous, les acteurs, de nos propositions. Or, avant de tourner, j'aime bien répéter un peu afin d'être présent dans l'élaboration de la mise en scène. Là, Robert voulait que nous nous bornions à entrer dans ce qu'il avait conçu en amont. Je trouvais cela frustrant. Dans ces cas-là, on devient une simple marionnette ; le travail perd toute saveur. Avec Marlène Jobert et Jean-Louis Trintignant, nous voulions développer les relations entre les personnages, alors que Robert portait d'abord son attention sur l'intrigue, qui était volontairement complexe. Au début donc, il y a eu des tensions entre nous. Sur ces entrefaites, Pascal Jardin, le scénariste du film, est passé nous rendre visite. Il voulait me parler d'un projet qu'il avait sous le coude, et qu'Enrico devait mettre en scène. Cela s'appelait *Le Vieux Fusil.* J'étais prêt à lire son scénario, cependant j'ai dû lui avouer que vu la manière dont les choses se passaient, je n'étais pas très sûr de vouloir travailler à nouveau avec Robert.

— Tu sais, c'est quelqu'un de très sympathique, m'a alors dit Jardin. Si tu lui expliques bien ce qui te perturbe, vous mettrez les choses à plat et les choses s'amélioreront...

Je ne connaissais pas intimement Pascal, mais je l'avais toujours beaucoup apprécié. C'était un petit bonhomme très séduisant, vif, drôle, plein d'esprit, extrêmement cultivé. En lisant ses livres, *La Guerre à neuf ans*, *Le Nain jaune*, j'ai découvert son histoire familiale assez picaresque. Il était le fils de Jean Jardin, une des éminences grises du régime de Vichy, mais on prétendait que son vrai père était Paul Morand, l'écrivain. On ne pouvait pas ne pas se sentir attiré par lui. J'ai donc lu son scénario, qui m'a plu. Je sentais qu'il y avait là les ingrédients d'un mélodrame flamboyant. Par ailleurs, ce qui ne compta pas pour rien dans ma décision, je savais que ma partenaire devait être Romy Schneider. Si son rôle n'est pas très important (elle meurt dès le début), tout repose sur elle. Sans le rayonnement et le talent d'une actrice de son niveau, l'ensemble risquait d'être déséquilibré. Je ne connaissais pas Romy. Je sortais peu, elle non plus. Nous ne nous étions jamais croisés. Comme simple spectateur, j'étais complètement sous le charme. Tout ce que j'avais vu d'elle m'avait touché avec une violence extrême. Avant de venir me voir, Jardin avait proposé le rôle du Dr Dandieu à deux personnes au moins. Yves Montand avait tout de suite décliné. Pascal s'était alors tourné vers Lino Ventura, avec lequel il entretenait d'excellents rapports. Lino avait trouvé le scénario magnifique. Mais c'était quelqu'un qui avait une grande intelligence du cinéma. Aussi, en revoyant Pascal, il lui avait fait remarquer que si l'on arrivait à créer la surprise en faisant prendre à l'acteur les choses en main de cette manière-là, le film pourrait être encore plus fort. Comme on sait, *Le Vieux Fusil* relate une vengeance impitoyable. Le personnage principal est un homme pacifique, un chirurgien qui s'est donné la neutralité pour ligne de conduite. Après le massacre de sa femme et de sa fille, fou de douleur, il perd pied. Si c'était lui, Lino, qui endossait le rôle, personne ne s'étonnerait de le voir décrocher son fusil pour aller tirer dans tous les coins et régler leur compte aux SS. De par ses films passés, il avait l'image d'un dur à cuire. Pour le spectateur, il n'y aurait pas eu cette part de surprise. C'est à ce moment-là que Pascal a pensé à moi, et qu'il m'a convaincu d'accepter sa proposition.

Avec Enrico, nous nous sommes parlé, les choses se sont améliorées et nous avons fini par devenir amis. Assez bel homme, corpulent, barbu, il était très sympathique, avec un caractère plutôt direct. Mais sous ses dehors brut de décoffrage, il était finalement un peu timide. J'appréciais chez lui cette volonté de continuer à s'inscrire dans la tradition des films de genre.

Le Secret était une histoire volontairement obscure, à suspense, ayant à voir avec les services spéciaux. J'étais un écrivain qui vivait coupé du monde en Ardèche, avec sa femme, jouée par Marlène Jobert. David, un évadé meurtrier incarné par Jean-Louis Trintignant, venait se cacher chez nous. Toute l'intrigue repose sur l'ignorance qu'a le spectateur des tenants et des aboutissants de l'affaire. Jusqu'au bout, nous ignorons si le fugitif nous raconte ou non la vérité, s'il est la victime d'une machination d'État ou tout simplement un dangereux psychopathe.

Je redécouvrais Marlène Jobert. Au moment d'*Alexandre*, je l'avais trouvée parfois un peu agaçante. C'était dû, je crois, au souci qu'elle avait de bien faire, et de l'image qu'elle donnait; pour *Le Secret*, elle m'a fait l'impression d'une excellente comédienne et d'une très agréable partenaire. Talentueuse, jolie comme un cœur, elle ne cherchait pas du tout à tirer la couverture à elle.

Pour la première fois, je me retrouvais à l'écran avec Jean-Louis Trintignant. Au temps du TNP, nous nous étions déjà rencontrés. Nous avions joué ensemble en province, au Creusot. Excellent compagnon, très attachant, Jean-Louis était également doué d'un esprit très curieux, pimenté d'un zeste de perversité. Sur le tournage, il m'avait parlé avec des trémolos dans la voix d'un projet auquel il s'apprêtait à participer, et qu'il me proposait de rallier. Il s'agissait d'un film de l'écrivain Alain Robbe-Grillet, intitulé *Le Jeu avec le feu.* Tout en m'expliquant que nous allions être très bien payés et que cela ne mangerait pas de pain, Jean-Louis me chantait les louanges de Robbe-Grillet. Pourtant, le scénario ne m'emballait guère. Sous couvert d'intellectualisme, il s'agissait de mettre en scène les fantaisies érotiques de l'auteur. À cause du cachet espéré, j'ai pourtant accepté de suivre Jean-Louis dans cette galère, et cela m'a servi de leçon. Alain Robbe-Grillet s'est révélé en effet fort séduisant, mais en même temps très agaçant. Supérieurement intelligent, il avait une fâcheuse tendance à vous le faire sentir un petit peu. Il était brillant, le savait, en usait et en abusait. Dans ses raffinements intellectuels, il aimait à se donner en spectacle. Je n'ai eu pour lui ni véritable antipathie ni affinités réelles. J'ai traversé le tournage dans une sorte de brouillard, d'autant que l'interprétation, les acteurs n'intéressaient absolument pas notre réalisateur. Par-dessus le marché, le producteur s'étant avéré un peu escroc sur les bords, nous avons finalement été très mal payés. Quant aux fantasmes érotiques de Robbe-Grillet, comme ce n'étaient pas les miens, je les ai trouvés d'un ennui profond.

Assez rapidement après ce tournage, j'ai rallié l'Italie pour l'élaboration d'un film qui devait être très important pour moi, car il allait confirmer durablement mon ancrage dans le cinéma de ce pays : *Mes chers amis,* de Mario Monicelli. Au moment de sa sortie, *La Grande Bouffe* avait connu en Italie un succès au moins comparable à celui qu'il avait connu en France. Au même titre que les trois autres mousquetaires, j'avais été adopté là-bas par le public. Peu de temps après, Pietro Germi, le grand réalisateur de comédies, m'avait demandé de venir le voir à Rome. Avec deux autres scénaristes, Piero Bernardi et Leo Benvenutti, il venait de porter la dernière main au scénario de *Mes chers amis.* Ce script m'avait fait pleurer de rire. Germi avait de nombreux chefs-d'œuvre à son actif. Il avait signé notamment *Au Nom de la loi* et

Divorce à l'italienne. J'ai donné mon accord avec enthousiasme. Très vite pourtant, j'ai su qu'il était souffrant. Comme il craignait de ne pas avoir la force de réaliser le film lui-même, il avait demandé à Mario Monicelli, qui avait été autrefois son assistant, de s'en charger. Très vite après, il a cassé sa pipe. J'aurais adoré tourner avec Germi, mais avec Monicelli, je ne perdais pas vraiment au change. Avec Dino Risi et Luigi Comencini, c'était un des piliers de la comédie à l'italienne.

Germi était florentin. Son scénario avait une forte dimension autobiographique. Le tournage devait donc avoir lieu à Florence et l'histoire était très toscane dans son état d'esprit : quatre quadragénaires, joués par Ugo Tognazzi, Gastone Moschin, Duilio del Prete et moi, faisaient les quatre cents coups avec une pointe de désespérance, qui révélait en filigrane les pesanteurs de la société. Ce fut un tournage assez long : près de quatre mois, qui d'un bout à l'autre se révélèrent une franche partie de plaisir. À cette époque, le cinéma italien était une machinerie imposante qui fonctionnait encore parfaitement. À la production, Monicelli n'avait posé qu'une seule condition : il ne voulait pas être coincé, poussé, travaillé par le temps.

En Italie, Bernard Blier était chez lui. Depuis la guerre, il y avait beaucoup tourné. Dans notre distribution, il avait également un rôle important : il jouait Righi, un ancien fonctionnaire qui se joignait à la bande. Blier parlait très bien la langue. Moi, je ne m'y suis mis que plus tard. À l'instar de Monicelli, tant de gens parlent parfaitement français ! À un certain moment, quitte à baragouiner, j'ai tout de même fini par me lancer. J'aimais tellement l'Italie, je m'y sentais si bien ! Tout me plaisait dans ce pays : la façon d'être des habitants, la beauté de leurs femmes, leur gastronomie aussi... Lorsqu'on aime s'habiller, on ne s'y sent pas marginalisé. En France, on vous taxe de frivolité, on y voit une volonté coupable de se distinguer. On vous accuse de dandysme. Les gens intellectuellement « comme il faut » méprisent le fait qu'on puisse s'intéresser à la longueur d'un revers de pantalon ou à la forme d'un col de chemise. L'Italie, sur ce point, est un pays libre : on peut discuter de ce sujet sans perdre la face. Le souci d'élégance y est l'apanage de tous les milieux. On ne prétend pas en faire le monopole des bourgeois.

Mario Monicelli est un homme petit, qui a l'allure d'un officier de cavalerie, mince, sec comme un coup de trique, se tenant très droit. Il est doté d'un esprit irrésistible et son non-conformisme est absolument prodigieux. Je parle de non-conformisme plutôt que d'anticonformisme, car l'anticonformisme suppose une volonté de l'être que Mario n'a pas. Chez lui, cette attitude est naturelle, comme la respiration. Sa culture littéraire, y compris française, est stupéfiante. Il ne cessait de me citer des distiques ou des quatrains, et me glissait :

— Alors, de qui c'est ça?

Comme je restais coi, il lâchait en roulant les *r* :

— Agrippa d'Aubigné.

C'est mon père qu'il aurait fallu lui opposer.

Du début jusqu'à la fin, ce tournage a donc été un enchantement. Nous avons passé notre temps à manger et à boire, parce que Tognazzi était un fou de cuisine. Il avait apporté avec lui tous les guides gastronomiques de la région. La matinée était toujours consacrée au travail; vers midi, en fonction des découvertes et des recherches d'Ugo, nous commencions à explorer les guides afin de réserver une table. À deux heures de l'après-midi, ce que nous avions prévu de tourner dans la journée était en boîte. Nous étions déjà les pieds sous la table, tranquillement installés dans un des meilleurs restaurants de la région. Après le déjeuner, nous rentrions faire une sieste. Puis nous nous retrouvions pour dîner dans un autre restaurant.

Nous ne tournions jamais l'après-midi. Monicelli nous faisait commencer assez tôt, vers huit heures, et il se débrouillait pour que le plan de travail soit achevé à la mi-journée. Un jour –

nous avions appris cela par nos espions –, le directeur de production avait téléphoné au producteur :

— Écoutez, il faudrait que vous veniez, parce qu'ils ont fini tous les jours à une heure. S'ils tournaient également l'après-midi pendant trois, quatre heures, on pourrait avancer le tournage de façon conséquente...

Tout naturellement, le producteur s'est précipité dans le premier train de Rome à Florence. Ce jour-là, nous nous sommes débrouillés pour finir encore plus tôt. Quand il est arrivé sur le lieu du tournage, il n'y avait plus un chat. Alors il a repris son train pour retourner à Rome, en se disant sans doute que les choses étaient ainsi, et qu'elles ne changeraient pas.

Monicelli aimait beaucoup travailler à deux caméras. Dans beaucoup de scènes, nous étions réunis à trois ou quatre. Tandis qu'une caméra tournait des plans généraux avec tous les personnages, une autre caméra avait été confiée à ceux qu'on appelait les kamikazes : ils avaient pour mission de prendre des plans rapprochés de chacun des protagonistes de la scène. Ce système avait la grande vertu de préserver la spontanéité. Nous n'avions pas à refaire les plans : tout était enregistré dans la foulée. On se contentait de faire plusieurs prises avec la caméra en plan général, tandis que celle des kamikazes tournait des détails, en passant d'un protagoniste à l'autre. En quatre ou cinq prises, l'affaire était dans le sac. Cela permettait d'aller assez vite et de privilégier l'énergie et le rythme, deux ingrédients qui sont des plus importants pour une comédie.

Plus encore qu'aller au restaurant, Ugo Tognazzi aimait faire la cuisine lui-même. Il lui arrivait d'inviter toute la fine équipe dans sa très belle maison des collines à côté de Rome. Sa cuisine était digne d'un professionnel. Il avait l'étonnante particularité de recevoir à la carte. À peine assis, chaque invité se voyait remettre un menu. On choisissait, avant de passer commande à notre hôte. Monicelli soutenait malicieusement que la tambouille d'Ugo était sans aucun intérêt, ce qui n'était pas vrai ; peut-être seulement un peu moins bonne qu'il ne le croyait lui-même. Physiquement, il avait une tête très romaine, entre la plèbe et l'aristocratie, très typée, très énergique. D'un caractère très expansif, volubile et passionné, c'était un compagnon délicieux, et un homme couvert de femmes. Il était toujours amoureux, toujours dans des drames sentimentaux épouvantables, toujours pris entre plusieurs amours, entre sa femme légitime et des compagnes de passage. Il possédait des maîtresses partout, jusqu'en Scandinavie. Sa carte du Tendre était incroyablement emberlificotée. Incarnation de l'acteur, cabotin de génie, au sens noble du terme, il semblait toujours en représentation. En permanence, il recherchait l'attention des gens, ce à quoi il parvenait sans mal. C'était un jouisseur, doublé d'un grand enfant. Il était extrêmement populaire. Les spectateurs sentaient sa générosité et l'adoraient. En Italie, le rapport entre un acteur connu et le public est beaucoup plus familier qu'en France. Les gens ont une façon de vous montrer leur affection qui est très particulière, très chaleureuse, très marquée, et en même temps avec toujours une pincée de distance et d'ironie. Lorsqu'ils vous donnent du *maestro*, par exemple : c'est sincère et il y a aussi une part de comédie. Je trouve cela très touchant. En fait, personne ne se prend au sérieux : ni les acteurs ni le public. L'humour n'empêche pas une vraie chaleur humaine. Vous sentez qu'ils vous aiment ; en prime, ils osent vous le dire, ce qui n'est pas toujours le cas dans notre cher pays de France, où il s'agit avant tout de ne pas être dupe.

En 1982, j'ai retrouvé Monicelli pour la suite de *Mes chers amis*. Je ne voyais qu'un inconvénient à remettre le couvert, mais de taille : j'étais mort à la fin du premier film. Monicelli m'a répondu que les flash-backs n'étaient pas faits pour les chiens. Effectivement, mes scènes sont des réminiscences. Dans l'une d'elles, sans doute pour la première et la dernière fois de ma carrière, j'apparais nu. Mais enfin, c'est très subreptice. Et je tiens pudiquement un journal, *La Nazione*, en guise de feuille de vigne...

J'ai toujours été très sensible à la façon dont le public italien m'a traité. Alors qu'en France, pour le meilleur et parfois pour le pire, j'ai toujours été qualifié d'acteur « très français » par la critique, ils m'ont considéré comme un des leurs dès le début. Je suis l'un des comédiens étrangers que les Italiens ont le plus utilisé. Comment expliquer ce paradoxe ? Cela m'a toujours étonné : je venais d'une famille du Nord, moitié flamande, moitié picarde, et je me suis toujours senti chez moi en Italie. J'avoue que la philosophie de mes amis italiens, que ce soit Vittorio Gassman ou Marcello Mastroianni par exemple, m'a toujours beaucoup plu. Je me suis toujours senti proche de leur façon d'envisager la vie et le métier avec une certaine distance. Indifféremment, j'ai joué des Napolitains, des Siciliens, des Toscans. Et la sobriété que je revendiquais pour jouer la comédie séduisait plus qu'on n'aurait pu l'imaginer au départ.

J'ai aussi en mémoire cette parenthèse terrible que furent les années de plomb. Dans ces années 1970, lorsqu'on retrouvait l'Italie, on sentait vraiment la différence par rapport à la décennie précédente. L'atmosphère était un curieux mélange. D'un côté, le sentiment du danger s'était immiscé partout, chez les hommes d'affaires, les juges, les journalistes – un peu moins dans notre milieu, le cinéma, qui n'était pas aussi exposé. Quand on a découvert le corps d'Aldo Moro, au fond du coffre d'une voiture, je me trouvais justement à Rome. Je n'oublierai jamais la transformation de la ville à cette nouvelle, les magasins qui fermaient, le fracas des rideaux de fer que l'on tirait... Et en même temps, dans cette épreuve, le peuple italien a mis son point d'honneur à ne rien changer à sa façon d'être. Cela me faisait penser à ce que ma marraine et cousine germaine Suzanne, qui fut de la France libre, me racontait sur l'Angleterre, pendant la Seconde Guerre mondiale. Les Anglais se faisaient bombarder tous les jours et ne transformaient en rien leurs habitudes. Je trouve que c'est une admirable façon de résister.

Bertrand Tavernier, pour son second film, ne manquait pas d'ambition. Il s'agissait d'un portrait du régent Philippe d'Orléans – que je devais incarner –, intitulé *Que la fête commence.* Comme fil conducteur de la narration, il avait choisi un événement politique mineur. Un hobereau breton, Pontcallec, fomentait une conspiration naïve, qui allait servir de prétexte aux grandes manœuvres de la raison d'État. Cela faisait quelque temps que le projet était dans les cartons, mais Bertrand était allé vite : *L'Horloger* ne datait que de l'année précédente. De tout temps, Bertrand a eu en tête de voir à longue échéance. Tout en montant une affaire, il jette déjà sur le papier les grandes lignes de la suivante. À nouveau, Jean Aurenche était associé au scénario. Au départ, je crois qu'il s'agissait d'une adaptation de Dumas. Après des détours un peu étranges, ils ont fini par revenir au Régent comme personnage principal, flanqué de son âme damnée l'abbé Dubois. Le marquis de Pontcallec est apparu un peu plus tard.

En forme de boutade, j'avais dit à Bertrand :

— J'ai fait souvent des premiers films, mais rarement des seconds, j'espère qu'avec toi ce sera le cas !

— Non seulement tu feras le deuxième, mais aussi le troisième, et le quatrième, etc.

En effet, chez lui, je sentais avec plaisir cette volonté de me faire tourner à nouveau. Dès le début, il a eu cette volonté de bâtir une œuvre, avec des échos qui renvoient d'un élément à l'autre, comme chez Balzac. Certains personnages sont récurrents, comme l'horloger de Saint-Paul, Michel Descombes, qui réapparaît dans *Une semaine de vacances.* Il rêvait d'une comédie humaine. Comme fidélité, mais aussi comme ambition personnelle, la démarche est rare.

Ce qui rend Philippe d'Orléans si passionnant et attachant, ce sont ses faiblesses. À son propos, son ami le duc de Saint-Simon avait écrit une phrase qui m'avait marqué : « Il était atteint de ce dégoût secret de lui-même, de cet accès périodique d'indifférence qui le glaçait au milieu du bonheur. » Au-delà des lectures, ce trait m'a fourni véritablement la clef du personnage. Cela collait parfaitement au scénario, au Régent tel que Tavernier et Aurenche le voyaient. Cet homme était dans l'impossibilité de s'intéresser à lui-même. À Bertrand, j'avais fait remarquer que si quelqu'un se consacre à la débauche tous les soirs à partir de six heures de l'après-midi, réglé comme du papier à musique, on doit y voir le signe d'un désespoir et d'un renoncement total. Ce désespéré de la politique et du spirituel se suicide lentement, dans les plaisirs. Finalement, *Que la fête commence*, n'est pas tellement éloigné de *La Grande Bouffe*. Autant mourir en profitant un peu.

Le Régent était un personnage magnifique. Bertrand n'a pas eu besoin de me le faire miroiter. Il est écartelé entre ses aspirations d'honnête homme, pour un progrès, pour une évolution des mœurs politiques, et sa naissance, son milieu. Libéral, il compte lui aussi au nombre des victimes de la raison d'État. Avec Saint-Simon et quelques autres, ils auraient pu être à l'origine d'une évolution libérale de la monarchie qui ne s'est jamais produite. Le film s'achève sur une évocation de la Révolution à venir. On a pu reprocher cette fin à Bertrand. Mais c'est la liberté du créateur, aussi.

Rien n'est plus intéressant que les personnages à contradiction interne. De plus difficile aussi. Mais en même temps, lorsque c'est bien écrit, ce qui était le cas, il ne faut pas se mettre martel en tête. Il ne faut pas vouloir montrer. Il suffit d'être là et de vivre la situation. Le pire, pour un personnage, c'est lorsqu'il y a des trous, des manques. Tout d'un coup, une scène ne se raccorde pas à l'autre, un saut dans les sentiments n'est pas expliqué. Alors, la situation se complique. On a le choix entre essayer de faire la liaison soi-même, sans avoir le matériel pour, ou jouer les choses telles qu'elles sont, au risque de se retrouver dans l'impossibilité de combler un de ces manques.

Chouans ! par exemple, de Philippe de Broca, est un scénario dans lequel on a pratiqué énormément de coupures. Au départ, nous devions faire un film en deux parties. Mais les producteurs ont finalement pris peur. Ils ont décidé de se rabattre sur un film unique. Artistiquement, les conséquences ont été funestes. À certaines personnes, le film a semblé trop long. S'il l'avait été davantage, paradoxalement, on n'aurait pas ressenti cette impression de longueur. Car pour condenser les choses, ils ont accepté de couper des passages essentiels. Dans ces cas-là, comme interprète, on se sent trahi. Tout d'un coup, on enlève des pans entiers de ce que vous avez péniblement essayé de mettre en place. Cela crée des hiatus, des secousses. Si les gens n'en ont pas forcément conscience, ils le ressentent. Il leur manque de la nourriture.

Tavernier avait le goût de la vie de troupe, et cela me plaisait bien. Le climat qui règne pendant la réalisation d'un film dépend uniquement du metteur en scène. Si vous avez un sale con aux commandes, l'atmosphère sera désagréable et nul ne pourra rien contre cela. En revanche, si vous avez un type comme Tavernier, attentif, aimant son prochain, intéressé, curieux, passionné par ce qu'il fait, cela crée une atmosphère très stimulante pour tout le monde. À mes yeux, je le répète, la vraie direction d'acteurs n'est pas autre chose.

Pontcallec était joué par Jean-Pierre Marielle. De ce personnage de rebelle, il a fait un inoubliable don Quichotte. Qui d'autre que lui aurait pu jouer ce rôle ? Il était l'interprète idéal. Au milieu de la lande, il brandissait son mistouflet, arme de son invention qui était une fourche équipée d'un pistolet à son extrémité. Quant à Jean Rochefort, dans le rôle de l'abbé Dubois, il composait un extraordinaire personnage d'ecclésiastique roué, qui ne croyait ni à Dieu ni à diable. C'était la première fois que nous nous retrouvions tous les trois dans un film. Cela faisait longtemps déjà que nous nous connaissions. Nous avions vécu des itinéraires parallèles ; pour chacun de nous, la reconnaissance n'était arrivée qu'assez tard, avec la maturité. Un jour, au tout début des années 1960, un journaliste de *Paris Match* était venu me voir :

— Je voudrais faire un article sur Marielle, Rochefort et vous : je trouve que vous êtes trois jeunes comédiens avec beaucoup de talent et qu'on ne parle pas assez de vous. Un grand papier, avec des photos.

— Très bonne idée, lui dis-je, je ne saurais trop vous encourager dans cette voie-là !

Trois mois après, je croise le type à nouveau :

— Alors ? J'attends toujours votre coup de téléphone.

— Non, je ne vous ai pas appelé parce que j'ai parlé de mon projet en conférence de rédaction, et le patron m'a répondu que si on ne parle pas de vous, c'est qu'il n'y a pas de raison de parler de vous !

Il y a certainement quelque chose qui nous unit, tous les trois. Rochefort a dit quelque part que ce que les spectateurs aimaient en nous, c'était qu'ils se retrouvaient dans leurs charentaises. S'agit-il d'une certaine authenticité dont nous serions les porteurs, et qui serait celle de la province française ? Sûrement. Mais qu'est-ce qui nous réunit en tant qu'hommes ? Je crois que c'est un certain recul par rapport à notre état, par rapport à la place que nous avons dans le paysage cinématographique. Nous n'avons jamais été dupes des à-côtés du métier, dans le succès public et médiatique, par exemple. Nous n'avons pas changé de comportement à la suite de l'évolution de notre statut. Nous n'avons pas boudé notre plaisir à jouer les Gary Cooper, tout en évitant de nous prendre trop pour Gary Cooper. Avec un certain sens du deuxième degré que nous avons, je crois, en commun, nous n'avons jamais joué autre chose que ce que nous étions. Depuis que nous nous sommes rencontrés, avec Jean, nous ne nous sommes jamais éloignés l'un de l'autre, même si concrètement nous nous voyons peu. Nous nous téléphonons plusieurs fois par semaine. Jean-Pierre, en revanche, je ne le vois que lorsque nous tournons des films ensemble. Je l'ai connu grâce à Jean. Depuis le Conservatoire, ils étaient très amis. Je suis donc arrivé en dernier dans le trio. Tout de suite, j'ai été épaté par leur façon de jouer la comédie, et en particulier la folie. En effet, c'est un registre qui m'est étranger, qui me fait peur, et qu'on ne peut pas inventer, qu'on ne peut pas rajouter à sa propre personnalité. C'est quelque chose que l'on a en soi. J'aurais beaucoup aimé avoir une petite part de cette extraordinaire et stupéfiante folie qu'ils partagent tous les deux. L'un et l'autre, ils ont fait dans des films des performances qui défient l'entendement. Ce sont tous les deux des trésors vivants, comme on dit au Japon. Acteurs inspirés, ils ont la grâce. Très peu de comédiens partagent cette dimension. Et cela ne vient pas de leur formation du Conservatoire... Ils ont cela en eux, de façon profonde et violente. Pourquoi sommes-nous devenus amis ? C'est difficile à dire. Cela tient au regard, au sourire, à la distance, à l'humour, au goût du jeu, de la vie aussi. À un appétit doublé d'une mélancolie, d'une nostalgie de je ne sais quoi et de je ne sais qui. Même jeunes, avec Jean, nous avions ce point en commun. Lorsqu'on exerce une profession, il est agréable d'avoir des contemporains auxquels on est lié par une forme de loyauté et d'amitié. Tous les trois, nous partageons les mêmes goûts et les mêmes dégoûts. Nous avons la même façon de voir les choses, les mêmes inclinations pour un certain théâtre et un certain cinéma. Tavernier a sans doute été l'un des premiers à percevoir notre complémentarité et notre complicité.

Marina Vlady jouait ma maîtresse, Mme de Parabère. C'était la première fois que nous travaillions ensemble mais je l'avais déjà croisée dans le civil, puisqu'un de mes amis d'enfance avait épousé sa sœur, Odile Versois. Elle est gaie, vivante. Elle croque la vie à bonnes dents et elle est d'une beauté magnifique. Plus tard, nous nous sommes retrouvés dans *Twist again à Moscou.* Je n'avais malheureusement pas de scène avec Nicole Garcia, mais je l'ai connue lors de ce tournage. Il y avait quelque chose d'extraordinaire à voir autant d'acteurs épatants dans des rôles secondaires, conformément à la grande tradition du cinéma de l'entre-deux-guerres que Tavernier affectionne. La distribution est un de ses nombreux points forts. Il se donne beaucoup de mal pour la réussir et n'est pas du genre à recruter un *casting director*. Il connaît très bien les acteurs. Il va voir tout se qui se monte au théâtre ou qui se projette au cinéma. Il n'a pas de préjugés et n'hésite pas à mélanger la Comédie-Française au café-théâtre. Dans *Que la fête commence*, par exemple, Thierry Lhermitte jouait un petit rôle : celui du comte de Horn, grand seigneur criminel que le Régent épargne pour des raisons politiques. En cassant les hiérarchies qui séparent les acteurs, ce mélange des genres contribuait à renforcer l'esprit de troupe.

Pendant près de trente ans, j'ai eu à mes côtés une personne discrète et efficace, mon habilleuse, Yvette Bonnay. Elle était beaucoup plus qu'une habilleuse. Pas très grande, elle avait de très jolis yeux, un sourire charmeur, très chaleureux, et un tempérament méridional, mais méridional qui se tient. Originaire de Draguignan, elle était aussi à moitié italienne. Bien qu'issue d'un milieu très simple, elle avait toujours aimé lire, elle était très cultivée. N'ayant pas fait d'études, elle n'en était pas moins très psychologue et pleine de bon sens. Elle reniflait parfaitement les gens et m'a souvent éclairé dans des situations confuses. Sur les tournages, son rôle était stratégique. En charge des costumes, elle avait pour tâche de les entretenir, de les préparer, de veiller à leur raccord. En fonction du plan de travail, elle savait précisément ce dont j'aurais besoin le matin suivant. Elle avait de très bonnes idées. Pour *Que la fête commence*, nous avions très peu de moyens par rapport aux ambitions. Yvette a beaucoup aidé la costumière de Bertrand, Jacqueline Moreau. La plupart des costumes provenaient de chez les loueurs, mais aussi des stocks de la Société française de production (SFP) qui possédait une grande réserve de costumes de cette époque-là. Or Yvette avait beaucoup travaillé pour la télévision. Elle savait exactement où trouver ce que nous cherchions. Elle a participé à l'élaboration de beaucoup de mes costumes. La costumière faisait des propositions, des maquettes, et à partir de ces propositions, on les transformait, on les adaptait. Yvette était chargée de la réalisation pratique de ces idées. Elle était animée d'une vraie passion pour le cinéma. Lorsque je finissais un plan, il n'était pas rare que je me tournasse vers elle pour lui demander son avis. Avec le temps, elle est devenue très proche de la famille ; elle connaissait bien Monique, elle a connu Frédérique toute jeune. C'est une grande chance d'avoir quelqu'un auprès de soi qui s'occupe de vous, qui vous protège, et auprès duquel on se sent libre. Avec vigilance, elle gardait la porte de ma loge. Si besoin était, elle n'hésitait pas à faire peur aux importuns, leur glissant qu'il m'arrivait de ne pas être de très bonne humeur, le matin. Un jour, alors que nous tournions une scène délicate de *Que la fête commence*, Bertrand m'a demandé au bout de trois ou quatre prises :

— Ça te va ? Tu veux en faire une autre ?

Moi j'étais plutôt parti pour arrêter, mais mon regard est tombé sur Yvette qui me faisait des signes de dénégation. « Bon, ben on va en refaire une », ai-je dit. Sans doute n'avais-je pas été au fond des choses. Et effectivement, la dernière prise fut la bonne.

Lorsque Yvette a pris sa retraite, je n'ai trouvé personne pour la remplacer. C'était quelqu'un d'unique, en fait. Elle m'avait accompagné sur tant de films, y compris en Italie. Le recrutement de l'habilleuse fait partie des choses que l'agent négocie avant la signature d'un contrat. Certains acteurs exigent leur chauffeur, leur maquilleur, leur masseur. Ils ont besoin d'une armada autour d'eux. Moi je me contentais de demander mon habilleuse, Yvette. Le reste, j'en abandonnais le choix à la production.

Produit par Michèle de Broca avec un petit coup de main d'Yves Robert et Danièle Delorme, *Que la fête commence* a été un succès incontestable, confirmant magnifiquement le grand talent de Bertrand. En menant sa réalisation tambour battant, il a su éviter avec maestria tous les écueils des films d'époque. D'un point de vue plus personnel, ce rôle du Régent a compté dans ma carrière. Par la suite, les gens m'ont souvent associé à ce personnage d'aristocrate libéral et jouisseur. Et il faut bien avouer que ce Philippe d'Orléans, tel que je l'imagine en tout cas, m'avait beaucoup séduit. Une fois le tournage achevé, je l'ai porté en moi pendant un bon moment, ce qui habituellement n'est pas mon genre. Il m'a laissé des traces. J'avais été ému par son destin. Je ressentais profondément cette mélancolie que l'on devine en lui, énorme, ce déchirement entre ce qu'il était et ce à quoi il aurait pu aspirer, auquel il rêvait peut-être et qu'il n'a pu réaliser. Malgré tout, c'est un humaniste. On s'en aperçoit en découvrant ses relations avec la jeune prostituée, jouée par Christine Pascal. Il a envie de la protéger. Et puis elle n'est pas mal, ce qui ne gâte rien. Étrangement, il organise autour d'elle une sorte de vie bourgeoise, secrète, refermée. Auprès de cette jeune femme, il parvient à respirer. Le Régent m'a beaucoup appris sur la subtilité des sentiments. Il est à la fois sympathique et misérable, seigneurial et digne de pitié. Lors de mes précédents rôles, j'avais été dans le dessin. Avec celui-là, je suis passé à la gravure. Par la suite, on retrouve chez bien des personnages que j'ai incarnés cette mélancolie qui le dispute au goût de la vie, des femmes et de la table, ce cynisme affiché qui est le masque d'une trop grande sensibilité. Tous doivent quelque chose à ce régent-là. Ils en sont les héritiers. Curieusement, le Régent a suscité beaucoup d'échos en moi, réveillant des choses très profondément enfouies, personnelles. Je me suis reconnu dans cette façon qu'il a de se protéger, dans cette lâcheté qui nous visite tous, à un moment ou à un autre. Pour le meilleur et pour le pire, je me suis senti très proche de lui.

Lorsque j'ai joué le Régent, j'avais passé quarante ans. Cela correspondait au moment où l'on cesse d'être un apprenti, où les choses sont en place, où l'on accède à une certaine maturité.

Désormais, les dés étaient jetés. *Que la fête commence* est aussi un film qui établit une sorte de familiarité avec les idées du temps qui passe, de la vanité des choses, de la mort vers laquelle s'achemine toute vie terrestre. C'est un film de vanités, à la manière de ces natures mortes du XVIIe siècle qui servaient aux âmes chrétiennes à se rappeler qu'elles devaient se préparer pour le passage. Bizarrement, alors que mes parents m'en avaient fait cadeau à mon adolescence, on a longtemps rapporté que la chevalière à mon annulaire était un accessoire du Régent, que j'aurais conservé après le rôle. Cela aurait pu se faire, en effet. Mais c'est dire aussi à quel point, dans le regard du public, ce rôle a été déterminant pour moi.

13.

Le Vieux Fusil*, de Robert Enrico. Romy Schneider. Madeleine Ozeray. Jean Bouise. Énorme succès du film.* Monsieur Albert*, de Jacques Renard.* Le Juge et l'Assassin*, de Bertrand Tavernier. Michel Galabru. Isabelle Huppert. Jean-Claude Brialy. Création de Little Bear.* Il commune senso del pudore*, d'Alberto Sordi.* Le Désert des Tartares*, de Valerio Zurlini.* Une femme à sa fenêtre*, de Pierre Granier-Deferre.* Un taxi mauve*, d'Yves Boisset. Grandeur de Fred Astaire. L'Irlande de Michel Déon. Un tournage décevant. Charlotte Rampling. Je fais la couverture de* Elle.

Le Vieux Fusil a été tourné dans deux châteaux, que Robert Enrico a réunis pour n'en faire qu'un. Le premier n'était pas loin de Villeneuve-sur-Lot. Le second, Bruniquel, se trouvait aux portes de Montauban, charmante ville où se trouve le musée Ingres. Mon personnage, le docteur Julien Dandieu, y possédait une très jolie petite maison XVIIIe en brique, comme on en trouve dans la région. Dans la réalité, elle appartenait à deux demoiselles d'Estaing, de la famille de l'amiral qui, lors de la guerre de l'Indépendance américaine, commanda les escadres françaises. À l'autre d'Estaing, qu'elles tenaient pour un usurpateur, ces dames vouaient le plus grand des mépris.

Le scénario de Pascal Jardin était un mélange de mélodrame et de western, déguisé en film de guerre : il racontait comment, en 1944, un chirurgien extermine jusqu'au dernier une troupe de SS responsables du massacre de sa femme et de sa fille. Dans les films de genre, le spectateur se trouve en terrain connu. Il faut donc chercher à le surprendre, en utilisant les codes habituels d'une façon neuve. Pour un acteur ou un réalisateur, cet exercice de style permet de se confronter avec les grandes œuvres du passé, ce qui est un challenge amusant et jouissif. Par ailleurs, ces films, qu'ils soient de cow-boys ou de cape et d'épée, nécessitent bien souvent des costumes spécifiques. Or pour beaucoup d'entre nous, le goût du déguisement a été à l'origine de notre vocation. Depuis quelque temps, le film de genre a reculé au cinéma. La télévision s'en est emparée, l'exploitant jusqu'à la corde.

Pour la première fois, on me confiait le rôle d'un séducteur. Le film s'ouvrait sur le coup de foudre qui inaugurait mon histoire d'amour avec Clara, interprétée par Romy Schneider. Dans *La Vie de château* ou dans *La Vieille Fille*, avec Catherine Deneuve ou Annie Girardot, j'avais plutôt joué les bons garçons naïfs et maladroits. De ce point de vue, *Le Vieux Fusil* a changé mon image. En matière de partenaires féminines, j'ai été gâté par la suite. La critique s'en étonnait, parfois. Au départ, j'étais irrité, mais j'ai fini par m'en amuser. « Curieusement, écrivait-on, Philippe Noiret forme un couple tout à fait vraisemblable avec Charlotte Rampling... » Cela agaçait beaucoup Monique :

— Tant pis pour elles, elles n'avaient qu'à y penser plus tôt, disait-elle.

Moi qui avais toujours ramé avec les femmes jusqu'à ma rencontre avec Monique – et Dieu sait si la conquérir ne fut pas une chose simple –, cela me faisait beaucoup rire.

Romy Schneider et moi n'avons pas eu la moindre difficulté à créer ce couple. Grâce à son grand talent, les choses se sont passées de la manière la plus naturelle qui soit. Il nous a suffi de jouer ce qu'il y avait à jouer. Au premier regard, Romy m'avait frappé par sa fragilité, son absence de confiance en elle et sa très grande sensibilité. Elle était à la fois très agréable, volontiers rieuse, et en même temps très sérieuse. Le sens de l'humour ne lui était pas naturel, facile. Pour ma part, j'ai tendance à plaisanter volontiers, et pas toujours très légèrement, en particulier avec les gens que j'aime. Il me fallait donc faire très attention. Une ou deux fois, j'ai senti que je risquais de la déstabiliser, alors qu'elle était la dernière personne que j'avais envie de mettre mal à l'aise. Le premier jour, à la Closerie des lilas, elle avait un trac incroyable. Nous devions tourner notre première scène ensemble, celle de notre rencontre. Il fallut l'attendre des heures. Elle était prête, mais elle n'arrivait pas à venir sur le plateau. Elle avait peur.

En janvier 1978, *Elle* me consacra sa couverture. J'étais le premier homme à qui l'on accordait cet honneur, et je n'en étais pas peu fier. Après *Le Vieux Fusil* et *Un taxi mauve*, ma réputation de séducteur de cinéma était désormais bien établie. Cela en étonnait plus d'une. « Elles n'avaient qu'à y penser avant », répliquait Monique.

À Mareil-Marly avec Deborah, ma petite-fille. La naissance de cette enfant a été une des plus fortes émotions de ma vie.

Avec Deborah, en visite sur le tournage de *Max et Jérémie* (1992). Aujourd'hui, elle débute dans notre métier de comédien. Samuel, son petit frère, est né en 2000.

À cheval avec ma fille, Frédérique.
Quand je ne tournais pas,
je montais tous les matins.
Grâce à l'équitation,
j'ai eu des heures
d'un grand bonheur.

Photos non créditées : collection privée de l'auteur

Avec Temeroso, à Turcy.
Après Beaumanière, cet Andalou gris
fut le second cheval de ma vie,
et finalement mon préféré.
Je l'ai rencontré sur le tournage
de *La Fille de d'Artagnan*,
grâce au dresseur Mario Luraschi.

Que la fête commence, le deuxième film de Bertrand Tavernier, en 1974. J'aimais beaucoup Christine Pascal, qui jouait une des maîtresses de mon personnage, le Régent. D'une très grande beauté, d'un très grand talent, elle portait aussi en elle une fragilité qui a fini par l'emporter.

L'Étoile du Nord (1982), de Pierre Granier-Deferre, avec Simone Signoret et Bertrand Tavernier venu tourner la scène finale à l'île de Ré, en remplacement de Granier qui se trouvait au chevet de sa femme. Simone avait une telle présence, une telle justesse et une telle évidence dans le jeu qu'on ne pouvait la comparer qu'à Jean Gabin.

Avec Isabelle Huppert, dans une scène de *Coup de torchon*, de Bertrand Tavernier. J'avais emprunté l'idée du tee-shirt rouge de western à Anthony Quinn.

Cette photo ne date pas du Front populaire mais du tournage de *Cinema Paradiso*, en 1988. Projectionniste de cinéma, le vieil Alfredo était un artisan, comme l'horloger de Saint-Paul. Sans doute est-ce une des raisons pour lesquelles je me suis senti si proche de lui. Je tiens par la main le petit Toto, mon excellent partenaire.

Avec Stéphane Freiss, Philippe de Broca, Sophie Marceau et Lambert Wilson, sur le tournage de *Chouans* en 1987. Dans plusieurs de ses films, Philippe, bien qu'assez différent de moi physiquement, avait fait de moi son double. « Tu es incroyable, me disait-il, chaque fois que je t'ai proposé un rôle, tu m'as dit oui. » J'admirais son élégance morale et son sens du panache, si français.

Dans *La Vie et rien d'autre*, de Bertrand Tavernier, avec mon supérieur Michel Duchaussoy. Dans cette scène, le commandant Dellaplane, mon personnage, devait porter toutes ses décorations. Mon père venait de mourir. J'avais ses médailles à la maison, et ce sont elles que j'ai épinglées ce jour-là sur ma poitrine. Il avait vécu les tranchées de la Grande Guerre. J'ai vraiment tourné ce film en communion, à côté de lui.

Avec Balthus. L'amitié que me portait ce très grand peintre a été une des plus belles joies de ma vie. Je l'avais rencontré au début des années 1950, grâce à Silvia Monfort, et nous nous sommes retrouvés au début des années 1990.

Il Postino, avec Massimo Troisi. Je suis tombé, je ne dirais pas amoureux de cet homme, mais presque. Sa maladie était extrêmement présente, pourtant personne ne doutait qu'il ne parvienne à achever le film dont il rêvait. Il est mort au lendemain du dernier jour de tournage.

Avec mes amis Jean Rochefort et Jean-Pierre Marielle. J'aurais beaucoup aimé avoir une petite part de leur extraordinaire et stupéfiante folie. Nous partageons les mêmes goûts et les mêmes dégoûts, la même façon de concevoir le métier.

Montée des marches, avec Liz Hurley, Jeanne Moreau, Ornella Mutti, Judith Godrèche. La « Carte » est une chose mystérieuse. Certains la possèdent, d'autres non. Elle est indépendante du travail ou du talent. Elle peut se transmettre aussi. J'ai toujours pensé que Jeanne avait hérité de la Carte de Simone Signoret.

© Borde-Jacovides/Angeli

© A. Serra/In Visu/Corbis

À Cannes en 2003, lors de la présentation des *Côtelettes* de Bertrand Blier. Je n'ai jamais boudé mon plaisir à jouer les Gary Cooper, tout en évitant de me prendre trop pour Gary Cooper.

Manifestation de l'Association Terre propre, contre l'implantation d'une décharge à ciel ouvert à Lignairolles, dans l'Aude. C'est l'attitude de mépris teinté de démagogie des autorités départementales qui m'a donné l'envie de m'engager. Les gendarmes qu'ils avaient envoyés pour nous surveiller ne sont pas sur la photo.

© C. Nguyen Thien/PixPlanète

Lecture des *Contemplations* de Victor Hugo, au printemps 2002. Ce spectacle fut le seul dont j'ai été à l'origine. L'engouement et la ferveur avec laquelle les gens ont reçu cela m'ont beaucoup touché. C'est très rare, au théâtre, de recevoir de la part du public autant d'émotions fortes.

À Cannes encore, avec mes trois « fils », Bruno Putzulu, Charles Berling et Pascal Elbé. Lorsque le tournage de *Père et Fils* de Michel Boujenah s'est terminé, j'ai vraiment éprouvé le besoin de les accrocher à moi, de m'accrocher à eux, plutôt. Après la sortie du film, j'ai fait ce qu'il fallait pour que nous restions en contact.

Avec Frédérique, ma fille unique.

Love Letters, d'A. R. Gurney, avec Anouk Aimée au théâtre de la Madeleine en 2006.

La troupe du TNP.
Au premier rang de gauche à droite : Georges Wilson, Jean-Pierre Darras, Maria Casarès, Maurice Coussonneau, Catherine Le Couey, Simone Bouchateau, Monique Chaumette, Madame Jeanne (l'habilleuse), Georges Riquier, Roger Coggio, Maurice Jarre, Pierre Raynal.
Au second rang, de gauche à droite : Jean-Jacques de Kerday, Jean-Paul Moulinot, votre serviteur, André Schlesser, Lucienne Le Marchand, Jean Vilar, Zanie Campan, Gérard Philipe, Lucien Arnaud, Marc Chevalier, Roger Mollien.

Elle savait bien que Robert était à sa dévotion, mais elle restait paralysée par l'appréhension de se lancer. Chez une personne dotée d'un aussi grand talent, rien n'est plus bouleversant que de découvrir pareille vulnérabilité. Et puis soudain, le mouvement s'est enclenché. Elle a compris qu'elle n'avait pas à se surveiller, et qu'il n'y avait autour d'elle que des gens qui l'aimaient. Cette atmosphère très particulière a servi notre scène. On sent bien, dans le film, cette grande fragilité de son personnage, ce climat à fleur de peau ; et moi face à elle, je suis complètement désarmé. Une nouvelle fois, j'en ai conclu que dans ce métier, il n'existait pas de règle. On peut aussi bien l'exercer en marchant sur des œufs qu'en enfonçant puissamment ses pieds dans la glaise. Très vite, j'ai senti que la relation que Romy et moi avions créée existait très fort. Toute la force du film vient de là, de la crédibilité de cette scène du début. Elle permet de faire passer les simplifications de la suite, le massacre des Waffen SS. Il ne faut pas oublier, en effet, que dans l'histoire, la vraie, il y a eu davantage de villages brûlés que de justiciers en colère qui réglaient leur compte à des régiments entiers.

Alors que nous avions déjà pris nos quartiers dans l'Aveyron, nous avons frôlé le naufrage. Avec ce film, Pierre Caro, notre producteur, débutait dans la profession. Grâce à l'appui de divers financiers, il avait monté son budget de bric et de broc. Rien n'était encore très solide. Or, à peu près au milieu du tournage, il a été victime d'un accident de voiture et s'est retrouvé pour un certain temps dans le coma. Sa collaboratrice, qui connaissait le dossier, est donc venue nous rendre visite. Caro allait s'en sortir, mais cela risquait d'être long. Elle se proposait de reprendre le flambeau, mais nous demandait d'être patients et, compte tenu de la situation, de bien vouloir travailler un certain temps sans toucher nos cachets. Comme un seul homme, toute l'équipe a accepté. Cela fait partie des bons côtés de ce métier : s'ils estiment que l'objectif en vaut la peine, les gens sont prêts à prendre des risques.

Depuis que nous nous étions expliqués pendant *Le Secret*, Robert Enrico et moi avions appris à nous connaître. Il avait bien compris que s'il voulait obtenir le meilleur de ce que je pouvais lui donner, il nous fallait trouver un terrain d'entente. Sa façon d'aborder les choses était très viscérale ; ce n'était pas un intellectuel. Il possédait cette sorte de naïveté qui, pour un metteur en scène, peut se révéler une grande qualité. Le château du *Vieux Fusil* était très fantasmatique. Aux raffinements psychologiques, Robert préférait l'action. Il raffolait des miroirs sans tain et des passages secrets. Toute cette machinerie, qui permettait à mon personnage de se déplacer d'un endroit à l'autre sans être vu, distillait un charme onirique peut-être plus fascinant encore que le désir de vengeance. Pour l'époque, en effet, le film comportait des scènes d'une grande violence. À jouer, ce n'est pas anodin. Cela remue des sentiments ou des situations qui ne sont pas familières. L'acteur doit aller les chercher avec honnêteté, en profondeur. Pour ma part, j'aurais apprécié que le traitement de la vengeance soit plus nuancé. Quoiqu'en la matière les nazis se soient toujours situés au-delà de l'imaginable, je n'étais pas totalement convaincu par cette troupe de soudards caricaturaux. Pour autant, je n'étais pas en désaccord avec Enrico et Jardin. Car si l'on veut qu'un mélodrame fonctionne, il faut jouer le jeu. Le mauvais goût peut également être un atout. Comme la mécanique du scénario était implacable, je savais que le résultat final fonctionnerait. À la sortie, les polémiques furent au rendez-vous, mais dans une mesure moindre que celle à laquelle je m'attendais. L'autodéfense était un des débats de l'époque. Par ailleurs, Louis Malle avait tourné son *Lacombe Lucien*, Ophüls, *Le Chagrin et la Pitié*. Non sans une part de trouble fascination, on redécouvrait la période de l'Occupation.

Dans *Le Vieux Fusil*, j'avais pour maman une légende vivante : Madeleine Ozeray. Dans sa jeunesse, elle avait été l'une des plus jolies comédiennes de France. Jean Giraudoux avait écrit pour elle le rôle d'Ondine. Elle avait très bien connu

Louis Jouvet, dont elle fut la maîtresse avant de le quitter juste après la guerre. Dans *L'École des femmes,* mise en scène par lui, elle avait joué la nièce. On prétend qu'il ne s'est jamais vraiment remis du chagrin que lui causa cette rupture. Moi qui suis sensible à ce que représentent nos aînés, j'étais bouleversé de lui donner la réplique. Très délicate, fragile d'aspect, avec de beaux yeux bleus, on aurait dit une porcelaine. Avec sa silhouette mince, élancée, gracile, elle donnait l'impression de pouvoir se briser au moindre souffle. En même temps, dans l'œil et le comportement, on devinait quelqu'un de très solide.

J'avais également pour confident un collègue chirurgien, François, joué par Jean Bouise. Ce dernier était un acteur subtil, sur la pointe des pieds, doublé d'un excellent compagnon. Sans vergogne, nous échangions nos impressions après les prises, nous nous donnions mutuellement des conseils. En le voyant jouer Falstaff pour Roger Planchon, j'avais déjà eu un aperçu de son immense talent. Il jouait juste au bord de la scène ; je l'avais pris pour un vrai gros. Or Jean était quelqu'un de très maigre, il portait un faux ventre. La prouesse physique m'avait frappé.

Le Vieux Fusil a été un immense succès populaire. Il m'a valu mon premier césar du meilleur acteur, qui fut également la toute première récompense décernée par l'académie des césars. La création de cette institution ne m'avait pourtant guère enthousiasmé. Georges Cravenne, son inventeur, était un homme de publicité et de médias. Fort sympathique, il a produit par la suite un unique film, dans lequel je jouais, *Pile ou face,* et qui était d'ailleurs également mis en scène par Enrico. Il avait calqué ses césars sur l'académie des oscars. Moi, cette histoire de distribution des prix me défrisait plutôt. Lorsque Cravenne m'avait consulté, je lui avais répondu que je ne faisais pas ce métier pour être mis en compétition. Nous n'étions pas des sprinters. À mes yeux, il n'existe pas de hiérarchie parmi les acteurs. De surcroît, pour une personne heureuse, on risquait d'en rendre trois malheureuses. Bref, j'étais contre. Eh bien, cela ne les a pas empêchés de m'attribuer le premier trophée. J'ai refusé de me rendre à la cérémonie. Maintenant, je le regrette un peu, car c'était Gabin qui la présidait. Il m'aurait remis le prix, et cela m'aurait permis de le revoir une fois encore.

Dans ma carrière, j'aurais pu ne tourner que deux films : *Alexandre le Bienheureux* et *Le Vieux Fusil*. Ils auraient suffi pour me rendre durablement populaire. Cela ressemble à une blague, mais aujourd'hui encore, des inconnus m'abordent pour me parler de ce film. On est bien sûr touché que les gens l'aient été, mais trente ans après, quand on entend, « Ah ! vraiment monsieur Noiret, je suis content de vous voir, parce que... », on devine déjà à quoi on va avoir droit, et on ne peut s'empêcher d'éprouver un soupçon de lassitude... Lorsque nous tournions *Fantôme avec chauffeur*, Jugnot n'arrêtait pas de me mettre en boîte :

— Mais, mais... C'est pas vous qui avez joué dans *Le Vieux Fusil*? me répétait-il à tout bout de champ.

J'ai toujours eu la volonté de pratiquer l'alternance. Sans doute ai-je contracté cette habitude au TNP. Au début, je dépendais de l'offre. Par la suite, j'ai souvent privilégié ce qui prenait le contre-pied de ce que je venais de faire. Je ne cherchais pas à me créer des défis, ni à me mettre en danger. Simplement il s'agissait à mes yeux de la façon la plus normale et la plus simple d'exercer ce métier. Après *Le Vieux Fusil*, j'ai tourné dans le premier film de Jacques Renard, *Monsieur Albert*. Le contraste du personnage éponyme avec Julien Dandieu me convenait très bien. Lors de *La Vieille Fille*, Renard avait été premier assistant de Jean-Pierre Blanc, ce qui nous avait permis de faire connaissance. Le film se déroulait à Douai, dans ses terres d'origine. Sur fond de pays charbonnier et de grande ducasse, une jeune fille un peu perdue, jouée par l'excellente Dominique Labourier, formait un trio avec un certain François (Patrick Chesnais) et son dangereux copain de la guerre d'Algérie, Albert, que j'incarnais. Escroc sordide et sans aucune envergure, il était doublé d'un désespéré plus ou moins suicidaire. J'admire beaucoup le style de Patrick Chesnais, tout à fait baroque, en dehors de toute règle. Il possède un rythme étrange. Son phrasé, qui se joue de la syntaxe et de la grammaire, lui est tout à fait personnel. À sa manière, il déconstruit et reconstruit le langage, ce qui lui confère une musique tout à fait particulière. Avec sa bouille un peu rugueuse, il est très fort au théâtre. Pendant le tournage, il m'a surpris plus d'une fois. Cela m'obligeait à être dans l'attention perpétuelle, dans l'invention.

Bon film, très personnel, *Monsieur Albert* n'a pourtant pas très bien marché. Sans doute fut-il victime de différents malentendus. À l'origine, le film devait s'appeler *Les Enfants de Gayant*, du nom de ces géants des Flandres que l'on sort à l'occasion des carnavals, et à qui l'on avait consacré une longue séquence. Par souci commercial, la production a finalement décidé d'appeler le film du nom de mon personnage, *Monsieur Albert.* Sur l'affiche, ils avaient mis ma tête en gros plan, avec un nez rouge. Derrière Chesnais et Labourier, je n'étais pourtant que le troisième rôle. Stratégiquement, ce fut une erreur : le public a été déçu. Quant à la critique, elle m'a reproché de ne donner aucune envergure à mon escroc. On le trouvait trop minable, oubliant que le scénario préconisait cela. J'ai eu plaisir à interpréter ce méchant d'un genre inédit pour moi. Au cinéma, il est souvent plus facile et jouissif de jouer les méchants que les bons. Les bons sentiments font de la mauvaise littérature, affirmait Gide, pourtant grand lecteur de Charles Dickens. Hitchcock soutenait à peu près la même chose : tant vaut le méchant, tant vaut le film. Par la suite, Jacques Renard a tourné un beau long métrage avec Miou Miou et Sandrine Bonnaire, qui s'appelait *Blanche et Marie*, et qui se passait pendant la Résistance. Il a réalisé aussi des documentaires, dont un magnifique, en deux soirées, sur la mémoire de la mine. Au passé de la région, il donnait tout son éclat, toute sa beauté.

En 1975, Bertrand Tavernier tournait *Le Juge et l'Assassin*, dans lequel je jouais le juge et Michel Galabru l'assassin. À la fin du XIXe siècle, un tueur de bergères était arrêté dans son errance meurtrière par un magistrat ambitieux et froid. L'instruction devant le conduire à la guillotine était ensuite rondement menée, dans le cadre naturel de la petite ville de Privas, en Ardèche. Tavernier est un cinéaste des grands espaces français, ce qui n'est pas si courant dans notre cinéma trop souvent urbain. Le scénario, dont les grandes lignes avaient déjà été ébauchées juste après la guerre, fut principalement écrit par Jean Aurenche car, à l'époque, Pierre Bost commençait à être malade. René Tavernier, le père de Bertrand, qui était poète et journaliste, avait également écrit un livre sur cette même affaire.

Pour jouer l'assassin Émile Bouvier, le choix de Michel Galabru a pu étonner bien des gens, sauf ceux du métier. Nous savions tous, en effet, que Galabru était un immense acteur. Au Français notamment, il avait fait de grandes choses, comme *Le Bourgeois gentilhomme*. Mais il avait aussi tourné dans beaucoup de navets. S'il était extrêmement populaire, son image en avait été brouillée. Pour ma part, j'étais content de le retrouver. Alors qu'il sortait du Conservatoire, nous nous étions rencontrés au Vieux-Colombier. Avec Hubert Deschamps et Jean-Pierre Darras, nous avions joué ensemble dans une revue, *Les Béhohènes*, qui avait été écrite par Darras et Jean Cosmos, celui-là même qui devait signer plus tard le scénario de *La Vie et rien d'autre*. Tout de suite, j'ai senti que Michel serait prodigieux en « anarchiste de Dieu », appuyé sur le verbe. Mon personnage du juge Rousseau, en revanche, était d'une telle complexité larvée, toute en retenue, qu'il fallait dessécher les choses. Sa personnalité, peu ragoûtante, obligeait à faire passer les choses en contrebande. Tout l'enjeu était de réussir à établir un équilibre avec l'exubérance de Bouvier, l'assassin. En termes de spectaculaire, je savais que le personnage que brosserait Michel serait plus payant que le mien. Désireux de servir le film, je n'ai pas voulu me laisser tenter par la compétition et orienter mon personnage dans une voie analogue.

J'aurais pu le jouer avec plus d'éclat, de façon plus extériorisée. Mais cela n'aurait pas sonné juste. J'étais aidé par l'écriture si chirurgicale d'Aurenche, dont mille exemples éclatants venaient à nouveau confirmer l'acuité. Lorsque je jette à la rivière un pot de confiture que Renée Faure, ma mère si possessive et attentionnée, vient de me donner, ce simple geste en dit vingt fois plus que de longs dialogues explicatifs.

Pour la première fois, j'avais pour partenaire Isabelle Huppert, qui était Rose, ma jeune maîtresse. Je l'ai trouvée parfaite. J'ai beaucoup d'admiration pour elle, pour sa façon de prendre sa carrière en main. Elle a su faire de très bons choix, et prendre – ici, on peut le dire – de vrais risques, en jouant Sarah Kane ou chez Haneke, par exemple. J'aime aussi cette façon qu'elle a de se tenir en retrait de l'univers médiatique. Finalement, cela devient rare par les temps qui courent. Autrefois, on choisissait. Maintenant, on est censé s'offrir pieds et poings liés dans toutes les émissions. Le procureur était interprété par Jean-Claude Brialy. Il avait composé un très beau personnage de désespéré souriant, léger, ignoble et humain, porteur d'une blessure secrète, retour des pays chauds. Il avait le trac, et j'avais été très touché de découvrir cela chez un acteur de cette qualité. Car Jean-Claude est un personnage, brillant causeur, possédant mille anecdotes, connaissant les familles d'esprit sur le bout des doigts, soucieux d'élégance et de tenue, très drôle. C'est un authentique tenant de l'esprit français, une espèce que l'on peut croire aussi, hélas, en voie de disparition. Sous la défroque d'un chanteur des rues, je retrouvais Jean-Roger Caussimon, que j'avais croisé autrefois dans les cabarets. Comédien, il écrivait et interprétait des chansons. On lui doit *Le Temps du tango* de Léo Ferré, par exemple. Accompagné par un grand de l'accordéon, Marcel Azzola, il chantait la légende du tueur. Dans le cinéma français, il existe une vieille tradition qui consiste à faire appel à des chanteurs populaires. Jean Renoir, par exemple, y recourait souvent, à la fin de *La Chienne*, par exemple, ou au début de *La Grande Illu-*

sion. Tavernier s'inscrivait dans cette filiation. Pour *Que la fête commence*, un chanteur breton, Gilles Servat, interprétait la complainte de Pontcallec. La musique contribue à élargir encore la dimension populaire du cinéma, car elle permet de graver les films dans la mémoire des gens. En matière de couleur, d'intervalles ou de rythme, la musique n'est pas sans parenté avec le cinéma. Mélomane averti, Bertrand en est sûrement très conscient.

En règle générale, je ne revois jamais mes films. Je n'aime pas me les projeter. Parfois, en zappant au hasard, je tombe sur l'un d'eux. Je le regarde alors en partie. Bien souvent, j'en ai oublié jusqu'à l'intrigue. Avec *Le Juge et l'Assassin*, ce ne fut jamais le cas. Le juge Rousseau est un des personnages les plus difficiles que j'ai eu à jouer. Dans ce rôle, je trouve que je ne suis pas mal, ce qui peut être marqué d'une pierre blanche.

Au moment du *Juge*, Bertrand a créé sa société de production, Little Bear. Pour permettre la constitution du conseil d'administration, j'ai accepté d'y participer. Le réalisateur Laurent Heynemann, qui avait été l'assistant de Bertrand, le compositeur Philippe Sarde en faisaient également partie. Le temps s'écoulant, la structure a évolué. Je suis toujours là, avec mes quelques parts. J'avais dû investir une somme symbolique, peut-être cinquante mille francs. Ma présence dans le capital pouvait me permettre de prendre une option sur un livre, afin de l'adapter au cinéma ou au théâtre. Mais avant tout, pour moi, il s'agissait d'accompagner Bertrand dans cette aventure. Je savais qu'il saurait en faire quelque chose.

Alberto Sordi était un acteur très populaire, qui avait fait les beaux jours de la comédie italienne. Il possédait une voix à la Oliver Hardy, dont il avait été le doubleur. Dans *La Grande Guerre*, de Mario Monicelli, il avait joué un étonnant personnage de tire-au-flanc devenu héros malgré lui. Il avait tourné avec les plus grands, Fellini, De Sica, Risi. Acteur de génie, il était cabotin comme on n'imagine pas. En 1976, il m'a proposé de jouer dans un film à sketches qu'il dirigeait, *Il commune senso del pudore*, qui n'a malheureusement jamais été diffusé en France. C'était de la bonne grosse farce à l'italienne, qui me permettait d'en faire énormément. Inspiré d'une figure authentique, mon personnage était un producteur napolitain, totalement inculte et haut en couleur, qui s'exprimait en faisant beaucoup de cuirs et de gestes volubiles. J'avais à résoudre un grave problème : une vedette très chichiteuse ne voulait pas tourner une scène de *L'Amant de Lady Chatterley* qu'elle estimait trop osée. Pour la convaincre, je faisais appel à des sociologues et à des écrivains qui devaient lui expliquer que tout cela avait une raison d'être extrêmement sérieuse. On voyait passer Monique, qui jouait ma secrétaire. Cela a dû être un de mes premiers personnages de Méridional délirant. Le rôle que j'ai endossé ensuite était moins outré. Il s'agissait d'une grosse entreprise, l'adaptation par Valerio Zurlini du *Désert des Tartares* de Dino Buzzati. Le film était produit par Jacques Perrin et Michèle de Broca. Fasciné par l'œuvre, Perrin avait beaucoup investi pour acheter les droits. Par la suite, l'écriture avait été une aventure pleine de rebondissements. Pierre Schoendorffer avait commencé à mettre en œuvre le travail, épaulé par Charles Wood, qui avait signé dans le passé *La Charge de la brigade légère.* Pour la réalisation, de nombreux maîtres avaient été pressentis, de Visconti à David Lean. C'est finalement Zurlini, que Perrin connaissait fort bien, puisqu'il l'avait révélé dans *La Fille à la valise* et dans *Journal intime*, qui s'y est attelé. Je jouais le général, et je n'avais que deux scènes. J'ai accepté cette simple participation par amitié pour les deux producteurs. Le tournage avait lieu à Rome. D'imposants décors y figuraient ce fort aux frontières du désert des Tartares, dont les extérieurs ont été tournés à Bam, en Iran, aux portes du Bélouchistan. En tant que général, je devais passer en revue toute la garnison, qui était composée de l'élite du cinéma européen, et je dois dire que cette perspective m'amusait beaucoup. Max von Sydow, l'acteur fétiche d'Ingmar Bergman, était un capitaine, Laurent Terzieff, un lieutenant, Vittorio Gassman, un colonel et Jean-Louis Trintignant le médecin major. Cela ne me déplaisait pas de les voir se mettre au garde-à-vous quand j'entrais au mess.

J'ai toujours aimé les films de Pierre Granier-Deferre. Sous-estimé en France, il a trop souvent été traité avec condescendance par la presse. Ce metteur en scène de grand talent est pourtant doué d'une écriture cinématographique très élégante, très discrète. De caractère effacé, réellement modeste, il a la malencontreuse manie de minimiser son talent et ses entreprises. Or à notre époque, on sait bien que ce n'est pas la meilleure manière de se faire prendre au sérieux. *Une femme à sa fenêtre* fut mon premier film avec lui. C'était une adaptation d'un roman de Drieu La Rochelle par Jorge Semprun. Dans la Grèce des années 1930, la marquise Margot Santorini, jouée par Romy Schneider, menait une vie oisive, douce et monotone, entre son mari et son amant, lorsque surgissait brutalement un militant politique traqué par la police, Michel Boutros, interprété par Victor Lanoux. Follement éprise de ce dernier, Margot finissait par tout quitter pour disparaître dans l'action clandestine. Mon personnage, un industriel français nommé Raoul Malfosse, était l'amant. Il n'avait rien de vraiment passionnant, mais j'aimais beaucoup ce que faisait Granier. Sans être janséniste, sans être un autre Bresson, il choisit toujours d'aller directement à l'essentiel. D'une grande justesse, sa mise en scène se voulait sans effet, sans épate. Il détermine toujours la place de la caméra, le rythme, le montage, de façon à être au plus près des comédiens. On sent qu'il les aime vraiment. Il les met en valeur, les sert magnifiquement, sans jamais léser l'histoire pour autant. Le scénario d'*Une femme à sa fenêtre* était un peu faible, cependant. On avait le sentiment qu'il n'allait pas au bout de la logique de Drieu. Par ailleurs, Victor Lanoux n'était pas totalement convaincant en révolutionnaire hellène. Comme les Grecs sont les pires organisateurs qui soient, la production a été éprouvée par une série de catastrophes. Par exemple, le jour où nous devions tourner dans un club de sport très chic, comme par hasard, le tournoi annuel de tennis était justement en train de battre son plein. Granier devait passer sa vie à rattraper ce genre de contretemps.

J'étais heureux de revoir Romy. Après *Le Vieux Fusil*, cela me donnait l'occasion de lui renvoyer l'ascenseur en jouant un rôle pas très important mais qui apporterait quelque chose dans un film où elle avait la vedette. La photo était magnifique. Nous avions pour chef opérateur Aldo Tonti, qui a été le papa de toute une génération. Déjà très âgé, comme il avait été promu chevalier de je ne sais quoi, on l'appelait *Cavaliere*. Ce tout petit homme avait été un de ceux qui avaient porté le cinéma italien sur les fonts baptismaux. Toujours une canne à la main, il s'en servait pour taper sur ses techniciens, à la grande joie de tout le monde. Parfois aussi, il y attachait une branche d'arbre. Dans certaines scènes, il s'en servait pour créer une ombre mouvante qui se découpait sur les visages des protagonistes.

Lorsque j'ai accepté de jouer dans *Un taxi mauve*, j'avais déjà tourné un film avec Yves Boisset, quatre ans plus tôt : *L'Attentat*, d'après l'affaire Ben Barka. Le film politique était alors en vogue. Je jouais un présentateur de l'ORTF qui servait à attirer en France « Sadiel », alias Ben Barka, interprété par Gian Maria Volonte. Ce tournage m'avait laissé un souvenir nuancé. Au moment de la sortie, Boisset avait organisé une conférence de presse chez Lipp. À ma grande surprise, il s'était mis à évoquer l'immense courage que nous avions eu à tourner ce scénario, qui pourtant ne contenait pas la moindre révélation. Alors que tout s'était fort bien passé, il a prétendu que le gouvernement nous avait mis des bâtons dans les roues. Pis, dans le montage final, il laissait entendre que la CIA avait manigancé toute l'affaire. Or le scénario à partir duquel j'avais signé mon contrat n'arrivait pourtant pas du tout aux mêmes conclusions. J'avais trouvé le procédé pour le moins cavalier. La distribution internationale et les ambitions d'*Un taxi mauve* donnaient à ce nouvel essai une aura particulière. À sa parution, le livre de Michel Déon avait connu un grand succès. Boisset me proposait le rôle principal, celui d'un Français installé en Irlande, Philippe Marchal. En compagnie d'un jeune Américain en exil, joué par le fils d'un acteur très connu, Edward Albert junior, il s'y adonnait aux joies de la campagne, la chasse principalement. La sœur du jeune homme, interprétée par Charlotte Rampling, venait nous rejoindre. Peter Ustinov, Fred Astaire, et une jeune actrice italienne, Agostina Belli, complétaient la distribution, et nous nous livrions aux jeux de l'amour et de la jalousie.

En acceptant ce rôle, j'étais d'abord bouleversé à l'idée de rencontrer Fred Astaire. Depuis mon enfance, il était une de mes idoles. Après la guerre, qu'il ait eu pour partenaires Ginger Rogers, Rita Hayworth ou Cyd Charisse, j'avais vu à peu près tous ses films musicaux. Cela avait été une révélation. Je le considérais comme la quintessence du spectacle au cinéma. Sa présence dans le casting du *Taxi mauve* était une sorte de miracle insolite. Il ne tournait plus que très rarement. Nous nous sommes tout de suite très bien entendus. Lorsque je lui avais dit qu'à Paris, chaque semaine, deux ou trois de ses films étaient programmés dans les salles obscures, il avait été épaté. Il restait l'objet d'un véritable culte, alors qu'aux États-Unis ce n'était plus le cas. Très courtois, d'une discrétion extraordinaire, on sentait qu'il n'avait pas tellement envie de s'étendre sur la période où il dansait. Il était aussi élégant à la ville qu'à l'écran. Il avait une façon très particulière de se mouvoir, incroyablement légère. Il se déplaçait comme quelqu'un qui avance dans l'eau. À chaque pas, il semblait se hisser sur la plante des pieds. Comme s'il avait été immatériel, il flottait. Sans doute y avait-il une certaine coquetterie à cela. Par courtoisie, il continuait à marcher ainsi, alors que cela ne lui était peut-être plus tout à fait naturel, pour rester fidèle à sa légende. Je le revois descendant l'escalier d'un des châteaux hôtels où nous habitions, un grand escalier à double révolution, faussement Renaissance, avec la rampe en acajou. Une main dans la poche d'un costume en tweed un peu désuet, un petit foulard autour du cou, des mocassins Gucci aux pieds, il se dirigeait vers la salle à manger, bondissant de trois marches en trois marches, de façon très légère, comme un chevreuil ou un enfant. Puis, saluant à droite et à gauche, il voguait jusqu'à sa table en souriant. Il travaillait très sérieusement, n'hésitant pas à me proposer des modifications. Lorsqu'il avait changé un mot dans une réplique, il pensait toujours à me le signaler, pour que je ne sois pas gêné. J'étais sous le charme.

Le tournage en Irlande a duré assez longtemps. Comme il était itinérant, ce fut pour moi l'occasion de découvrir le pays. Lorsque j'avais un moment, j'allais rendre visite à Michel Déon qui habitait sur place, à Tinagh, dans le comté de Galway. Sa femme possédait plusieurs chevaux, ce qui me donnait l'occasion de monter un peu. Déon est un homme chaleureux et drôle, d'une santé magnifique. Nous avions sympathisé lorsqu'il était venu nous rendre visite sur le tournage, une ou deux fois, guère plus, car il était très discret. Parfois, je l'accompagnais avec son chien et son fusil, lorsqu'il partait voir dans les champs s'il ne levait pas quelque perdreau. Il en tirait quatre ou cinq et nous les mangions le soir, pour le dîner. Il menait une vie très sauvage. C'est un bel écrivain; je continue à le voir de temps en temps, à Paris. Je ne sais s'il avait été tellement emballé par le résultat du tournage. Pourquoi Yves Boisset avait-il choisi ce sujet? Était-ce la production qui avait acheté les droits et lui avait proposé de tourner le film? Je n'ai jamais senti chez lui la moindre passion ou réelle appropriation du sujet. Il ne semblait guère motivé. Comme il avait de gros moyens, il en profitait pour se couvrir beaucoup, comme on dit dans le jargon. Il multipliait les plans généraux, puis se rapprochait petit à petit du cadre moyen au gros plan. Afin de lui éviter de prendre un parti, nous devions tourner chaque scène je ne sais combien de fois. Or la mise en scène est un art du choix. On décide de mettre en valeur telle réplique ou tel passage plutôt que tel autre. Sur ce tournage, on avait l'impression que tout était traité indifféremment. La solution des problèmes était repoussée au moment du montage. Pour couronner le tout, nous enregistrions deux versions, française et anglaise. Quand on ne parle pas couramment les deux langues, l'exercice est épouvantable. Je commençais bien sûr par travailler à fond ma version anglaise. Lorsque nous arrivions à la française, j'avais l'impression de répéter ce que je venais de faire en anglais, sans avoir eu le temps de retrouver la liberté et la fraîcheur nécessaires. Par la suite, j'ai toujours refusé de me plier à nouveau à ce genre d'acrobaties.

J'avais pour partenaire féminine Charlotte Rampling, créature magnifique à tous points de vue, femme d'une beauté extraordinaire et actrice épatante. Ce film avec elle confortait solidement ma nouvelle image, inattendue, de séducteur. Peu de temps après d'ailleurs, en 1978, j'ai été le premier homme à faire la couverture de *Elle*, ce qui n'est pas le moindre de mes sujets de fierté. Par la suite, quelques seconds couteaux m'ont emboîté le pas, du type Yves Montand ou Alain Delon. Mais le gars qui a inauguré la série, c'est Fifi. Un peu auparavant, une campagne d'affichage pour le magazine de charme *Lui* montrait de jolies filles en très petite tenue qui disaient : « Je suis dans *Lui* et j'aime ça. » Les journalistes de *Elle* avaient voulu riposter. La direction de la rédaction avait décidé de mettre un bonhomme sur la couverture, et de lui faire dire : « Je suis dans *Elle* et j'aime ça »... L'idée leur avait été soufflée par Étienne Chatiliez, à l'époque encore publicitaire. Et pour porter leurs couleurs, ces dames m'avaient élu, moi. Je me suis donc retrouvé en couverture du magazine avec mes attributs habituels, le tweed, le cardigan, le velours côtelé, appuyé sur un arbre de Mareil-Marly où les photos avaient été prises. J'étais ravi. Dans la presse, ce numéro fut un événement. Les ventes du journal augmentèrent de vingt pour cent. À ce moment-là, j'atteignais une certaine forme d'épanouissement. Les choses s'enchaînaient bien, la peur du lendemain ne se profilait toujours pas à l'horizon. Lorsque *Un taxi mauve* a été terminé, il a fait l'ouverture du festival de Cannes, ce qui était une erreur. Le film a été desservi par cette exposition injustifiée.

14.

Turcy. Ma vie à la campagne. Un film avorté : Coup de foudre. Tendre Poulet, *de Philippe de Broca. Portrait de l'artiste en farfadet.* Le Témoin, *de Jean-Pierre Mocky. Acteur engagé ?* Due pezzi di pane, *de Sergio Citti. Vittorio Gassman. Un mauvais souvenir :* Rue du pied-de-grue, *de Jacques Grandjouan. Jacques Dufilho. Jean Dasté.* Pile ou face, *de Robert Enrico. Michel Serrault.* Trois Frères, *de Francesco Rosi. Les Sassi de Matera. Charles Vanel. Ma famille de cinéma.* Il faut tuer Birgitt Hass, *de Laurent Heynemann.*

En 1976, j'ai fait l'acquisition d'une ferme, à quelques kilomètres de Carcassonne, Turcy. Quelques années plus tôt, Monique et moi avions eu un coup de foudre pour la région. En effet, mon agent Michèle Meritz était propriétaire d'une maison dans l'Aude, avec son mari. Au cours d'un déplacement, lors du tournage du *Secret* je crois, nous nous étions arrêtés chez eux en allant dans les Landes. Michèle nous avait fait rencontrer un de ses amis architecte, Henri Castella, avec lequel nous avions sympathisé. Il habitait Montréal de l'Aude et possédait des chevaux : le sujet de la conversation était tout trouvé. En partant, nous lui avions demandé de nous signaler s'il entendait parler d'une maison dans les parages qui pourrait nous convenir. Depuis quelque temps déjà, nous y pensions. Je ne me suis jamais senti très citadin. J'avais toujours rêvé de pouvoir séjourner plus longuement à la campagne, et, bien avant de pratiquer l'équitation, j'imaginais un cheval devant la maison, cela faisait partie du tableau. Je la voyais, cette maison, installée sur une hauteur, assez près du ciel, avec la possibilité de regarder au loin. Quelques mois plus tard, j'ai reçu un coup de téléphone. À quelques kilomètres à vol d'oiseau de la maison de Michèle Meritz, sur une hauteur face aux Pyrénées, Henri Castella avait trouvé une ferme à vendre avec cinquante hectares de terres autour. Elle appartenait à un couple d'enseignants qui avaient tenté le retour à la terre, avec toutes les difficultés que cela suppose. Sur ce sol pauvre et ingrat du plateau de la Malepère, ils avaient tenté de vivre de leurs vingt-cinq hectares cultivables, sans y parvenir. L'affaire fut conclue promptement. Castella était un bon architecte, dont le goût correspondait au nôtre. Les travaux durèrent près de deux ans. Pendant cette période, les chèques allèrent directement du producteur à l'entrepreneur. Ce dernier était d'ailleurs tombé amoureux de la maison, au point qu'il a fini par devenir un ami. L'architecture du coin n'est pas particulièrement spectaculaire. Ce n'est ni la Provence, ni le Lubéron, ni la côte basque, mais une région à séduction discrète. Il faut y regarder un peu attentivement, prendre son temps. Le paysage, pourtant, m'a séduit du premier coup, et cela n'a fait que s'amplifier avec les années. Vallonné d'amples collines, sauvage, le travail de l'homme s'y décèle quand même. Entre deux petits bois, on pratique la polyculture. Les vignes, qui donnent ces hachures dans le paysage, alternent avec différentes valeurs de couleurs, vert ou marron, colza, maïs et tournesol. Le climat est très continental. Dans le temps, les coteaux étaient plantés d'oliviers, mais de fortes gelées les ont éliminés. En revanche, on trouve des cyprès, des pins parasols, qui donnent à l'ensemble un aspect italianisant, comme en Toscane ou en Ombrie. Dans la région, le souvenir de saint Dominique et des cathares est encore bien présent. On n'est pas loin de la collégiale de Montréal et de Fanjeaux, haut lieu de l'ordre des Frères prêcheurs avec le monastère de Prouilhe, dans le pays bas.

La maison de Turcy a été aménagée de façon très simple. Nous n'avons pas bouleversé le plan initial, ni percé de fenêtre supplémentaire. À cause de la chaleur et du vent, ces bâtisses sont avares en ouvertures. Nous avons simplement transformé tout ce qui était greniers et communs en habitation. Les fermes du coin sont sur le même modèle : tout en longueur avec le logis à un bout et dans l'enfilade l'étable, l'écurie, les greniers et les hangars pour les fourrages. Nous nous sommes contentés de faire de l'étable un grand salon et des chambres dans les greniers. Les murs sont blancs. Nous n'avons pas cherché à donner dans le folklore paysan. Nous avons simplement trouvé un ton qui nous convenait. Mes chevaux avaient toujours été en pension dans des centres équestres. Cohabiter avec eux était un de mes vieux rêves. Nous avons donc aménagé un hangar en écurie, avec quatre boxes, une sellerie et un grenier pour la paille et le foin. À ce moment-là, j'ai rencontré M. Amardeilh. Ce vieux sous-officier de cavalerie à la retraite s'occupait bénévolement d'une petite société hippique à Brames, près de Montréal. Il avait fait la guerre de 1939-1940. Après avoir vécu la retraite de Belgique, il s'était retrouvé sur les plages de Dunkerque, avec son cheval. Je lui ai proposé un arrangement. Lorsque nous ne serions pas là, il viendrait s'occuper de nos deux chevaux, à Frédérique et à moi. En échange, il mettrait sa jument à la maison. Cette rencontre fut un bonheur réciproque. À l'un et à l'autre, cela nous a rendu un fichu service. À lui parce que les dernières années de sa vie ont été embellies ; il adorait les chevaux, et il a eu la chance de pouvoir monter jusqu'à quatre-vingt-six ou quatre-vingt-sept ans. À moi parce que notre gardien s'occupait matériellement des chevaux, mais ne les montait pas. Or M. Amardeilh pouvait venir tous les jours. C'était un compagnon délicieux ; nous partions souvent en promenade, pendant deux heures, notre moyenne. La campagne autour de Montréal n'est pas le terrain idéal. On y trouve beaucoup de cailloux, mais il nous restait toujours les bordures de champ, les vignes ou les chemins, les chaumes après les récoltes. Certains sentiers vont de ferme en ferme, et traversent des bois communaux très bien entretenus. Le paysage est assez accidenté, donc varié. Après avoir atteint de petits sommets, on redescend vers le fond des vallées. On remonte ensuite sur un mamelon : un nouveau panorama s'ouvre devant soi. Tout est beau, quelle que soit la saison. Je me souviens d'une promenade avec M. Amardeilh, un jour qu'il montait un des chevaux de Luraschi ; soudain, alors que nous étions en pleine traversée de Montréal de l'Aude, son cheval se mit à reculer, sans doute à cause d'une indication involontaire, jusqu'à s'asseoir sur une voiture... Ces chevaux étaient tellement bien mis que si nous n'étions pas d'une précision absolue, si nous nous penchions un peu pour saisir notre mouchoir, ils partaient immédiatement au galop à gauche...

Dans la région, Monique et moi n'avons jamais cherché à nous faire beaucoup d'amis. Nous avons toujours vécu un peu isolés, avec le goût du calme et de la tranquillité. À Paris, l'exercice du métier fait que pendant de longs mois on est plongé dans les déjeuners, les réunions ou les tournages. J'ai toujours eu plaisir à me trouver au milieu d'une troupe de techniciens, d'acteurs, d'ouvriers du cinéma. J'aimais ça, je respirais bien, je vivais. En revanche, lorsque je ne tournais pas, j'avais besoin de me retrouver seul ou en très petit comité. Ces coupures pouvaient être assez longues. Au milieu de mes chevaux, dans un endroit que nous avions choisi et qui nous ressemblait, elles ont été le grand confort de ma vie. Notre rythme était simple et réglé. Le matin, je montais à cheval. De retour de balade, j'allais à Carcassonne faire un peu de marché. Après le déjeuner, je me consacrais souvent à la lecture. À Turcy, j'avais mis le plus gros de mes livres, même si j'en conservais également beaucoup à Mareil-Marly. De toujours, j'ai été très amateur de romans policiers, avec une prédilection pour le roman noir. Entre les mains des maîtres, ce révélateur du refoulé de l'Amérique peut devenir un roman total. Lorsqu'on mène une vie sage, le frissonnement des histoires sombres est un plaisir délicieux. J'apprécie les grands classiques d'avant-guerre, Dashiell Hammett par exemple. J'admire les fines gâchettes de la génération suivante, tel Jim Thompson, l'auteur du numéro 1000 de la Série noire, *1275 âmes*, d'où fut tiré *Coup de torchon*. Le roman noir ne connaît pas de frontières. Il explore aussi bien les bas-fonds de Los Angeles que ceux du Barcelone de Montalban ou de la Suède de Hennig Mankell. Dans ce genre, mon auteur favori est sans doute James Ellroy. J'ai eu l'occasion de le rencontrer. Son intelligence et sa sauvage causticité lorsqu'il évoquait les dirigeants de son pays m'avaient fasciné. Compliment dont je ne suis pas peu fier, il m'avait dit que j'étais un de ses acteurs préférés. En dehors des couvertures noires, j'ai adoré plus récemment le grand roman de Daniel Rondeau, *Dans la marche du temps*. L'histoire de ce père et de ce fils qui traversent les convulsions du siècle, de la forêt champenoise au New York des années 1970 en passant par la Grande Guerre et la Résistance, a suscité en moi bien des échos. Après en avoir lu les épreuves, j'avais prophétisé à l'auteur qu'il n'obtiendrait aucun prix, car son livre était au-dessus de la moyenne. Bien qu'il ait été sélectionné par tous les jurys, ce fut effectivement le cas. À l'heure où ce qui se publie ressemble trop souvent à de vulgaires produits marketing, son roman avait été soumis à la lente maturation des années, et prouvait que les notions de souffle et de récit gardaient encore un sens en France. Ces derniers mois, j'ai lu avec délectation le *Dictionnaire égoïste de la littérature française*, de Charles Dantzig. Assumant ses partis pris avec beaucoup d'esprit, ce jeune homme passe en revue ses agacements et ses préférences, ses goûts et ses dégoûts. À une époque où l'autocensure règne tristement sous les crânes, j'admire cette liberté. Dans ce vaste inventaire, on retrouve toutes sortes d'écrivains, y compris mon cher Jean de La Ville de Mirmont. Le seul inconvénient des livres, c'est qu'on ne sait jamais où les mettre. Charles Dantzig, qui a dû étudier la question, les entasse dans des caves, qu'il loue aux quatre coins du VIIe arrondissement.

Souvent le soir, comme nous avions une grande salle de projection, Monique et moi regardions des cassettes ou des DVD. Cela me permettait de voir tous les films, français en particulier, que je n'avais pas vus à Paris, où je fréquente peu les cinémas. Il m'arrivait aussi de me projeter certains classiques bien-aimés, les films d'Audrey Hepburn ou de Sacha Guitry, *La Grande Illusion*.

En 1976, j'aurais dû tourner un nouveau film avec Robert Enrico, sur un scénario de Pascal Jardin, qui s'intitulait *Coup de foudre*. Pierre Caro, le producteur du *Vieux Fusil*, rêvait de reconstituer son équipe gagnante. L'histoire se déroulait pendant la Première Guerre mondiale. Elle tenait un peu de *L'Équipage* de Kessel et de la vie de Guynemer. Deux cousins germains de l'aristocratie européenne, un Allemand et un Français, tous deux amoureux de la même femme, faisaient la guerre dans l'aviation et s'arrangeaient pour passer Noël ensemble à Paris. Avec Catherine Deneuve, qui jouait Flora, le tout promettait d'être très romanesque. Charles Vanel devait jouer mon père. Tous les clichés étaient mobilisés, bien revus. Si nous étions parvenus à nos fins, cela aurait fait un film enthousiasmant, avec de somptueux costumes. Dans la production, Pierre Caro avait investi tout ce qu'il avait gagné avec *Le Vieux Fusil.* La préparation avait été spécialement coûteuse, car il avait fallu reconstituer des biplans d'époque, en mesure de voler réellement. Caro n'avait pas autant d'argent qu'on aurait pu l'imaginer, car ses nombreux coproducteurs avaient été les premiers à se rembourser. Pour *Coup de foudre*, il avait obtenu des distributeurs, Les Artistes associés, une avance sur recettes dont le montant l'avait déçu. Il avait alors voulu aller voir ailleurs; n'arrivant pas à trouver meilleure offre, il s'était résigné à retourner à la case départ. Mais cette fois, si Les Artistes lui proposaient un peu plus d'argent, ils exigeaient de ne le verser qu'une fois le film terminé. À ce moment-là, les coproducteurs italiens, puis allemands, de peur de tout perdre ont décidé de se coucher. Alors que nous avions déjà tourné trois ou quatre scènes sur le terrain d'aviation de mon escadrille, l'aventure s'est brutalement arrêtée. Nous étions effondrés. Malgré notre équipe de choc, des acteurs populaires, un réalisateur qui avait fait ses preuves, nous étions invités à aller nous rhabiller. Pour la première fois dans le cinéma français, on parlait de difficultés. Le métier de producteur, qui avait toujours été une loterie, commençait à flancher. Les volontaires ne se bousculaient plus au portillon. On avançait toutes sortes d'explications, que Caro n'avait pas que des amis, que le triomphe du *Vieux Fusil* avait agacé pas mal de monde. Pour Catherine, Enrico et moi, la situation se révélait extrêmement humiliante. Il n'était pourtant pas question de sommes énormes! Nous avions renoncé à nos cachets, nous proposions de n'être payés qu'au pourcentage. Tout cela était bien triste. À ce moment, j'ai reçu un coup de téléphone du producteur Alexandre Mnouchkine, qui me proposait de partager la vedette avec Annie Girardot dans *Tendre Poulet.* Philippe de Broca était un peu son fils adoptif; or, il avait déclaré qu'il ne tournerait pas le film sans moi. J'étais ravi de retrouver Philippe, et d'enchaîner directement sur un nouveau tournage.

Tendre Poulet était une comédie. Un professeur de grec ancien à la Sorbonne, que je jouais, retrouvait par hasard une de ses anciennes condisciples, Annie Girardot, laquelle est devenue commissaire de police mais n'ose, dans un premier temps, le lui avouer. Depuis *La Vieille Fille* et *La Mandarine* de Molinaro, Annie n'avait pas changé. Trésor de vivacité, d'intelligence, de drôlerie, elle était toujours une merveilleuse partenaire. Dans la comédie, elle possède un sens du rythme qui n'est pas toujours très répandu chez les femmes, chez les hommes non plus d'ailleurs. À l'usage, notre couple de cinéma s'est révélé particulièrement propice à l'identification pour le spectateur. Sur les affiches, nos deux noms fonctionnaient bien. Nous étions épaulés par des seconds rôles de qualité, Hubert Deschamps par exemple, acteur surréaliste que j'avais déjà fréquenté dans *Zazie* et dans *Les Copains*, mais aussi dans les cabarets, ou encore Georges Wilson qui jouait un ténor de la politique assez porté sur la bagatelle. Le producteur, Sania Mnouchkine – le père d'Ariane – , était un homme délicieux. Avec lui, les tournages étaient toujours très confortables. De Broca et lui jouaient un numéro de duettistes bien rodé : Mnouchkine commençait à se plaindre que les choses traînaient, et Philippe prenait un air contrit alors qu'il tournait comme toujours avec une rapidité légendaire. Je n'ai connu qu'un seul metteur en scène plus preste que lui : l'Anglais Richard Lester, avec qui j'ai tourné *Le Retour des mousquetaires*, dix ans plus tard.

Avec Philippe de Broca, nous nous comprenions à demi-mot. Depuis le début des années 1960, il était très ami avec Jean Rochefort qu'il avait fait tourner dans plusieurs comédies, dont *Les Tribulations d'un Chinois en Chine* ou *Le Diable par la queue.* Huit ans plus tôt, il avait déjà fait appel à moi pour un film avec Marthe Keller, intitulé *Les Caprices de Marie*, qui avait été une expérience très sympathique mais qui n'avait pas très bien marché. Philippe était un bonhomme petit modèle, un ludion, un farfadet taille jockey, une personne qui ne pesait pas. Il se déplaçait à toute vitesse, et possédait un débit de paroles tout aussi rapide. Lorsqu'il feignait de ne pas comprendre quelque chose, son œil rond pouvait s'immobiliser, lui donnant un regard de poule. Il était drôle. Issu d'une vieille famille de la noblesse bretonne, il restait très attaché à sa province, et à la mer. Il possédait un bateau sur lequel il partait souvent naviguer. Très mélancolique aussi, il était facilement susceptible, très sensible, tout en cachant cela. Prétendant traverser le monde sans se soucier des opinions d'autrui, il veillait à se donner un air détaché. Trop souvent, alors qu'il a connu d'énormes succès, qu'il a fait des films délicieux, tout à fait personnels, la critique l'a considéré comme sans importance. Il était pourtant un des seuls à réussir des films très français, qui soient à la fois des comédies mais aussi par certains aspects des œuvres graves, toujours élégantes, justes. Il était d'abord habité par cette noble ambition de divertir son prochain, qu'il est de bon ton, chez certains, de prendre de haut.

Dans sa jeunesse, il avait réalisé un film qui avait été mal accueilli par la critique et qui est devenu l'objet d'une sorte de culte, *Le Roi de cœur.* Cela se passait pendant la guerre de 14, dans une petite ville. Alors qu'on avait évacué la population, les pensionnaires de l'asile d'aliénés prenaient possession du territoire. Il y avait une très jolie distribution, Pierre Brasseur, Jacques Balutin, Brialy, de Broca lui-même. Pendant des années, le film a été projeté dans un cinéma à New York, sans que la salle désemplisse. Mais les jugements à l'emporte-pièce avaient dû blesser Philippe. Il s'était rabattu sur la comédie légère.

Par rapport à notre époque, il était assez décalé. Tous les ans, le 21 janvier, il assistait à la messe célébrée à la mémoire de Louis XVI. Il a longtemps vécu dans la petite rue Visconti, à Paris, puis a émigré vers Neuilly avec sa dernière femme. Il possédait aussi une propriété à la campagne, à Vert, non loin de Mantes. Au milieu d'un grand et joli jardin plein de fleurs et d'arbres fruitiers, c'était une vieille maison remplie de recoins, avec un escalier extérieur, une vaste grange dans laquelle se trouvait une grande cheminée. On y dînait le soir aux chandelles. Philippe aimait recevoir son monde en petit comité, Jean Rochefort, Marthe Keller, dont il a été très amoureux et dont il a eu un enfant. La vie de ce curieux homme était envahie de drames sentimentaux, d'amours et de divorces, de liaisons passionnées. Un temps, il fut le mari d'une actrice du Hollywood des années 1970, Margot Kidder, héroïne du *Sœurs de sang* de Brian De Palma, qui l'a rendu malheureux. Tous les mois, il se rendait à Los Angeles pour la voir, ce qui le ruinait. Très attachant, il réussissait mal sa vie sentimentale et en souffrait. De tout cela, il ne m'a jamais parlé, mais je le sentais.

Les films de Philippe de Broca étaient volontairement légers, ils fonctionnaient bien. *Tendre Poulet* a été un gros succès populaire, de même que sa suite, deux ans plus tard, *On a volé la cuisse de Jupiter*, avec Francis Perrin et Catherine Alric. Cela faisait partie de sa courtoisie, de ne jamais tirer les choses vers le drame.

Après quelques participations, dans *La Barricade du point du jour*, de René Richon, où je jouais le rôle du poète communard Eugène Pottier, auteur de *L'Internationale*, et dans *La Grande Cuisine*, un film américain où l'on assassinait les grands cuisiniers d'Europe, j'ai joué dans *Le Témoin* de Jean-Pierre Mocky. Je garde un très bon souvenir de ce film, qui était assez fort. Mocky bâcle parfois, notamment parce qu'il n'a pas toujours les moyens, mais il possède un vrai talent pour vitrioler les valeurs établies. En premier lieu, j'avais été séduit par son scénario. Il m'offrait un des personnages les plus ignobles de ma carrière : Robert Maurisson, notable rémois pédophile et assassin de petite fille. Sur le point d'être démasqué, je m'arrangeais pour laisser accuser à ma place un de mes amis italiens, garçon charmant, restaurateur de tableaux, qu'interprétait Alberto Sordi. Le film regorgeait de scènes mémorables. Dans l'une, j'exigeais de mes beaux-frères, horribles bourgeois, qu'ils m'embrassassent le cul pour que je daigne prendre le président de la République au téléphone. Dans l'autre, je pourchassais Alberto Sordi dans une forêt à sangliers, en lui tirant des coups de chevrotine. La confrontation avec un commissaire grinçant, joué par Roland Dubillard, et l'inspecteur son adjoint, était particulièrement réjouissante. Après une scène dans ma maison natale, désaffectée, que l'on soupçonne d'avoir été le lieu du crime, l'adjoint interroge son supérieur à mon sujet :

— Pourquoi est-il aussi agressif avec toi, mon biquet?

Et le commissaire de répondre :

— Parce qu'il n'aime pas les pédés, et que moi je n'aime pas les riches...

J'admirais beaucoup Alberto Sordi, que je tenais pour un génie de la comédie, et que je connaissais déjà pour avoir joué sous sa direction dans un film à sketches. Malheureusement cette fois, le tournage fut plus problématique. De façon presque pathologique, Sordi tirait la couverture à lui. Je devais mener une résistance de tous les instants. S'il avait pu me pousser pour me chasser du cadre, sans doute l'aurait-il fait. Insensiblement, il se rapprochait de moi, tournait et je me retrouvais dos à la caméra. Il était réputé pour cela, comme d'autres acteurs, Ugo Tognazzi par exemple. Le film de Mocky dénonçait également la peine de mort, et la version française du film s'achevait par l'exécution d'Alberto Sordi sous le couperet de la guillotine. Nous étions en 1978, le débat sur l'abolition faisait rage. Comme c'était une coproduction, plusieurs scènes étaient tournées à Rome. C'est à ce moment qu'eut lieu l'assassinat d'Aldo Moro.

Sur la question de l'engagement des acteurs en politique, j'ai toujours été très partagé. Si je regarde Michel Piccoli,

Simone Signoret ou Yves Montand, connaissant leur sincérité, je n'ai pas de doute au sujet de leur engagement. Contrairement à ce qu'imaginent les beaux esprits, on reçoit, en prenant la défense d'une cause, comme Emmanuelle Béart à Saint-Bernard ou Berling et Balasko à Cachan, plus de coups de bâton que de fleurs. Pour ma part, très tôt, j'ai éprouvé le besoin de me préserver. Si l'on a une ambition, ne serait-ce que celle de progresser dans son métier, de réfléchir à sa pratique, il faut se protéger. Je ne crois pas que ce soit de l'égoïsme, ni même entièrement de la lâcheté. Simplement, il faut craindre comme la peste tout ce qui vient nous solliciter de façon stérile. Je n'ai jamais pu, par exemple, militer dans quoi que ce soit. Certes, je n'en ai jamais eu non plus vraiment envie. Parfois, dans les moments d'exaltation, on peut se laisser emporter par la tentation de participer. Chaque fois pourtant, j'ai rapidement abandonné. Mon raisonnement était le suivant : pourquoi suis-je sur terre ? Vis-à-vis de mes contemporains, j'essaie bien évidemment de me comporter le mieux possible, de ne pas me reposer sur les privilèges que la chance ou les circonstances m'ont donnés. Mais je suis d'abord ici pour bien faire mon métier ; pour cela, j'ai le devoir de m'y consacrer entièrement et de me protéger. Je n'ai donc accepté d'agir pour de grandes causes, politiques ou humanitaires, que lorsqu'on me proposait de faire quelque chose de concret, lire un commentaire pour un documentaire par exemple. Car cela procède de mon métier. Pour Amnesty international, j'avais tourné sous la direction de Jean Becker dans un film collectif. Des acteurs français y défendaient chacun un prisonnier. Le journal *Le Monde* avait d'ailleurs cru bon de faire toute une page de critique cinématographique sur ces films, ce que j'avais trouvé pour le moins déplacé. Je me suis toujours réservé le droit de me contredire. Soit par paresse, soit par répugnance à parler gravement, il m'est arrivé de répondre avec légèreté à certaines questions. Nous sommes des saltimbanques. Est-ce notre rôle de faire campagne pour quelqu'un ? Je n'approuve pas cela. Surtout, j'ai appris avec Jean Vilar que bien faire son travail de comédien pouvait être une forme d'engagement extrêmement efficace. Vilar avait une grande intelligence politique. Sa démarche visant à fonder un théâtre populaire – ce qui ne rime pas forcément avec austère – était fondée sur une idée de service public. Tous ses choix étaient toujours éminemment politiques, et les professionnels du genre ne s'y trompaient pas. Comme Vilar est devenu un intouchable dans notre mémoire collective, une icône de la République, on a oublié la virulence des attaques dont il a été l'objet. Qui se souvient que dans les années 1950 il y avait des interpellations à la Chambre sur sa façon de mener sa troupe, sur les dépenses qu'il engageait, avec parfois des sous-entendus qui allaient jusqu'à mettre en cause son honnêteté ? L'honnêteté de Vilar mise en cause ! On croit rêver lorsqu'on lit cela. En arrivant au TNP, ma préoccupation principale était d'exercer mon métier. Je n'étais pas particulièrement sensible à la dimension politique. Si j'étais entré dans la compagnie Renaud-Barrault, où j'avais fait de la figuration tout jeune, j'aurais probablement été tout aussi heureux. Au bout de deux ans toutefois, je ne voyais plus vraiment les choses du même œil. À l'idée de conquérir une partie de la population qui n'avait pas la possibilité, l'envie ou l'opportunité d'aller au théâtre, l'enthousiasme nous avait gagnés. Du samedi au dimanche, nous jouions quatre pièces. Le samedi soir, elles débouchaient sur un bal, et quelquefois Maurice Chevalier venait chanter le dimanche après-midi. Le TNP était une fête. En bon disciple de Vilar, j'ai donc la conviction que la politique du comédien doit se traduire par le jeu, sur la scène ou sur l'écran. Ne serait-ce que pour être plus efficace, car l'œuvre d'art sera toujours plus puissante que les discours.

En 1978, j'ai retrouvé l'Italie pour tourner dans un film de Sergio Citti, *Due pezzi di pane*. Pour la première fois, je partageais le haut de l'affiche avec Vittorio Gassman, un acteur que j'admirais énormément. Grand, mince, il était d'une beauté confondante. On aurait dit un centurion romain. Il possédait un profil de médaille, un grand et beau nez, des cheveux frisés. Il était originaire du Nord, vers Trieste. Dès ses débuts, au cinéma comme auprès des femmes, il avait connu un immense succès. D'amusante façon, il confiait qu'il n'aurait pas aimé se fréquenter à ce moment-là ! Séducteur impénitent, il avait été aussi très cabotin, mais quand je l'ai connu, il s'était assagi. Il y avait de l'aristocrate en lui. Il pouvait être hautain, condescendant, et en même temps c'était le meilleur garçon du monde. Son côté méditerranéen le disputait à un côté plus gourmé, Empire austro-hongrois, qu'il devait tenir de son père. Son palmarès au cinéma était impressionnant. On ne comptait plus les chefs-d'œuvre auxquels il avait participé, de *Riz amer* au *Pigeon* de Monicelli, de *L'Homme aux cent visages* au *Fanfaron* de Dino Risi, sans oublier *Parfum de femme*, qui lui avait valu le prix d'interprétation à Cannes en 1975. Le théâtre était sa passion la plus dévorante. Comme Peter O' Toole, il n'a jamais cessé de jouer dans une troupe. À Rome, les spectateurs ne sont pas si nombreux que cela. À la façon de Jean Danet et de ses Tréteaux de France, Vittorio exploitait donc un théâtre ambulant, sous chapiteau, jouant indifféremment les classiques et les modernes.

Notre réalisateur, Sergio Citti, était un ancien de la bande de Pier Paolo Pasolini, qui venait de mourir. Sur le tournage, on sentait encore sa forte présence dans les esprits. Le frère de Sergio, Franco, avait été un des jeunes banlieusards que le grand poète et cinéaste avait fait jouer dans ses films romains, *Accatone* ou *Mamma Roma*. Pour sa part, Sergio avait été conseiller pour les questions de dialecte et donc associé à la réalisation et à l'écriture. Pasolini avait transformé sa vie. Il le vénérait, et cette dévotion était partagée de façon très touchante par toute l'équipe. Certains avaient appris la technique, d'autres jouaient, ou écrivaient. À tous, Pasolini avait fait toucher du doigt ce qu'étaient la vie, l'art et la création.

Le scénario de Sergio était un peu bringuebalant, mais il me plaisait beaucoup. Il s'intitulait *Due pezzi di pane*, littéralement « deux morceaux de pain », ce qui veut dire « deux bonnes pâtes ». Ce conte mettait en scène deux musiciens ambulants, qui tombaient amoureux d'une même jeune femme. Sans qu'on sache duquel, elle se retrouvait enceinte des œuvres de l'un des deux. Après son accouchement, les pères putatifs montraient une même tendresse émue pour la mère et l'enfant. L'esthétique du film était un mélange original de réalisme et de poésie. Dans la filiation de Pasolini, il témoignait d'une grande liberté dans l'écriture. Sergio Citti et les siens donnaient le sentiment de n'avoir pas été déformés par un enseignement académique. Malheureusement, comme ce fut le cas de beaucoup de productions italiennes de qualité, le film n'est jamais sorti en France.

Vittorio et moi nous nous étions bien entendus. Toutes les fois que je suis retourné à Rome, j'ai continué à le voir. Je n'oublierai pas ces journées poignantes où je l'ai retrouvé devant la caméra de Franco Rosi, dans *Oublier Palerme.* Je ne faisais qu'une participation. Vittorio était fait d'un alliage rare de charme, de sens de l'humour et de mélancolie. Comme ce fut le cas d'Ugo Tognazzi à peu près au même moment, il était en pleine dépression. Or moi aussi à ce moment-là, je frôlais cet état. Nous en avions donc parlé. Je savais ce que c'était. En leur temps, Ugo et Vittorio avaient été l'incarnation de l'élan vital; leur fin de vie a été assez pathétique. Je l'ai beaucoup aimé, Vittorio, il a été une des belles rencontres de ma vie.

Rue du pied-de-grue, de Jacques Grandjouan, fut probablement un des tournages les plus désagréables de ma vie. Grandjouan était un type très doué, malheureusement alcoolique, qui avait écrit un très joli scénario. Il avait obtenu un des tout premiers prix de cinéma de la villa Médicis. Plusieurs lectures avaient cependant mis en évidence la trop grande longueur de son script. Je souhaitais vivement qu'il effectuât des coupes avant le tournage. Lui prétendait y procéder après, ce qui risquait de créer des manques. Nous avions fini par tomber d'accord sur une version raccourcie, que je pensais définitive. Là-dessus, nous sommes partis pour Nantes, son pays natal, où il avait situé son histoire.

Les ennuis ont commencé dès le deuxième jour. Grandjouan est venu me voir pour m'annoncer que le lendemain nous terminerions la séquence qui était en train, et que nous en filmerions une autre, précisément celle que, d'un commun accord, nous avions décidé de supprimer lors des lectures. Lorsque j'ai voulu protester, les choses se sont gâtées. Grandjouan a pris la mouche. Lorsque je lui ai répété qu'il n'était pas question que je cède, il a véritablement tourné son nez. Dès lors, le tournage a été très pénible à terminer ; je ne croyais plus du tout à l'entreprise. J'étais déçu de constater qu'il ne tenait pas ses engagements. Alors que c'était grâce à moi qu'il avait pu faire son film, il se comportait mal à mon égard. Pis encore, alors qu'il avait ma fille pour assistante, il ne s'est pas bien conduit avec elle. La distribution ne manquait pourtant pas d'originalité. Mario Monicelli, que Grandjouan avait connu à Rome, jouait un petit rôle. Jacques Dufilho, qui faisait le commissaire de police, était un extravagant. Discret, cet ancien élève du cours Dullin ne se livrait pas outre mesure. Très bon compagnon, il n'était pourtant pas quelqu'un de familier, à qui l'on tapait sur le ventre. Grand collectionneur de Bugatti devant l'Éternel, il était royaliste, comme de Broca. Aristocrate et cavalier, sorte de gentilhomme paysan, il possédait une ferme dans le Midi. Pour pouvoir ferrer lui-même ses chevaux, il avait passé tous ses examens de maréchal-ferrant. Dans *Milady* de François Le Terrier, son interprétation du commandant Gardefort est restée dans toutes les mémoires équestres. Le réalisateur m'avait d'ailleurs proposé de jouer l'acheteur belge de la jument. Je trouvais la nouvelle de Paul Morand magnifique, mais en tant que cavalier, il était au-dessus de mes forces d'interpréter ce gougnafier massacreur de chevaux. J'ai donc décliné la proposition.

Jean Dasté, le héros mythique des films de Jean Vigo, nous avait également rejoints, de Saint-Étienne, où il avait créé la Comédie, pionnière de la décentralisation théâtrale. Il ressemblait à une sorte de Pierrot lunaire. Mais cet être léger qui marchait sur un fil possédait en même temps un côté très terrien, très doux. D'une grande tenue morale, il s'intéressait à ses contemporains et se comportait toujours impeccablement à leur égard. Il a eu une vie magnifique. Des années auparavant, il avait épousé la fille de Jacques Copeau, Maïène, pilier de la compagnie Renaud-Barrault. À plus de quatre-vingts ans, il se baladait encore autour de Saint-Étienne avec son spectacle de poésie et une petite valise, dans laquelle il rangeait ses masques. Devant vingt personnes, il se produisait dans les arrière-salles de bistrot. Il aimait cela. Homme libre, il avait fait le choix du dépouillement et s'y était tenu avec une rigueur exemplaire. Pas sévère ou prétentieux pour un sou, il n'était pas du genre à se présenter comme le gardien du temple. Je l'ai revu une fois ou deux, après ce tournage. S'il me voyait au cinéma, il m'écrivait un petit mot. Cela me touchait beaucoup parce que j'avais beaucoup d'admiration pour lui.

Pour mon dernier film avec Robert Enrico, je me retrouvais face à Michel Serrault, avec lequel j'avais déjà sévi dans *Les Gaspards* de Pierre Tchernia. *Pile ou face* était une comédie policière dans laquelle un inspecteur, que j'incarne, enquête sur un veuf soupçonné d'avoir tué sa femme, interprété par Michel. Dès le début, alors que les circonstances laisseraient plutôt penser à un accident, je me montre étrangement persuadé de sa culpabilité. Le tournage avait lieu à Bordeaux, ville de Jean de La Ville de Mirmont, que je connaissais déjà pour y avoir joué avec Vilar dans le magnifique théâtre. Pour chaque nouveau film, j'essaie d'avoir, dans la mesure du possible, une tête que je n'ai jamais eue, ne serait-ce que pour donner au public des indications précises sur ce nouveau personnage. Cette fois, j'avais les cheveux en bataille, légèrement frisés. Baroni, mon personnage, prenait bien sûr sa douche le matin, devait se laver les cheveux, s'essuyer, mais, en revanche, négligeait de se peigner. Une fois encore, je suis entré dans le personnage par le vêtement, l'allure. Nous les comédiens, nous sommes des éponges. Nous passons nos journées à enregistrer de petits faits, plus ou moins à notre insu, mais qui se rappellent ensuite à notre bon souvenir, par réminiscences. Un beau jour, nous nous en servons. Cette possibilité d'invention avec trois fois rien fait partie du plaisir que j'ai à faire ce métier.

Donner la réplique à un comédien comme Michel est un autre régal. Avec lui, rien n'est jamais établi d'avance. Il essaie, il expérimente. Il fait preuve d'une extraordinaire bizarrerie. À lui aussi, j'envie cette extravagance, toujours liée au personnage, à la situation. Pour lui, le jeu ne s'arrête jamais, même dans la vie. Le reste de l'équipe était à l'avenant : Robert en excellente forme, Arditi, Dorothée qui venait de tourner avec Truffaut, Bernard Le Coq, Jean Desailly, parfait en chef de la police, notable hypocrite et comme il faut. Le film avait bien marché. Georges Cravenne, le producteur, avait eu le génie de le sortir au mois d'août, à rebours de tous les usages. Contre toute attente, cela avait été une réussite, et depuis, c'est devenu la norme.

En 1980, le tournage de *L'Étoile du Nord*, de Pierre Granier-Deferre, fut reporté du fait des problèmes de santé de Simone Signoret qui devait me donner la réplique. Dès lors je pouvais accepter la proposition de Francesco Rosi de jouer dans son prochain film, *Trois Frères*. Le scénario avait été écrit par Tonino Guerra, également poète, qui a signé à lui tout seul un nombre incalculable de chefs-d'œuvre. À travers trois frères, fils d'un paysan du Sud assez cossu, qui se retrouvaient pour l'enterrement de leur mère, le film brossait un portrait assez précis de l'Italie des années de plomb. Raffaele, que je jouais, était un juge aux prises avec des organisations terroristes. Michele Placido jouait Nicola, le plus jeune, qui était demeuré ouvrier. Le troisième enfin, Rocco, interprété par Vittorio Mezzogiorno, était un idéaliste qui s'occupait de jeunes délinquants.

Mon juge était censé traquer les Brigades rouges et les Brigades noires. Pour me faire mieux comprendre le personnage,

Franco Rosi m'avait fait rencontrer un de ses amis, qui instruisait sur les Brigades rouges. Il l'avait invité à dîner dans sa maison sur la plage, à Fregene, au bord de la Méditerranée. Le magistrat était arrivé entre deux voitures, une devant la sienne et l'autre derrière, avec ses gardes du corps. Immédiatement, les anges gardiens avaient pris position autour de la maison. Lui était armé. En franchissant le seuil, il avait posé son pistolet sur la console de l'entrée. Cette marque de savoir-vivre m'avait, je l'avoue, laissé quelque peu songeur.

Nous avions tourné non loin de Bari, à Matera, ville dans laquelle tout un faubourg, qu'on appelle les Sassi, est troglodyte. Plus qu'un quartier, l'endroit fut pendant longtemps la ville même. Pour cause de mortalité infantile excessive, de nombreuses habitations avaient été fermées, assez tard, dans les années 1950. L'endroit se présentait sous la forme d'une vallée, divisée en plusieurs gorges qui se rejoignaient comme les doigts d'une main. Les gens qui vivaient là étaient des ouvriers agricoles ; pendant la journée, ils allaient travailler dans les champs des alentours. On pouvait voir leurs anciens logis taillés dans la roche, qui avaient abrité les humains et les bêtes, mais aussi des chapelles, des églises, décorées de fresques et de peintures. Cette Italie du fond des âges m'avait fortement impressionné. Pour reloger tous ces gens, à la périphérie, les autorités avaient construit des barres HLM.

Le père des trois frères était joué par Charles Vanel. À cette occasion, j'ai vraiment découvert ce magnifique éléphant. Il possédait en effet un visage tout ridé et deux petits yeux pleins de vie, de curiosité sur les gens. Il était dans sa quatre-vingt-neuvième année, et portait sur les épaules soixante-treize ans de cinéma. Tous les soirs, avec ou sans Rosi, nous allions dîner ensemble. Nous étions les deux Français du tournage. Je ne le quittais pas d'une semelle. Je lui posais des questions sur sa vie. Il avait connu tellement de monde dans notre métier ! Il avait commencé au temps du muet et tourné son premier film avant

1914! Dans sa façon de jouer, c'était quelqu'un de très énergique, bénéficiant d'une vitalité incroyable, d'une santé qui faisait mon admiration. Il avait une présence formidable. Son visage parlait tout seul. Pour toute indication, Rosi se bornait à lui répéter : « Plus doucement, Charles... » S'il devait monter des escaliers, il s'y mettait avec une telle énergie qu'il fallait lui dire de faire attention, tout de même.

En règle générale, je suis mal à l'aise quand le metteur en scène est trop directif, et qu'il ne laisse pas de place à mes propositions. Avec Franco, pour la première fois, j'ai accompli quelque chose que je ne sentais pas du tout, parce qu'il me demandait de le faire et que j'avais une totale confiance en lui. C'était une scène dans une cabine téléphonique à l'arrière d'un bistrot; j'y donnais un coup de fil à ma femme. On ne pouvait pas entendre ce que je disais, car j'étais encagé dans du verre. Franco m'avait demandé d'effectuer toute une gesticulation à l'intérieur de cette cabine, tel un homme qui se noierait dans un aquarium. Il était très précis dans ses indications. Il m'avait mimé toute une façon de poser les mains, de me retourner pendant cette conversation assez longue, dont le texte était improvisé. L'homme qui filmait était un des plus grands opérateurs de l'après-guerre, Pasqualino De Santis. Au final, la séquence se révéla en effet particulièrement spectaculaire. J'avais une confiance aveugle en Franco. Il savait. Je m'étais totalement abandonné entre ses mains.

Au fil du temps, je me suis constitué une famille de cinéma, avec ses ramifications, ses branches parallèles. Tavernier et les siens en faisaient partie, comme de Broca pour la comédie, Granier-Deferre aussi, dont j'ai été très proche. Je leur suis resté fidèle. Au fond, je retrouvais chez eux la conception que je me faisais du cinéma : un art populaire, ce qui ne veut pas dire racoleur, qui travaille pour un public sans exclusive, et qui est fait par des artistes. Mais ces trois-là étaient aussi des amis, des gens avec qui nous nous comprenions à demi-mot. Cela aussi, ça compte. Cela donne envie de refaire des choses ensemble.

En 1981, j'ai tourné dans le troisième film de Laurent Heynemann, qui était intitulé *Il faut tuer Birgitt Hass.* Il y avait quelque chose de presque émouvant à cela, car j'avais connu Laurent presque bébé, grâce à Bertrand Tavernier. Lorsqu'il était deuxième assistant sur *L'Horloger de Saint-Paul,* ce garçon sympathique et intelligent rêvait déjà de faire son propre cinéma. Avant *Birgit Hass,* il avait réalisé deux films, le premier d'après le livre de Henri Alleg, *La Question,* sur la torture en Algérie, et un second qui s'appelait *Le Mors aux dents,* et qui se déroulait dans le milieu des courses. Pour ce nouveau film, le chef opérateur devait être Jean-Francis Gondre, qui avait commencé comme assistant de Pierre-William Glenn. La nouvelle génération d'une tribu que je connaissais bien en venait donc à créer ses propres œuvres. J'ai toujours aimé ces familles qui se constituent par affinités. Cela me ramène à la nostalgie de la troupe mère, le TNP. Après le TNP, ce n'est qu'au cinéma que j'ai retrouvé ce sentiment de troupe. On se sent liés par le goût de la chose à faire et par la volonté de fabriquer un objet pour le plaisir de nos contemporains. J'apprécie chez Bertrand cette volonté de travailler à nouveau avec les mêmes personnes, le même scénariste, le même opérateur, la même costumière, le même monteur. On y gagne beaucoup en efficacité, en énergie. Les films en bénéficient. Lorsqu'on lance un nouveau chantier, chacun sait sa place, on se concentre sur l'essentiel.

Il faut tuer Birgitt Hass était une adaptation d'un roman de Guy Teisseire, un journaliste de *L'Aurore* avec qui j'avais eu des mots lors de la sortie de *La Grande Bouffe,* avant que Bertrand Tavernier ne nous réconcilie. C'était une histoire de services secrets, de magouilles, de manipulations. Bernard Le Coq, membre de mon service, me poussait à transformer Jean Rochefort en appât pour éliminer une espionne adverse, jouée par Lisa Kreuzer. Pour la première fois peut-être, le siège des services secrets était situé non dans les sempiternels locaux vitrés à plantes vertes, qu'on avait l'impression de connaître par cœur, mais dans un hangar. Les bureaux étaient disposés sur différents niveaux, reliés par des espèces de passerelles. Comme dans une ruche, cela donnait un sentiment de vertige. On voyait les gens se déplacer dans tous les sens, de droite et de gauche. Plutôt réussi donc, le film avait gentiment marché.

Dans ces années-là, j'ai eu un gros pépin de santé, un problème de vésicule qui a nécessité une opération. J'ai été très malade, au point de devoir décliner le tournage de *La Mort en direct* de Bertrand Tavernier, qui m'avait remplacé par Max von Sydow. J'ai eu peur. Je n'étais pas passé loin du coup dur. Comme toujours lorsqu'on traverse ce genre d'épreuve, on réalise que tout ce qui fait votre univers est incroyablement fragile. Cela n'a fait que renforcer ma tendance à profiter du moment présent, sans trop me préoccuper de choses inutiles, en me recentrant sur l'essentiel. Je me suis senti conforté dans mon choix primordial, qui est une chance aussi, et qui consiste à vivre en harmonie avec une famille.

15.

Coup de torchon, *de Bertrand Tavernier. L'énigme Lucien Cordier. À Saint-Louis-du-Sénégal.* L'Étoile du Nord, *de Pierre Granier-Deferre. Simone Signoret.* L'Africain, *de Philippe de Broca. Kenya et Zaïre. Les Pygmées. Les éléphants.* L'Ami de Vincent, *de Pierre Granier-Deferre.* Le Grand Carnaval, *d'Alexandre Arcady.* Fort Saganne, *d'Alain Corneau. Les nuits dans le désert.*

J'ai toujours aimé les romans noirs. Lors de sa parution en 1966, j'avais lu celui de Jim Thompson, *1 275 âmes*. Pas une seconde, je n'avais pensé que je pourrais un jour en incarner le héros. L'intrigue avait pour cadre le sud des États-Unis. Le personnage principal était un shérif, pris en sandwich entre les Noirs et les petits Blancs, qui décidait de ne plus s'en laisser conter.

Lorsque j'ai reçu le scénario de *Coup de torchon*, j'ai été ébahi par l'ambition de Tavernier. Il avait décidé de transposer l'œuvre dans l'Afrique coloniale française de 1938. La distribution envisagée me paraissait d'une justesse formidable, de Marielle à Eddy Mitchell en passant par Huppert et Guy Marchand. Bertrand n'a pas son pareil pour concocter un mélange détonant de têtes d'affiche et d'acteurs plus confidentiels. Une fois de plus, on rejoignait là les grandes distributions de l'avant-guerre, où les seconds rôles étaient particulièrement raffinés.

En revanche, j'ignorais totalement par quel bout j'allais prendre le personnage du flic de Bourkassa, Lucien Cordier. La psychologie ne me servait en rien. Tous ces personnages, dessinés par Jean Aurenche, avaient des comportements quasi animaux, où le cérébral n'entrait point. Mais s'ils étaient d'authentiques brutes, ils n'étaient pourtant pas exempts d'une part de vérité. Ils étaient loin d'être tous des imbéciles. Malin et calculateur, Cordier, par exemple, se débrouillait de main de maître. Mais il ne connaissait aucune barrière, aucune retenue. Après m'être posé beaucoup de questions, j'ai fini par décider de faire confiance à l'écriture, et de jouer chaque scène comme elle arrivait. D'abord parce qu'il faut faire attention de ne pas vouloir trop bien faire. L'acteur peut se retrouver dans la même situation que le boxeur qui ne lâche pas ses coups : il y a un moment où il faut se lancer. Et puis la vie des personnages passait d'abord par les dialogues. Par exemple, il y avait une scène où le curé, interprété par Jean Champion, était en train de repeindre la grande croix devant l'église. À un moment, il confie à Cordier qui est venu lui rendre visite :

— Les termites m'en ont déjà bouffé trois.

Et l'autre, du tac au tac :

— Heureusement que le Christ est en fonte...

Bien que toujours très fruités, les dialogues d'Aurenche ne faisaient jamais mots d'auteur. On ne songe pas à mettre en doute le fait qu'ils viennent des personnages.

Pour entrer dans mon rôle, comme à mon habitude, je me suis également appuyé sur le vêtement. Avec Jacqueline Moreau, la costumière de Bertrand, nous avions prévu une sorte d'uniforme colonial, que nous avions fait faire à Paris. Lorsque nous sommes arrivés sur place, en regardant les gens vivre à Saint-Louis-du-Sénégal, en reniflant le paysage, nous nous sommes rendu compte que le tissu n'allait pas. En catastrophe donc, nous avons demandé à des tailleurs de rue de nous couper sur ce modèle deux costumes en toile de coton kaki. Pour leur donner un petit peu de patine, un froissé naturel, je n'ai eu qu'à dormir avec pendant les deux ou trois nuits suivantes. Dans un entretien, j'avais lu que pour les films de cow-boys, Anthony Quinn recommandait chaudement le port du sous-vêtement rouge, car il apporte une touche de couleur très appréciable. J'ai donc demandé à M. Starisky, teinturier avenue George-V, de me fabriquer séance tenante ces maillots de corps westerniens. À rechercher la nuance exacte, cet honnête artisan avait pris beaucoup de plaisir. Aux pieds, je portais de petites bottes souples. En effet, Cordier était un type qu'on réveillait sans arrêt. Chaque fois, il devait s'habiller dans une sorte de semi-coma. Il me fallait donc des chaussures que l'on puisse enfiler facilement. Pour faire un peu malfrat, je m'étais attaché des poignets de force aux avant-bras. Après m'être tondu les cheveux, je me suis laissé pousser une barbe de quelques jours. Pour compléter le tout, je portais un petit chapeau en toile, et nous voilà partis.

Nous avons principalement tourné à Saint-Louis-du-Sénégal, pendant deux bons mois. Tout était très bien organisé, y compris du côté financier. Nous avions les moyens techniques nécessaires. Les décors, particulièrement réussis, avaient été conçus par un ami d'Aurenche, Alexandre Trauner, autre vieux de la vieille. Durant le tournage, Bertrand a usé largement d'une invention américaine, le Steady cam. Cette nouvelle caméra permettait de gagner beaucoup de temps. Grâce à elle, on pouvait se passer des rails du travelling. Stabilisée par des bras articulés, montée sur une sorte de gyroscope, elle pouvait être dirigée d'une seule main par un opérateur athlète, au corps duquel elle était fixée grâce à un corset. Sur un petit écran, il pouvait contrôler son travail au fur et à mesure. Outre le temps gagné, le Steady cam permettait aussi de monter des escaliers derrière les comédiens, de les suivre à leur rythme, avec un bel effet de proximité.

Au départ, devant cette entreprise, Isabelle Huppert avait été un peu hésitante. Comme Bertrand, j'étais persuadé qu'elle serait formidable avec une permanente 1930 et de petites robes imprimées à fleurs, comme au temps du Front populaire. S'exprimant avec une grossièreté inouïe, son personnage était à l'exact opposé de celui du *Juge et l'Assassin.* Le rôle de Jean-Pierre Marielle était dual : il jouait deux frères jumeaux, l'un maquereau, l'autre sous-officier rigide. En arrivant, Eddy Mitchell devait sans doute avoir une certaine appréhension, mais il ne l'avait pas montrée. Il était connu pour sa passion du cinéma américain. Avec Nono, son personnage qui faisait des cuirs en parlant, il s'est révélé être un comédien épatant. C'était un beau défi car il était une star en pleine gloire, déjà inoxydable, comme son copain Johnny. En compagnie de Stéphane Audran, nous formions une petite famille qui n'était pas piquée des hannetons. Enfin, comme un fantôme surgi des années lointaines, Raymond Hermantier apparaissait en aveugle à costume et cheveux blancs, silhouette hallucinée qui traversait le train, déclamant des versets d'*Une saison en enfer*. Après l'avoir croisé chez Vilar, metteur en scène rival et invité, je le retrouvais sur le sol africain. Encouragé par Malraux, il avait été nommé directeur d'un théâtre, à Dakar.

Que ce soit à la régie, comme figurants ou comme comédiens, les Sénégalais étaient nombreux à travailler sur le tournage. Bien que notre film mît en scène la violence coloniale, j'avais été frappé de sentir qu'il n'y avait chez eux aucune arrière-pensée, aucun ressentiment rétrospectif. À cause de la chaleur et de l'éloignement de la France, ce fut un tournage hors norme. Pour quelques semaines, Monique est venue nous rendre visite. Le reste du temps, j'ai vécu en communauté avec ceux qui devaient être présents tout du long, Guy Marchand, Jean-Pierre Marielle, Michel Beaune, Isabelle Huppert, Stéphane Audran et Eddy Mitchell. Nous étions logés dans un petit hôtel des bords du Sénégal, un peu en dehors de Saint-Louis. Certaines amitiés anciennes font que l'on se rapproche davantage des uns que des autres. Le soir après le dîner, nous jouions à la pétanque. Je formais une triplette avec Jean-Pierre Marielle et Michel Beaune. Nous affrontions les machinistes. Tandis que Jean-Pierre et moi n'étions pas de mauvais pointeurs, Michel Beaune était un tireur magnifique. Nous avions notre lot de francs succès, ce qui irritait considérablement nos amis machinistes.

Au cours de ces soirées africaines, je me suis fait cruellement piquer par des escadrilles entières de moustiques en folie. Un samedi, alors que nous tournions, j'ai été pris de transpirations, je ne me sentais pas bien du tout. Le toubib a immédiatement diagnostiqué le paludisme. Depuis notre arrivée, nous étions sous nivaquine mais cela n'avait pas suffi. Après traitement, j'ai pu reprendre le tournage, mais j'ai continué à avoir régulièrement des crises pendant les dix ans qui ont suivi.

Ce qui était intéressant, dans *Coup de torchon*, c'est que nulle part le pourquoi de toute cette violence n'était dit. On se contentait de la montrer aux gens, de leur laisser se forger une opinion, tout en descendant au plus loin dans l'absurdité, dans cette révolte qui ne connaissait pas ce qui la faisait naître, qui confinait à l'abstraction. Comme voie de salut, Cordier n'avait trouvé que cela : tirer dans tous les sens, descendre tout ce qui bouge. Il y avait bien l'institutrice, jouée par Irène Skobline, qui, touchée par sa douleur profonde, lui proposait une autre forme de rédemption. Mais il n'avait pas la possibilité de s'y engager. Cordier est un magma de terre, de souffrance et de mal-être. On ne sait pas l'expliquer. Et le film nous prend au piège, comme il prend le personnage de l'institutrice au piège.

J'étais content du film, et de l'avoir fait. Mais je n'ai pas été entièrement emballé par ma performance. Dans trop de scènes, j'ai voulu intervenir, j'ai eu la volonté de faire passer des explications. Il aurait fallu être encore plus neutre, gagner en transparence. Tout l'enjeu était de traduire le côté retors et l'innocence apparente de Cordier, en évitant d'aller chercher la complicité du public. Car Cordier était d'un seul bloc, ce qu'à mes yeux je n'ai peut-être pas suffisamment montré tout au long du film. Je n'ai cessé de cheminer vers lui. Malgré l'hostilité, pour d'obscures raisons, d'une certaine intelligentsia, le public nous a fait bon accueil, et nous avons tout de même engrangé sept cent mille entrées.

Simone Signoret en meilleure forme, nous étions enfin en mesure de tourner *L'Étoile du Nord*, de Pierre Granier-Deferre. Il s'agissait d'une adaptation d'un roman de Simenon, *Le Locataire*. Un aventurier minable, retour d'Égypte, commettait un assassinat sur un coup de folie, et se cachait ensuite dans une pension de famille, tenue par Mme Baron, alias Simone Signoret. Nous nous connaissions depuis notre fameux séjour à Hollywood, mais nous n'avions jamais tourné ensemble. Simone était un monument. Elle avait une telle présence, une telle justesse et une telle évidence dans le jeu qu'on ne pouvait la comparer qu'à Jean Gabin. Avec elle, quand on achevait une scène, on se disait : « C'est pas mal. » Puis quand on regardait les rushes, on avait la surprise de se retrouver à un niveau très au-dessus de ce à quoi on s'attendait. Enfin, devant la table de montage, on réalisait soudain qu'on avait tout simplement affaire à une actrice de génie. C'était un régal de tourner avec elle : on ne pouvait être autrement que juste. Il suffisait d'écouter et de répondre, sans se laisser impressionner. On savait que ce serait bien. Les acteurs comme Simone ne cherchent pas à vous bouffer, ils sont au-dessus de cela.

Simone était une charmeuse, et une emmerdeuse. Une fois le film terminé, j'avais l'impression d'être épuisé. Elle avait un tel besoin d'être au centre des choses ! Tout devait tourner autour d'elle. Comme une enfant, elle avait besoin qu'on la regarde, qu'on soit suspendu à ses lèvres, à ses désirs. Ça n'était pas de la tarte, la Signoret en action. Elle voulait être proche des gens, du peuple, des machinistes, des ouvriers ; et en même temps elle s'appuyait fortement sur le star system, sur son aura, sur son autorité professionnelle. Elle avait un côté tyrannique, ou plutôt, elle avait le goût du pouvoir. Si on la laissait faire, elle pouvait quasiment mettre le metteur en scène sur la touche. J'avais de très bons rapports avec elle, mais il fallait la gérer. Granier faisait cela très bien. Il avait déjà tourné plusieurs fois avec elle, *La Veuve Couderc* et surtout *Le Chat*, avec Gabin. À l'époque, il avait dû organiser la rencontre et la présence des deux sur le plateau. Comme souvent lorsqu'on s'attend au pire et qu'on met face à face deux Raminagrobis de cette trempe, cela s'était admirablement bien passé.

Simone avait pour confidente sa maquilleuse, Maud, une femme tout à fait délicieuse, qui avait été déportée pour faits de Résistance et qui était couverte de décorations. Elle aimait discuter. Elle était très attentive à tout ce qui se passait, en France ou à l'étranger. Elle avait toujours des jugements péremptoires. Je me moquais d'elle, un petit peu. Elle parlait de ses tournages à l'étranger, de son oscar à Hollywood, et même d'Arthur Miller, de Marilyn... J'avais en mémoire ses films, *Casque d'or* bien évidemment, *Manèges* d'Yves Allégret... Tout ce qu'on pouvait lui reprocher était compensé par ses immenses qualités humaines. Trois semaines après la fin du tournage, je me suis entendu dire à Monique : « Écoute, je vais appeler Simone pour avoir des nouvelles... » Je ne m'en étais pas rendu compte, mais elle m'avait mis dans sa poche, comme tout le monde.

J'aime beaucoup *L'Étoile du Nord*. Pierre est un metteur en scène qui respire Simenon ; son talent colle parfaitement au climat de cette œuvre. La pension de Simone sentait la soupe et la toile cirée, le charbon et le pavé luisant, les petits chiens qui cherchent leurs os dans les jardinets. Les seconds rôles, Fanny Cottençon, Julie Jézéquel, étaient très justes. Les plans d'extérieur, qu'ils soient égyptiens ou belges, étaient particulièrement soignés. Pierre fait partie de ces personnages émaciés, maigres, fragiles, qui sont affligés d'une mauvaise santé de fer. Par sécurité, on prévoyait toujours quelqu'un pour le remplacer, mais il tenait le coup. Pendant ce tournage pourtant, sa femme était très malade. À cause de cette situation, ce n'était pas un film facile. Les dernières scènes, à l'île de Ré, ont dû être tournées par Bertrand Tavernier.

L'Africain, de Philippe de Broca, est sans doute un de ses films les plus réussis. Il y a réuni tout ce qu'il aimait. Grand amoureux de l'Afrique, il partait se balader en Land Rover dès qu'il avait un mois devant lui, à travers le Sahara ou quelque autre désert. Cette fois, il avait prévu de nous emmener au Kenya et au Zaïre. Son repérage en amont avait été particulièrement précis. Le tournage devait durer assez longtemps, au moins trois mois. Changeant de décor à peu près toutes les semaines, nous avons été très nomades. Il avait choisi des extérieurs des plus pittoresques. Sans le moindre risque pour nous, ce tournage avait un parfum d'aventure qui collait bien au ton du film.

Victor, mon personnage, était un baroudeur bourru qui vivait heureux au fin fond de l'Afrique centrale, jusqu'au jour où il voyait débarquer Charlotte, sa femme dont il était séparé, envoyée par le club Méditerranée pour créer dans la réserve un camp de vacances. Sur fond de grands espaces naturels menacés par le braconnage des éléphants, leurs retrouvailles engendraient des péripéties en cascades. Tout le ressort de la comédie reposait sur l'affrontement au sein de ce couple. Ces deux personnes n'étaient visiblement pas faites l'une pour l'autre ; en même temps, elles étaient inséparables. Sept ans plus tôt, Jean-Paul Rappeneau avait réussi un film de ce genre, avec Catherine dans le rôle de l'emmerdeuse et Yves Montand dans celui du misanthrope, qui s'appelait *Le Sauvage.* Dans la comédie, j'avais toujours trouvé Catherine inégalable, pétaradante et pleine d'humour. Après *La Vie de château* et *Touche pas à la femme blanche*, j'en étais à mon troisième film avec elle. J'ai pu découvrir qu'elle possédait également des talents hors pair d'organisatrice. En tournage, elle adore s'occuper de ses petits camarades. Elle prévoit des dîners, réserve dans des restaurants. Pour toute la bande, elle préparait des séjours dans des îles paradisiaques de la région. Tous les seconds rôles étaient épatants : Jean-François Balmer jouait Planchet, le collègue amoureux transi de Charlotte, Jean Benguigui incarnait l'infâme Poulakis, trafiquant d'animaux et de défenses d'éléphants, Jacques François était inoubliable en gentleman anglais complètement décalé, avec qui je mangeais des huîtres en smoking. Lui et moi avons été très bons amis, car il avait remplacé Claude Rich lors d'une prolongation de *Château en Suède*, la pièce de Sagan. Pendant une bonne partie du tournage, nous avons vécu sous la tente. C'était des modèles confortables, à la kenyane. Là-bas, les distances sont énormes, et les aéroplanes s'utilisent comme des jeeps. On n'hésite pas à voler sur trois cents kilomètres pour aller dîner chez des amis. Pour nous rendre d'un lieu à l'autre, nous nous déplacions donc en avion. Nous nous entassions dans de petits bimoteurs et décollions quasiment en escadrille, tandis que les techniciens arrivaient généralement par la route avec tout le matériel.

L'Africain est un très joli film populaire, dont les enfants raffolent. Cette comédie permet de faire passer des choses sérieuses, comme la sensibilisation aux problèmes d'environnement, dont l'opinion d'alors commençait à prendre conscience. Lors de *Coup de torchon*, nous étions très proches de la population. Pour *L'Africain*, qui demandait des moyens plus importants, nous étions un peu enfermés dans notre bulle. Mais ce tournage m'a tout de même donné la possibilité de rencontrer le peuple des Pygmées. La séquence avec eux a été tournée au Zaïre. La région où nous séjournions était régentée par un gouverneur, sorte de roi du coin qui portait le même bonnet en peau de léopard que son président. La politique de sédentarisation qu'il menait avait transformé les Pygmées en semi-nomades. Ils étaient installés auprès d'une mission de prêtres belges qui prenaient soin d'eux et les protégeaient, car les autres ethnies les considéraient souvent comme des sous-hommes et les persécutaient. La production s'était directement entendue avec les missionnaires, et les Pygmées ont participé au film avec beaucoup de plaisir et de spontanéité. Ils avaient un sens inné de la caméra et de la notion de cadre. En effet, lorsqu'ils sortaient du champ, ils avaient le réflexe de s'arrêter immédiatement. Très fragiles, leur moyenne de vie est basse ; ils dépassent rarement les quarante ans. Ils vivent dans la forêt, dans de petites huttes très simples, faites de grandes feuilles de bananier, avec un foyer au milieu et un trou dans le toit. Ils donnent le sentiment d'avoir toujours froid. Pour vivre, ils se partagent entre la chasse et la cueillette. Lorsque pour les besoins d'une scène, on les emmenait en voiture, ils emportaient toujours avec eux leur braise, un bout de bois incandescent ; à peine arrivés, ils allumaient leur feu. En guise d'au revoir, j'ai donné un de mes mouchoirs au chef des Pygmées ; en échange, il m'a offert une petite sculpture en pierre tendre, sorte de menhir miniature, que je conserve toujours dans ma bibliothèque.

Pour certaines scènes, le script prévoyait que l'on filme mon personnage sur fond d'éléphants. Ces séquences n'étaient pas faciles à réaliser. Pour les plans rapprochés, nous disposions d'un animal un peu apprivoisé. Mais pour l'ensemble du troupeau, il a fallu nous rendre dans une réserve, pour tourner de loin. C'était une région où la terre était rouge. De Broca connaissait bien la question des éléphants. Il s'était mis en relation avec les responsables chargés de suivre leurs déplacements, grâce à des postes émetteurs, et avait embauché quelques-uns de ces spécialistes. Ils disposaient d'un petit avion. Leur tâche était de nous dénicher un troupeau. Les éléphants ne se rassemblent que pour des occasions précises et assez mystérieuses. Grâce à ces professionnels, nous nous sommes approchés en vent contraire, le plus près possible des animaux. Cela a été une des grandes émotions de ma vie. Tout à coup, nous avons aperçu une trompe, puis des éléphants de tous âges, des petits jeunes et des très gros. Les trompes s'agitaient vers le ciel, la troupe était en train de s'organiser, les femelles devant et les petits au milieu. Jusqu'aux premières charges d'intimidation, nous avons continué à nous rapprocher. Nous étions tous très émus devant la beauté de ces créatures.

Quant au Kilimandjaro, il s'est obstiné à demeurer dans les nuages. Pendant une petite semaine nous avons tourné toute une scène au bord d'un lac infesté d'alligators. Dans le fond du cadre, nous espérions voir apparaître le grand volcan couronné de neige, mais il n'a jamais daigné montrer le bout de sa cheminée. *L'Africain* fut donc un film sans Kilimandjaro.

Après *Une femme à sa fenêtre* et *L'Étoile du Nord*, et avant *Noyade interdite*, Pierre Granier-Deferre fit appel à moi pour *L'Ami de Vincent*, d'après un très joli roman de Jean-Marc Roberts. C'était la sombre histoire de deux amis d'enfance, Albert et Vincent, l'un chef d'orchestre, que je jouais, l'autre trompettiste, incarné par Jean Rochefort. Un soir, ce dernier se fait tirer dessus dans sa loge par une inconnue. En plongeant dans la vie privée de Vincent, qui est un séducteur impénitent, le chef d'orchestre va de découverte en découverte et de femme en femme, jusqu'à découvrir le fin mot des tentatives d'assassinat à répétition contre son ami. La distribution comprenait donc toute une collection de dames charmantes, Françoise Fabian, Fanny Cottençon, Marie-France Pisier, Anna Karina, Marie Dubois. Le film, malheureusement, n'était pas très réussi. Granier, Rochefort et moi, végétions tous trois dans l'antichambre de la déprime, si ce n'est dans la déprime elle-même. Le film manquait donc de légèreté, d'entrain. Après les prises, nous nous préparions des tasses de thé dans lesquelles chacun plongeait qui un Lexomil, qui un Temesta. Une fois n'est pas coutume, j'ai également traîné tout du long une erreur de costume. Dans beaucoup de scènes, je portais un pardessus trois-quarts en faux poil de chameau très raide, dans lequel j'étais beaucoup trop engoncé. Au point de vue poids, je me trouvais aussi à mon maximum. Je ne me sentais pas bien, pas à mon aise.

Cette année 1983, je n'en avais pas fini avec les films en demi-teinte. *Le Grand Carnaval* d'Alexandre Arcady était une grosse production, sorte de western qui avait pour cadre l'Algérie de 1944, au moment de la Libération. En première lecture, j'avais bien aimé le scénario d'Arcady. J'avais vu quelques-uns de ses films, dont *Le Coup de sirocco* sur l'exil des pieds-noirs, avec Roger Hanin et Marthe Villalonga, qui m'avaient plu. Mais lorsque je l'ai rencontré en personne, je ne sentais plus très bien les choses. Je n'accrochais pas avec sa personnalité. Tout au long du tournage, j'ai été hanté par le sentiment d'avoir fait une erreur en acceptant de m'engager. *Le Grand Carnaval* est l'histoire d'une rivalité, exactement comme dans les westerns, qui oppose deux amis d'enfance, Roger Hanin, d'origine populaire, patron d'un bistrot, et moi dans la peau d'un fils de famille, gros propriétaire terrien et potentat local. Dans ce climat d'affrontement social, la présence d'une jeune fille troublante, Fiona Gélin, dont mon personnage tombe amoureux, met le feu aux poudres. C'était le coup classique du quinquagénaire que saisissait le démon de midi. Avec Fiona, nous étions convenus que les quelques scènes où l'on nous voyait tous les deux ne devaient pas être plombées. Afin de justifier son penchant à elle, elles devaient comporter quelque chose de gai, de léger. Alors que les jeunes amoureux sont souvent entre eux graves et compassés, il fallait montrer qu'elle se sentait protégée par cet homme d'âge mûr, et qu'elle s'amusait avec lui. Il y avait toute une pléiade de seconds rôles, ma femme jouée par Macha Méryl, mon fils par Patrick Bruel, mais aussi Marthe Villalonga, Gérard Darmon, Richard Berry, ou encore Jean-Pierre Bacri. Sur le tournage, en Tunisie, l'atmosphère était très blagueuse. Malheureusement, avec Alexandre Arcady, les rapports ne se sont pas arrangés. Je l'ai trouvé froid, ou plus exactement faussement chaleureux. Il semblait n'éprouver aucun intérêt pour les gens avec qui il travaillait. Ils paraissaient n'être là que pour le servir. En nous faisant prendre du retard, le ramadan a également posé d'énormes problèmes. À la fin, nous tournions quasiment à la chaîne, ce qui était très pénible. Nous passions directement d'un décor à l'autre. Des scènes inutiles, également, nous avaient fait perdre du temps. Arcady fignolait des plans secondaires, de son fils par exemple, un très bel enfant. Rien dans le script ne justifiait cela. On avait l'impression que dans le cinéma, c'était le pouvoir qui l'intéressait. Un temps, la deuxième équipe du film avait été dirigée par un jeune réalisateur quasi inconnu, Luc Besson. Sa tâche était de tourner des scènes secondaires : arrivées de train, passages de voitures, plans généraux, travellings subjectifs... Besson s'acquittait à merveille de ce travail, au point que les techniciens ne cachaient pas leur enthousiasme. Découvrant cela, Arcady a demandé gentiment à Besson de rentrer chez lui. Plus tard, j'ai eu le malheur de raconter cette petite anecdote ; Arcady ne me l'a jamais pardonné.

En revanche, revoir Roger Hanin fut un très grand plaisir. J'apprécie beaucoup chez lui cette vision des choses et des gens toujours ironique, ce goût de l'autodérision. C'est un homme d'esprit, doublé d'un excellent comédien, qu'on a trop souvent regardé avec condescendance. Le fait d'être le beau-frère de Mitterrand n'arrangeait pas les choses. Dans *Le Grand Carnaval*, il était parfaitement distribué, puisqu'il est le prototype du pied-noir, et qu'il en joue avec toute sa faconde méridionale. Plus tard, il m'a beaucoup touché en me demandant de jouer son père dans un film sur sa mère – interprétée par Sophia Loren –, qui s'appelait *Soleil*.

Le Grand Carnaval avait coûté assez cher, et n'a pas remporté le succès escompté, ce qui fut une déception. La critique s'en est donnée à cœur joie, insistant sur notre âge, à Hanin et à moi, pour expliquer le désintérêt des jeunes générations et nous rendre responsables de l'échec.

La grosse machine du *Grand Carnaval* à peine remballée, je reprenais du service dans ce qui a sans doute été l'un des projets français les plus ambitieux de l'époque : *Fort Saganne*. Le film d'Alain Corneau était en effet une très grosse opération, produite par Albina du Boisrouvray pour un budget que certains estimaient à cinq milliards de centimes. Le scénario avait été écrit par Corneau, Henri de Turenne et Louis Gardel, d'après le roman de ce dernier. Il s'était beaucoup inspiré de l'histoire de son grand-père, qui avait lui aussi donné son nom à un fort, quelque part dans le Sahara.

On m'avait confié un second rôle, celui du supérieur hiérarchique de Charles Saganne, le colonel puis général Dubreuihl. Il était inspiré du général Laperrine, un des grands noms de l'armée d'Afrique, compagnon de Foucauld et de Lyautey, dont le souvenir était perpétué par une caserne, à Carcassonne. Militaire tout à fait emblématique, Dubreuilh était capable de comprendre les choses. Il n'était pas aveuglé par sa fonction. Sous des aspects très classiques, on décelait une stature hors du commun. Perspicace, il avait su repérer les singulières qualités de Saganne, qu'interprétait Gérard Depardieu. Avec le commandant Dellaplane de *La Vie et rien d'autre*, Dubreuilh est un de mes deux grands rôles de militaire, dans le registre sérieux. Pour *Le Désert des Tartares* ou *Touche pas à la femme blanche*, j'avais déjà eu l'occasion d'explorer le versant parodique de ce genre de personnage. J'ai toujours aimé me déguiser et les uniformes sont des costumes épatants à porter. Grâce aux photographies, aux peintures de l'époque, j'avais remarqué que les soldats affectés de l'autre côté de la Méditerranée s'habillaient traditionnellement d'une façon assez libre. Allègrement, ils n'hésitaient pas à mêler le sarouel et la djellaba indigènes à des éléments plus réglementaires. J'apparaissais donc en tunique d'officier, avec pantalon bouffant, chèche et babouches.

Il faut se méfier de l'originalité à tout prix. Au fond, seuls les clichés sont vrais. Il ne faut pas les craindre ; au contraire il faut les évaluer, trouver leur part de vérité et s'en servir. Je m'étais rappelé qu'avant la guerre les officiers de carrière tenaient souvent un stick de bambou à la main. On les voyait se frapper nonchalamment la botte avec. Je m'en suis donc procuré un pour Dubreuilh. Le stick, le monocle ou la cravache, ce sont des clichés. En même temps, ces officiers d'avant-guerre étaient vraiment ainsi. Au cinéma comme au théâtre, l'acteur a très peu de temps pour établir une complicité avec le spectateur. On aurait donc tort de se priver de codes, éléments de langage qui permettent de gagner du temps. Par les détails de son accoutrement, Cordier par exemple, le policier de *Coup de torchon*, donnait quelques clefs qui tout en le définissant n'en étaient que plus déroutantes : un bonhomme qui avait l'air d'un cow-boy, qui vivait en Afrique, et qui était chef de police d'un village.

Le fort mauritanien qui nous servait de décor pour le fort Saganne était un ancien poste de l'armée française, qui avait été un peu restauré pour nous servir d'entrepôt et de logement. Il se trouvait dans le voisinage de la ville de Chinguetti, réputée pour les magnifiques bibliothèques du désert qui s'y trouvent. Lorsque la lumière du soleil jouait sur la terre calcinée de ses murs, le spectacle était particulièrement beau. Alain Corneau, pour lequel j'ai beaucoup d'estime, avait très bien maîtrisé son affaire. Mais en raison du climat et de l'état des voies de communication, les conditions du tournage étaient assez rudes. Dans ce fort, nous vivions une sorte de huis-clos. Les journées étaient longues. Parfois, cela rejaillissait sur l'ambiance générale. Il nous arrivait de rencontrer des problèmes d'intendance, de véhicule, de régie. Peut-être avions-nous sous-estimé ce qu'impliquait de tourner loin de Paris un film aussi lourd. Il faisait chaud mais très sec, ce qui, du moment où nous avions à boire, rendait la chaleur supportable. La Mauritanie était le seul endroit du Sahara où l'on trouvait encore une unité méhariste régulière. Pour les besoins du film, le gouvernement nous l'avait prêtée, et cette compagnie à dos de dromadaires me servait d'escorte. En tant que colonel, j'avais droit à un cheval, qu'on avait importé spécialement pour moi. Malheureusement, je n'avais guère le temps de me promener. Pour faire connaissance avec ma monture, pour me remettre en selle aussi, je le détendais un peu dans la cour du fort.

Je dormais à la belle étoile, sur une espèce de terrasse attenante à ma chambre. La nuit, les ciels sont tout à fait impressionnants. J'ai eu beau ne passer là-bas que trois semaines, je suis rentré en France un peu marqué, le chèche autour du cou. Au bout de dix jours, j'ai confié à Monique que je referais bien un petit tour du côté du Sahara. Mais je n'y suis jamais retourné.

En deux ans, de 1981 à 1983, j'ai dû séjourner sept ou huit mois en Afrique. Je commençais à devenir un spécialiste de ce continent. J'avais passé ma première enfance au Maroc. J'avais tourné en Algérie avec Roger, des années plus tôt. De séjour en séjour, ma nostalgie se fortifiait. Dans ma vie, j'ai vu du pays. Le TNP d'abord, le cinéma ensuite, m'ont permis de bénéficier de l'agrément des voyages sans en subir les inconvénients. À un auteur improbable, on doit un aphorisme que j'aime beaucoup : « Je suis sûrement con, mais pas au point de voyager pour mon plaisir. »

16.

Les Ripoux, *de Claude Zidi. Un inspecteur nommé René Boisrond. Thierry Lhermitte.* L'Été prochain, *de Nadine Trintignant. Fanny Ardant. Naissance de Deborah.* Pourvu que ce soit une fille, *de Monicelli.* Twist again à Moscou, *de Jean-Marie Poiré. Les hommes du Splendid.* Masques, *de Claude Chabrol. Rôle néfaste de la télévision. Une autre bête noire : le Paris-Dakar.* Les Lunettes d'or, *de Giuliano Montaldo. Ferrare. Rupert Everett.* Chouans ! *de Philippe de Broca. Un aristocrate libéral : Savinien de Kerfadec. Yvonne Sassinot de Nesle. Sophie Marceau. Mario Luraschi. Un raccourcissement sacrilège.* Toscanini, *de Franco Zefirelli. Liz Taylor.* La Femme de mes amours, *de Gian Franco Mingozzi. Ornella Mutti.*

Lorsque j'ai découvert le mot « ripoux », sur la page de garde d'un scénario de Claude Zidi, j'ignorais ce qu'il pouvait bien signifier. Pourtant, dès les premières pages, j'ai eu le sentiment que ce rôle ne devait pas m'échapper. Ce script était rond, mais totalement dépourvu de gras. Il n'y avait ni digression ni superflu d'aucune sorte. Dès la première séquence, l'ouverture en forme de coup de théâtre se révélait très efficace. On se sentait porté par cette logique, cette tension qui courait de la première à la dernière page, sans pause ni ralentissement, sans qu'on ait jamais besoin de compenser par un artifice de jeu ou de narration. Sur un rythme frénétique, les divers éléments se tenaient comme un meuble très bien fait et donnaient l'impression d'une roue, qui avançait inexorablement. Avec Claude Zidi, on va toujours directement à l'essentiel.

Dans sa carrière, *Les Ripoux* représentait un tournant, et il en attendait beaucoup. Ses films précédents, la série des *Charlots* par exemple, relevaient davantage du café-théâtre. Avec ce script, il inaugurait un nouveau ton de comédie, une nouvelle manière. Très bel homme, grand, belle tête, des yeux très intelligents, du charme, un beau sourire, Zidi est aussi très discret, voire secret. Bon compagnon, ouvert et agréable, il ne révèle jamais grand-chose de lui-même. Il a cette sorte de détachement apparent, cet air de regarder les choses d'un peu loin. Fin connaisseur du cinéma, il possède une formidable maîtrise de la technique. Et de fait, l'adéquation qui existait entre l'histoire, les personnages et la façon de les mettre en scène était très juste.

Le film était très bien renseigné. On sentait qu'il était construit sur des choses vécues, juste un peu exagérées parfois par souci de spectaculaire. Pour les dialogues, Zidi avait fait appel à Didier Kaminka ; au scénario, il avait bénéficié de la collaboration d'un ancien policier reconverti dans l'écriture qui connaissait très bien son affaire, Simon Mickaël. Les flics que j'ai rencontrés par la suite m'ont tous dit qu'au-delà de la comédie nos aventures sonnaient vrai. En effet, le charme particulier des *Ripoux* vient de ce que l'intrigue s'inscrit dans un décor réaliste. Sans avoir l'air d'y toucher, lorsqu'il filme les gens de la rue, dans les XVIIIe et XIXe arrondissements de Paris, à Barbès, dans le quartier de la porte de la Chapelle, Claude fait œuvre documentaire.

Je n'ai pas eu de grandes difficultés à me glisser dans la peau de mon personnage, René Boisrond. Avec Claude, le costumier, et Yvette, mon habilleuse, nous avons commencé par chercher le costume, comme toujours. René était un célibataire, pas spécialement soigné de sa personne. J'ai donc repris le principe de la chevelure ébouriffée de *Pile ou face.* Pour la silhouette, nous voulions quelque chose de très emblématique, qui le particularise et le distingue, qui donne à la fois une idée de banalité et de matière. Après avoir passé en revue des centaines d'imperméables, nous sommes tombés sur cette grosse veste en cuir, qui appartenait à un des oncles d'Yvette. Quand je l'ai enfilée devant Claude, il nous a semblé que c'était exactement ce qu'il fallait. Et en effet, cet attribut m'a beaucoup aidé. À partir du moment où nous avons été d'accord sur le physique, le reste a coulé de source. De bonnes chaussures. Des cigarillos. Nous savions où nous allions et ce que nous voulions faire.

Vieux grognard de la Grande Maison, je formais un tandem avec un jeune flic idéaliste et ambitieux, frais émoulu de l'École de police, François Lesbuche, que jouait Thierry Lhermitte. Je devais à Jean Aurenche d'avoir entendu parler de lui et de ses copains du Splendid pour la première fois. Par la suite, nous nous sommes croisés sur le tournage de *Que la fête commence.* Mais notre vraie rencontre n'a eu lieu que sur *Les Ripoux.* Thierry était tout simplement épatant. En vertu de l'inusable recette du roman d'apprentissage, où l'on assiste à la formation d'un jeune blanc-bec par un vieux renard, nous nous complétions à merveille. Très vite, notre couple a très bien fonctionné. Le reste de la distribution était tout à fait percutant : Régine, Grace de Capitani qui était une espèce de petit poulbot, Julien Guiomar que j'avais connu au TNP, ou encore Albert Simono.

René n'est pas un si mauvais flic que cela; mais avant tout, il ne veut pas s'emmerder. À Thierry qui veut faire du zèle au début, il répond par la litanie de tout ce que les gens font et qui tombe cependant sous le coup de la loi. Selon lui, si l'on devait faire appliquer la règle à la lettre, on ne cesserait pas d'intervenir. Ce serait le tonneau des Danaïdes. Pour ce qui relève de sa compétence, il fait en sorte que son district roule à peu près bien, qu'il n'y ait pas de gros pépin. À sa manière, certes peu orthodoxe, il tient son monde. Il profite de la situation, mais jamais de façon foncièrement malhonnête. Il n'y gagne pas grand-chose : un gigot par-ci par-là, et la possibilité d'aller aux courses pour faire son tiercé.

Les Ripoux fut un des plus gros succès du cinéma français. Je pensais bien que cette histoire allait fonctionner, mais j'ai été surpris par l'ampleur de la déflagration. Car le film a connu deux carrières. Lorsqu'il a obtenu aux césars les prix du meilleur réalisateur et du meilleur film, il avait déjà atteint plusieurs millions d'entrées. Alors que les distributeurs n'avaient pas encore interrompu sa carrière, ces récompenses bienvenues ont fait repartir la fréquentation de plus belle. Le mot « ripou », issu du verlan, est devenu un nom commun indéracinable de la langue française. Une nouvelle génération, qui découvrait le cinéma avec ce film, allait s'en approprier les répliques et associer durablement ma personne au personnage de René. Cela m'a procuré des avantages dignes d'un authentique « ripou ». De la part de ces messieurs de la Grande Maison, qui me considéraient comme un des leurs, j'ai bénéficié des années durant d'une espiègle indulgence. Je pouvais me garer n'importe comment sans trop de dommages. On m'a raconté aussi que pendant longtemps, le film était projeté chaque année à l'École des commissaires. Il est vrai que pour de jeunes aspirants inspecteurs, il y avait moyen de se former sur un certain nombre de sujets.

Au cours de la même année, j'ai donc joué le général Dubreuilh de *Fort Saganne* et l'inspecteur René des *Ripoux*. À l'époque, personne n'avait vraiment remarqué ce grand écart. Il faut croire que tout le monde était habitué à me voir passer très naturellement d'un rôle à un autre. Pour ma part, je n'étais pas mécontent de mon coup.

J'ai toujours aimé les histoires de famille, qui sont un des fondements du cinéma. Elles permettent des films choraux, avec beaucoup de personnages. À l'origine de la plupart des scénarios, on trouve en général un fait divers, un aspect de l'histoire du pays ou des drames familiaux. Après *Les Ripoux*, j'ai tourné dans un film plein de charme et plus confidentiel, à petit budget, *L'Été prochain*, de Nadine Trintignant. Comme Alain Corneau avec qui elle vit, Nadine est une personne avec qui on se sent bien tout de suite. Ce sont des gens sans détour, francs, honnêtes, qui ne cherchent pas le pouvoir. J'avais le rôle d'un père de famille nombreuse et, de fait, le film avait une dimension véritablement familiale. Très autobiographique, il s'inspirait largement de la famille de Nadine, les Marquand. Pour la distribution, elle avait fait appel à son ex-mari, Jean-Louis, à sa fille Marie, à ses frères Christian et Serge Marquand. J'avais pour femme Claudia Cardinale, ce qui était une grande émotion ; nous avions six enfants, deux garçons et quatre filles, dont Judith Godrèche et Fanny Ardant. Pour permettre au film d'exister, tout le monde y avait mis du sien. En guise de costumes, j'avais réquisitionné les vêtements que je portais alors à la ville.

C'était la première fois que je rencontrais Fanny Ardant. En tant que spectateur, j'étais déjà très admiratif de sa beauté et de ses exceptionnels talents d'actrice. Dans la conversation la plus banale, la plus quotidienne, je suis toujours surpris par sa façon de réagir avec ironie, dérision et autodérision. Extravagante, drôle, elle est complètement hors de la convention. Dans ce film, elle jouait ma fille, ce qui ne laissait pas d'être inquiétant pour moi. Heureusement, deux ans plus tard, Ettore Scola me sauvait la mise en me permettant d'être son amant dans *La Famille*. Habituellement, mes rôles en Italie étaient doublés. Mais comme je jouais un architecte français, Scola pensait que mon accent serait un atout supplémentaire. En m'accrochant bien, j'ai donc réussi à donner mes répliques en italien. C'était une scène où, sur des propos très anodins, Gassman prenait la mouche. Il avait toujours été amoureux de Fanny. Ça l'agaçait beaucoup de me voir avec elle ; il était de mauvaise humeur et la scène était assez rigolote.

À peu près à ce moment-là, j'ai eu l'une des plus fortes émotions de ma vie : la naissance de ma petite-fille, Deborah, que Frédérique a eue avec le réalisateur Sébastien Grall. Quand j'ai vu pour la première fois cette enfant, cela a été un coup de tonnerre, plus encore, étrangement, que pour la naissance de ma fille. Lorsqu'on attend ses propres rejetons, on accompagne la grossesse pendant neuf mois. Alors que l'arrivée d'un petit-fils ou d'une petite-fille est beaucoup plus soudaine, et donc peut-être plus bouleversante. D'un coup, je prenais conscience de cette espèce de chaîne que constitue la famille, qui nous réunit et qui se déploie à travers le temps et l'histoire, au-delà de la durée des vies humaines. Monique et moi étions désormais grands-parents. Quant à mes parents, ils devenaient arrière-grands-parents : j'ai eu la chance de les voir tous les deux se pencher sur le berceau. Pendant huit jours, j'ai été KO debout, totalement à côté de mes pompes, ce qui faisait beaucoup rire chez moi. Ils étaient très étonnés de mon état. Je participais alors à la promotion d'un film ; la production était affolée : j'oubliais tous mes rendez-vous, ils étaient sans arrêt en train de me courir après. Que Deborah soit à la maternité ou chez elle, je n'avais qu'une obsession, retourner la voir.

Très à propos donc, Mario Monicelli a fait appel à moi pour tourner dans *Pourvu que ce soit une fille.* Ce très bon film a malheureusement été très mal distribué en France, où il est passé presque inaperçu, alors qu'il avait très bien marché en Italie. Je jouais un comte italien qui était le jouet des femmes de sa vie, épouse, filles ou maîtresses ; il se laissait totalement mener par le bout du nez, et n'avait aucune prétention à quelque forme d'autorité que ce soit. Sa seule stratégie : la fuite. Ce grand décadent se laissait vivre. Tout son petit monde l'entretenait plus ou moins. Il finissait par périr en tombant avec sa voiture au fond d'un ravin. J'avais pour femme Liv Ullmann et pour belle-sœur Catherine Deneuve. Complétant le tableau, Bernard Blier jouait un formidable personnage de vieux gâteux, oncle Gugo, qui passait son temps à tricoter en robe de chambre. J'avais vu beaucoup de films de Bergman, et j'étais donc très impressionné de me retrouver face à Liv Ullmann, qui ne m'a pas déçu. Elle était seulement un peu étonnée par le rythme ; elle avait l'impression que Monicelli ne tournait jamais de gros plans. Pour la rassurer, je me suis mis à lui expliquer le principe des deux caméras kamikazes, qui venaient nous bousculer pendant les scènes d'ensemble. Avec Monicelli, nous faisions du gros plan sans le savoir.

À l'aube de la perestroïka, *Twist again à Moscou,* de Jean-Marie Poiré, restera probablement comme l'un des films les plus loufoques jamais réalisés sur la Russie soviétique. Dans mon panthéon personnel, il est également marqué d'une pierre blanche pour une autre raison : c'est sans doute un des tournages sur lesquels j'ai le plus ri. Il m'a donné l'occasion de faire connaissance avec des membres du Splendid que je n'avais pas encore croisés, Christian Clavier et Martin Lamotte. Mon personnage, Igor Tataïev, était le directeur nomenklaturiste et corrompu de l'hôtel Tolstoï à Moscou ; entraîné par son beau-frère Iouri, organisateur de concerts rock, poursuivi par un Martin Lamotte brejnevo-stalinien, il en arrivait, de péripétie farcesque en rebondissement grandguignolesque, à basculer dans la dissidence. Par-dessus le marché, le film était tourné à Belgrade, non loin de la frontière hongroise ; si la Yougoslavie ne faisait pas partie du pacte de Varsovie, elle n'en était pas moins un authentique pays communiste. Aussi, pour faire venir de Paris le moindre cachet d'aspirine, c'était la croix et la bannière. Le rythme était épuisant. Au sein de la distribution, la forte concentration d'humoristes patentés nous aidait à maintenir le moral. Christian Clavier et Martin Lamotte sont deux improvisateurs de génie. Je me suis senti très bien avec eux, ainsi qu'avec Jean-Marie Poiré, le troisième larron. Je retrouvais également Marina Vlady, Bernard Blier, ou encore Jacques François, en maréchal soviétique. Comme son maquillage nécessitait une heure et demie de travail tous les matins, il était absolument fou de rage, au point qu'on ne pouvait presque pas lui adresser la parole. Lorsque nous le croisions dans les couloirs de l'hôtel, c'est à peine s'il nous reconnaissait tant il se trouvait dans un état second.

Twist again à Moscou était un film un peu trop extravagant pour marcher. L'heure était à la gorbimania. La glasnost battait son plein. Aussi, plus que jamais, faire de l'humour sur l'URSS paraissait une idée des plus saugrenues. Pourtant, le film est imprégné d'une telle folie qu'il a su convaincre quelques amateurs. Il comporte des scènes extraordinaires, comme celle où dans une piscine réservée aux membres de la Nomenklatura, on assiste à une bagarre généralisée à coups de baudruches géantes en forme de faucille et de marteau. *Twist again* m'a permis de compléter ma collection d'expériences avec les membres de la troupe du Splendid. À mon tableau de chasse, il ne manquait plus que Gérard Jugnot. Grâce au *Fantôme avec chauffeur* de Gérard Oury, ce sera chose faite en 1996.

Claude Chabrol avait déjà pensé à moi pour *Que la bête meure*, et j'avais décliné son offre. Par la suite, il avait été question que je joue dans un autre de ses films, mais il s'était finalement décidé pour un autre acteur. *Masques*, en 1986, était donc notre premier film ensemble. C'était une satire de la télévision, dans laquelle je jouais Christian Legagneur, présentateur de « Bonheur pour tous », une émission bien sirupeuse consacrée au troisième âge, comme on les aimait alors à la télévision. Avec Chabrol, nous nous sommes tout de suite retrouvés sur la même longueur d'onde. Je me suis régalé à tourner avec lui. Son scénario était très efficace. Il n'y allait pas par quatre chemins, et faisait de cette idole du bon peuple français, de ce roi de l'Audimat, un vulgaire voleur assassin. La psychologie était volontairement secondaire ; les personnages permettaient avant tout un magnifique jeu de massacre. En matière d'obscénité télévisuelle, nous n'avions pas encore atteint les records d'aujourd'hui, mais on reniflait déjà l'hypocrite bouillie, consensuelle et bien-pensante, qu'elle allait devenir.

Legagneur était un personnage réjouissant. Il respirait la bonté. Il avait vraiment le cœur sur la main, ce qui tombait bien car il s'agissait de son fonds de commerce. Toute ressemblance avec des personnes ayant existé ou existant encore de nos jours serait purement fortuite. Avec une joviale sollicitude, il invitait son jeune biographe, Robin Renucci, à venir séjourner dans sa maison de campagne. Là, le jeune homme rencontrait les proches du présentateur : Anne Brochet, sa filleule, dont c'était l'un des premiers rôles, formidable de mystère, d'ambiguïté, de beauté, Monique Chaumette, sa gouvernante épouvantable et complice, Bernadette Lafont, plantureuse masseuse, ou encore le régisseur joué par Roger Dumas. Assez vite, on comprenait que Robin n'était pas seulement un biographe, mais qu'il menait une enquête sur un meurtre inexpliqué, soupçonnant Legagneur d'en être le coupable.

Masques est un film d'une ambiguïté délicieuse. Il a été écrit et réalisé au moment où TF1 allait être vendue, où l'on commençait à bidouiller les chaînes, où l'on créait la Cinq de Berlusconi. Trahissant toutes les promesses de sa naissance, la télévision renonçait à son idéal d'institutrice du peuple, pour devenir le déversoir de toutes les démagogies. Le film n'était donc pas exempt d'un militantisme narquois. Ce n'était certainement pas un hasard si la victime, que jouait Anne Brochet, était perpétuellement endormie grâce aux bons soins de mon si sympathique personnage. On ne connaît jamais de façon certaine la nature des liens qui unissent les protagonistes. Il faut dire que Legagneur s'ingénie à brouiller les pistes. Il traite ses collaborateurs comme des amis ; déjeunant à sa table, ils sont simultanément investis d'une tâche noble et d'une tâche subalterne. Roger Dumas est à la fois régisseur et échanson, Bernadette, masseuse et tireuse de cartes, Monique, secrétaire et soubrette. De même que jusqu'au dénouement, on ignore à qui on a véritablement affaire, on ne sait jamais qui fait quoi et pourquoi. On soupçonne cependant l'existence d'un mécanisme implacable, parfaitement au point depuis longtemps, qui roule son petit bonhomme de chemin. Toute cette machinerie a pour seul objectif de créer l'illusion du bonheur, afin de camoufler le plus minable des crimes, une captation d'héritage. Finalement assez médiocre, Legagneur est le contraire d'un escroc de haut vol. Il incarne le petit écran dans toute son horreur banale, son aspect misérable.

Claude Chabrol est un grand metteur en scène. En tournant avec lui, j'ai un peu retrouvé ce que j'avais ressenti avec Hitchcock, dont il avait été à ses débuts l'un des analystes les plus perspicaces. Aucun plan n'est fait au hasard. Tous les cadres sont parfaitement composés. Même s'il n'utilise pas de *story board*, dès les premiers jours du tournage, il a son film parfaitement en tête. Comme avec Hitchcock, il ne fut jamais question d'interprétation. Nous nous étions contentés d'évoquer l'atmosphère du film, sans indication précise. Il nous avait choisis, cela suffisait. Nous n'avions plus qu'à ne pas nous cogner aux meubles et à jouer. Par expérience, je me débrouille toujours pour savoir, à partir de l'emplacement de la caméra, quel volume je vais occuper dans le cadre. Mais chez Chabrol comme chez Hitchcock, c'est l'écriture cinématographique qui construit le personnage.

Au gré des rôles, je me suis fait toutes sortes de têtes. Quand je ne travaillais pas, je me laissais pousser la barbe, par goût du confort et parce que cela dissimulait bien mon absence de menton. Pour Legagneur, je m'étais fabriqué une bouille à bacchantes qui ressemblait un peu à celle de Pierre Bellemare, ce qui m'a un peu troublé lorsque je m'en suis rendu compte. Toutefois, j'ai pensé qu'il avait trop d'esprit pour s'en formaliser, et ne pas remarquer l'hommage indirect. J'avais les cheveux bien plaqués, la moustache sans un poil qui dépasse. Le personnage devait être propre sur lui, bien sous tous rapports, soigné, pas forcément élégant et en même temps anodin. Ce qui était étonnant chez une crapule comme Legagneur, c'était que sa principale caractéristique fût la bonté apparente. Avec lui, j'explorais un genre de roublardise inédite, et qui est entièrement vêtue d'hypocrisie. Pendant tout le film, on se demande régulièrement si Renucci ne fait pas fausse route. Mon personnage est vraiment trop brave homme. À la fin, dans une scène extraordinaire, tout ce bel édifice se lézarde en direct. Pour me démasquer, Renucci et Anne Brochet font irruption sur le plateau de « Bonheur pour tous ». Il se produit alors ce qu'on a toujours rêvé de voir à la vraie télévision. Face à la caméra, n'en pouvant plus, je me débonde et balance toute la bile que j'ai sur le cœur. Le film s'achève dans ce feu d'artifice.

Ce tournage demeure un grand souvenir. Chabrol est d'une intelligence impressionnante. À part pour son film, je ne me suis jamais senti très attiré par la télévision. Dans ma jeunesse, avec Darras et Denise Glaser, j'y avais trempé un petit peu. La RTF existait encore. À la grande époque des Buttes-Chaumont, j'ai joué dans quelques dramatiques, dont certaines en direct, *Le mal court* d'Audiberti avec Suzanne Flon, par exemple. La télévision qui se concoctait alors nous fait un peu rêver maintenant. À l'heure du débraguettage généralisé, je n'ai jamais été très attiré par les tables rondes et autres *talk show.* Je regarde peu les programmes, contrairement à Chabrol, grand téléspectateur devant l'Éternel. Ce doit être son côté pervers. Il montrait une prédilection particulière pour « Tournez manège » ou « Le Juste Prix ». Avec un cynisme gourmand, plus c'était débile, plus il se réjouissait.

Au fur et à mesure que la télévision se développait, le cinéma s'est enfoncé dans les difficultés. En Italie, la multiplication des chaînes a signé l'arrêt de mort du cinéma national. On prétend que la télévision permet de repêcher les films qui n'ont pas rencontré leur public au moment de leur sortie ; ce n'est pas totalement faux. Mais elle a surtout contribué à réduire considérablement l'offre cinématographique, en asséchant le public des salles obscures et en s'arrogeant la haute main sur le financement. Petit à petit, elle est devenue productrice. Cela a changé complètement la donne. Si la télévision soutient le cinéma, elle le fait comme la corde soutient le pendu. Elle a finit par imposer sa loi. Sans une coproduction télévisuelle, aucun film ne peut se monter. Sans l'aval d'une des cinq ou six personnes chargées de la production dans les chaînes, aucun projet ne peut avoir d'avenir.

La télévision n'est pas le seul sujet sur lequel j'ai eu l'occasion d'exprimer publiquement ma désapprobation. Le rallye Paris-Dakar fut longtemps une de mes bêtes noires. Je trouvais cette course scandaleuse. À l'occasion de *Coup de torchon* ou de *Fort Saganne*, j'avais fréquenté et apprécié ces pays. Ils m'avaient touché. Que tout d'un coup, avec une telle débauche de moyens, on en fasse un terrain de jeu, j'ai trouvé qu'il y avait là quelque chose d'obscène. Chaque fois que j'avais le crachoir, j'y allais donc de ma volée de bois vert. À tenir ce discours, nous n'étions pas tellement nombreux. Je m'étais même fait mal voir de plusieurs personnes, Claude Brasseur par exemple, que j'aime beaucoup, grand amateur de voitures et de rallyes.

En 1987, le réalisateur Giuliano Montaldo m'a confié le premier rôle dans son film, *Les Lunettes d'or.* J'ai été choisi grâce à la détermination de mon agent, Michèle Meritz, qui tenait absolument à ce que j'obtienne ce rôle. Le scénario était une adaptation d'une nouvelle de l'écrivain Giorgio Bassani, dont la plupart des livres se passent à Ferrare. D'un de ses romans, Vittorio De Sica avait tiré le célèbre *Jardin des Finzi Contini. Les Lunettes d'or* se déroulait pendant la guerre, sous le fascisme. Le docteur Fadigati était un très beau personnage. Médecin de bonne bourgeoisie, il soignait le gratin de la ville. Notable reconnu, très cultivé, respecté, il se trouvait aussi être discrètement homosexuel, à une époque où il n'était pas question de se lancer dans des *coming out.* Lorsqu'il tombait amoureux d'une petite frappe, il s'exposait subitement aux regards de ses concitoyens, ce qui le conduisait jusqu'au suicide. Parallèlement à son histoire d'amour, il nouait une amitié inattendue avec un étudiant juif, joué par Rupert Everett. En ces temps de persécution, la judéité de l'un et l'homosexualité de l'autre favorisaient ce rapprochement.

Montaldo est un très bon artisan du cinéma, et l'on sait que dans ma bouche cette qualité est loin d'être restrictive. Il connaît son métier sur le bout des doigts, avec une énergie et un enthousiasme communicatifs. Il avait réuni autour de lui une très belle équipe, qu'il avait su galvaniser : les personnes engagées sur ce film communiaient passionnément dans l'œuvre à venir. Fidèle à mon habitude, je m'étais contenté de lire le scénario des *Lunettes d'or*, sans me plonger dans Bassani de peur de m'encombrer le cerveau d'éléments étrangers au scénario. Ferrare est une ville fermée, cernée de remparts, où l'on trouve de beaux palais, de belles maisons, et de grandes avenues assez larges. Posée au beau milieu de la campagne, elle ne semble pas avoir de faubourgs.

Lorsqu'on passait la porte principale, on se retrouvait en plein champ. L'atmosphère générale était assez mélancolique. Parmi les curiosités, on pouvait visiter un cimetière très pittoresque, et le musée Boldini, natif du lieu, dans le palais dit des diamants. Il y avait aussi quelque chose d'assez troublant : lorsque nous tournions les scènes, ou le soir, après la journée, beaucoup de gens que je rencontrais me confiaient qu'ils avaient bien connu le docteur Fadigati, qu'il les avait soignés quand ils étaient enfants. La ville était encore hantée par le fantôme de cet homme. Car la fin du vrai Fadigati fut peut-être encore plus tragique que celle de son personnage, dans le film. En effet, le petit malfrat qu'il aimait avait fricoté avec les fascistes. Fadigati n'avait jamais voulu se désolidariser de lui. Au moment de la Libération, il ne s'était donc pas suicidé, mais il avait été capturé par les partisans et fusillé.

Je voyais ce personnage tout en dignité, en réserve. Je voulais que son homosexualité apparaisse comme une blessure cachée, quelque chose d'énigmatique qu'il porterait en lui. Cet homme souffre beaucoup de ses penchants, de son goût, mais pas seulement à cause du regard que la société porte sur lui. La douleur est plus profonde. C'est quelqu'un qui est malheureux car il n'arrive pas à vivre un amour véritablement épanoui. À cela s'ajoute le fait que cet amour soit interdit. On sent qu'il mérite mieux, mais que la fatalité a voulu qu'il tombe amoureux de cette petite frappe.

Comme partenaire, Ruppert Everett – très sympathique au demeurant – n'était pas sans inconvénient, car il était très versé dans les principes de jeu de l'Actors Studio, ce qui impliquait une recherche presque maladive du naturel. Enfoui dans sa concentration, il jouait seul et ne s'occupait surtout pas de vous. Lorsqu'il vous donnait la réplique, il pouvait attendre tellement pour vous répondre qu'on ne pouvait envisager de garder toute la prise. Dans la vie réelle, quand la personne à qui vous vous adressez prend trois minutes pour répondre, vous quittez la pièce. Mais Ruppert ne s'occupait que de lui. C'était un petit peu agaçant. En vieux briscard de la mise en scène, Montaldo gérait les choses avec philosophie. De temps en temps, il s'énervait un peu ; me voyant perplexe, il me faisait discrètement le geste des ciseaux, qui allaient débrouiller tout cela au montage. À sa sortie, le film a très bien marché, d'abord en Italie, puis en France.

Il arrive parfois que de façon plus ou moins secrète, les acteurs soient utilisés par les réalisateurs comme des doubles, des alter ego. Nous portons leur parole et leur vision du monde. Davantage, nous les emportons de l'autre côté de l'écran. Dans ses premiers films, Philippe de Broca s'était inventé une doublure dans la personne de Jean-Pierre Cassel. Très léger, bondissant, un peu farfadet, il correspondait assez à ce qu'était Philippe. Et puis, les années passant, ce dernier s'est mis à penser à moi pour des personnages intimes qui lui ressemblaient. Dans *Chouans !*, le comte Savinien de Kerfadec appartenait plus que jamais à cette catégorie. Était-ce pour notre parenté d'esprit ? Philippe était vraiment un ami. Je le voyais relativement peu, mais aussi entre les films, ce qui n'était pas le cas de la plupart de mes autres metteurs en scène. J'aimais beaucoup cet homme-là, et il me le rendait bien. Nous nous disputions souvent. Il avait un côté réactionnaire bien marqué et il n'hésitait pas à faire sonner ses choix, ce qui m'agaçait ; j'en rajoutais donc dans l'autre sens. En même temps, il y avait beaucoup de douceur et d'affection dans notre commerce.

— Tu es incroyable, toi, me disait-il, chaque fois que je t'ai proposé un rôle, tu m'as dit oui.

Cela lui plaisait beaucoup. Lorsqu'il m'envoyait un scénario, je mettais mon point d'honneur à ne lui poser aucune question, à ne lui demander aucune modification. À dessein, je restais muet. Je feignais de prendre cela pour quelque chose de normal et de naturel.

Chouans ! avait été écrit par le vieux complice de Philippe de Broca, Daniel Boulanger, dont j'appréciais beaucoup la finesse.

Financièrement, le film avait été difficile à monter. Grâce au bicentenaire imminent de la Révolution française, les choses avaient enfin pu se mettre en branle. Savinien de Kerfadec était un aristocrate des Lumières, qui refusait, en homme raisonnable, la folie meurtrière de la Terreur. Un peu comme le Régent, il était à la fois libéral et profondément aristocrate. Il avait trois enfants ; un fils de son épouse morte en couches, joué par Stéphane Freiss, et deux autres, adoptés par la suite, Céline, qu'incarnait Sophie Marceau, et Tarquin, joué par Lambert Wilson. Si ce dernier choisissait la Révolution, son frère, après un long séjour en Amérique, devenait le chef de la chouannerie. Leur haine viscérale était largement attisée par la rivalité amoureuse qui les opposait pour la conquête du cœur de la belle Céline. Savinien était donc pris entre deux feux, écartelé entre son adhésion aux idéaux de liberté et son refus du sectarisme assassin. Favorisant la fuite de Stéphane Freiss et de Sophie Marceau, il finissait par choisir le camp de l'amour et périssait, alors qu'en signe d'enthousiasme il s'apprêtait à hisser le drapeau tricolore.

J'ai beaucoup aimé ce Savinien. Au départ, Boulanger et de Broca avaient pensé écrire un film sur Cyrano de Bergerac. Kerfadec était donc très inspiré du vrai Cyrano, qui avait été un inventeur passionné de machines volantes. Sa façon de vivre à la campagne me plaisait beaucoup. Chez lui, les plaisirs de la vie allaient de pair avec une responsabilité toute seigneuriale à l'égard des personnes qui l'entouraient. Au départ, *Chouans !* s'ouvrait sur une peinture très gaie de la petite noblesse du XVIIIe siècle ; ces hobereaux vivaient au milieu d'une famille élargie qui comprenait leurs fermiers, leurs domestiques, leur gouvernante et leur chapelain. C'était le monde et la philosophie de Philippe, sa façon de voir les choses.

Notre costumière, Yvonne Sassinot de Nesle, était – et demeure – une des plus grandes costumières françaises. Elle avait une conception formidable du film d'époque, qui était à l'opposé de l'approche hollywoodienne ou à la Guitry. Son travail de création s'appuyait d'abord sur une connaissance approfondie de l'Histoire. Dans *Chouans!* il y avait des scènes où j'avais froid dans le château; aussi m'avait fait-elle enfiler, par-dessus mon costume, une redingote Louis XIII. Voilà le genre de subtilités qui habituellement ne se font pas, au cinéma. Dans un film au XVIIIe, tout est censé dater du XVIIIe siècle. Mais Yvonne avait un autre point de vue. Savinien vivait moitié en paysan, moitié en gentilhomme, car les Kerfadec étaient désargentés. Comme partout, ils conservaient très certainement de vieux costumes du grand-père dans les placards. Quand il faisait froid, ils n'hésitaient donc probablement pas à les passer par-dessus le pourpoint. Les cheveux avaient été très travaillés : ils devaient être longs, avec une perruque par-dessus et le catogan par-dessous. L'approche d'Yvonne avait aussi une dimension régionaliste; elle n'hésitait pas à mélanger très joliment un gilet breton avec une culotte à la française. Pour parachever le tout, elle nous recommandait de déjeuner à la cantine avec nos costumes :

— Si vous faites une tache, ce sera toujours cela de pris, disait-elle.

Sophie Marceau avait quelquefois des idées assez arrêtées. À l'époque, elle n'avait pas grande confiance en elle. Elle a eu la chance de devenir une très grande vedette assez jeune, adolescente. Une expérience comme celle-ci pèse toujours. Sophie en avait retiré une certaine méfiance. C'est quelqu'un qui craint toujours un peu qu'on ne la trompe, que l'on ne cherche à abuser d'elle. À ses débuts, on a dû la mener en bateau. Cette réserve ombrageuse était, à mon sens, un de ses handicaps. Comédienne élégante, elle était enjouée, pleine d'énergie. Elle n'hésitait pas à s'engager, à oser les choses. Mais de temps en temps, cette réticence, ce manque de confiance refaisait surface. Un soir, sans que cela prenne des proportions embarrassantes, je me suis fâché contre l'envie qu'elle avait de faire passer des choses qui, selon moi, ne se trouvaient pas dans telle ou telle scène. Elle avait tendance à se compliquer la vie inutilement.

Lorsque nous nous sommes retrouvés, pour *La Fille de d'Artagnan*, de Tavernier, elle a été épatante. Elle s'est donnée à fond dans les cavalcades, dans les duels. Mais arrivée au montage du film, elle a été déçue. Puisque cela s'appelait *La Fille de d'Artagnan* et qu'elle jouait la fille en question, elle pensait détenir le rôle principal. Or c'était un film où il existait des premiers rôles, oui, mais pas vraiment de rôle principal. Elle était le pivot de l'univers où évoluaient aussi les quatre mousquetaires, et le méchant, Claude Rich. Sophie a donc été désappointée. Elle aurait voulu que Bertrand opère des coupes, qu'il transforme au montage cet état de fait. J'avais essayé de la raisonner, sans succès. Je l'aime beaucoup, elle me touche. Elle a changé aussi, je crois. Il y a quelques mois, nous nous sommes croisés. Elle est venue vers moi avec beaucoup de spontanéité et de gentillesse et ça m'a fait plaisir.

Dans *Chouans !*, pour la première fois, j'ai vu travailler Mario Luraschi. Avant qu'il ne devienne le Monsieur Équitation du cinéma français, ce rôle était dévolu à un dresseur du nom de François Nadal. Homme de cheval exceptionnel, il était plus discret, à l'opposé de Mario qui possède un style plus cow-boy, plus spectacle. Dans ses rapports aux chevaux, Mario est un véritable magicien. À n'en pas douter, il parle véritablement cheval. Pas spécialement grand, il tient à la fois du Gitan et de l'athlète de haut niveau. À Belle-Île-en-Mer, je l'avais vu travailler un cheval que montait Stéphane Freiss et qui devait faire une chute au galop. Luraschi faisait donc tomber sa monture en pleine course. Immédiatement, l'animal se relevait et se mettait à brouter. Cela m'avait estomaqué. Sa façon de travailler était révolutionnaire. Il fut un temps, en effet, où le septième art ne ménageait pas les chevaux. Dans les westerns américains, au risque de leur briser les jambes, on n'hésitait pas à tendre des câbles ou à creuser des fossés pour les faire trébucher.

Chouans! est un film dont j'ai gardé un bon souvenir, mais qui, à ma grande tristesse, n'a pas pu être montré à son meilleur. Au départ, Philippe de Broca était convenu avec Ariel Zeitoun, le producteur, de faire un film en deux parties, qui auraient été diffusées dans la foulée. Et puis, au moment du montage, Ariel et les distributeurs ont eu peur des deux épisodes. Le pari était effectivement risqué. Aussi, un peu dans l'urgence, contre tout bon sens, il a été décidé de fabriquer une version raccourcie, fusionnant les deux parties. Hélas, cette synthèse à coups de sécateur a occasionné d'énormes trous dans l'intrigue. Si l'histoire restait encore intelligible, l'évolution des personnages n'en était pas moins terriblement amoindrie. On avait notamment fait sauter toute la partie qui dépeignait le bonheur de vivre de cette famille sous l'Ancien Régime, élément essentiel à la compréhension des comportements futurs. La déperdition de richesse était irréversible. J'ai donc été frustré, d'autant que j'avais vu la version longue qui m'avait beaucoup plu. Je me suis senti trahi. Il faut espérer qu'un jour, le DVD permettra de restaurer ce beau film dans son intégralité.

Le rôle de l'empereur du Brésil, que Franco Zeffirelli m'a proposé dans son *Toscanini*, n'avait pas grand intérêt en soi. Il s'agissait avant tout d'une « opération dollars ». J'y voyais aussi un autre avantage, inestimable : celui d'approcher Liz Taylor, qui était toujours magnifique et qui devait jouer la cantatrice Nadia Bulichoff. Nous partagions deux scènes ensemble. Le tournage n'a pas été spécialement rigolo. Zeffirelli n'était pas en bonne forme et picolait pas mal. L'organisation était assez anarchique. Il n'y avait pas d'horaires. Chaque jour, j'étais prêt à neuf heures du matin, et je ne commençais à tourner qu'à une heure de l'après-midi. En revanche, Liz Taylor était charmante. Très simple avec tout le monde, elle possédait un métier formidable. Unique inconvénient, on ne savait jamais à quelle heure elle allait arriver, tout simplement parce que personne n'osait lui demander d'être là à une heure précise. Elle était venue en France dans le Boeing privé d'un de ses amis. C'était le star system à échelle planétaire. Lorsqu'elle entrait sur le plateau, elle enlevait avec panache une grosse bagouse qu'elle avait au doigt, et la lançait à son habilleuse avec un humour et une distance qui la rendaient très sympathique.

Tonino Guerra qui avait écrit le scénario des *Trois Frères*, de Francesco Rosi, a été le collaborateur des cinéastes les plus importants, d'Antonioni à Angelopoulos, en passant par Fellini ou Tarkovski. Lorsque j'ai su que *La Femme de mes amours*, de Gian Franco Mingozzi, était l'adaptation d'une de ses nouvelles, cela m'a décidé à faire le film. Je trouvais l'histoire très belle. Sur un mode un peu fantastique, elle était une entreprise de glorification du verbe. Le personnage que j'interprétais, Gabriele, séduisait par son seul discours, par la seule tonalité de sa voix. Malheureusement Mingozzi n'était pas le metteur en scène qui convenait pour un pareil scénario, et le projet n'a pas tenu toutes ses promesses. Le pari de départ, qui était d'appuyer tout le film sur la puissance de la voix, n'a pas été assumé jusqu'au bout, par manque d'audace. Le tournage s'était déroulé de façon très familiale, avec un petit côté saltimbanque. Ornella Mutti, ma partenaire pour la première fois, venait d'avoir un bébé, qui s'appelait Andrea. Il dormait dans son berceau, sur le plateau. Comme elle l'allaitait, les prises de vues dépendaient des horaires de la tétée. Lorsqu'il réclamait sa maman, nous nous interrompions pour qu'elle puisse donner le sein au bambin. J'aimais beaucoup cet esprit roulotte. Cela fait partie du charme d'Ornella Mutti : en elle cohabitent une femme fatale et une authentique *mamma* italienne. Elle était très populaire. Comme nous tournions beaucoup en extérieur, dans un village près de Rimini d'où Tonino Guerra est originaire, nous recevions la visite de nombreuses femmes, qui étaient très sensibles au côté maternel d'Ornella.

Elles lui amenaient leurs propres enfants pour qu'elle les bénisse, comme à une madone.

En Italie, à Rome en particulier, j'ai fini par prendre des habitudes, parce que je suis quelqu'un d'extrêmement routinier. J'ai besoin de marquer mon territoire, comme les chiens. Ma situation est étrange ; je ne suis pas chez moi, mais en même temps je ne suis pas un touriste. Je suis là pour travailler, c'est ce qui m'intéresse. Je jouis évidemment de la ville, des paysages, des beautés de Rome, mais je reste fidèle à un hôtel et quatre restaurants. Je balise les choses ainsi et ne sors jamais de là. Mon hôtel s'appelle l'hôtel d'Angleterre ; il est situé non loin de la Trinité des Monts, et de la via Borgogna. Quant aux quatre restaurants, ils sont à un jet de pierre, du côté de la place d'Espagne et de la villa Médicis. Je m'y rends toujours à pied.

17.

Sania Mnouchkine. Cinema Paradiso, *de Giuseppe Tornatore. Le vieil Alfredo. Étrangetés de la vie d'acteur. Mort de mon père au cours du tournage. Triomphe international. Mon centième film :* La Vie et rien d'autre, *de Bertrand Tavernier. Jean Cosmos. Le commandant Dellaplane. Un film fordien. Mémoire de la Grande Guerre. Présence de mon père.*

Alexandre Mnouchkine, dit Sania, était un producteur pour lequel j'avais la plus grande affection et la plus grande admiration. De *L'Aigle à deux têtes* de Cocteau aux films de Lelouch et de De Broca, il avait fait une carrière extraordinaire. Sa façon de travailler me plaisait beaucoup. Il avait appelé sa société « Ariane », comme sa fille. Pour chaque film, il s'adjoignait un ou deux associés, mais se réservait la supervision du tournage. Tous les jours, il arrivait dix minutes avant le début des prises de vues, et demeurait sur le plateau jusqu'au soir. Il aimait cela. Il se justifiait en disant que si l'on rencontrait quelque problème, une mauvaise météo par exemple, ce serait toujours autant de temps gagné pour prendre la bonne décision. J'aimais beaucoup ce côté artisanal. Des producteurs comme Sania, je n'en ai pas connu d'autres.

Un jour de 1988, il m'a fait passer le scénario d'un réalisateur italien, Giuseppe Tornatore, qu'il s'apprêtait à coproduire et qui s'intitulait *Cinéma Paradiso*. Je m'y suis immédiatement plongé, et j'ai été absolument emballé par ma lecture, au point d'avoir, dans les dernières pages, les larmes aux yeux. Je l'ai immédiatement avoué à Sania qui m'a répondu :

— Moi aussi, ça m'a fait la même chose.

Tornatore nous a promptement rejoints à Paris : le processus était lancé.

Cinema Paradiso était un mélodrame pur et dur, implacable. Il est impossible de ne pas être bouleversé par cette histoire, chronique d'une amitié entre un simple artisan, projectionniste de cinéma nommé Alfredo, et un petit garçon cinéphile, Salvatore dit Toto. À travers un cinéma de la campagne sicilienne, le film suit l'évolution du septième art, de l'époque où il était le spectacle populaire par excellence, jusqu'à son déclin et sa fin. Lorsque le vieil Alfredo meurt, la télévision a pris la place du cinéma de façon irrémédiable. Plus que celle du cinéma en général, *Cinema Paradiso* établit le constat mélancolique de la mort d'un certain cinéma, celui qui était au centre des joies et des peines des hommes, qui touchait toutes les classes sociales et qui réussissait cette prouesse de les réunir dans une salle obscure. Tout le contraire d'une télévision clignotante et clinquante, qui fragmente et divise.

Cinema Paradiso fut important par son succès, mais aussi par l'écho qu'il a rencontré au sein de mon propre parcours. Alfredo m'attirait. Comme l'horloger quinze ans plus tôt, il exerçait un métier d'artisan. La sœur de Tornatore était en charge des costumes. Elle et moi avons beaucoup travaillé la question de son allure. Ce n'était pas forcément évident de transformer un acteur bourgeois français en artisan paysan sicilien. Je crois que nous avons gagné notre pari. La silhouette, la tête à moustache, le crâne ras, tout cela était plutôt vraisemblable. Je portais une chemise sans col, un bleu, de grosses chaussures. Lorsque nous sommes arrivés sur le lieu de tournage, un village perdu au centre de la Sicile, non loin de Corleone, qui s'appelait Palazzo Adriano, nous avons eu tout loisir de conforter nos intuitions. Tornatore et sa sœur sont siciliens. On pouvait compter sur eux pour être les garants de l'authenticité des détails.

Tout au long du film, on voit vieillir Alfredo. Mis à part la lente progression du gris dans les cheveux, les transformations étaient à peine apparentes. Cela passait moins par le physique

que par la psychologie. J'étais anxieux de ne pas le rater, d'arriver à donner ce que je reniflais de sa richesse. J'étais à peu près sûr de l'impact qu'aurait ce beau personnage, populaire et universel. À l'instar de celle de Toto, la vie des gens qui étaient en âge de voir le film avait été accompagnée par le cinéma.

L'âge venant, lorsque j'ai commencé à récapituler les péripéties de ma vie, j'ai été assez surpris. Lors de l'hommage que l'on m'a rendu à Cannes en 2000, juste avant que l'on ne projette *La Vie et rien d'autre*, Gilles Jacob a prononcé un petit discours très sympathique dans lequel il égrenait tout ce à quoi j'avais participé. Et cela m'avait impressionné. Je n'avais jamais envisagé mon parcours comme une carrière. J'ai vécu cela comme un artisan qui enchaîne ses meubles à la commande. En entendant cette litanie, j'ai soudainement réalisé toute l'importance que le cinéma avait eue pour moi. Je n'ai jamais beaucoup aimé le pathos, le sentimentalisme ou l'exhibition des émotions. Je m'en méfie comme de la peste. Pour cela sans doute, je ne m'étais pas rendu compte qu'en une seule passion, mon activité d'acteur de cinéma embrassait toute ma vie. Et si je me suis trouvé si bien à jouer le vieil artisan projectionniste de *Cinema Paradiso*, c'est peut-être parce que ma vie ressemble plus à la sienne qu'à première vue je n'aurais pu le penser. Alfredo n'aime pas utiliser les grands mots. Il se contente de faire son travail, d'accomplir son devoir d'état. Et en faisant simplement son travail, il contribue à faire grandir ce jeune garçon qu'il a pris en amitié.

Ce qui est très curieux, dans l'exercice de ce métier d'acteur, c'est lorsqu'on se rend compte à quel point on a passé sa vie complètement à l'écart de ses contemporains. Peut-être recherche-t-on inconsciemment cela lorsqu'on choisit ce métier : se mettre en marge, se protéger. Se cacher tout en s'exhibant, ce qui n'est pas le moindre des paradoxes du comédien. Si je passe en revue tous mes films, rares sont ceux dont j'ai vraiment du mal à me ressouvenir. Au gré des manières de tourner, des amitiés, de l'enchantement des lieux, la plupart sont extrêmement vivants dans ma mémoire. En revanche, de tout ce qui s'est passé en dehors, des grands événements politiques et sociaux, que ce soit en France, en Italie ou ailleurs, je ne possède que des souvenirs fuyants. Comme si la seule vraie vie avait été celle qui commençait sur le plateau, ou sur la scène, au temps du TNP. À travers chaque personnage, la vie d'un comédien est une addition, une accumulation de vies. À certains moments, il y a peut-être même une certaine confusion. On se trouve un peu dans le flou. Car c'est dans l'autre vie que se fait le travail pour les films à venir. Au fil du temps, une sédimentation s'opère. Toutes les émotions, tous les souvenirs constituent un réservoir dans lequel on puise pour irriguer la vie d'acteur. Le talent n'est peut-être rien d'autre que cette capacité à passer d'un ensemble vers l'autre. Pendant ces périodes de gestation silencieuse, il arrive qu'à l'occasion d'une émotion ressentie, d'un détail physique, on ait le sentiment d'atteindre une vérité importante. Alors je ne peux m'empêcher de me dire que ce qui me sert le plus, dans ces moments, c'est justement ce caractère rêveur qui ne savait à quoi se raccrocher et qui faisait mon tourment, lorsque j'étais enfant. Vous ne savez qu'une chose : les portes proposées par votre famille, l'école, votre milieu, ne sont pas celles que vous avez envie d'emprunter. D'où ce sentiment de mystère et d'angoisse, cette mélancolie précoce, cette frustration qui vous laisse deviner qu'il existe une autre vie, mais où ? Comment l'atteindre ? De là naît la douleur, dans l'adolescence. Par inclination naturelle, j'ai souvent rêvé à partir des objets, des matières. À partir du toucher. Le point de départ du travail intérieur se trouve là. D'où l'importance des costumes ou des accessoires dans le jeu. On part du concret. J'ai besoin de cela. Cela m'ancre dans le réel.

Parmi les acteurs du film, le petit Salvatore Cascio, qui jouait Toto enfant, était un personnage tout à fait fascinant. Très vif, doué d'une grande intelligence, il était le roi du plateau. Plus âgé qu'il ne le paraissait, il était très doué pour la comédie, avec cet air de ne pas la jouer qu'ont souvent les enfants. Nul besoin de lui mâcher les gestes ou les intonations. Il était très conscient de la dramaturgie, de ce que les scènes voulaient dire. Donner la réplique à des enfants peut être amusant, mais également dangereux. Car quand ils sont bons, leur vérité est très difficile à rejoindre. D'un autre côté, c'est un régal : il n'y a qu'à les écouter. Vous savez qu'en répondant vous serez dans le ton juste.

Cela dit, le tournage fut particulièrement éprouvant. De tous les metteurs en scène que j'ai connus, Tornatore fut sûrement le plus entêté. Habituellement, il s'agit plutôt d'une vertu, mais lui tenait vraiment le pompon. Dès le commencement, nous nous sommes rendu compte que le budget avait été mal ficelé. Ce n'était pas le genre de chose qui pouvait impressionner Tornatore. Sans se soucier de la production, sans tenir compte du plan de travail, il a commencé le film. Nous avons débuté le tournage des scènes prévues le premier jour. Le soir venu, nous n'en étions qu'à la moitié. Le lendemain, au lieu d'enchaîner sur la fin de la première séquence, Tornatore a embrayé la seconde journée de tournage telle qu'elle était planifiée. Nous avons entamé délibérément toute une série de séquences, sans les terminer. Avec la production, Tornatore s'était engagé dans un véritable bras de fer. Son idée était de les mettre devant le fait accompli, de les acculer à financer coûte que coûte ce que lui avait prévu. Côté producteurs, il y avait une certaine confusion. Sania Mnouchkine n'était pas sur place. Le responsable du suivi était un de ses associés romains, Franco Cristaldi, un grand producteur, mais qui n'avait pas travaillé depuis longtemps. Tout était délégué à des sous-fifres. Le tournage a beaucoup souffert de ces tensions. Par des chaleurs de mois d'août en Sicile, nous faisions des horaires terrifiants. Nombre de scènes étaient tournées dans la petite cabine du projectionniste. Construite dans un hangar en plein champ, couverte de tôles ondulées, elle était chauffée à blanc. Et puis Tornatore n'est pas le plus tendre des hommes. Si l'atmosphère n'était pas mauvaise, elle n'était pas non plus très détendue. Là-dessus, après ma mère, mon père est mort, à Paris.

J'étais bloqué au cœur de la Sicile. Je n'ai pas pu me rendre à l'enterrement.

La première sortie de *Cinema Paradiso* n'a pas été couronnée de succès. Cette première version durait trente minutes de plus que la version qui a très bien marché. Malgré l'insistance de Mnouchkine et de Cristaldi, Tornatore s'était refusé à couper une longue séquence, à la fin du film. On y voyait Jacques Perrin, après la mort d'Alfredo, qui revenait au pays pour retrouver une de ses amours d'antan. C'était très joli, mais cela n'avait plus rien à voir avec le reste de l'histoire. Cela faisait rajout. Lors de la sortie du film en Italie, cette version n'a pas été très bien accueillie. Tornatore s'est alors rendu compte qu'il lui fallait faire un effort. À peine avait-il coupé cette longue digression que les premiers effets se sont fait sentir. La présentation à Cannes a été absolument triomphale. Le jury était présidé par Wim Wenders. Avec l'équipe du film, lorsque nous avons voulu sortir de la salle de projection, personne dans le public ne voulait ni bouger ni sortir. Nous nous trouvions sous un feu roulant d'applaudissements. En descendant les marches du palais, la foule nous a fait une ovation ininterrompue de plus de vingt minutes. Sur toute la Croisette, jusqu'à notre hôtel, les gens nous acclamaient. Le film a obtenu le prix spécial du jury, avant d'obtenir l'oscar du meilleur film étranger. Je n'ai jamais été un habitué du festival. Je n'ai pas une grande passion pour ce type de manifestations en général. À Cannes, je me suis fait cracher dessus pour *La Grande Bouffe*, envoyer des fleurs pour *Cinema Paradiso*, avant de recevoir un hommage pour l'ensemble de ma carrière. Mais je trouve qu'il y règne une hystérie un peu fatigante. On y traite les gens en fonction de leur actualité, puis on les jette ensuite. On passe au suivant, avec des airs gourmands de cannibale dont je ne raffole guère.

L'année de *Cinema Paradiso*, grâce à Bertrand Tavernier, j'ai tourné le centième de mes films, et non des moindres : *La Vie et rien d'autre.* J'avais pris connaissance du scénario de façon originale. Avant même qu'il ne soit dactylographié, Bertrand m'avait donné directement à lire le manuscrit de Jean Cosmos, dont l'écriture, très minutieuse, a l'air d'être calligraphiée. À ce moment-là, Jean Aurenche, qui avait passé quatre-vingt-quatre ans, ne travaillait plus. Bertrand s'était donc tourné vers Jean Cosmos, auteur dramatique et scénariste, qui avait écrit pour la télévision de nombreuses adaptations de romans, ainsi que des « Cinq dernières minutes ». Des années auparavant, lorsqu'il travaillait avec des gens comme Claude Barma ou Jean Kerchbron, j'avais eu l'occasion de le croiser. Bertrand, qui est à la fois curieux et très malin, avait gardé ce nom dans un coin de sa tête.

Cosmos est un scénariste du même bois qu'Aurenche et Bost. Il a le sens des scènes. Il crée des situations qui en disent long, qui sont évocatrices, et qui s'enchaînent magnifiquement. Son écriture étant assez sophistiquée, ses dialogues n'étaient pas commodes à apprendre. À mes yeux, ce n'est pas un défaut. Une fois digérés, ils sortaient très bien. Au cinéma, j'aime bien que les textes soient très écrits. À partir du moment où on a vaincu les difficultés premières, on obtient un résultat bien meilleur qu'avec un texte trop facile à apprendre.

À Bertrand comme à moi, le commandant Dellaplane paraissait proche. Entier, indompté, il avait quelque chose de fordien. Militaire de carrière, il a choisi ce métier. Mais alors qu'à son âge il devrait être au moins colonel, il n'est que commandant. On imagine sans peine qu'avec son caractère bien tranché, il n'a cessé d'être en rébellion ou en révolte contre la hiérarchie, contre tout ce que l'armée peut avoir d'étroit et de convenu. À un certain moment, le général, incarné par Michel Duchaussoy, lâche entre ses dents :

— Vous ne changerez jamais, Dellaplane, toujours dreyfusard...

Compte tenu de ce qu'on entrevoit de lui, il ne devait pas mâcher ses mots et ne se prenait pas non plus pour n'importe qui, ce qui devait faire naître plus qu'un soupçon d'hostilité chez beaucoup de ses supérieurs. On l'a donc maintenu sous le boisseau. À travers Dellaplane, je songeais au jeune capitaine de Gaulle tel que l'avait connu mon père pendant la guerre, engueulant le colonel dans sa cagna. Ce soldat possède une éthique chevaleresque. À Sabine Azéma, il lance :

— Il m'arrive de chanter des obscénités, madame, mais je sais me comporter...

S'il est fait pour l'institution, s'il a un charisme et une autorité de chef incroyables, il étouffe aussi dans la routine administrative et son cortège d'absurdités. Il n'est pas dépourvu d'étrangeté. Au premier abord, il semble dur, cynique ; mais on devine vite que cette attitude est le masque d'une grande compassion. Après qu'il a révélé à Alice, la jeune institutrice, que son fiancé mort était un homme marié, Sabine Azéma lui fait des reproches. Il a alors ce vrai mot d'écorché qui le révèle :

— Il faut aider les gens en les assommant.

Il n'est pas du genre à atténuer ce qu'il a à dire, à édulcorer.

Lorsqu'il filmait, John Ford ne s'approchait pas tellement des acteurs ; il en restait souvent au plan américain, coupé à la taille. Il privilégiait le tournage en extérieur. Ce fut aussi le cas de Tavernier pour *La Vie et rien d'autre* : tentes, monuments en construction, cimetières encore frais, chantiers de déblaiement, avec toujours l'œil qui part au loin dans les paysages. Les extérieurs, dans ces films, offrent bien davantage qu'un décor. Ils participent à l'écriture, à la narration. Ils parlent, ils sont vivants.

J'ai chez moi un livre qui raconte la guerre de 1914-1918 à travers *L'Illustration* ; j'y avais glané plusieurs éléments utiles. Le visage de Dellaplane, tout d'abord : la brosse bien en arrière, la barbe de chien de guerre façon briard. En regardant les uniformes, j'avais remarqué que de nombreux officiers portaient de sobres vareuses unies et grises. Avec Bertrand, nous voulions simplifier la silhouette, la rendre évidente. Nous avions donc pris le parti d'éviter le plus possible les dorures, et tout ce qui était détail militaire un peu trop appuyé, comme les ceinturons par exemple. J'avais repéré que certains gradés portaient des tuniques sans dorures, avec des ceintures taillées dans le même tissu et cousues directement dessus, comme sur certaines vestes de chasse. Bertrand avait fait le choix d'une grande unité chromatique. Il désirait gommer l'anecdote au maximum. À part la Légion d'honneur, je ne portais guère de décorations. Le général était un peu plus bariolé. Parce que je voulais porter un dolman à brandebourgs noirs, j'avais choisi une arme bien particulière, le train des équipages, il me semble. Leur uniforme comportait aussi des pantalons rouges qui avaient de la gueule. J'avais prévu de m'en revêtir, lorsqu'il faudrait se retrouver aux côtés du ministre Maginot, en grande tenue, pour choisir le Soldat inconnu.

La Vie et rien d'autre a été l'une des premières œuvres à revenir sur le grand massacre de 1914-1918, cette matrice du XXe siècle. À l'époque, Bertrand avait d'ailleurs eu quelques difficultés à convaincre les producteurs et les distributeurs. Mais l'histoire était vraiment riche et forte, annonciatrice aussi. Beaucoup de romanciers, d'historiens et de cinéastes se sont engouffrés dans la brèche, se penchant à nouveau sur cette période de notre histoire. Au même moment, nos derniers poilus mouraient de vieillesse, les uns après les autres.

La guerre finie, les morts continuaient à empoisonner la vie des vivants, si bien que ces derniers cherchaient absolument à se débarrasser d'eux. « Un disparu, juridiquement, cela bloque tout », remarque Dellaplane. Aussi les familles s'agglutinent-elles sur le théâtre des hécatombes, mendiant le moindre indice, le moindre objet personnel, afin de faire le deuil de leurs proches, de les enterrer et de vivre à nouveau, dans la tiédeur d'un certain oubli. La Grande Guerre sonne le glas d'une civilisation. On s'en rend bien compte lorsque, dans une image à la Millet qui semble immémoriale, ce paysan qui laboure la glaise avec son cheval soulève de son soc, quelques secondes plus tard, un énorme obus enfoui dans le sol. En tournant dans ces régions, on voyait toujours les stigmates de ce temps-là, de cette France en ruine, ravagée, hantée par des êtres errants détruits par la guerre, qui ne savent même plus qui ils sont. Comme l'un d'eux braille une chanson paillarde, Dellaplane se demande drôlement si par hasard il ne s'agirait pas d'un curé. Et je ne connais pas d'image plus évocatrice que celle qu'il énonce dans sa lettre de la fin, lorsqu'il évoque le défilé de la victoire. Il y affirme que si tous les morts de la guerre étaient passés au même rythme, leur funèbre parade aurait duré quatre jours et cinq nuits.

Par bien des aspects, cette guerre était une nouveauté. Ainsi, jamais le lien entre les mécanismes de la guerre et ceux du capitalisme n'avaient été aussi visibles ; par ailleurs, pour la première fois, le monde entier s'était donné rendez-vous sur un champ de bataille. Dans *La Vie et rien d'autre*, l'armistice était signé depuis longtemps, mais les tirailleurs sénégalais ou les turcos continuaient à accomplir les sales boulots, déminage ou déterrement de macchabées. Cela nous donne des scènes surréalistes, comme celle où le formidable François Perrot, à la tête d'une escouade d'Annamites, s'entête à vouloir leur faire exhumer des soldats inconnus, tandis qu'ils se refusent absolument à toucher la mort. Dans tout cela, il y a quelque chose de Shakespeare, celui qui fait le constat de l'absurdité du monde.

— Au fond qui c'est ce soldat inconnu ? demande un journaliste.

— C'est mon oncle ! répond Dellaplane.

J'avais tenu à emporter des objets personnels, pour le film. Monique venait de m'offrir un petit nécessaire à pique-nique d'officier autrichien, timbale et couverts en argent, qui date de la fin du XIXe siècle. Je le trimballe souvent avec moi, et je pensais que cela collerait bien avec Dellaplane. Je m'étais procuré une canne, aussi. Dans les tranchées, la boue submergeait tout ; les poilus devaient sans cesse crapahuter dans la terre molle. Alors souvent, ils s'appuyaient sur des cannes en bois. J'en avais acheté une ou deux qui faisaient l'affaire, lorsque j'ai finalement trouvé chez un antiquaire à Montpellier une authentique canne de poilu. De diamètre assez large, elle était sculptée d'un serpent en spirale qui s'étirait le long du fût, un motif classique. Comme l'indiquait une inscription gravée par celui qui l'avait fabriquée, elle avait été faite pendant la bataille de l'Yser. Autre élément personnel enfin, notre maison de Turcy. Car les scènes de la fin, où Dellaplane rentré chez lui lit en voix off sa lettre à Sabine, sont tournées dans la campagne alentour, dans les vignes taillées, avec la jument à la main. Le paysage hivernal est plutôt pelé, avec des teintes de gris, des bleus et des noirs, des beiges et des marrons. Le tableau est véritablement fordien, à ce moment-là.

Le tournage a bien duré une bonne dizaine de semaines. Dans la région où nous étions, non loin de Verdun, les gens réagissaient en nous voyant. Cela évoquait quelque chose pour eux. Au départ, le rôle d'Irène devait être tenu par Fanny Ardant. Mais elle attendait un bébé et les assurances ont mis un veto. Bertrand a donc fait appel à Sabine Azéma. Rapidement, ce choix s'est avéré excellent. Sabine avait ce côté biche aux abois des Années folles, cette élégance à la Boutet de Monvel, un mélange de timidité et de conscience de sa classe, de sa dignité. Elle possède une belle voix, distinguée. Elle est drôle, gaie, rieuse. Comme nous voulions nous coucher tôt tous les deux, nous dînions chaque soir en tête à tête. Nous repassions le texte de Cosmos, ce qui nous permettait de nous familiariser avec nos scènes, tranquillement, sans impératif de temps. Cela a été très bénéfique. Nous sommes restés très proches, par la suite. Ce sont des métiers où il est très difficile de se masquer, de se camoufler. Sans doute faut-il mettre cela en rapport avec la qualité des personnages, l'ambition de l'entreprise. Lorsqu'on se retrouve face à face dans des scènes de ce niveau, rien ne nous est caché de la profondeur du partenaire. Quand le projet est d'une certaine qualité et qu'il met en branle des sentiments et des sensations essentielles, on est tout nu devant l'autre. À cause du métier, nous nous voyons peu mais nous nous rencontrons de temps en temps, avec Alain Resnais. Un peu plus tard, je l'ai retrouvée dans *Rossini, Rossini*, un film de Monicelli.

Lorsque je me voyais dans une glace ou dans une vitrine, sous certains angles, je croyais voir mon père en uniforme, pendant la guerre de 1939-1945. J'avais vraiment l'impression d'être à ses côtés. Il était mort lorsque je tournais *Cinema Paradiso*. Un an plus tard, sa présence était très forte. Grâce à cet ancien combattant de Verdun qui m'avait fait une petite fiche avec les dates et les endroits de son séjour, je savais vraiment à quel endroit je mettais mes pas dans ses pas. Cerise sur le gâteau, il m'avait demandé si mon père avait la médaille de la bataille de Verdun. Comme ce n'était pas le cas, les anciens poilus me l'ont remise à titre posthume.

Lors de la scène où l'on désignait les restes du mort qui allait devenir le Soldat inconnu, je portais les décorations de mon père à la poitrine. Le scénario prévoyait qu'à ce moment-là Dellaplane devait porter toutes ses décorations. Je conservais celles-là chez moi, et ce geste m'a paru couler de source. À lui aussi, mon père, cela a dû faire plaisir. Sur le tournage, avec Bertrand et Sabine, nous parlions beaucoup de la guerre de 1914-1918, et toute l'équipe vivait à l'unisson de cette mémoire. Nous étions plongés dedans. Nous filmions à même les champs de bataille. *La Vie et rien d'autre* est littéralement hanté par ces morts de la Grande Guerre, et par les disparus. Lorsqu'on voit cette grande table, près du tunnel écroulé, où l'on avait aligné tous leurs objets personnels, on sent vraiment leur présence. En classe, il arrive qu'on apprenne le nombre des morts, mais on n'évoque jamais les disparus. D'ailleurs le film montre bien que la comptabilité exacte des pertes n'intéressait guère les autorités de l'époque. Cela gênait plutôt.

Encore une fois, la distribution était merveilleuse. Pascale Vignal, par exemple, qui jouait la jeune fille à la recherche de son fiancé, s'est révélée épatante d'innocence, de candeur et de spontanéité. Maurice Barrier, l'artiste des monuments aux morts, a traîné ses guêtres dans mille aventures, en véritable artisan du métier. Sa façon de jouer la comédie convenait parfaitement à son personnage de sculpteur, montmartrois en diable. Dans une scène, sur le chantier de déblaiement des restes du train, il faisait chanter en chœur familles et soldats. En ce temps-là, malheureusement bien révolu, le peuple connaissait des chansons. Sur les trottoirs, je me souviens qu'on vendait des petits formats, c'est-à-dire des partitions de chanson. Les gens achetaient la musique des chansons populaires pour les apprendre. On entendait les peintres en bâtiment ou les maçons chanter en travaillant. Ça s'est arrêté, je ne sais trop quand, avec les yéyés peut-être. Les chansons sont devenues moins chantables. Autrefois, elles circulaient davantage.

Lors de sa sortie, contrairement aux prédictions apocalyptiques des distributeurs, le film a été très bien accueilli. Sur l'affiche, au-dessus de mon visage en gros plan, le service publicitaire de la production avait inscrit : « Un monument ! » Inutile de dire que quelques-uns m'ont charrié sur ce thème. Le tout était assez énigmatique. Aucun élément ne permettait de savoir de quoi il retournait, au juste. Alors que les rôles principaux étaient partagés entre plusieurs partenaires, je me suis senti mal à l'aise d'être le seul à avoir ma photo sur l'affiche. Le film avait été produit par quelqu'un que j'aimais beaucoup, qui a cassé sa pipe depuis, et qui s'appelait René Cleitman. Il a produit par la suite *Les Côtelettes*, de Bertrand Blier. C'était un grand bonhomme avec une touffe de cheveux grisonnants coiffés en arrière, des lunettes d'acier, un regard très acéré, une douce ironie dans le sourire. Très fin, très cultivé, il dirigeait le département cinéma de Hachette, Hachette Première. Jean-Luc Lagardère lui laissait à peu près carte blanche. Tant que ça roulait, il n'avait aucun compte à rendre. Cela fait toujours plaisir, quand on est impliqué dans une affaire qui marche et qu'on aime bien le producteur.

Pour la seconde fois, grâce à ce film, j'ai obtenu le césar du meilleur acteur. Comme disait mon père :

— Mieux vaut avoir du succès qu'un coup de pied au cul.

18.

Mon goût pour la peinture. L'amitié de Balthus. À Rossinière. Folie des bibliophiles. Mes collections. Le pastel. Ripoux contre ripoux. Faux et usage de faux, *de Laurent Heynemann. Romain Gary. Suzanne Salmanovitz.* Uranus, *de Claude Berri.* J'embrasse pas, *d'André Téchiné.* Max et Jérémie, *de Claire Devers. Coléreux. Christophe Lambert. L'argent des comédiens.*

Dans ma famille, on ne s'intéressait pas spécialement à la peinture. Pourtant, adolescent, j'ai le souvenir d'avoir épinglé dans mon pupitre, à Juilly, des cartes postales, des reproductions de tableaux de Degas ou de Cézanne. Mon œil a toujours été en demande. Sans être très cultivé, je suis amateur. Cela fait partie de ma vie. J'ai besoin d'être entouré d'images choisies, créées par la main de l'homme. Cela m'apaise et me nourrit. Cela me rend heureux.

J'ai eu des amis peintres. Une des grandes joies de ma vie fut l'amitié que me portait Balthus. Je l'avais rencontré il y a bien longtemps, dans l'entourage de Sylvia Monfort. Par la suite, je l'ai recroisé, à Rome. Il avait déposé un message à mon hôtel, pour nous inviter à déjeuner à la villa Médicis, dont il était devenu le directeur. Beaucoup de gens prétendaient que Balthus n'avait aucun droit à un quelconque titre de noblesse, ce qui était fort possible d'ailleurs, parce qu'il était aussi un voyou merveilleux. Pourtant, dans cet écrin, il était plus comte Klossowski de Rola que jamais. Subtil mélange de réactionnaire et de libertaire, ce grand seigneur des images avait un côté très iconoclaste. C'était un anarchiste, mais dont l'anarchisme passait par un infini respect des règles du protocole :

— Où est la comtesse? disait-il d'une traînante voix de théâtre. Allez chercher la comtesse...

Il était l'âme de tout ce cérémonial, et en même temps, on

ne parvenait pas à croire tout à fait au sérieux de l'entreprise. Balthus était quelqu'un qui jouait volontiers la comédie. Il faisait preuve d'un amour profond pour le cinéma, le théâtre et les comédiens. Antonin Artaud avait été pour lui comme un frère. À Rome, il voyait souvent Federico Fellini, dont il était très proche. Jeune encore, il avait créé plusieurs décors de théâtre, pour *L'Île aux chèvres* d'Ugo Betti, ou pour *L'État de siège* de Camus, mis en scène par Jean-Louis Barrault. Les vêtements qu'il portait n'avaient rien à voir avec les costumes de la plupart des gens. À Rossinière, en Suisse, où il avait son chalet, il revêtait volontiers un kimono, avec aux pieds des sabots scandinaves. Et par-dessus le kimono, il s'emmitouflait d'écharpes ou de châles. Il enfilait aussi de gros pull-overs de chez Missoni, tricotés dans une laine magnifique, mélangée. Dans son allure, il avait quelque chose d'un saltimbanque. À la fois simple et raffiné, Balthus pouvait avoir la dent dure, mais il était toujours très gentil avec les gens qu'il aimait. Quand il vous avait choisi, il avait une façon d'aller vers vous qui était d'une incroyable chaleur. Grâce à la télévision, il suivait mes films, de loin. Je lui envoyais des cassettes. Lorsqu'il a quitté la villa Médicis, nous nous sommes un peu perdus de vue. C'était un peu par discrétion de ma part. J'avais été si heureux, si surpris de l'intérêt qu'il me témoignait. J'avais eu l'impression d'être élu par quelqu'un à la cheville duquel je n'arrivais pas. Plus tard, grâce à un autre ami peintre, Dominique Gutherz, nous nous sommes retrouvés à nouveau. Dominique était passé par la villa Médicis. Avec Balthus, ils continuaient à se téléphoner, à se voir. Un jour, à Carcassonne, Gutherz m'a dit qu'ils avaient parlé de moi ensemble. Il avait senti que cela ferait plaisir à Balthus que l'on se revoie.

Généralement, Monique et moi passions vingt-quatre heures à Rossinière. Nous arrivions pour le dîner, Setsuko, sa femme, nous hébergeait au chalet, et le lendemain nous repartions après le déjeuner. La maison de Balthus au pays d'Enhaut, dans le canton de Vaud, était un immense chalet du XVIIIe siècle, magnifique, avec une façade très ouvragée sur laquelle étaient inscrites toutes sortes de maximes en caractères gothiques. Autrefois, l'endroit avait été une auberge, où un jour Balthus avait bu un thé. Apprenant qu'elle était à vendre, il avait acquis la maison. Malgré la taille du bâtiment, les nombreuses chambres, petits salons et autres pièces de réception n'étaient pas très vastes, tout en bois, basses de plafond. Ce séjour à taille humaine était donc très agréable. Chez Balthus, il n'y avait presque pas de tableaux et peu d'œuvres d'art : quelques sculptures de Giacometti, des dessins, dont un de Delacroix, de petites choses. Finalement, il a très peu peint. Avant que Malraux ne l'envoie à la villa Médicis, pendant des années, il a tiré le diable par la queue. Un petit groupe d'amateurs, Rothschild, Maurice Rheims, quelques Américains, lui achetaient un tableau de temps à autre. Il possédait très peu de ses œuvres. Lorsque cela fut possible, Setsuko en a d'ailleurs racheté quelques-unes, *The Lord of the cat by himself*, ainsi qu'un grand *Portrait de Frédérique*, un modèle qu'il avait particulièrement aimé.

L'affection que me montrait Balthus a été une des grandes joies de ma vie. Lorsque nous allions lui rendre visite, avec Dominique Gutherz ou avec Jean Leyris, un ami sculpteur, cela m'intéressait beaucoup de les entendre parler boutique. Très concrètement, il était question de la toile, de tel rouge qu'on ne trouvait plus ; Balthus demandait à Leyris de lui rechercher des pigments particuliers. Nous avions des conversations à bâtons rompus, pas forcément dans les hauteurs. Il aimait papoter, raconter des anecdotes. Il appréciait la plaisanterie, l'ironie. C'était cela, son côté voyou. Il pouvait lancer de petites piques. Mais je ne crois pas l'avoir jamais entendu dire une méchanceté.

Un jour, peu de temps avant sa mort, nous étions en tournée à Genève, avec Catherine Rich. Nous jouions *L'Homme du hasard*, la pièce de Yasmina Reza. Il devait y avoir un jour de relâche. Comme c'était une pièce qui ne nécessitait pas de décor particulier, qui permettait une version légère, j'avais demandé à

Catherine si elle accepterait d'aller jouer pour Balthus, qui était déjà très âgé et qui ne pouvait pas venir nous voir. À Rossinière, au rez-de-chaussée, il y avait une salle toute en longueur avec une estrade au bout et un rideau rouge. Catherine et moi avons installé deux fauteuils sur la scène, puis nous avons joué notre pièce devant lui. Il avait invité une cinquantaine de ses amis. Il était assis là, dans son fauteuil, au premier rang, l'oreille tendue parce qu'il était devenu un peu sourd. Je sais que ça a été l'une de ses dernières joies, et pour moi l'un des grands plaisirs de ma vie. Le jour de sa mort, lorsque sa fille Harumi m'a téléphoné pour m'annoncer la triste nouvelle, elle m'a dit que la veille ou l'avant-veille il lui en avait encore parlé. Balthus aimait bien les fêtes, il adorait recevoir. Pour son anniversaire, il y avait toujours un mélange d'invités improbables, de gens très curieux, un peu hétéroclites. La jet set était un de ses péchés mignons, c'était son côté midinette. Beaucoup de gens ont reproché à Setsuko de lui avoir fait mener cette vie mondaine. Or, à part lui offrir ses plus belles années, elle n'a rien fait du tout. C'était lui qui aimait cela. Il avait également du goût pour la frivolité.

Je suis un collectionneur-né, qui résiste à ses penchants. J'ai toujours été conscient des dangers de la collection. Emporté par cette passion, j'ai vu des gens friser la folie. En particulier les bibliophiles. Pour ma part, j'aime bien les livres, je lis. Je possède quelques belles éditions de grands textes, mais rien de vraiment précieux. Assez rapidement, je me suis rendu compte que si je me faisais mordre par cette frénésie, cela allait me dévorer. S'il leur manque l'original de tel auteur, certains bibliophiles deviennent littéralement malades. Grand amateur, Bernard Blier m'avait initié à la bibliophilie. Il m'a fait connaître un de ses courtiers, M. Bordier, qui s'était spécialisé dans les comédiens. Outre Bernard, il avait parmi ses clients un autre grand bibliophile devant l'Éternel, qui était François Périer. Les théâtres fournissaient à Bordier une base de clientèle. Il savait ce qui pouvait intéresser tout un chacun. Il nous faisait des propositions, et ses prix étaient tout à fait honnêtes. Le hic, c'était quand il s'agissait de payer. Il nous disait toujours :

— Mais vous paierez quand vous voulez !

— Bon, très bien, je vous paierai le tant, après avoir reçu mon cachet.

Le jour fatidique, vous étiez brutalement réveillé au petit matin par un coup de téléphone :

— Allo, monsieur Noiret ? C'est M. Bordier... On était convenus que... Est-ce que je peux passer ce soir ?

Quand vous n'aviez pas bien dormi la veille, il vous faisait l'effet d'un diable surgi de sa boîte.

Malgré tout, si l'on considère les chaussures ou les gravures, les chevaux ou les rôles, je n'ai pas réussi à échapper complètement au vice de la collection. Pour ce qui est de la peinture ou du dessin, j'ai un côté un peu fétichiste. Je ne possède pas de choses extravagantes, mais de petits objets, dessins ou tableaux, qui sont comme des rappels des choses plus importantes que je n'aurai jamais. Ils entretiennent une parenté, même discrète, avec les chefs-d'œuvre. Je ne peux pas dire qu'il y ait un tableau ni une période qui ait ma préférence. J'apprécie la fin du XIXe siècle, l'impressionnisme. J'ai toujours voulu aller là où le vent, le hasard me poussaient. J'ai mon bric-à-brac personnel et un goût pour l'accumulation, plus que pour la collection systématique. L'idée du cabinet de curiosités ne me laisse pas insensible. J'aurais adoré en posséder un. J'aime les objets, surtout lorsqu'ils me parlent. Parfois je les trouve beaux, ou alors ils m'amusent, souvent aussi ils me rappellent des souvenirs, un film, une personne aimée. Cela va de la sculpture offerte par le Pygmée de *L'Africain* à la canne de tranchée du commandant Dellaplane, en passant par une paire de baguettes en argent dans leur étui de galuchat, que j'emporte lorsque je vais dîner au restaurant chinois. Parfois, j'ai un moment d'hésitation avant de me remémorer leur provenance. J'aime avoir mes objets autour de moi, un peu comme des grigris. Avant tout, les œuvres dont je m'entoure servent de support à mon imagination.

En peinture, je n'ai pas eu tellement d'interlocuteurs : Gutherz, Jean Leyris, ma cousine Anne de La Baume et son mari, qui sont collectionneurs. Ma démarche est vagabonde, j'achète des dessins ou des gravures au gré des coups de foudre et des promenades, à Drouot ou du côté de la rue de Seine, chez Prouté par exemple. Je n'ai jamais assisté à une vente aux enchères. Je me suis toujours méfié de mes pulsions. J'ai préféré pratiquer l'ordre, ce qui introduit de la raison dans la pulsion. Lorsqu'ils ne vous traitent pas avec condescendance, j'aime bien l'univers des marchands.

Un jour, Tavernier m'avait parlé de la galerie Le Lutrin, près du Sofitel de Lyon, qui était tenue par un homme très sympathique, Paul Gozzi. Lorsque Bertrand avait tourné *Un dimanche à la campagne*, dont le héros était un peintre, Gozzi lui avait prêté de nombreuses toiles. Beaucoup étaient signées de ces petits maîtres de l'école lyonnaise, Adolphe Appian, David Girin ou Louis Jourdan. Lors d'un passage à Lyon, je suis allé voir cet homme, et nous avons sympathisé. Depuis, chaque fois que je me rends dans cette ville, je passe mes après-midi avec lui. Il me reçoit dans sa galerie ; ce sont des moments délicieux. C'est une jolie galerie, sur les bords du fleuve, avec deux salles, une grande et une petite. Gozzi est également relieur. À cause de mon amitié pour cet homme-là, de ma disponibilité quand je suis allé le voir, je me suis intéressé aux œuvres qu'il défendait plutôt qu'à d'autres. Chez Balthus en revanche, j'avais fait la découverte d'un peintre lyonnais d'aujourd'hui : Truphémus. Parmi le peu de choses qu'il avait, Balthus possédait un petit tableau de lui que j'avais trouvé très beau. À l'occasion d'un séjour à Lyon, lors du tournage des *Grands Ducs*, je suis allé voir Truphémus. Plus tard, j'y suis retourné lors d'une tournée de théâtre. Il m'avait invité à déjeuner très gentiment et nous avions passé l'après-midi à bavarder dans son atelier.

À cette époque-là en effet, j'ai voulu passer à l'acte et me suis mis au pastel. Cela m'a beaucoup amusé, m'a enchanté... m'a rendu fou d'impuissance aussi, et d'absence de talent. Lorsqu'on se lance dans un art, l'innocence joue un certain temps et vous berce doucement d'illusion. Mais si on s'obstine, si l'on continue à pratiquer, on perd cette innocence. Et la persévérance devient plus ardue. Pourtant, on m'a fait une commande, il y a peu de temps. À l'occasion de la générale d'une de ses pièces, j'avais envoyé un pastel à mon ami Daniel Auteuil. Même si je le connais peu, j'ai beaucoup d'amitié et d'admiration pour lui. C'est un artisan. Il fait partie de ces gens pour lesquels je n'ai pas besoin de lettre d'introduction, avec qui je me sens directement de plain-pied et qui ne cherchent pas à se vendre pour autre chose qu'ils ne sont. À l'occasion de son récent mariage, j'avais demandé à Claire Blondel, notre agent commun, de lui demander ce qu'il désirait comme cadeau. Il m'a fait répondre : un pastel.

Au cinéma, après les réussites que furent *Cinema Paradiso* et *La Vie et rien d'autre*, les tournages ont continué à s'enchaîner. Le triomphe des *Ripoux* nous avait donné envie de leur donner une suite. Ce fut *Ripoux contre ripoux*. Avec Claude Zidi, nous nous sommes réunis avec une joie de collégiens, tout au plaisir de retrouver ces personnages familiers et les acteurs qui les incarnaient. Dans le rôle de ma fidèle maîtresse, Line Renaud remplaçait Régine. Je l'ai adorée. Line est une personne formidable, disponible, gentille et pleine de vitalité. Trop souvent, on oublie que dans le music-hall et les revues, elle a été et reste une énorme vedette dans le monde entier. Cela ne l'empêche pas de chercher sans cesse à se perfectionner, à approfondir son métier. Très généreuse, elle est aussi une excellente comédienne.

Dans sa façon d'exercer le métier, Thierry Lhermitte n'est pas quelqu'un de tapageur. En dehors du travail, on ne parle jamais de lui, ce qui est devenu fort rare par les temps qui courent, même lorsqu'on n'est pas un fanatique des soirées mondaines. Il est très intelligent, et la façon dont il a construit sa carrière en témoigne. Curieux, disponible, il n'hésite pas à accepter des premiers films. Il est fidèle, attentif à ses amis. Il a un esprit très brillant. Nous avons énormément ri ensemble. Nous nous retrouvons souvent chez une amie commune, Michèle de Broca, qui a cette qualité de réunir des camarades qui n'ont pas forcément l'occasion de se voir par eux-mêmes, Jean-Pierre Cassel ou Thierry, par exemple. Dans notre vie privée, nous ne sommes pas sans avoir des points communs. Comme moi, il est très proche de sa femme. Il fait vraiment partie de mes intimes.

Ripoux contre ripoux, qui nous mettait aux prises avec un binôme de policiers beaucoup plus crapuleux que nous, incarnés par Guy Marchand et Jean-Pierre Castaldi, fut un nouveau succès. En revanche en 2003, lorsque, avec *Ripoux 3*, nous avons voulu rejouer notre affaire une nouvelle fois, la chance n'a pas été au rendez-vous. Ce troisième opus était une sorte de pari. Sans doute avions-nous laissé s'écouler trop de temps. Comme le mot était entré dans le vocabulaire courant, nous espérions susciter la curiosité du public. Las, il faut croire que ces films étaient aussi le reflet d'une époque, et qu'aujourd'hui cela ne fonctionne plus. Lorànt Deutsch, la nouvelle recrue, était pourtant une personne impressionnante de vitalité. Il est exténuant. Je le faisais taire, de temps en temps. « Taisez-vous cinq minutes, Lorànt », lui disais-je. Passionné d'histoire, d'histoire de Paris en particulier, il connaît chaque pavé de la ville, et sait exactement ce qui s'est passé à tel ou tel coin de rue. Est-il aussi licencié de philo ? Je sais qu'il est titulaire de plusieurs diplômes auxquels on ne s'attend pas. Un garçon de sa génération devait avoir l'impression de tourner avec son papa, si ce n'est avec son grand-père. Dans ces cas-là, une seule solution : l'humour. Je les mets en boîte, ils me le rendent bien. Cela me rappelle ce cher Jugnot :

— Vous n'avez pas tourné un film qui s'appelait *Le Vieux Fusil*, dans le temps ?

Pour son second film avec moi, *Faux et usages de faux*, Laurent Heynemann me proposait un rôle difficile, inspiré du Romain Gary mystificateur qui avait obtenu le prix Goncourt une seconde fois sous le pseudonyme d'Émile Ajar. Gary n'était pas nommé mais il était évident que c'était de lui qu'il était question. Était-ce une si bonne idée que cela ? J'ai eu quelques regrets, par la suite. Dans ma façon de l'incarner, je me trouvais encore trop loin de lui. En effet, j'avais eu l'occasion de rencontrer Gary. J'appréciais beaucoup l'homme et l'écrivain. À mes yeux, une photo de lui, à l'enterrement du général de Gaulle, le résume. Comme on sait, il était compagnon de la Libération. Avant de sauter dans le train de Colombey, il avait enfilé son vieux blouson d'aviateur de la France libre. Fouillis de palmes et d'étoiles, de glaives et de croix de Lorraine, toutes ses décorations y étaient encore accrochées. Mais le blouson était devenu trop petit. Entre le bas du blouson et le pantalon, on apercevait la chemise qui sortait. Gary avait grossi. Ce contraste-là m'avait bouleversé, car on sentait qu'il était à la fois fier de tout ça, et qu'en même temps il se foutait de l'impression qu'il pouvait donner. Anarchiste aristocrate, juif errant magnifique, Romain Gary avait un style qui n'était qu'à lui, mélange de bon chic bon genre et de rastaquouère assumé. Il portait des costumes à rayures tennis, mais avec des raies plus marquées que la normale. Il affichait un mauvais goût trop évident pour n'être pas autre chose qu'un étendard. Il mélangeait des pantalons de treillis avec des vestes brodées à col de fourrure, lettones ou finlandaises, de grandes capes et des chapeaux de toutes sortes. Il avait énormément de charme. On avait la sensation, à tort ou à raison, d'être en face d'un être un peu au-dessus des lois, pour qui le jugement des autres n'entrait pas en ligne de compte.

J'avais souvent eu l'occasion de croiser cet homme libre chez Suzanne Salmanovitz, ma marraine. Fille d'Hortense, sœur de ma mère, elle est également ma cousine germaine. Peu de temps avant la guerre de 1939, elle s'est mariée, très jeune, avec un garçon très brillant du nom de Jean-Paul Roquère. Lorsque la guerre a été déclarée, il a combattu dans les chasseurs alpins, dans l'aviation, puis comme simple fantassin pour la défense de la Loire, en mai 1940. Après la défaite, il s'est embarqué pour l'Angleterre, via Saint-Jean-de-Luz, en se faisant passer pour un soldat polonais. Après avoir été affecté dans une escadrille française de la Royal Air Force, il a rallié l'Afrique pour participer aux combats de Libye. Suzanne, qui devait avoir à peine vingt ans, a alors pris la décision de le rejoindre. Très belle – les enfants sont très sensibles à la beauté des femmes –, je la voyais comme une espèce de fée qui faisait, de temps en temps, de trop brèves apparitions. Très élégante, très parisienne, cette jeune fille de bonne famille n'a pas hésité à franchir la ligne de démarcation, puis à passer en Espagne. Apprenant alors que son mari se trouvait en Égypte, avec le groupe de bombardement Lorraine dont il faisait désormais partie, elle a pris un bateau qui l'a conduite en Afrique du Sud, au Cap. Puis, du Cap au Caire, dans ces années de guerre mondiale, elle est remontée par ses propres moyens, de caravanes en trains bringuebalants, pour retrouver son mari. Là, ils ont vécu une sorte de vie de garnison, jusqu'à ce que Jean-Paul, qui avait participé à la bataille d'El-Alamein, ne tombe malade, d'une maladie coloniale du type amibes. Pour qu'il puisse se soigner, l'état-major a décidé de le rapatrier en Angleterre. Début 1943, Suzanne et lui ont donc embarqué sur un paquebot, l'*Empress of Canada*, qui transportait les troupes en faisant le tour de l'Afrique. Pendant la traversée, dans l'Atlantique, ils ont été torpillés par un sous-marin italien, et le navire a sombré. Dans des conditions tragiques, les quelques survivants se sont retrouvés accrochés les uns sur une chaloupe, les autres sur des débris divers. Suzanne et Jean-Paul faisaient partie des naufragés. Comme celui-ci était extrêmement faible, il n'a pas supporté le long séjour dans l'eau et a fini par couler. Suzanne est restée seule, au milieu des survivants, dont des prisonniers italiens. Elle était en bonne forme physique, et dotée d'un caractère extraordinaire. Elle a encouragé ses compagnons à tenir le coup. Pendant deux jours et trois nuits, ils sont restés à nager au large de l'Afrique équatoriale. Puis un navire britannique a fini par les secourir. Suzanne avait été attaquée par un poisson, qui lui avait un peu bouffé les fesses. Elle était en piètre état. Les Britanniques l'ont débarquée dans le pays d'Afrique le plus proche. Après une courte convalescence, elle est rentrée en Angleterre sur un bateau de guerre. À Londres, nul ne savait d'où elle sortait. Elle n'avait plus de papiers. Elle a été longuement interrogée par les services de renseignement. Lorsque sa situation a été clarifiée, elle s'est retrouvée perdue dans la ville sous les bombes, ne sachant trop quoi faire, habillée en marin, marchant encore avec des béquilles. N'ayant aucun moyen d'existence, elle est entrée à tout hasard dans la boutique d'un grand couturier chez qui sa mère s'habillait. Là, les Français qui tenaient cette succursale ont décidé de la prendre en charge. Par la suite, elle a fait la connaissance de plusieurs Français libres, dont d'anciens compagnons d'armes de son mari. Adoptée par ce milieu, elle a fini par travailler avec un des frères d'Astier de La Vigerie, proche collaborateur du Général. Je sais aussi qu'elle a accompli quelques missions de renseignement en France occupée, qui lui ont valu de nombreuses décorations. Je me souviens en effet qu'à Toulouse, pendant la guerre, mon père avait reçu d'elle un coup de téléphone, et peut-être même l'avait-il aperçue.

Après la Libération, elle est devenue journaliste, tout en s'occupant sans doute encore un peu, entre Paris, Londres et Genève, de renseignement. Elle a très bien connu André Malraux. Elle a été la première femme à interviewer George Bernard Shaw : je possède une photo extraordinaire où on la voit en train de lui poser des questions, et sur laquelle elle est d'une beauté incroyable. Je sais qu'elle a été attachée de presse, pour *Le Diable au corps* d'Autant-Lara. Elle s'est remariée avec un charmant médecin suisse, puis avec un personnage très étonnant qui s'occupait d'assurance de marchandises transportées et de surveillance de travaux, Grégoire Salmanovitz. Il était issu d'une famille très humble de juifs baltes ; son grand-père était le cocher d'un gros industriel. Il avait trois fils, dont les études furent payées par le patron. Par la suite, l'un est parti aux États-Unis, les deux autres se sont installés à Genève et ont créé cette société qui s'appelait la Compagnie générale de surveillance et qui est devenue très importante. Grégoire était le fils d'un des frères.

Quand j'étais enfant, j'ai peu vu Suzanne, mais chaque fois je me disais que je la trouvais infiniment séduisante. En revanche, après la guerre, nous nous fréquentions beaucoup. Nous passions des vacances ensemble, à Versoix par exemple, la maison qu'ils habitaient avec Grégoire près de Genève. J'ai une grande affection pour elle. Plus qu'une marraine, elle est une grande sœur pour moi. Elle m'a toujours montré une affection qui m'a beaucoup ému. Mon père aussi avait une grande complicité avec elle, et cela a dû jouer aussi dans nos relations. D'un caractère très bien trempé, elle a eu sa part de belles aventures comme de drames exceptionnels. Sa vie est ponctuée de grandes joies et de grands chagrins. Elle a été un de mes modèles. Elle possède un grand sens de l'amitié, dont sa fille Anne a hérité ; on pouvait compter sur elle, et beaucoup de gens comptaient effectivement sur elle. Comme elle a eu une fille handicapée mentale, elle a créé une fondation, en Suisse, pour les parents d'enfants trisomiques. C'était des maisons spécialisées où l'on accueillait ces enfants pendant un certain temps, dans de très bonnes conditions, afin de permettre aux parents, qui n'en avaient pas toujours les moyens, de souffler. Elle a porté cela à bout de bras pendant des années. J'admire chez elle cette façon de vivre les moments difficiles avec une immense pudeur, en prenant d'abord soin de ne pas embarrasser son prochain avec ça, de rester légère avec les amis et les parents. C'est quelqu'un qui se tient.

Dans son roman *Uranus*, Marcel Aymé brosse un tableau grinçant de la Libération et du déchaînement des épurateurs en tout genre dans une ville de province. En 1990, Claude Berri décida de le porter à l'écran et me proposa le rôle du professeur Watrin. Il avait réuni toute une brochette de comédiens, dont Gérard Depardieu, Michel Blanc, Jean-Pierre Marielle, Daniel Prévost, Danièle Lebrun, Gérard Desarthe, Fabrice Luchini, ou encore Michel Galabru. J'ai une grande admiration et une grande affection pour Claude. À la fois comme producteur et comme réalisateur, il a accompli des choses très importantes pour le cinéma français. Mais je ne suis pas très heureux de ce que j'ai fait dans *Uranus* parce que je trouve que, bien que Claude soit comédien lui-même, et très bon comédien, il ne m'a pas très bien dirigé. Durant le tournage, il y avait déjà quelque chose qui coinçait. Claude est une des personnes les moins psychologues que j'ai rencontrées de ma vie et, sans méchanceté, il lui arrive de dire des énormités à ses acteurs. Est-ce que je cherche à lui faire porter le chapeau ? N'est-ce pas plutôt moi qui me suis gouré ? Toujours est-il que j'ai été très mal à l'aise avec l'interprétation de ce personnage. Je ne savais par quel bout le prendre. Je me suis trouvé grandiloquent et faux. Claude avait choisi une mise en scène très classique. Au fond, j'ai le sentiment que le point de vue de Marcel Aymé sur la façon dont s'était déroulée l'épuration n'était pas totalement assumé ; ce qui donnait l'impression de se trouver devant des marionnettes, des personnages artificiels.

Claude Berri est pourtant quelqu'un dont je me sens proche, qui me touche et m'intéresse. C'est à l'occasion de la sortie d'*Uranus*, lorsque nous revenions du festival de Berlin, que nous avons décidé de tourner *Nous deux*, mon second film sous la direction de Henri Graziani. Je trouve que Claude a une façon d'exercer son métier de producteur, en prenant de grands risques financiers, qui mérite le respect. Pour *Tess d'Uberville* de Polanski, par exemple, il n'a pas hésité à vendre tout ce qu'il avait, à s'endetter. Finalement, il ne s'en est sorti que parce qu'il a eu le courage d'aller jusqu'au bout. Et puis il aime la peinture. Nous en avons beaucoup parlé, tous les deux. Bien que nous ayons des goûts en commun, Morandi, Dubuffet, je ne suis pas forcément attiré par son genre de peinture. Comme je savais qu'il était sincèredans sa passion, cela m'intéressait de savoir comment il avait pu s'intéresser à des peintres comme Robert Ryman, par exemple. Dans un espace qu'il possédait, rue de Lille, il avait organisé une exposition sur cet artiste. En dehors des heures d'ouverture, j'avais été la voir avec lui. Sans être totalement conquis, je m'étais senti sur le chemin de la compréhension.

Cela faisait longtemps que j'avais envie de tourner avec André Téchiné. J'avais vu plusieurs de ses films, qui m'avaient beaucoup touché. J'ai été très heureux lorsqu'il m'a proposé de tourner dans *J'embrasse pas.* Je jouais Romain, un homme de télévision homosexuel, qui s'efforçait d'aider le jeune héros de l'histoire, interprété par Manuel Blanc, dont c'était le premier rôle au cinéma. Au contraire du docteur Fadigati des *Lunettes d'or*, très différent de lui, Romain n'était pas un persécuté. Le scénario de *J'embrasse pas* était très beau. Il avait été signé par Jacques Nolot, également acteur et réalisateur. Par la suite, je l'ai recroisé dans *Les Grands Ducs* de Patrice Leconte, où il jouait l'administrateur homosexuel qui se languissait d'amour pour Jean-Pierre Marielle.

Le jeune Manuel Blanc était magnifique. À l'époque, son irruption a été un choc. Le personnage qu'il incarnait, Pierre, arrivait de Mont-de-Marsan comme on débarque de la planète Mars. Il rêvait de devenir acteur, à Paris, mais ne tardait pas à se retrouver dans la rue, à gagner son pain en se prostituant sur les boulevards des Maréchaux. Malgré son côté débraillé, son pullover à même la peau, Romain se comportait très bien avec ce jeune homme. Il voyait bien dans quel état il se trouvait, dans quels pièges il risquait de tomber. Il essayait de le tirer un peu vers le haut. À cause de son apparent cynisme, de son détachement feint que contredisait la manière dont il se comportait, Romain était un personnage très intéressant à jouer. Nous tournions souvent de nuit, du côté de la porte d'Auteuil. Il y avait également Roschdy Zem, excellent acteur, et Emmanuelle Béart, mais nous n'avions pas de scène ensemble. À cause du sujet, l'atmosphère était assez chargée. Pourtant, s'il ne rit pas toujours aux éclats, Téchiné aime sourire, et il a un très beau sourire. Quand ça s'éclaire, ça s'éclaire vraiment. C'est un homme qui ne pèse pas. Comme il est timide, on ne se rend compte de sa présence dans une assemblée qu'au bout d'un certain temps ; mais alors, il occupe toute sa place. Il paraît n'être pas tout à fait de ce siècle. Avec son côté intellectuel des années 1930, on le verrait bien siéger à la NRF, entre Gide et Martin du Gard. Il a su garder une vraie innocence, une absence de considération pour ce qu'il est.

Il m'avait fait rire parce que, quelques jours avant le tournage, il m'avait demandé, à moi qui ne tutoie pas facilement, de le tutoyer. Sans cela, il n'arrivait pas à travailler avec les gens. « *Tu* as tout à fait bien fait de me le dire... », ai-je immédiatement rétorqué. André a un œil et une oreille d'une justesse formidable. Avec lui, on est obligé d'être au plus près de la vérité. On ne peut pas tricher, ni basculer dans des trucs de comédien. Lorsqu'il dirige ses acteurs, avec discrétion, il vous donne vraiment des indications. Il a pour habitude de distiller de tout petits détails, des faits concrets, non pas psychologiques mais physiques, qui m'ont beaucoup aidé. Je me sentais en totale confiance. Au cinéma comme au théâtre, il y a trente-six façons de diriger les gens. Pendant des dizaines de minutes, George Cukor pouvait me parler de la situation, de l'état psychologique du personnage ; c'était plutôt sa méthode à lui pour se mettre en condition. À l'opposé, Hitchcock ou Chabrol ne disent absolument rien. Bertrand Tavernier peut parler beaucoup, mais davantage autour du film ou du personnage qu'à propos du personnage lui-même. Frédéric Bélier-Garcia, en revanche, que j'apprécie beaucoup au théâtre, a une façon de faire qui ressemble à celle de Téchiné. Ce sont des gens qui vous amènent au personnage par petites touches concrètes. « Si tu pouvais croiser les jambes, là... » Apparemment anodines, ces remarques, accumulées, vous amènent à votre insu dans la juste direction. En découvrant le résultat final, j'ai trouvé que je n'avais pas raté mon personnage.

L'année suivante, en 1992, je joue dans *Max et Jérémie*, de Claire Devers, avec Christophe Lambert et Jean-Pierre Marielle. Le film était produit par Alain Sarde, grand producteur plein de détachement et d'ironie sur les événements, qui m'amuse beaucoup. Adaptation d'un roman de la Série noire écrit par une Américaine, Teri White, l'intrigue reposait sur un concept assez classique, la transmission entre un vieil artisan et un jeune apprenti. Il n'y avait qu'un hic : leur métier, en l'occurrence, était d'être des tueurs. Le scénario, cosigné par Bernard Stora, était très réjouissant. Max, mon personnage, aurait pu sortir du cinéma de Jean-Pierre Melville. Tueur à gages à la retraite, on aurait dit une sorte de samouraï vieillissant, qui vivait dans un appartement très joliment décoré, avec des Morandi accrochés aux murs. Ce solitaire était un homme très soigné. Dans un registre discret, plutôt dans les gris, il s'habillait de façon très élégante. Lorsqu'il apparaissait dans le film, on n'expliquait rien. On ne précisait pas qui il était. Lorsque, par hasard, il rencontrait un jeune homme tout juste extrait de sa banlieue, il comprenait assez vite, en vieux renard, que le gaillard avait peut-être bien été mis dans ses pattes pour le supprimer. On imaginait sans peine qu'il devait posséder quelques ennemis dans la nature. Alors que ces deux personnages étaient censés s'écharper, ils se découvraient mutuellement et finissaient par s'entendre. Ils ressentaient un besoin réciproque de s'attacher l'un à l'autre. Christophe Lambert jouait Jérémie, le jeune tueur. Grand enfant innocent et complètement amoral, on éprouvait de la sympathie pour lui. Depuis un moment, Christophe n'avait pas eu l'occasion de tourner quelque chose qui se tenait un peu. Grâce au film de Claire, il pouvait donner la juste mesure de son charme et de son charisme. Le troisième homme de ce trio était le commissaire de police, joué par Jean-Pierre Marielle, épatant de génie et de folie, comme à son habitude.

Au bout de trois semaines environ, Claire et moi avons eu un petit clash. Sans doute était-elle un peu inquiète d'avoir à manier deux énergumènes comme Christophe et moi, alors que ses deux précédents films, très remarqués, étaient d'un tout autre style. Lorsque nous nous étions rencontrés – c'était *Le Juge et l'Assassin* qui lui avait donné l'idée de me confier le rôle – nous avions beaucoup sympathisé. J'étais sûr qu'elle aurait une vision non conventionnelle du film de genre. Mais au commencement du tournage, elle avait peut-être inconsciemment peur que nous prenions le pouvoir, bien que ce ne soit ni mon genre, ni celui de Christophe. Elle était donc très directive. Nous n'avions jamais le temps de proposer quelque chose, car elle avait son idée préconçue sur tout. Notre processus d'invention et d'imagination était paralysé. Donc un jour, cela a explosé. Je lui ai dit, « écoutez, ce n'est pas possible », et je suis parti du plateau, tellement elle m'agaçait. Mais à peine étais-je entré dans ma loge que j'entendais frapper à ma porte. C'était Claire. Du haut de son mètre cinquante toute mouillée, elle me prenait à partie :

— Mais alors, qu'est-ce que ça veut dire ?

Elle venait me demander des comptes. Et cela m'a beaucoup plu, ce caractère. Elle avait du cran.

— Je veux bien ne pas avoir de plaisir, mais je ne veux pas souffrir, lui ai-je lancé.

Elle ne s'est pas laissé démonter. Nous nous sommes donc expliqués franchement, et les choses se sont merveilleusement passées jusqu'à la fin du tournage. Par la suite, j'ai appris que pour une scène où il était seul, Christophe et elle s'étaient retrouvés dans la même situation, et qu'ils avaient eu la même explication. Je connaissais le chef opérateur, Bruno de Keyser, car il avait réglé dans le passé la magnifique lumière de *La Vie et rien d'autre*. Sympathique, plein d'énergie, c'était une sorte d'athlète de la photographie, une force de la nature qui pouvait être parfois assez rude de contact. Avec lui aussi, Claire était sur ses gardes. Je me suis efforcé de lui dire de ne pas se méfier des gens qui étaient là, et que tout ce monde n'était pas contre elle, mais pour elle. Bruno avait créé un éclairage froid, dépouillé, bleuté, qui faisait magnifiquement ressortir la finesse des personnages.

S'il m'est arrivé quelquefois de me mettre en colère sur les tournages, ce fut assez rare. Ce pouvait être par agacement, comme cette fois-là, ou alors sur certains films, non par énervement mais de sang-froid pour débloquer une situation, ou mettre un terme à une façon de se comporter qui ne me paraissait pas bénéfique pour le film. Quand elle n'est pas maladive et qu'on la contrôle, la colère peut aussi avoir des vertus. Pourtant, elle fut longtemps un de mes défauts. Dans ma jeunesse, j'ai été très coléreux. Cela faisait beaucoup rire Monique d'ailleurs. Elle était très étonnée. De fait, je m'en mordais très rapidement les doigts. Le volume de ces colères injustifiées était toujours sans proportion avec le futile motif qui les avait déclenchées. C'était assez grotesque et humiliant. Au fur et à mesure des années, j'ai essayé de gommer cela.

Max et Jérémie est un film très réussi. Depuis cette épopée, nous sommes devenus très copains, Christophe Lambert et moi. Personnage assez énigmatique, il lui est arrivé cette singulière aventure de devenir une star internationale dès son premier grand rôle, *Greystoke, la légende de Tarzan.* Après avoir fait le Conservatoire, un peu de théâtre et quelques films, il avait été sélectionné par les Américains, de façon assez surprenante, lors d'un casting. Pendant deux ans, on l'avait fait s'entraîner, travailler sa musculature et son comportement pour jouer un homme-singe. Après *Greystoke*, il avait promptement enchaîné un film d'action fantastique, avec Sean Connery, *Highlander*, nouveau triomphe. Christophe a la fibre des affaires. Lorsque nous avons tourné *Max et Jérémie*, les téléphones portables faisaient tout juste leur apparition. Je n'en possédais pas, bien sûr, je n'en ai eu que très tard, mais lui pratiquait déjà ce passe-temps avec passion. À chaque pause, entre les plans, il était en train de superviser la sortie d'un film qu'il avait coproduit, en Allemagne ou en Autriche. Il était très impliqué dans la production de ses films. Souvent, c'étaient de purs films d'action sans grand intérêt cinématographique, qui sortaient directement en cassette vidéo aux États-Unis. Il avait fait ce choix. Il réinvestissait ensuite son argent et possédait des affaires un peu partout, à Hong Kong, en Malaisie, ou alors à Roanne, dans le poulet sous vide. Christophe est un homme que j'aime beaucoup, auquel je suis très attaché. *Max et Jérémie* fut pour nous une vraie rencontre, à l'instar des deux personnages, avec cette part de moquerie qui est de mise entre personnes éloignées en âge. Après que Gérard Lebovici nous eut fait comprendre que nous avions un pouvoir aux yeux des producteurs, le goût pour les affaires n'était pas rare, dans la génération d'acteurs qui venait après la mienne. Du côté de la troupe du Splendid par exemple, plusieurs se sont bien débrouillés. Avec Michèle Meritz, nous avions cependant pour politique de ne pas abuser d'une éventuelle position de force pour exiger davantage. Au fil des années, j'ai vu mes revenus progresser gentiment, même si les cachets d'alors n'atteignaient pas les montants hallucinants dont on entend parler aujourd'hui. Mais cela n'a jamais vraiment été une préoccupation pour moi. J'étais loin de m'en plaindre, bien sûr, mais cela ne changeait rien à l'affaire. Sans doute ai-je d'ailleurs eu tort d'adopter vis-à-vis de l'argent ce détachement aristocratique. Si je ne pouvais obtenir ce que je voulais en *cash*, nous compensions par des pourcentages. À long terme, grâce à la vidéo et aux passages télé, ce choix pouvait se révéler gagnant. *Les Ripoux*, par exemple, où je touchais un pourcentage, fut un succès bien utile. Même si, au fil des années, les rémunérations diminuent.

Les succès d'aujourd'hui font beaucoup moins d'entrées que ceux d'autrefois. Quand *Père et fils* de Michel Boujenah a dépassé le million de spectateurs pour la France entière, nous avons sablé le champagne. Je me souviens d'un temps où il n'était pas rare de recevoir un simple coup de fil, de Philippe de Broca ou d'un autre, qui m'informait d'un ton badin que nous avions atteint le million sur Paris et périphérie. C'était banal. Alors que je ne m'y attendais guère, j'ai lu dans une publication professionnelle que je faisais partie du peloton de tête des entrées cumulées du cinéma français. Celui de mes films qui détient le record, ce n'est ni le cher *Vieux Fusil*, ni un de Broca, mais bien *Les Ripoux*. Dans Paris et périphérie seuls, nous avions franchi les deux millions de spectateurs.

19.

Le Roi de Paris, *de Dominique Maillet.* La Fille de d'Artagnan, *de Bertrand Tavernier. Je réalise un rêve.* Une trop bruyante solitude, *de Vera Cais. Bohumil Hrabal. Un tournage hors du commun :* Il Postino, *de Michael Radford. Massimo Troisi.* Les Grands Ducs, *de Patrice Leconte. La rose Philippe Noiret.* Soleil, *de Roger Hanin. Retour au Maroc.*

Journaliste à *Studio* et à *Première*, Dominique Maillet m'avait consacré à la fin des années 1970 un livre de photographies et de rétrospective. En 1993, il m'a offert le rôle principal dans son premier film, intitulé *Le Roi de Paris*. Cela se passait dans les années 1930. J'incarnais un personnage à la Lucien Guitry, du nom de Victor Derval. Cet acteur de grand boulevard, au sommet de la gloire, se heurtait à son fils, joué par Manuel Blanc, pour cause de rivalité amoureuse. Derval était un personnage pétri de contradictions. Il était écartelé entre la gloire, son emprise sur le public et ses blessures intérieures. La part de la comédie finissait par envahir sa vie, le soutenant comme un corset. Si on se risquait à la lui ôter, il se désagrégeait, et retombait en poussière. J'ai toujours été fasciné par la génération des Lucien Guitry, Sacha Guitry, Harry Baur. Cela m'intéressait de m'attaquer à un prototype, créé à partir d'évocations d'acteurs célèbres. Pour cette génération, la scène était tout. Ils ne connaissaient pas de frontière entre le théâtre et la vie. Sacha Guitry a d'ailleurs exploité cet état de fait. Dans ses pièces, il n'hésitait pas à reconstituer le décor de son hôtel particulier. Aux murs, il faisait souvent accrocher sa propre collection de tableaux, tandis qu'il choisissait pour partenaires ses femmes ou ses maîtresses. C'était un temps où, pour nourrir cette adoration dont ils étaient les objets, les grands cabots s'offraient en pâture, prêts à se faire dévorer par le public. Ils étaient pleins de démesure. En face, à

Hollywood, les choses se faisaient à échelle industrielle. On pensait connaître la recette qui fabriquait les stars : il suffisait de transformer physiquement l'impétrant, et de lui écrire une biographie plus ou moins inventée.

En ces temps héroïques, le théâtre avait une grande importance sociale. Le grand comédien était un personnage clef de la vie parisienne. Pour beaucoup de petits-bourgeois, une place au poulailler était synonyme de nirvana. Par la suite, le public a préféré des personnages plus quotidiens. *Le Roi de Paris* s'achève avec le suicide du fils de Derval. Dominique Maillet avait une vraie passion pour ce projet, qu'il a eu de grosses difficultés à monter. Son producteur n'a pas été très fair-play avec lui. Mais j'aimais bien sa façon de filmer, dans la lignée de Max Ophüls. Pour mieux investir l'époque, il avait su introduire une certaine fantaisie. Par l'utilisation de rideaux qui menaçaient de s'ouvrir ou de se fermer, des cadrages inventifs rappelaient qu'il était question de théâtre. À cause de cet aspect décalé de la mise en scène, le film a été plutôt mal accueilli. J'ai trouvé pour ma part que l'ambition était louable.

La Fille de d'Artagnan, de Bertrand Tavernier, revient sur le thème de *Vingt Ans après*. Film d'aventures, il introduisait auprès de nos mousquetaires vieillissants la fille jeune et svelte du premier d'entre eux. Au commencement du projet, le film devait être produit par la société de Bertrand, Little Bear, et réalisé par un grand metteur en scène de séries B italien, Riccardo Freda, qui dans les années 1950 avait été un maître du film de genre, cape et d'épée ou péplum. Tavernier possède en effet cette qualité rare d'aller chercher des gens que tout le monde a oubliés, afin de leur offrir une nouvelle occasion de travailler. Pendant la préparation, Bertrand et son associé Frédéric Bourboulon ont commencé à s'inquiéter un peu. En effet, cet homme brillant et sympathique n'avait pas tourné depuis très longtemps. Il avait perdu toute notion des moyens que demandait le cinéma contemporain. Au cours de sa carrière, il avait dû beaucoup œuvrer avec des bouts de ficelle. Il pensait qu'on pouvait continuer ainsi. Lorsque nous avions fait une lecture avec toute la troupe, entre Freda et Sophie Marceau, cela ne s'était pas bien passé. En effet, avec beaucoup de conscience professionnelle, Sophie avait demandé toutes sortes de détails sur son personnage et la façon dont le tournage allait être organisé. Les réponses de Freda avaient suffisamment effrayé Bertrand pour qu'il prenne la difficile décision de l'écarter et de se charger lui-même de la réalisation. Comme on l'imagine, Freda était très déçu et cela fut douloureux. Mais pour un producteur, c'était la décision à prendre.

Sur le tard, je réalisais donc un de mes vieux rêves : jouer d'Artagnan. Pendant ma jeunesse, à cause de mon physique, on n'aurait jamais pensé à moi pour un rôle pareil. J'ai pourtant grandi avec *Les Trois Mousquetaires*. Au cours de ma vie, je me suis régulièrement ressourcé dans ce roman. Quoique l'intrigue fût peut-être un peu trop embrouillée, le scénario de Riccardo Freda et d'Éric Poindron était un bon bâtard de Dumas. A priori, je devais jouer Porthos, ce qui ne me plaisait qu'à moitié. Et puis finalement, comme Bertrand cherchait toujours son d'Artagnan, je lui ai soufflé : « Et pourquoi pas moi ? » D'abord surpris, Tavernier s'est laissé convaincre. Paradoxalement, j'ai souvent accompli, dans mon âge mûr, des rêves de jeune homme qu'on ne m'aurait pas laissé vivre à l'époque. Ils étaient hors de portée. Sur le tournage, l'ambiance était très sympathique. Sophie était enthousiaste et le reste de la distribution était très réussi. Athos était interprété par Jean-Claude Bideau, Porthos par Raoul Billerey et Aramis par Samy Frey. Sophie Marceau était donc ma fille et Claude Rich faisait un méchant tout à fait machiavélique. Je connaissais bien Samy, car pendant de longues années, il avait vécu avec Delphine Seyrig. Pendant deux saisons, il avait joué au théâtre Antoine avec Delphine, Rochefort, Marielle et Monique, sous la houlette de Claude Régy. Doté d'une grande beauté et d'un humour assez dévastateur, il est aussi très solitaire et secret.

C'était un plaisir de se retrouver, de passer du temps ensemble à reparler de ces années de gaieté et d'insouciance. Quant à Raoul, lui aussi était une vieille connaissance. Nous avions déjà tourné plusieurs fois ensemble, dans *Noyade interdite*, de Granier-Deferre, et dans *Chouans !*, dans lequel il jouait Grospierre, mon fermier. Je l'avais rencontré dans les années 1960, lors de mes premiers films de cape et d'épée. En plus d'être un bon comédien qui n'a cessé de se bonifier avec le temps, il est maître d'armes et cascadeur.

Quand on chevauche au grand galop, on ne peut pas ne pas être juste. On est sûr d'être dans le coup, car on a autre chose à penser. Dans *La Vie et rien d'autre* aussi, j'avais pu m'appuyer sur le tournage en extérieur. Par tempérament, je suis un acteur de plein air. Quand je peux marcher à grandes enjambées, quand je ne suis pas enfermé dans de petits volumes, je me sens bien. En tournant *La Fille de d'Artagnan*, je m'en suis donné à cœur joie ; cependant, dans d'autres circonstances, le crapahutage peut avoir des aspects moins excitants. Pour *Le Vieux Fusil*, j'avais dû passer huit jours en tête à tête avec Enrico et sa caméra, à tirer dans les coins et recharger mon fusil, dans les corridors de ce château lugubre. Autant dire qu'après avoir survécu à cela, je n'ai éprouvé de jalousie ni pour la carrière de Sylvester Stallone, ni pour celle d'Arnold Schwarzenegger.

La Fille de d'Artagnan est le dernier film « physique » que j'ai tourné. Ce fut un feu d'artifice de duels et de chevauchées. J'ai dû me remettre à l'escrime de cinéma. Avec Claude Carlier, qui avait été un des maîtres d'armes les plus importants du cinéma des années 1950 et 1960, nous avons travaillé sur chaque combat, de façon très approfondie. Moi qui ne suis pas très adroit, cela m'a procuré beaucoup de plaisir. Quand j'arrivais à enchaîner trois passes d'armes à la suite, j'étais fier comme Artaban. Pour les scènes équestres, Mario Luraschi m'avait attribué cet étalon qui allait devenir un des coups de foudre de ma vie de cavalier : Temeroso. Aussi bien physiquement que mentalement, il était étonnamment équilibré. J'ai eu un bonheur extrême à le monter, au point de me dire que c'était lui que je voulais pour dernier cheval.

Le héros d'*Une trop bruyante solitude* travaille au pilon. Son métier est de broyer les livres. Le destin de ce semi-clochard solitaire fournit le prétexte d'une méditation magistrale sur la place du livre au sein de la société totalitaire. J'avais beaucoup d'admiration pour l'auteur de ce roman, le Tchèque Bohumil Hrabal, que je tenais pour un des plus grands écrivains contemporains. La réalisatrice qui se proposait de me confier le rôle de Hanta, Vera Cais, était tchèque elle aussi. Elle avait travaillé dans le cinéma mais n'avait jamais réalisé de films. Cette adaptation était son obsession. Avant elle, beaucoup de gens s'étaient mis sur les rangs. Vera, sympathique, généreuse, marquée d'une sorte d'innocence, de liberté et de sincérité désarmante, avait réussi, malgré la concurrence, à obtenir que Hrabal lui abandonne les droits en exclusivité. En Bohême, il faisait figure de monument national. Pendant le tournage, nous l'avions rencontré plusieurs fois. Il tenait table ouverte dans une des brasseries les plus célèbres de Prague. Il n'était pas homme à cracher sur la Pilsen, et recevait ses visiteurs dans une petite alcôve. Avec sa bouille ronde, ses yeux malins et ironiques, il faisait preuve d'une grande tendresse et de beaucoup de douceur lorsqu'il s'adressait à nous. Comme il parlait un peu le français, il tenait absolument à me parler dans ma langue. Je n'y comprenais rien. Vera, qui était parfaitement bilingue, aurait pu jouer les traductrices. Mais la cause était désespérée. Hrabal préférait parler le français. Somme toute, cet inconvénient était mineur, car tout son personnage irradiait. J'ai eu un grand plaisir à le rencontrer et à tourner l'adaptation de son livre. Il faisait d'ailleurs une apparition devant la caméra. Au temps du communisme, il avait été un peu dissident mais avec une certaine prudence, sans basculer dans l'opposition franche et marquée, ce que certains lui ont reproché. Il a écrit un livre touchant à ce sujet, *Les Noces dans la maison*. Il ne s'y cherche pas d'excuses. Il se contente de répondre aux attaques en expliquant, en se livrant. On lui doit cette phrase que j'avais apprise par cœur, comme une possible devise : « Seuls les gens qui rampent ne trébuchent jamais... » Financièrement, le film était une coproduction franco-tchèque. Nous avons eu la malchance de tomber, côté français, sur un producteur très malhonnête, doublé d'un incapable. Tout reposait sur les épaules des Tchèques. Les restrictions qui nous furent imposées ont pesé lourdement sur la fabrication et la carrière du film de Vera.

Massimo Troisi était un acteur napolitain extrêmement populaire, un grand comique dans la filiation de Toto, qui avait tourné entre autres sous la direction d'Ettore Scola, dans *Quelle heure est il?* Il y jouait le fils de Mastroianni. Également metteur en scène, il avait réalisé plusieurs films avec beaucoup de succès. Depuis son enfance, il souffrait de problèmes cardiaques. Dans les années 1970, il avait subi une opération à cœur ouvert, qui avait pu être financée grâce à la mobilisation des habitants de son village natal, près de Naples. Cela lui avait permis de vivre à peu près normalement. Lorsqu'il avait lu ce roman d'Antonio Skàrmeta, intitulé *Une ardente patience*, il avait immédiatement rêvé de le mettre en scène. Dans la petite île de Salina, au large de la Sicile, un facteur amoureux se découvrait un confident et conseiller en la personne d'un exilé célèbre, le poète Pablo Neruda. Massimo avait acquis les droits, écrit l'adaptation lorsqu'il rencontra à nouveau des ennuis avec son cœur. Pour se faire soigner, il s'est rendu dans un centre cardiologique aux États-Unis. Les médecins lui ont alors proposé de se faire opérer une nouvelle fois. L'opération était-elle vraiment souhaitable ? Toujours est-il que son état de santé s'est détérioré encore plus. Massimo s'est alors rendu compte qu'il n'aurait pas la force de mettre en scène son projet, qu'il avait intitulé *Il Postino* (Le Facteur). Mais il gardait toujours cette envie profonde d'incarner le personnage à l'écran. Quelques années plus tôt, il avait rencontré un metteur en scène anglais, Michael Radford, qui avait tourné un film sur les prisonniers italiens de la Seconde Guerre mondiale affectés dans des fermes, en Angleterre. À cette occasion, ils avaient sympathisé, et Massimo avait songé à lui pour diriger son projet. Ils ont donc retravaillé ensemble le scénario. À ce moment-là, l'objet est arrivé entre mes mains. Pour jouer Pablo Neruda, dès le début, Massimo avait pensé à moi. Pourtant, nous ne nous connaissions pas. Cela m'a beaucoup plu, et j'ai accepté immédiatement sa proposition.

Massimo Troisi était un des hommes les plus séduisants que j'aie rencontrés de ma vie. Physiquement très beau, on lisait déjà sur son visage régulier beaucoup de fatigue et de fragilité. Ses yeux, son regard étaient bouleversants. On le sentait diminué par la maladie, et son désir de faire le film n'en était que plus fort. Malgré ce handicap énorme, nul ne mettait en doute le fait qu'il y arrive. Il était aussi extrêmement drôle. Comme son humour était la quintessence de l'esprit napolitain, j'étais parfois obligé, dans la conversation, de lui demander de me traduire en italien ce qu'il venait de dire. Je suis tombé, je ne dirais pas amoureux de cet homme, mais presque. Pendant le tournage, la maladie était terriblement présente. Il ne pouvait tourner que quelques heures par jour. Son médecin l'accompagnait en permanence. Il était entouré de plusieurs amis napolitains, un groupe très soudé, et nos machinistes étaient tous des gens qui avaient l'habitude de travailler sur ses films. Pour veiller sur lui, une sorte de famille s'était constituée. Avec Michael Radford, nous avions mis au point une façon de travailler qui le protégeait complètement. Le tournage avait été aménagé en fonction de son rythme. Nous ne commencions jamais trop tôt le matin, et presque toujours sans lui. Quand on arrivait à la scène à laquelle il devait participer, nous l'appelions pour la mise en place, puis il repartait se reposer. Radford faisait sa mise en scène, puis nous tournions plan par plan ce qu'il avait prévu. Chaque fois que c'était possible, Massimo était remplacé par une doublure. La production avait déniché une personne dont la silhouette ressemblait énormément à la sienne. Ce garçon charmant n'avait rien à voir avec le cinéma : il était professeur de gymnastique. Il avait parfaitement compris ce qu'il devait faire et assurait merveilleusement la présence de Massimo. Il faisait les traversées à vélo à travers l'île, les plans sur moi dans lesquels Massimo était censé être en amorce ; il me donnait la réplique. Pendant les deux mois de tournage, cette organisation a fonctionné à merveille. Nous avons scrupuleusement respecté le calendrier. Très particulière, l'atmosphère n'était pas triste. Nous travaillions bien. Nous étions tous des membres de la famille. Plus que tout, nous voulions réaliser cet objet qui faisait si farouchement rêver Troisi, et qu'il voulait réussir avec tant de passion.

Physiquement, Pablo Neruda était très différent de moi. Pas très grand, un peu rondouillard, il était très brun de cheveux avec un profil d'aigle. Nous avons donc évité de faire un portrait. Nous nous sommes contentés de nous inspirer de détails glanés dans les photographies d'époque, le col de chemise étalé sur la veste, la casquette en toile... Grâce au costume, on pouvait y croire. Je ne voulais pas donner de Neruda une image enjolivée. Dans le film, le militant communiste, l'opposant chilien est moins présent que le poète, délégué en consultation au chevet de l'amour. Je voulais aussi rendre le comportement d'un personnage important qui décide de s'occuper d'une personne du commun. Car il a beau être communiste, il y a des moments où ça le fatigue un petit peu, cette affaire-là. Chez lui, on ne sent pas une disponibilité entière, spontanée, de tous les instants. Comme souvent chez les personnes qui acceptent d'entrer en relation avec des gens dont la condition est très éloignée de la leur, on trouve chez lui une pointe de condescendance, ou quelque chose qui y ressemble. J'avais lu les Mémoires de Neruda, *J'avoue que j'ai vécu*, et un peu de sa poésie, le *Canto General*. Je suis parti de là. Il ne faut jamais s'encombrer de trop d'éléments.

Au large de la Sicile, très proche de la côte africaine, le chapelet des îles Éoliennes est particulièrement beau. Salina se trouve juste en face de l'île de Stromboli. Nous vivions dans un charmant petit hôtel, quelques maisons disposées dans un jardin. Les ressources locales étaient au nombre de deux : le vin de Malvoisie, et les câpres, très grosses, qu'on conserve dans du sel et qui sont délicieuses. Ce tournage a été un moment très fort. Cela s'est terminé par la mort de Massimo. Il a fini de tourner son film un vendredi soir, à Rome. Il s'est éteint le lendemain, pendant la sieste du samedi. Sa vie s'est arrêtée avec son film.

Quelques mois plus tard, j'étais à nouveau à Rome, en train de tourner un film de Mario Monicelli, *On fait paradis*, avec Aurore Clément. Tous les soirs, nous allions dîner ensemble. C'était l'été. Je savais vaguement que le film venait de sortir aux États-Unis, mais depuis la fin du tournage, je n'avais plus vraiment eu de nouvelles de la production. Assez vite, je me suis rendu compte que la sortie du *Facteur* avait dû être un événement. Fréquemment, en effet, dans ces restaurants où nous dînions, des Américains se levaient de leur table et venaient me féliciter. De retour à Paris, on m'a confirmé que le film faisait un énorme tabac aux États-Unis, avec nomination aux oscars. Massimo était dans la course pour le trophée du meilleur acteur. Il était en train de devenir universellement célèbre. Avec *Le Facteur*, tout le monde a été délicieusement surpris de voir que l'Italie pouvait encore produire des films comme celui-là. Le thème, le sujet, la façon qu'a eue Michael Radford de tourner, au service des acteurs et de son histoire, la présence bouleversante de Massimo enfin, dont on voit l'âme à l'écran, tout cela a créé cette alchimie mystérieuse.

En 1995, pour la première fois depuis 1974 et *Que la fête commence*, Patrice Leconte nous a fait le plaisir de nous réunir, Rochefort, Marielle et moi, dans son film *Les Grands Ducs*. Après *Tango*, en 1992, c'était mon deuxième tournage sous sa houlette. Nous nous étions rencontrés au mariage de Jean. J'avais admiré ses films, *Monsieur Hire* avec Michel Blanc, ou encore *Tandem* et *Le*

Mari de la coiffeuse. Il a le sens du rythme. J'avais trouvé le scénario de *Tango* plutôt pittoresque, un peu dans l'esprit des films de Bertrand Blier. Mon personnage était un juge, « l'élégant », qui faisait acquitter un assassin, Richard Bohringer, avant de lui demander de liquider la femme, jouée par Miou-Miou, de son neveu, joué par Thierry Lhermitte. Ce *road movie* nous conduisait à travers la France jusqu'en Afrique du Nord. *Les Grands Ducs* était sans doute aussi un *road movie*, mais d'un tout autre genre. Trois comédiens de troisième zone, Victor Viala, que j'interprétais, Eddy Carpentier, joué par Rochefort, et Georges Cox incarné par Jean-Pierre Marielle, se retrouvaient embarqués dans la tournée d'une pièce improbable, intitulée *Scoubidou.* Elle était organisée par un tourneur aux abois, Michel Blanc qui la gérait un peu à la façon des *Producteurs* de Mel Brooks ; afin de toucher l'assurance, il faisait tout pour provoquer un accident qui décapitât le spectacle. Il manigançait des attentats sur le plateau, et finissait carrément par nous tirer dessus avec une carabine. En contrepoint des trois cabots ringards que nous étions, Catherine Jacob jouait une inénarrable diva du boulevard, sorte de Jacqueline Maillan mais en beaucoup plus tyrannique. Clotilde Courau faisait la jeune première. Nous étions très heureux de nous retrouver en liberté, tous les trois, et l'ambiance était délicieuse. Très énergique, le tournage comportait de nombreux déplacements. Patrice, qui était son propre caméraman, filmait beaucoup à l'épaule. Lorsqu'il venait nous chercher, nous étions assis dans nos fauteuils, à discuter en attendant que ça se passe.

— Mais qu'est-ce que vous pouvez encore vous raconter ? nous demandait-il.

Pour nous trois, ce périple fut effectivement une tournée des grands-ducs, sauf en ce qui concerne les excès de table. De ce côté-là, nous sommes devenus prudents. Autant le tournage à Lyon de *L'Horloger de Saint-Paul* était resté gravé dans les mémoires pour cause de soirées gentiment menées, autant cette fois-là nous avions levé le pied, si ce n'est pour les besoins de la communication. Ces pauvres *Grands Ducs* n'ont pas très bien marché. Pourtant, le film a quelques partisans qui l'aiment à la fois pour ses qualités et ses défauts. On appelle cela un film « culte ». Les amateurs connaissent les répliques par cœur, et se repassent le film quand ils ont un coup de bourdon.

Les roses ont toujours été mes fleurs préférées. Un jour, j'étais chez Moulié Savart, le fleuriste du Palais-Bourbon. Je venais d'en choisir des violacées, assez belles, qui dégageaient surtout un parfum extraordinaire.

— Ah ! s'exclame M. Moulié, vous avez pris des Paul McCartney.

— Et bien il en a de la chance, ce monsieur, d'avoir des roses qui portent son nom.

Et Moulié me dit :

— Cela vous ferait plaisir d'en avoir ?

Donner son nom à une fleur, cela a quelque chose d'éphémère et de définitif à la fois que j'aime beaucoup.

— Je vais en parler à M. Meilland, car de temps en temps, ils aiment bien donner le nom d'une personne connue à une nouvelle fleur. Qu'est-ce que vous aimez comme genre de roses ?

— J'aime toutes les roses.

Quelque temps plus tard, sur un tournage, quelqu'un est venu me voir avec un énorme bouquet de roses jaune orangé entre les bras : c'étaient les roses Noiret. Cela m'a beaucoup ému. Par la suite, j'ai rencontré les naisseurs de ma rose, la famille Meilland. Ils m'ont raconté toute la conception en détail. Comme il faut vérifier si les nouveaux rosiers résistent aux maladies, cela peut parfois durer des années. À propos de la rose Noiret, un des jardiniers m'avait appris quelque chose qui m'avait bien plu :

— Celui-ci, on ne le trouvait pas terrible. Chaque fois, il passait à peine les tests ; mais on le gardait quand même, jusqu'à ce qu'il se révèle. Ça a été un rosier lent et tardif...

Grâce à Roger Hanin, qui avait fait appel à moi pour incarner son père dans *Soleil,* j'ai eu l'occasion de me replonger dans la ville de mon enfance, Casablanca. Nous avons tourné trois jours là-bas. Tout à la gloire de sa mère, *Soleil* était un film charmant, à l'image de Roger. Pour incarner sa maman, il avait choisi Sophia Loren, c'était tout dire. Je l'ai revue avec plaisir, telle qu'en elle-même l'éternité la change, toujours incroyablement belle et gentille, avec un naturel d'aristocrate. Je me suis mis au service de la mémoire de Roger, de ses souvenirs et de l'amour qu'il portait à ses parents. Mais en même temps, je redécouvrais un pan entier de ma propre mémoire, enfoui au plus lointain de l'enfance. Je ne savais plus le nom des rues. J'ai retrouvé l'immeuble que nous habitions avec mes parents, en face de ce qui s'appelait autrefois le parc Lyautey. Avec son élégante architecture 1930, l'immeuble était resté très harmonieux. Les grilles des balcons, la porte du vestibule étaient ornés de très belles ferronneries. À cinq ans, je n'avais guère conscience de la préciosité de ces détails. Ce sont les odeurs qui me sont revenues. C'était un mélange d'eucalyptus, de jasmin, de crottin de cheval. De toutes les mémoires, c'est sans doute la mémoire olfactive qui est la plus violente. Elle m'a vraiment fait faire un saut périlleux en arrière.

20.

Mon retour sur les planches. Les Côtelettes, *de Bertrand Blier. Ma vie au théâtre. Premières télévisions. Daniel Toscan du Plantier. Rome, quand on est triste. Yasmina Reza.* Le Pique-Nique de Lulu Kreutz, *de Didier Martiny. La Carte.* L'Homme du hasard, *de Yasmina Reza. Frédéric Bélier-Garcia. L'association* Terre propre. Un honnête commerçant, *de Philippe Blasband.* Les Contemplations, *de Victor Hugo. Puissance de la lecture.* Père et fils, *de Michel Boujenah. Charles Berling, Bruno Putzulu, Pascal Elbé, ou comment je les ai adoptés. Stephan Guérin-Tillié et* Edy. Love Letters, *d'A. R. Gurney, avec Anouk Aimée.*

En 1997, après plus de trente ans d'interruption, j'ai effectué mon retour au théâtre, en jouant Léonce dans *Les Côtelettes* de Bertrand Blier. Les choses se sont faites un peu par la bande. Je crois que Bertrand Blier avait d'abord écrit la pièce en pensant à Depardieu. Ce dernier avait commencé par accepter, avant de changer d'avis. Bertrand s'était donc retrouvé le bec dans l'eau. À ce moment-là, le patron d'Artmédia, Bertrand de Labbey, qui est également l'agent de Blier, m'a proposé de lire le texte. Il n'en avait pas encore parlé à l'auteur. En principe, le personnage était censé être plus jeune que moi, mais on pouvait imaginer des ajustements. À l'époque, je ne connaissais pas très bien Bertrand. J'avais souvent croisé son père, que j'aimais beaucoup, et j'étais très friand de ses films, mais cela n'allait pas plus loin. En lisant *Les Côtelettes*, je me suis dit que pour rien au monde je ne laisserais ce personnage à quelqu'un d'autre. Je le trouvais drôle, jubilatoire. À la manière habituelle de Blier, il était présenté à la fois avec tendresse et cruauté. C'était un homme qui avait réussi, gagné de l'argent. Comme nombre de soixante-huitards, il était mal à l'aise parce qu'il avait renoncé aux idéaux de sa jeunesse. Apprenant que j'étais emballé, Bertrand m'a passé un coup de fil. Il ne s'y attendait pas, mais il allait réfléchir. Au moment où je disais à Monique que l'affaire était à l'eau, parce que Bertrand ne me rappelait pas, le téléphone sonnait. C'était lui : « Écoute, on va y aller. »

Je jouais un homme de gauche qui glissait à droite et recevait la visite inopinée d'un vieux réac inconnu, interprété par Michel Bouquet. Nous nous étions côtoyés autrefois, au TNP, lorsqu'il avait incarné un terrible Saint-Just dans *La Mort de Danton*, et un non moins mémorable Pierrot dans *Dom Juan*. Bernard Murat était en charge de la mise en scène. Au départ, ce n'était pas évident, car il lui fallait cohabiter avec Bertrand, qui avait quelques vues sur le sujet. Malgré les dissensions, ils ont réussi à collaborer. Bertrand a aiguillé Bernard vers une approche qui ressemblait davantage à son univers. Bernard, de son côté, contrebalançait utilement les éventuels débordements d'imagination et d'invention de Bertrand, les ramenant au concret du théâtre.

L'affiche était alléchante. Première pièce d'un grand réalisateur, *Les Côtelettes* réunissait sur la scène un pilier du théâtre, ce monstre sacré qu'est Michel Bouquet, avec une vedette de cinéma qui revenait, après tant d'années, à ses premières amours. Cela ne pouvait qu'attirer du monde. Pour les premières représentations, nous avons été un petit peu inquiets. À part Gérard Biard dans *Charlie Hebdo*, la critique nous avait vraiment traînés dans la fange. Compte tenu de cette unanimité terrifiante, nous avons tous été très heureux de l'engouement que la pièce a suscité. Dans les théâtres privés, pendant les deux premières semaines de représentation, les places sont vendues à 50 % de leur prix. Comme cela se sait, les salles sont souvent pleines, à ce moment-là. Mais l'affluence a continué. Cela a été triomphal. Le théâtre de la Porte-Saint-Martin, où nous jouions, a dû engager des standardistes supplémentaires.

La première lecture fut quelque chose de très émouvant. Après tout ce temps, j'étais bouleversé de me retrouver sur un plateau nu, dans ce très beau théâtre à l'italienne qui était très peu éclairé, comme souvent lorsqu'on répète avant le réglage des lumières. J'étais excité et intéressé par cette aventure, mais je n'étais pas sans appréhension, ni trac. Dès que j'ai été plongé dans cette pénombre familière, j'ai ressenti un grand bonheur, qui m'a rassuré. Le jour de la première, trois minutes après avoir commencé à jouer, un éclair fugitif est venu confirmer cette impression. J'étais de retour chez moi. J'avais été voir ailleurs, cet ailleurs m'avait passionné, enchanté, et voilà que je revenais à la maison. Il n'y avait pas de peurs inutiles à avoir. Que m'avait appris ce long détour par le cinéma ? Comment on approche un personnage, peut-être. Et qu'avant toute scène il fallait s'inventer un état d'innocence.

Il y a des gens qui ne mettent rien du tout dans leur loge, d'autres qui la meublent entièrement. D'autres encore, à demeure au théâtre, la font aménager par le décorateur en vue. Certains comédiens aiment venir très tôt, avant la représentation, pour faire leur petite cuisine intérieure. Pour se détacher un peu du siècle et passer tout doucement du monde extérieur au plateau, comme à travers un sas. D'autres n'ont pas besoin de cela. Gérard Philipe en était un exemple frappant. Il arrivait toujours au tout dernier moment. À Chaillot, lorsque nous descendions en scène, nous autres, gens de la troupe, entendions Gérard qui franchissait quatre à quatre les marches des escaliers menant aux loges, criant : « J'arrive ! J'arrive ! » Moins de cinq minutes avant le spectacle, il surgissait de nulle part et entrait dans le Cid, Lorenzaccio ou le prince de Hombourg. Sans autre forme de procès.

Chacun a ses manies, ses petits rituels. Moi j'aime bien me présenter tôt ; une heure avant, c'est mon rythme. Dans la vie de tous les jours, je suis le contraire d'un maniaque. Mais dans ce qui touche au théâtre, je fais partie de cette confrérie-là. Sur la table de ma loge, j'aime bien avoir quelques objets intimes, photos de la famille, de proches, de mon cheval. Il s'agit de ne pas être tout nu dans un décor tout nu. En partant de chez moi, j'emporte le petit ensemble de pique-nique offert par Monique, la timbale et les couverts de l'officier autrichien, dans leur étui de maroquin rouge. Lorsque je pose mon regard sur ces menus accessoires, ils me rassurent, me tranquillisent. Je me sens chez moi, et aussi de passage. J'aime avoir des fleurs à portée de la main. Elles se mêlent aux télégrammes et petits mots doux des amis qui se manifestent toujours, au moment des générales.

Il existe parfois des maquilleurs dans les théâtres, mais moi je préfère me maquiller tout seul. Cela fait partie de ce cérémonial, du rituel. On passe du monde dans lequel on vit à l'autre. J'ai toujours aimé bien marquer cette séparation. Avant de se donner en spectacle, on se met du fond de teint, on souligne le contour de l'œil. Il y a un côté peinture de guerre, dans cette histoire-là. Au TNP, nous jouions toujours dans de vastes espaces. Il nous fallait des maquillages très soutenus, très marqués, plus proches de ceux des danseurs que de ceux des comédiens. Entre la scène et le public, y compris aux premiers rangs, la distance était telle que l'on se maquillait deux fois plus. Nous étions jeunes alors, et nous incarnions toutes sortes de personnages ; parfois il nous fallait vieillir.

Le public des *Côtelettes* était particulier. Ce n'était pas toujours des habitués des théâtres. Beaucoup – la plupart sans doute – m'avaient connu au cinéma. Entre l'acteur et son public, l'écran crée une familiarité. Mais je n'ai jamais vécu ce qu'a vécu Gérard Philipe, au TNP, lorsque trois cents jeunes filles l'attendaient devant la porte et qu'il était obligé de se carapater par l'arrière. Sa mort fut beaucoup plus que la disparition d'un acteur. Les gens avaient pour lui plus que de l'admiration : de l'affection, voire de l'amour. Parmi les acteurs de sa génération, sa place était tout à fait à part. Les gens l'admiraient non seulement pour son immense talent, mais pour ce qu'ils devinaient qu'il était. Au fond d'eux, ils savaient très bien ce qu'il pensait, sa façon d'envisager la société, la vie.

Cette année-là, Monique et moi avons décidé de quitter Mareil-Marly et de nous installer à Paris. Grâce à mes amis

Daniel et Noëlle Rondeau, qui habitaient juste à côté, j'ai pu trouver un appartement dans le quartier de ma jeunesse. Après toutes ces années, ce fut un plaisir de retrouver l'atmosphère de la ville et les petits plaisirs que cela comporte, ne serait-ce que le boulanger ou le restaurant que l'on aime. En même temps que je renouais avec le théâtre, rompant avec une longue habitude de mise à distance, j'acceptais de tourner pour la télévision. En 1996, j'ai tourné dans *Le Veilleur de nuit*, adaptation télévisée d'une charmante pièce de Sacha Guitry. La mise en scène était de mon vieux complice Philippe de Broca. J'avais pour partenaire ma chère Sabine Azéma et Éric Métayer, qui jouait le jeune premier. Nous avons tourné dans une villa 1930, en bordure du bois de Vincennes. L'intérieur avait été arrangé par François de Lamothe, le décorateur de Philippe. Finalement, il s'agissait de mon premier Guitry. À part celui de « Monsieur » dans cette pièce, j'étais devenu trop vieux pour les autres rôles, écrits lorsqu'il avait entre trente et cinquante ans. Cette collection de pièces de Guitry pour la télévision, qui comprenait aussi *Désiré* ou *Quadrille*, avait été lancée par Daniel Toscan du Plantier, grand connaisseur de l'auteur du *Roman d'un tricheur*. Les conditions de tournage étaient excellentes. J'aimais beaucoup Toscan. C'était une espèce de mousquetaire égaré dans son siècle. Il pouvait être très agaçant, mais son esprit, sa faconde et son originalité naturelle rachetaient le tout. Personnage très parisien, il n'était pas sans rapport avec Guitry. Maniant le beau langage à merveille, il avait la taille cambrée, la moustache avantageuse, l'œil qui frisait. On l'imaginait très bien caricaturé par Sem en train de faire sa promenade au bois, coiffé d'un tuyau de poêle ou d'un melon, et saluant les dames en faisant des moulinets avec sa canne. Malheureusement, des personnages comme celui-là sont bien rares dans le cinéma d'aujourd'hui. Le conformisme est de rigueur. Dans ce style haut en couleur qui fit les beaux jours du cinéma français, Toscan était un des derniers. Il appartenait à cette race de producteurs qui se débrouillaient pour trouver l'argent sans pour autant devenir des bonnets de nuit ou des comptables.

Au début des années 1990, on m'avait proposé d'incarner le personnage de Maigret pour une série télévisée. J'avais un peu hésité. Le personnage est extrêmement séduisant, et je sais que je l'aurais bien fait ; par ailleurs les producteurs étaient des gens sérieux, les adaptateurs choisis comme Granier-Deferre et son fils Denis, des gens de qualité. Un pareil contrat m'aurait apporté aussi une indéniable sécurité financière. Mais je me suis dit, et je crois que j'ai eu raison, que cela équivalait à prendre ma retraite. Cette inconnue, qui consiste à ne pas savoir ce que l'on fera l'année suivante, m'a toujours semblé devoir faire partie de notre métier. À l'inverse, le fait de connaître précisément ce que j'allais faire dans les années à venir m'aurait sans doute beaucoup pesé. Cela m'aurait angoissé. Cela m'aurait rappelé de très vieux souvenirs, du temps où j'allais à l'école, où tout était toujours prévu, où l'on était censé ne pas ignorer où l'on allait se trouver trois ans plus tard. Tout le contraire de ce qui m'a attiré dans ce métier : la précarité, peut-être, mais aussi la possibilité d'évoluer, d'inventer au risque des rencontres, des nouvelles têtes qu'on croise, pour le meilleur et parfois pour le pire. Au moins, cela bouge. Notre métier n'est pas un métier de techniciens, mais de créateurs. J'ai toujours considéré les scénarios comme un canevas sur lequel j'allais pouvoir broder. Aujourd'hui, cette liberté est menacée par l'augmentation des produits formatés que fabrique la télévision. Pour cela, j'ai de la compassion pour mes jeunes collègues, confrontés à ce mode de travail.

En 2000, j'ai pourtant remis le couvert pour la télévision italienne, en jouant dans un film en deux parties, *Mon père a soixante-dix ans.* J'avais été séduit par le scénario, et par la perspective d'un tournage en Italie, plaisir dont je n'avais pas joui depuis longtemps. Le metteur en scène, Giorgio Capitani, devait avoir dans les quatre-vingts ans : je me sentais dans de bonnes mains. Physiquement, il était un peu comme Monicelli, petit officier de cavalerie sec et droit comme un i. Très bon technicien, il avait une longue expérience du cinéma. Je suis donc parti rejoindre ma roulotte assez gaiement. Mais en arrivant à Rome, j'ai eu un petit coup de mou. Compte tenu de la disparition de beaucoup de mes contemporains, je me suis senti un peu seul, dans mon hôtel d'Angleterre. En matière de télévision, j'étais un novice. Alors que nous tournions dans de bonnes conditions matérielles, à un rythme décent, ce tournage m'a permis de mesurer la différence de plaisir qu'il peut y avoir entre le fait de fabriquer un produit et celui de participer à une œuvre. Si un film n'est pas pleinement réussi, il n'en reste pas moins une œuvre. Là, c'était différent. Même de qualité, nous produisions un objet de série. Lorsque j'avais une proposition à faire, on m'écoutait très gentiment, parfois même on tenait compte de ma suggestion, mais je sentais que cela ne se faisait pas. Que je dérangeais. J'en déduisais qu'en amont il y avait eu pléthore de réunions. Un comité, un chef de produit avait décidé de ce qu'on allait faire. Du stade de l'artisanat, j'étais passé au stade industriel, du sur-mesure, j'étais tombé dans le prêt-à-porter, lequel se voulait bien sûr, comme toujours, « de qualité ». Au bout de deux jours, j'ai appelé Monique :

— Tu sais, ce qu'il y a de bizarre, c'est qu'une fois à l'hôtel, je ne me pose pas de questions sur ce que j'ai fait pendant la journée.

Autrefois, après n'importe quel film, je me serais naturellement lancé dans une sorte de *debriefing* interne. J'aurais fait la liste de ce qui avait été bien et de ce qui avait été moins bien, que je pouvais améliorer. Là, je n'éprouvais pas ce besoin.

J'ai eu des coups de bourdon terribles, à Rome. C'est une ville que j'aime énormément, dans laquelle je me sens bien, chez moi. J'y ai mes habitudes, mes lieux, mes petites routines. Je frémis en retrouvant cette beauté qui ne change pas, ces perspectives, ces toits. En même temps, j'ai eu là-bas des moments de solitude poignante. Avec une violence douloureuse, il m'est arrivé de m'y sentir loin de ma famille et du reste du monde.

Oh, rarement, bien sûr! Sans doute est-ce dû à cette gaieté immuable, à ce charme des êtres que l'on croise sans les connaître, à ce caractère « éternel » de la ville, devant lequel on se sent peu de chose. Si vous êtes d'une humeur un peu fragile, vous avez tout d'un coup le sentiment d'être exclu de ce jaillissement perpétuel, de ces gens qui s'interpellent, aux terrasses des cafés, de ces bandes d'amis qui se retrouvent. Vous êtes là comme un étranger.

Autrefois, quand je venais, je voyais souvent Marcello, quand il était là, Ugo Tognazzi aussi, ou d'autres amis, qui ne sont pas des gens connus mais que j'avais plaisir à retrouver. Que sont-ils devenus, mes chers amis d'Italie? Monicelli a quatre-vingt-dix ans, et il est toujours en train de tourner. C'est un des hommes les plus brillants que j'ai rencontrés, les plus intelligents, les plus cultivés. Il sait garder ses distances avec les événements. Avec son esprit grinçant, son œil aigu, il vous radiographie, vous perce. Sans indulgence ni méchanceté, il décortique les caractères avec grande lucidité. On pourrait le taxer de cynisme. Il aime bien désarçonner les gens, les provoquer; dès le premier film pourtant, nous nous sommes bien entendus. Nous portons un même regard sur le métier, sur ce que doit être un film. Et puis Mario a le goût et le besoin du travail. C'est un artisan qui ne peut s'empêcher de battre le fer.

En 1994, lorsque Yasmina Reza avait fait jouer sa pièce, *Arts*, à la Comédie des Champs-Élysées, je lui avais envoyé un petit mot. Chez moi, ce type de comportement est tout à fait exceptionnel, parce que je n'écris guère... Chaque fois que je m'empare d'un stylo, il faut que je réapprenne à former les lettres. «Je viens de voir votre pièce, lui disais-je. Je ne sais si je dois vous en remercier ou vous en tenir déjà rigueur, mais c'est la première fois que quelqu'un me donne envie de remonter sur une scène. Alors, si jamais vous aviez un rôle pour un vieil acteur de théâtre devenu vedette de cinéma, n'hésitez pas à me le faire savoir... » Plus tard, je l'ai croisée chez Artmédia. Je portais un ensemble chemise rose à raies, cravate à pois, pochette cachemire, et ce mélange vestimentaire n'a sans doute pas été pour rien dans son intérêt pour moi. Elle était un peu surprise, elle a dû se dire que je ne collais pas exactement avec ce bourgeois un peu conventionnel auquel il arrivait que l'on m'identifiât. En a-t-elle discuté avec Didier Martiny, son mari ? Toujours est-il qu'ils ont pensé à moi pour le premier film de Didier, en 1998, qui s'appelait *Le Pique-Nique de Lulu Kreutz*. Le scénario avait été écrit par Yasmina. Il comportait toute une galerie de personnages formidables, incarnés par Niels Arestrup, Michel Aumont, que je retrouvais après *Le Roi de Paris*, Judith Magre, que j'avais rencontrée cent fois mais que je n'avais pas encore découverte, Stéphane Audran, toujours jubilatoire, Carole Bouquet aussi, que j'avais croisée dans *Tango*, et dont j'admire autant la beauté que l'humour ravageur. Nous avons tourné dans le Valais. La mise en scène était très simple, très honnête. L'accueil critique a été souvent injuste. Lorsque vous avez la Carte, on parle de classicisme élégant, lorsque vous ne l'avez pas, on vous traite de « théâtre filmé », et autres noms d'oiseaux. C'est lorsque je tournais *Uranus*, de Claude Berri, que Jean-Pierre Marielle m'avait parlé pour la première fois de « la Carte ». Des gens qui l'ont, et de ceux qui ne l'ont pas. Indépendamment de votre talent, de la qualité de l'entreprise à laquelle vous participez et de votre réussite à l'intérieur de cette entreprise, la Carte est une sorte de passeport invisible qui vous donne droit automatiquement au préjugé favorable des médias. Elle vous est accordée sans qu'on sache comment, elle peut vous être reprise de la même manière. Certains ont la Carte qui travaillent uniquement dans la qualité ; d'autres font des trucs assez médiocres, mais ont connu une heure de gloire autrefois, qui fait qu'on réserve un œil indulgent et attentif à ce qu'ils peuvent pondre. La Carte est transmissible ; par exemple, j'ai toujours pensé que Jeanne Moreau avait hérité la Carte de Simone Signoret. La Carte est sans doute aussi vieille que le monde est monde, mais elle a connu un développement exponentiel à l'ère des *talk shows*, avec l'avènement « du commentaire du commentaire du commentaire ». L'important désormais n'est plus tant ce que les gens font que le commentaire qu'on peut en faire.

Le Pique-Nique de Lulu Kreutz était produit par une très bonne maison, les films du Losange. Au moment de la sortie, comme c'est l'usage, nous avons fait la tournée des villes de province. Margaret Menegoz, qui dirige cette production, avait demandé à Yasmina de prévoir une lecture pour les rencontres dans les FNAC. C'est alors que Yasmina m'a demandé si je voulais bien lire avec elle *L'Homme du hasard*, une pièce qu'elle avait créée en 1995 avec Michel Aumont et Françoise Fabian, mais qui n'avait malheureusement pas très bien marché. Après avoir lu le texte une ou deux fois, j'ai confié à Yasmina que je jouerais volontiers cette œuvre-là. Elle en était plus que d'accord, et cet aveu a entraîné plus d'un an de ma vie. Il me fallait une partenaire. Monique, qui est très forte pour les castings, m'a soufflé le nom de Catherine Rich, que nous avions trouvée formidable dans *Vingt-Quatre Heures de la vie d'une femme*. À son tour, elle a été emballée par le texte. Il nous restait à trouver un metteur en scène, et j'avais entendu parler de Frédéric Bélier-Garcia, qui venait de faire au Français une très belle mise en scène d'une pièce de Rosenlund. Roger Mollien, un de mes vieux compagnons du TNP maintenant pensionnaire au Français, me l'avait de surcroît chaudement recommandé. Frédéric a accepté de nous accompagner, et en 2000, l'année de la naissance de mon petit-fils Samuel, nous étions partis. Nous avons monté la pièce au théâtre du Gymnase, à Marseille. Lorsqu'on travaille en dehors de Paris, l'isolement s'avère toujours bénéfique. Puis nous avons joué une centaine de représentations en tournée, avant d'enchaîner comme prévu à Paris, au théâtre de l'Atelier.

Frédéric Bélier-Garcia est un metteur en scène tout à fait intéressant. Très sympathique, il est à la fois timide et chaleureux, très gai, solaire. C'est un rieur, qui prend la vie par le bon côté. Il vous fait travailler à la Téchiné, avec une grande discrétion. De petites remarques en petites touches concrètes, petit à petit, on se rend compte que l'on est arrivé au cœur des choses. Le travail se fait quasiment à votre insu. Avec Catherine et Frédéric, nous avions une expression qui nous faisait beaucoup rire : « oui, oui, c'est par là... » Sous-entendu, c'est par là que ça se passe, on n'y est pas encore, mais on approche.

Au même moment, j'ai appris que les autorités cherchaient à implanter dans le plateau de la Malepère, où se trouve ma maison de Turcy, une décharge à ciel ouvert. L'émoi était grand, à Montréal de l'Aude, et j'appréhendais terriblement ce projet. Ils ne s'étaient pas encore décidés pour un lieu précis. Dans la perspective des batailles à livrer, j'ai été sollicité par les viticulteurs de la Malepère, des jeunes qui venaient d'accomplir un énorme travail d'amélioration de leurs vins. Ils voulaient savoir si éventuellement j'accepterais de leur donner un coup de main pour porter leur point de vue dans les médias. Quelques mois plus tard, on a appris que les « décideurs » avaient finalement renoncé à notre coin. Le danger s'éloignait donc ; je me sentais à la fois soulagé et coupable. Ce que j'avais été prêt à accomplir dans un réflexe égoïste de défense de mon territoire, pourquoi ne pas le faire pour des gens qui se trouvaient à trente-cinq kilomètres de chez moi ? J'ai donc accepté d'être le parrain d'une association audoise baptisée Terre propre, afin de leur servir de porte-voix. Elle était présidée par une femme épatante, qui était l'institutrice du pays. Ces gens avaient pris les choses par le bon bout. Ils s'étaient entourés d'experts sérieux et proposaient des solutions de rechange. En face comme souvent, les autorités avaient présenté leur projet de façon honteusement tronquée. Ils prenaient vraiment les gens du coin pour des demeurés, de pauvres paysans qui n'ont rien à dire. C'est cette attitude de mépris teinté de démagogie, cette façon de vous mettre devant le fait accompli qui m'a donné l'envie de m'engager. Si vous vous avisez de demander des explications, des détails, on vous ment, sciemment, en minimisant les nuisances et les conséquences sur l'environnement, non seulement d'un point de vue écologique mais aussi esthétique et culturel. J'ai trouvé cela insupportable. Du coup, chaque fois que je passais dans une émission à la radio ou à la télévision, j'en plaçais une à ce propos, ce qui les a énormément fait chier... Au conseil régional, je n'étais pas en odeur de sainteté. Lorsque nous nous réunissions, on nous envoyait les gendarmes pour nous surveiller. Mais en même temps, cela m'a fait plaisir. Moi qui suis toujours assez frileux, qui me protège parce que j'en ressens le besoin, qui vois peu de gens en dehors de mes proches, j'ai été heureux de rencontrer les membres de cette association, de constater qu'il y avait de nombreuses personnes estimables et sympathiques qui œuvraient pour une cause commune. Cela m'a fait du bien.

Philippe Blasband est un jeune romancier publié chez Gallimard, scénariste, auteur dramatique et réalisateur belge, d'origine mélangée, irano-judaïque et autres apports très compliqués. Avec ce surréalisme affleurant qui est un des aspects les plus curieux de la Belgique, le scénario d'*Un honnête commerçant*, que nous avons tourné ensemble en 2001, était assez caractéristique des créateurs d'outre-Quiévrain. Ce pays qui semble peuplé de gens simples, laborieux, a le goût de la farce chevillé au corps. Tout à coup, à l'occasion des ducasses, il s'abandonne au déchaînement des masques et de la bière. *Un honnête commerçant* racontait l'histoire d'un inspecteur des impôts qui venait contrôler un « honnête commerçant », c'est-à-dire un restaurateur que j'incarnais. Trouvant ma comptabilité pour le moins bizarre, il se rendait compte que mon activité n'était qu'une couverture pour le trafic de la drogue. Il faisait alors une sorte de marché avec moi. Après avoir supprimé le patron du réseau, il prenait sa place. À travers cette *success story* du crime, on découvrait comment un simple rond-de-cuir se révélait capable d'être un gangster de haut niveau. Le film n'a pas été distribué en France, ce qui est dommage, car il était très personnel.

En 2001, j'ai décidé de surmonter ma réticence proverbiale à prendre ma destinée en main pour réaliser un de mes vieux rêves : monter une lecture autour de Victor Hugo. Pour que cette affaire se concrétise, il a tout de même fallu un concours de circonstances. De longtemps, je chérissais Hugo. Quand je tombais sur un de ses livres par hasard, je m'y replongeais avec plaisir. Je venais de découvrir *Choses vues*, qui m'avait enchanté. À ce moment-là, j'ai reçu un coup de téléphone du festival de Tours. Les organisateurs me proposaient une soirée, pour le programme de laquelle ils me laissaient carte blanche. Je me suis dit que c'était l'occasion ou jamais de bouger. Je leur ai donc répondu que je songeais à une soirée Victor Hugo. Après m'être demandé par quel bout je pourrais prendre ce Victor, j'ai fini par me décider pour *Les Contemplations*. Il faut dire que dès la préface, le ton était donné :

« Si un auteur pouvait avoir quelque droit d'influer sur la disposition d'esprit des lecteurs qui ouvrent son livre, l'auteur des *Contemplations* se bornerait à dire ceci : ce livre doit être lu comme on lirait le livre d'un mort.

Vingt-cinq années sont dans ces deux volumes. (...) L'auteur a laissé, pour ainsi dire, ce livre se faire en lui. La vie, en filtrant goutte à goutte à travers les événements et les souffrances, l'a déposé dans son cœur. Ceux qui s'y pencheront retrouveront leur propre image dans cette eau profonde et triste, qui s'est lentement amassée là, au fond d'une âme. »

Lorsque le spectacle, que nous avions testé à Tours, fut présenté au printemps 2002 à la Comédie des Champs-Élysées, je me suis fendu d'une petite note, pour le programme, afin de résumer l'entreprise :

«Je tourne autour de l'idée d'une soirée Victor Hugo depuis, disons, une petite cinquantaine d'années.

Oui, je suis un lent! En 1953, j'avais eu le privilège d'entendre, par deux fois, l'admirable John Gielgud lire, debout derrière un pupitre, des sonnets de Shakespeare et quelques monologues de ses pièces. En sortant de ces soirées mémorables, je m'étais dit que Victor Hugo était, sans doute, un des seuls poètes français qui permettrait une expérience similaire.

Il y a quelques semaines, j'ai eu l'imprudence de parler de cette vieille envie devant trois amis, Antoine de Meaux, Frédéric Bélier-Garcia, et Frédéric Franck, qui tous les trois m'ont déclaré (mais sont-ce véritablement des amis) qu'ils étaient prêts à m'accompagner dans cette aventure. Quinze jours plus tard, Michel Fagadau ayant eu vent de la rumeur nous offrait son merveilleux théâtre.

J'étais fait.

Moralité, si vous rêvez à haute voix, ne le faites que devant de vrais amis.

PS : Pour ceux qui en douteraient, je tiens à préciser que, plus que quiconque, j'ai parfaitement conscience de n'être ni John Gielgud ni même l'un de ses lointains cousins gaulois. »

À l'époque, j'avais été tellement fasciné par Gielgud que j'étais retourné le voir plusieurs fois, aux Ambassadeurs d'abord, puis à Montréal, au Canada, lorsque nous étions en tournée avec le TNP. Cet homme qui prenait la parole pour lire un poète à l'assemblée, sans décor, sans artifices, sans parasitage, cela m'avait paru incroyablement fort. Plutôt qu'une interprétation ou un montage de scènes, la lecture m'avait paru le moyen le plus simple et le plus efficace d'offrir au spectateur un accès direct au texte. Souvent au théâtre, lorsqu'une pièce est en train de se monter, il se produit des moments exceptionnels, qui ne se retrouvent pas, et dont les comédiens sont les seuls témoins. En effet, lorsque Vilar lisait toute la pièce, avant que nous ne nous appropriions nos rôles, ce pouvait être extraordinaire. Le simple fait de lire confère une immense liberté. Lorsque avec Yasmina Réza j'avais lu *L'Homme du hasard* dans les FNAC, j'avais pu mesurer la différence qui distingue la pièce jouée de sa simple lecture. Lorsqu'on lit, les gens ne sont pas distraits, leur esprit ne vagabonde pas vers le costume du protagoniste ou la robe de l'actrice. À peine la lumière allumée, on est déjà dans le texte. Devant ce qu'il est en train de lire, le comédien choisit de s'effacer complètement. Il va jusqu'à se délester de la prouesse de l'œuvre apprise par cœur. J'avais toujours été un homme de troupe ; mais quand on lit, on est seul. On est son propre instrument, son propre maître, son propre metteur en scène. Pour la mise en place, j'avais demandé conseil à Frédéric Bélier-Garcia, et ce qu'il avait amené à cette aventure avait été peu de chose en apparence, mais d'une grande importance.

Après deux mois à la Comédie des Champs-Élysées, je suis parti en tournée pour une centaine de représentations à travers toute la France, la Suisse et la Belgique. J'ai pris un énorme plaisir à faire cette lecture. J'ai été très touché de l'engouement que ce spectacle a suscité, de la ferveur avec laquelle les gens ont reçu cela. C'est très rare, au théâtre, de recevoir, venant du public, autant d'émotion forte. Après tout, cette lecture des *Contemplations* est le seul spectacle dont j'ai été à l'origine. Pour avoir cent pour cent de réussite, je me suis d'ailleurs dit qu'il fallait que je m'arrête là... J'avais pour producteur Frédéric Franck, qui est une figure originale dans le monde des théâtres. Fils de Pierre Franck, directeur du théâtre Hébertot, qui anima pendant longtemps l'Atelier, c'est un enfant de la balle. Il a débuté comme associé dans un organisme de tournée, Atelier Théâtre actuel, avant de créer sa propre entreprise, Scène indépendante contemporaine (SIC), qui réussit formidablement. Avec Stéphane Lissner, il a également repris le théâtre de la Madeleine. Ce vrai passionné aime les acteurs et les connaît bien. On sent que le théâtre est sa vie. Il est très discret, mais son œil et son oreille sont justes. Solliciter son avis s'avère généralement très fructueux. Pour couronner le tout, c'est un honnête homme, ce qui n'est pas toujours très répandu. On peut vraiment compter sur sa parole et ses engagements.

Pendant que je jouais *Les Côtelettes*, j'avais reçu dans ma loge la visite de Michel Boujenah. Il m'avait parlé d'un film qu'il voulait réaliser, *Père et fils*, dans lequel il souhaitait me donner le rôle du père. Nous ne nous connaissions pas. Je l'avais vu au cinéma, je savais la qualité de ses one man show. À ce moment-là, il n'avait jeté sur le papier qu'un premier traitement de l'histoire, à peine plus qu'un synopsis. Ce que j'ai lu m'a séduit. Michel n'était pas pressé, mais il souhaitait qu'au cas où cela me plairait, je sois au départ du projet. Au fur et à mesure de l'écriture, de l'évolution des personnages, il se proposait de me tenir au courant. De mon côté, je me suis souvenu que les acteurs qui faisaient du one man show n'étaient pas des feignants, mais des gens très travailleurs. Comme tous les artistes qui sont à la tête de leur propre spectacle, ils sont réputés être soucieux du moindre détail. Petit à petit, le scénario a pris de l'ampleur. Avec les autres comédiens, nous avons fait des lectures tous ensemble, ce qui a permis aux trois auteurs de le retravailler de façon très efficace.

C'était donc l'histoire d'un père qui rencontrait quelques difficultés cardiaques, et qui les exagérait un petit peu afin de ramener à lui ses trois fils. Les retrouvailles de la famille les entraînaient dans un long voyage à travers le Canada. L'aîné était joué par Charles Berling, que je retrouvais après *Les Palmes de Monsieur Schultz*, de Claude Pinoteau. À l'époque déjà, nous avions sympathisé. Il incarnait Pierre Curie tandis que j'avais le rôle-titre, ce directeur qui ne renifle pas l'importance et la qualité des Curie, qui les traite mal et qui, lorsqu'il se rend compte de leur valeur exceptionnelle, se met à intriguer pour obtenir quelque décoration. Mes deux autres fils étaient Bruno Putzulu et Pascal Elbé, par ailleurs coauteur du scénario.

J'ai beaucoup aimé ces trois bonshommes, ces trois connards, comme je les ai surnommés très rapidement. Pendant deux mois, nous avons tourné en extérieur, au Québec, loin de nos foyers. Cela nous a donné l'occasion de nous découvrir, et de tisser ces liens d'amitié qui ne se sont pas dissipés après le clap de fin, bien au contraire. Ils jouaient mes fils, moi leur père. Je les ai adoptés. Moi qui n'ai jamais vécu qu'avec des femmes, Monique, Frédérique et Deborah, Samuel étant encore trop petit, je devais éprouver le besoin d'avoir des fils. Après la sortie du film, qui fut un très beau succès, j'ai fait ce qu'il fallait pour que nous restions en contact. À cette envie-là, ils ont su répondre. Lorsque je les vois, ils m'apportent beaucoup de plaisir, de bonheur. Sans doute était-ce un moment particulier de ma vie ? C'est vrai qu'il n'est pas courant de se lier ainsi, sur un tournage. Avec trois personnes, de surcroît. J'ai vraiment éprouvé ce besoin de les accrocher à moi, de m'accrocher à eux plutôt. À part Sabine Azéma, Thierry Lhermitte, ou alors des camarades plus anciens comme Rochefort, je ne me suis pas fait beaucoup d'amis, dans ce genre de contexte. Je me suis bien entendu avec les gens, j'ai pu avoir de l'estime pour eux, mais rares sont ceux qui sont vraiment devenus des amis. Je ne mélangeais jamais les univers. Une fois les tournages achevés, je me retirais dans ma thébaïde. Et puis avec Monique, nous avons un côté très famille. Nous trouvons notre refuge dans un tout petit groupe. Peut-être est-ce une question d'âge, mais cela me touchait de les voir au début de leur carrière. Je n'avais aucun conseil à leur donner ; de temps en temps, je leur disais un petit quelque chose, faisant bien attention à ne pas les gêner. Pascal Elbé était le moins expérimenté des trois. Pendant le film, je l'ai vu s'épanouir, grandir. Il pigeait les choses très rapidement. J'étais ravi de cela. Ces trois-là, ainsi que Michel Boujenah, ont pris une place très importante dans mon existence. Un peu plus tard, avec le réalisateur Stephan Guérin-Tillié qui m'avait fait jouer dans *Edy*, j'ai éprouvé le même genre de sentiments. J'avais beaucoup aimé son film, qui a été descendu en flammes par la critique. Je l'avais trouvé très beau, très élégant dans son travail sur la composition, l'image, la couleur. Rien n'était laissé au hasard, il faisait preuve d'une grande ambition artistique. Je jouais un malfrat un peu minable, un escroc qui vend des assurances-vie avant de liquider les assurés. Ce truand niveau PME s'habillait de façon tout à fait anonyme, en uniforme de sous-bourgeois des entreprises, pantalon de flanelle et blazer bleu, le tout recouvert d'un imperméable mastic. Impossible de le situer dans la hiérarchie sociale. On n'aurait su dire s'il avait rang de P-DG ou d'aide-comptable. La critique a toujours eu des allures de loterie. À notre époque, les conséquences sont plus dévastatrices, parce que les gens vont moins au cinéma.

Ce sont Frédéric Franck et Anouk Aimée qui m'ont parlé pour la première fois d'un texte assez étrange, *Love Letters*, d'Albert Ramsdell Gurney. Deux personnages, Thomas et Alexa, se sont écrit des lettres pendant toute leur vie, de l'enfance à l'âge mûr. Au fil de la pièce, ils lisent l'ensemble de cette correspondance. Au premier abord, j'avais été séduit, sans être totalement emballé. Toutefois, comme il s'agissait de monter la pièce avec Anouk, que j'aime beaucoup, dans le théâtre de Frédéric, je me suis dit que ce pourrait être une jolie aventure. À la Gaîté Montparnasse, Monique et moi avions vu un spectacle sur la correspondance de Gustave Flaubert et de George Sand, intitulé *Chère maître*, avec Marie-France Pisier et Thierry Fortineau, qu'une jeune comédienne, Sandrine Dumas, avait mis en scène. Comme cela nous avait plu et que notre configuration allait être du même genre, nous lui avons proposé de nous rejoindre. Le choix était judicieux, car elle a été pour beaucoup dans la réussite du spectacle. Le dispositif était très simple, diabolique aussi. Anouk et moi étions assis côte à côte, légèrement à distance, face au public et devant une grande table. Nos missives étaient empilées devant nous, et nous les lisions les unes après les autres, au gré de leur chronologie. À peine avais-je commencé à jouer qu'il s'est produit un phénomène assez curieux. Plus les représentations passaient, plus je découvrais les vertus de la pièce. Je n'avais pas vu venir toute cette émotion, aussi bien dans la comédie que dans le drame. Cette pièce qui à première vue paraissait délicieuse et anodine, avait beaucoup plus de profondeur qu'on ne l'aurait cru. Nous avons joué *Love Letters* plus de deux cents fois. C'est une œuvre assez retorse, écrite sans pathos, ni littérature ; elle commence par prendre les apparences d'une lecture en règle, comme si l'on se bornait à déballer du courrier. Puis, insidieusement, elle se met à déployer une sorte de cinématographe imaginaire. Toute une époque se met à défiler, celle des juvéniles années 1940 et 1950, le temps des films de Billy Wilder, de Frank Capra, que Hollywood nous a appris à connaître et à aimer. Au fil des lettres échangées par cet homme et cette femme, Thomas et Alexa, ce sont deux vies qui défilent, des amours enfantines aux rosseries des adultes, avec leur cortège d'occasions manquées, de nostalgies incurables. Au théâtre, pareil itinéraire est habituellement impossible pour un acteur. Seule une lecture pouvait permettre cela. Les gens étaient surpris, eux aussi. Ils s'attendaient à quelque chose de charmant, et voilà qu'ils étaient complètement emportés par la violence des émotions.

En guise de post-scriptum

Philippe Noiret s'est longtemps refusé à écrire ses Mémoires. Il n'en voyait pas vraiment l'intérêt. Après tout, ses rôles au cinéma comme au théâtre parlaient pour lui sans qu'il soit nécessaire d'y ajouter un codicille, et son respect pour la chose écrite était trop profond pour qu'il n'envisage pas avec circonspection de se livrer à pareil exercice. Il n'était pas du genre à prendre sa retraite. Si Mémoires il devait y avoir, ce serait donc pour plus tard.

Jusqu'à la fin du mois de mai 2006, aux côtés d'Anouk Aimée, Philippe a joué *Love Letters* devant des salles combles. Puis, les prolongations achevées, il a dû se résoudre à quitter le théâtre de la Madeleine. L'été arrivait. Après Le Touquet, il devait faire une apparition dans le nouveau film de Michel Boujenah. En octobre, il avait prévu de partir en tournée avec la pièce de Gurney. Aucun de tous ces plans n'était définitivement arrêté, car Philippe jouait une partie très serrée avec la maladie. Aussi, comme il savait anticiper les coups, il avait gardé un combat en réserve : l'écriture de ses Mémoires.

Et puis au cours du mois d'août, le verdict du médecin était tombé. Son état de santé ne lui permettrait pas de reprendre *Love Letters* à la rentrée. Bouleversé, il s'était confié à son épouse, Monique Chaumette : « C'est au moment où l'on ne peut plus exercer son métier qu'on se rend compte à quel point on l'a aimé. » Un peu plus tard, à Florence, une rétrospective de ses films devait être organisée en son honneur. Philippe avait été obligé de décliner l'invitation. Alors, à pleine manchette, les journaux du pays titrèrent : « Mes amis italiens me manquent... »

Près de dix ans plus tôt, grâce à Daniel et Noëlle Rondeau, j'avais eu la chance de le rencontrer. En 2002, avec sa générosité habituelle, Philippe m'avait proposé de collaborer avec lui à la préparation d'une lecture de Victor Hugo. Depuis des années, il rêvait de cette soirée très dépouillée, où il aurait tenté de ressusciter la ferveur des liturgies de Vilar. Pour lire ces *Contemplations*, il avait choisi un costume de tweed gris qui lui allait comme un gant. Parfois, autour du cou, il nouait avec désinvolture un foulard vif. Dans la sombre lumière de cette poésie des grèves et des nuits, je fus le témoin de son tête-à-tête intense avec le public. Lorsqu'il fut question de Mémoires, donc, il voulut bien m'accepter comme compagnon de plume.

Pendant plusieurs mois, nous nous sommes retrouvés autour du livre d'une vie. Chez l'éditeur, l'un de nos interlocuteurs était le propre petit-fils d'André Barsacq, le metteur en scène qui, quarante-cinq ans plus tôt, lui avait permis de triompher dans *Château en Suède*. Philippe aimait ces sortes de signes discrets. Jour après jour, j'ai vu cet homme infiniment pudique se prendre au jeu, saluant avec émotion les figures admirées, caressant les faquins d'un malicieux coup de patte, s'interrogeant encore et toujours sur son métier de haute voix. Il riait, souvent, et d'autres fois son propos que visitait la mélancolie se voilait, imperceptiblement. Il n'oubliait jamais de me proposer un verre d'un délicieux jus de grenade, qu'il faisait venir de chez Petrossian.

Jusqu'au bout, Philippe œuvra sur son livre, relisant les chapitres avec moi, y compris les jours qui précédèrent sa mort. Ce grand comédien que l'on s'est parfois complu à décrire comme un épicurien nonchalant était un bourreau de travail. Se considérant d'abord comme un artisan, il n'estimait rien tant que l'humble répétition des gestes, qui le conduisait, dans son art, vers une simplicité toujours plus grande. Ce livre fut sa dernière bataille.

Antoine de Meaux

Filmographie de Philippe Noiret

1955, *La Pointe courte*, d'Agnès Varda
1960, *Zazie dans le métro*, de Louis Malle
1960, *Ravissante*, de Robert Lamoureux
1960, *Capitaine Fracasse*, de Pierre Gaspard-Huit
1961, *Les Amours célèbres*, de Michel Boisrond
1961, *Le Rendez-Vous*, de Jean Delannoy
1961, *Tout l'or du monde*, de René Clair
1961, *Comme un poisson dans l'eau*, d'André Michel
1961, *Le crime ne paie pas*, de Gérard Oury
1962, *Thérèse Desqueyroux*, de Georges Franju
1962, *Ballade pour un voyou*, de Jean-Claude Bonnardot
1963, *Clémentine chérie*, de Pierre Chevalier
1962, *Les Faux-Jetons* (*Le Massaggiatrici*), de Lucio Fulci
1962, *Cyrano et d'Artagnan*, d'Abel Gance
1963, *La Porteuse de pain*, de Maurice Cloche
1963, *Mort, où est ta victoire ?*, d'Hervé Bromberger
1964, *Les Copains*, d'Yves Robert
1964, *Monsieur*, de Jean-Paul Le Chanois
1965, *Lady L*, de Peter Ustinov
1966, *La Vie de château*, de Jean-Paul Rappeneau
1965, *Qui êtes-vous Polly Magoo ?*, de William Klein
1966, *Les Sultans*, de Jean Delannoy
1966, *Tendre Voyou*, de Jean Becker
1966, *Le Voyage du père*, de Denys de La Patellière
1966, *Paris brûle-t-il ?*, de René Clément
1966, *La Nuit des généraux (The Night of the Generals)*, d'Anatole Litvak
1967, *L'Une et l'Autre*, de René Allio
1967, *Sept Fois femme (Women Times Seven)*, de Vittorio De Sica
1967, *Alexandre le Bienheureux*, d'Yves Robert
1967, *Adolphe ou l'Âge tendre*, de Bernard Toublanc-Michel

1967, *Assassinats en tous genres (The Assassination Bureau)*, de Basil Dearden
1968, *Mister Freedom*, de William Klein
1968, *Justine*, de George Cukor
1969, *L'Étau (Topaz)*, d'Alfred Hitchcock
1969, *Clérambard*, d'Yves Robert
1969, *Les Caprices de Marie (Give Her the Moon)*, de Philippe de Broca
1971, *Time for Loving*, de Christopher Miles
1971, *Les Aveux les plus doux*, d'Édouard Molinaro
1971, *La Guerre de Murphy (Murphy's War)*, de Peter Yates
1971, *La Vieille Fille*, de Jean-Pierre Blanc
1971, *La Mandarine*, d'Édouard Molinaro
1971, *Le Trèfle à cinq feuilles*, d'Edmond Frees
1972, *L'Attentat*, d'Yves Boisset
1972, *Poil de carotte*, d'Henri Graziani
1972, *Le Serpent*, d'Henri Verneuil
1972, *L'Italie est une république en liberté provisoire (Siamo tutti in libertà provvisoria)*, de Manlio Scarpelli
1973, *La Grande Bouffe*, de Marco Ferreri
1973, *Touche pas à la femme blanche*, de Marco Ferreri
1973, *L'Horloger de Saint-Paul*, de Bertrand Tavernier
1973, *Un nuage entre les dents*, de Marco Pico
1973, *Les Gaspards*, de Pierre Tchernia
1974, *Le Secret*, de Robert Enrico
1974, *Le Jeu avec le feu*, d'Alain Robbe-Grillet
1975, *Mes chers amis (Amici Miei)*, de Mario Monicelli
1974, *Que la fête commence*, de Bertrand Tavernier
1975, *Le Vieux Fusil*, de Robert Enrico
1975, *Monsieur Albert*, de Jacques Renard
1975, *Le Juge et l'Assassin*, de Bertrand Tavernier
1976, *Il Commune Senso del Pudore*, d'Alberto Sordi
1976, *Une femme à sa fenêtre*, de Pierre Granier-Deferre
1976, *Le Désert des Tartares*, de Valerio Zurlini
1976, *Un taxi mauve*, d'Yves Boisset
1976, *Coup de foudre*, de Robert Enrico

1977, *La Barricade du point du jour*, de René Richon
1977, *Tendre Poulet*, de Philippe de Broca
1977, *La Grande Cuisine ou l'Art et la Manière d'assaisonner les chefs (Someone Is Killing the Great Chiefs of Europe)*, de Ted Kotcheff
1978, *Le Témoin*, de Jean-Pierre Mocky
1978, *Deux Bonnes Pâtes (Due Pezzi di Pane)*, de Sergio Citti
1979, *Rue du pied-de-grue*, de Jacques Grandjouan
1979, *On a volé la cuisse de Jupiter*, de Philippe de Broca
1980, *Une semaine de vacances*, de Bertrand Tavernier
1980, *Pile ou face*, de Robert Enrico
1980, *Trois Frères (Tre fratelli)*, de Francesco Rosi
1981, *Il faut tuer Birgitt Haas*, de Laurent Heynemann
1981, *Coup de torchon*, de Bertrand Tavernier
1981-1982, *L'Étoile du Nord*, de Pierre Granier-Deferre
1982, *Mes chers amis n° 2 (Amici Miei Atto II)*, de Mario Monicelli
1982, *L'Africain*, de Philippe de Broca
1983, *L'Ami de Vincent*, de Pierre Granier-Deferre
1983, *Le Grand Carnaval*, d'Alexandre Arcady
1983, *Fort Saganne*, d'Alain Corneau
1984, *Souvenirs, souvenirs*, d'Ariel Zeitoun
1984, *L'Été prochain*, de Nadine Trintignant
1984, *Qualcosa di Biondo*, de Maurizio Ponzi
1984, *Les Ripoux*, de Claude Zidi
1984, *Les Rois du gag*, de Claude Zidi
1985, *Aurora*, de Maurizio Pouzi
1985, *Le Quatrième Pouvoir*, de Serge Leroy
1985, *Pourvu que ce soit une fille (Speriamo que sia femina)*, de Mario Monicelli
1986, *Twist again à Moscou*, de Jean-Marie Poiré
1986, *Autour de minuit ('Round Midnight)*, de Bertrand Tavernier
1986, *La Femme secrète*, de Sébastien Grall
1986, *Masques*, de Claude Chabrol
1986, *Laughter in the Dark*, de Tony Richardson
1986, *La Famille (La Famiglia)*, d'Ettore Scola
1987, *Les Lunettes d'or (Gli Occhiali d'Oro)*, de Giuliano Montaldo

1987, *Noyade interdite*, de Pierre Granier-Deferre
1987, *Chouans !*, de Philippe de Broca
1988, *Toscanini*, de Franco Zeffirelli
1988, *La Femme de mes amours (Il Frullo del passero)*, de Gianfranco Mingozzi
1988, *Cinema Paradiso (Nuevo Cinema Paradiso)*, de Giuseppe Tornatore.
1988, *Le Retour des mousquetaires (The Return of the Musketeers)*, de Richard Lester
1988, *La Vie et rien d'autre*, de Bertrand Tavernier
1990, *Ripoux contre ripoux*, de Claude Zidi
1990, *Oublier Palerme (Dimenticare Palermo)*, de Francesco Rosi
1990, *Faux et usage de faux*, de Laurent Heynemann
1990, *Uranus*, de Claude Berri.
1990, *La Domenica specialmente (Le Dimanche de préférence)*, de Giuseppe Tornatore
1991, *Contre l'oubli*, de Jean Becker
1991, *J'embrasse pas*, d'André Téchiné
1991, *Rossini, Rossini*, de Mario Monicelli
1991, *Nous deux*, d'Henri Graziani
1992, *Max et Jérémie*, de Claire Devers
1992, *Zuppa de pesce*, de Fiorella Infascelli
1992, *Tango*, de Patrice Leconte
1993, *Le Roi de Paris*, de Dominique Maillet
1994, *Grosse Fatigue*, de Michel Blanc
1994, *La Fille de D'Artagnan*, de Bertrand Tavernier
1994, *Le Facteur (Il Postino)*, de Michael Radford
1994, *Les Milles*, de Sébastien Grall
1994, *Une trop bruyante solitude*, de Véra Caïs
1995, *Les Grands Ducs*, de Patrice Leconte
1995, *Fantôme avec chauffeur*, de Gérard Oury
1995, *Facciamo Paradiso (Faisons Paradis)*, de Mario Monicelli
1997, *Soleil*, de Roger Hanin
1996, *La Vie silencieuse de Marianna Ucrìa*, de Roberto Faenza
1996, *Les Palmes de M. Schutz*, de Claude Pinoteau
1997, *Le Bossu*, de Philippe de Broca
1998, *Le Pique-Nique de Lulu Kreuz*, de Didier Martiny

2001, *Un honnête commerçant*, de Philippe Blasband
2003, *Les Côtelettes*, de Bertrand Blier
2003, *Père et fils*, de Michel Boujenah
2003, *Ripoux 3*, de Claude Zidi
2005, *Edy*, de Stephan Guérin-Tillié
2006, *Trois Amis*, de Michel Boujenah

Théâtre

1951, *Volpone*, adaptation de Stefan Zweig et Jules Romains d'après Ben Jonson ; metteur en scène : Hubert Gignoux

1952, *Électre*, Sophocle ; metteur en scène : Albert Médina

1952, *Le Malade imaginaire*, Molière ; metteur en scène : Henry Grangé

1952, *Intermezzo*, Jean Giraudoux ; metteur en scène : Maurice Jacquemont

1952, *La Nuit des rois*, William Shakespeare ; metteur en scène : Jean Deninx

Aux quatre vents du rire, spectacle de comédie comprenant *Les Précieuses ridicules* de Molière, *Embrassons-nous, Folleville* de Labiche, *Mais n'te promène donc pas toute nue* de Feydeau, *Seul* d'Henri Duvernois

1952, *Doña Rosita*, Federico García Lorca ; metteur en scène : Claude Régy

1953, *La Mort de Danton*, Georg Büchner ; metteur en scène : Jean Vilar

1953, *Dom Juan*, Molière ; metteur en scène : Jean Vilar

1953, *La Tragédie du roi Richard II*, William Shakespeare ; metteur en scène : Jean Vilar

1954, *Le Médecin malgré lui*, Molière ; metteur en scène : Jean-Pierre Darras

1954, *Ruy Blas*, Victor Hugo ; metteur en scène : Jean Vilar

1954, *Cinna*, Pierre Corneille ; metteur en scène : Jean Vilar

1954, *Le Prince d'Hombourg*, Heinrich von Kleist ; metteur en scène : Jean Vilar

1954, *Macbeth*, William Shakespeare ; metteur en scène : Jean Vilar

1955, *L'Étourdi*, Molière ; metteur en scène : Daniel Sorano

1955, *La Ville*, Paul Claudel ; metteur en scène : Jean Vilar

1955, *Marie Tudor*, Victor Hugo ; metteur en scène : Jean Vilar
1956, *L'Avare,* Molière ; metteur en scène : Jean Vilar
1956, *Les Femmes savantes*, Molière ; metteur en scène : Jean-Paul Moulinot
1956, *Ce fou de Platonov*, Anton Tchekhov ; metteur en scène : Jean Vilar
1956, *Le Mariage de Figaro*, Beaumarchais ; metteur en scène : Jean Vilar
1957, *Le Faiseur*, Honoré de Balzac ; metteur en scène : Jean Vilar
1957, *Le Malade imaginaire*, Molière ; metteur en scène : Daniel Sorano
1958, *Ubu*, Alfred Jarry ; metteur en scène : Jean Vilar
1958, *Le Cid*, Corneille ; metteur en scène : Jean Vilar
1958, *L'École des femmes*, Molière ; metteur en scène : Georges Wilson
1958, *Œdipe*, d'André Gide, d'après Sophocle ; metteur en scène : Jean Vilar
1958, *Les Caprices de Marianne*, Alfred de Musset ; metteur en scène : Jean Vilar
1959, *Lorenzaccio*, Alfred de Musset ; metteur en scène : Jean Vilar
1959, *Mère Courage*, Bertolt Brecht, metteur en scène : Jean Vilar
1959, *La Fête du cordonnier*, adaptation de Michel Vinaver d'après Thomas Dekker ; metteur en scène : Georges Wilson
1959, *Le Songe d'une nuit d'été*, William Shakespeare ; metteur en scène : Jean Vilar
1960, *Château en Suède*, Françoise Sagan ; metteur en scène : André Barsacq
1961, *Les « Béhohènes »*, metteurs en scène : Jean-Pierre Darras et Jean Cosmos
1962, *Les Fochés*, Jean Marsan ; metteurs en scène : Jean Marsan et Marc Doelnitz
1964, *Photo finish*, Peter Ustinov ; metteur en scène : Peter Ustinov
1966, *Drôle de couple*, Neil Simon ; metteur en scène : Pierre Mondy
1997, *Les Côtelettes*, Bertrand Blier ; metteur en scène : Bernard Murat
2001, *L'Homme du hasard*, Yasmina Reza ; metteur en scène : Frédéric Bélier-Garcia
2002, *Les Contemplations*, Victor Hugo (lecture)
2005, *Love Letters*, d'A. R. Gurney ; metteur en scène : Sandrine Dumas

Table

Cet ouvrage a été composé et imprimé par

FIRMIN DIDOT
GROUPE CPI
Mesnil-sur-l'Estrée

en février 2007

Édition exclusivement réservée aux adhérents du Club
Le Grand Livre du Mois
15, rue des Sablons
75116 Paris
réalisée avec l'aimable autorisation des Éditions Robert Laffont

Imprimé en France
Dépôt légal : mars 2007
N° d'impression : 83365
ISBN : 978-2-286-03199-2